Sebastian Schee

PRIVILEG UND POLITIK

Allyship in feministischen und antirassistischen Bewegungen

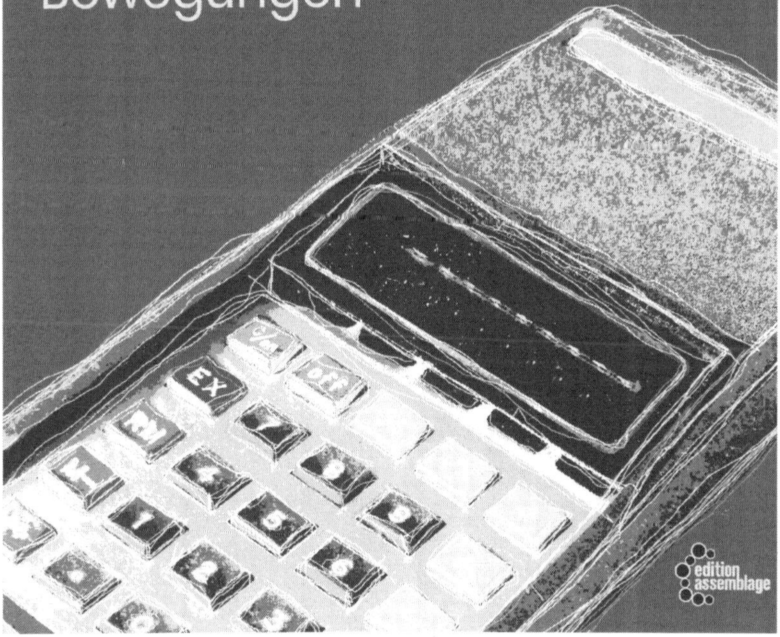

edition assemblage

Dieses Buch ist eine stark gekürzte Fassung einer Doktorarbeit am Zentrum für Interdisziplinäre Frauen- und Geschlechterforschung der Technischen Universität Berlin. Die Langfassung unter dem Titel *Genealogie der Verbündeten – Zum Privilegiendiskurs in feministischen und antirassistischen sozialen Bewegungen* steht bei der TU online unter https://doi.org/10.14279/depositonce-21591.
Bei Interesse an weiteren Quellen, ausführlicheren Herleitungen, übertrieben cleveren Fußnoten oder einfach an anklickbaren Links empfehle ich auch in diese Langfassung zu schauen.

Sebastian Scheele
Privileg und Politik
Allyship in feministischen und antirassistischen Bewegungen

1. Auflage 2025
ISBN 978-3-96042-197-9

info@edition-assemblage.de | www.edition-assemblage.de

Umschlag und Illustrationen: Carina Büker | edition assemblage
Titelbildvorlage: Hans Bloemen (https://www.calculatormuseum.nl/). Thank you very much!
Satz: Hannah C. Rosenblatt | edition assemblage

Druck: BOOKPRESS | Printed in Poland 2025

Die Deutsche Bibliothek verzeichnet diese Publikation in der Deutschen Nationalbibliografie; detaillierte bibliografische Daten sind im Internet über http://dnb.ddb.de abrufbar.

Privileg und Politik

Allyship in feministischen und antirassistischen Bewegungen

Sebastian Schoele

Inhalt

1. Einleitung

> „[...] by exposing the self in work and struggle together with those whom we define as different from ourselves, although sharing the same goals.“ (Lorde 1984: 123)

Antirassistische und feministische soziale Bewegungen haben in den letzten Jahren einige Erfolge errungen. Dies soll nicht übermäßig triumphal klingen, denn zugleich gab es bekanntermaßen eine globale Normalisierung rassistischen und antifeministischen Denkens wie auch damit einhergehende Gewalttaten. Aber auch das öffentlichkeitswirksame Benennen eines Misstands kann als Erfolg gelten, als erster Schritt auf dem Weg zu seiner Überwindung. Im Kontext jener antirassistischen und feministischen Bewegungserfolge hat das, was ich in dieser Arbeit „Privilegiendiskurs“ zu nennen vorschlage, stärkere Verbreitung gefunden. Damit meine ich eine bestimmte Art der Verhandlung von Machtverhältnissen, bei der die Begriffe „Privilegien“ und „Privilegierte“ eine zentrale Rolle spielen. Ein Privileg ist, nach der Definition des nordamerikanischen antirassistischen Netzwerks *Colours of Resistance*:

> „Unearned social power accorded by the formal and informal institutions of society to ALL members of a dominant group (e.g. white privilege, male privilege, etc.). Privilege is usually invisible to those who have it because we're taught not to see it, but nevertheless it puts them at an advantage over those who do not have it.“ (Colours of Resistance Archive o. J.)

Privilegien sind „the up-side of discrimination“ (McIntosh 2012: 195), und „Privilegierung“ damit der Gegenbegriff zu „Diskriminierung“. Der Privilegiendiskurs beschränkt sich jedoch nicht nur auf Deskription, also die Beschreibung von Aspekten von Ungleichheitsverhältnissen, sondern hat typischerweise ein starkes handlungsanleitendes Element. Er fordert zur Bewusstwerdung auf, zur Reflexion der eigenen Privilegien – zur stehenden Wendung ist die Aufforderung „Check your privilege!“ geworden –, und zum Einsatz gegen das Ungleichheitsverhältnis, auf das die Privilegien zurückgehen. Die Handlungsanleitungen bündeln sich im Konzept der „allyship“, der „Verbündetenschaft“:

> „An ally is a person who actively supports and participates in struggles against systems of oppression. They are usually part of a dominant or privileged group. This privilege can be based on race, gender, culture, sexuality, class, etc. An ally works against these privileges by supporting the work of non-dominant groups. They understand that learning about yourself as a member of a dominant group is an important starting point for being an ally.“ (Ignite! 2013)

Der Privilegiendiskurs leitet dazu an, wie eine privilegierte Person ein „ally“, ein*e Verbündete*r, werden kann. Oder anders formuliert: Der Privilegiendiskurs kann als Subjektivierungsweise gelesen werden, und die *allyship* ist die angestrebte Seinsweise. Diese Arbeit möchte eine Genealogie der Verbündeten nachzeichnen: nachzeichnen, wie der Privilegiendiskurs sich seit den 1980er Jahren verfestigt hat, und welche Einflüsse in ihn und die in ihm enthaltene Subjektivierungsweise eingegangen sind. Genealogie bedeutet in foucaultscher Tradition, gegenwärtige Wissensbestände in ihrem Gewordensein zu analysieren.

Im Zentrum des Interesses dieser Arbeit stehen feministische und antirassistische soziale Bewegungen im deutschsprachigen Raum, wenngleich insbesondere Einflüsse und Diskursproduktion des englischsprachigen nordamerikanischen Raums zu berücksichtigen sind, ebenso wie Diskursproduktion jenseits des Bereichs sozialer Bewegungen im engeren Sinne.

Verbreitung in Bewegungen, Akademie sowie Politik und Medien

Denn eine schnelle Verbreitung, ja eine „diskursive Explosion“ (Foucault 1983: 23) dieses Privilegiendiskurses lässt sich in den verschiedensten Bereichen feministischer und antirassistischer Wissensproduktion feststellen. Beispiele dafür finden sich in verschiedenen Arten von Bewegungsaktivitäten: In Veranstaltungen, die sich explizit mit „Männlichkeit(en), Mackertum und (Anti-)Sexismus“ befassen wie das „Mackermassaker“ (2010b: 3) in Mülheim (Ruhr), wird der Privilegiendiskurs genutzt, ebenso in Fragen der Demonstrationsorganisation, wenn eine Gruppe von Women and People of Color in einem Offenen Brief rassistische und sexistische Ausschlüsse und Verletzungen auf einer Demonstration des Bündnisses „Dresden

Nazifrei" problematisiert (der braune mob 2012). Auf dem linken Berliner „reflect!"-Emailverteiler, den das gleichnamige Netzwerk von Bildungsarbeiter*innen, Nachwuchswissenschaftler*innen sowie Studierenden betreibt, finden sich regelmäßig Nutzung wie Ablehnung des Privilegiendiskurses, beispielsweise als innerhalb weniger Tage Ankündigungen zu einer Einführungsveranstaltung zu „Critical Whiteness" und einem Workshop zu „Kritischer Männlichkeit" zirkulierten (20. bzw. 24.02.2018) und kontrovers diskutiert wurden.

In der akademischen Wissensproduktion zu Geschlechterverhältnissen und Rassismus prägte Peggy McIntosh den Diskurs mit einem erstmals 1988 veröffentlichten Papier „White Privilege and Male Privilege: A Personal Account of Coming to See Correspondences through Work on Women's Studies" (McIntosh 2009), durch das „der Begriff des Privilegs in einer bis heute charakteristischen Verbindung aus Antirassismus und Feminismus prominent wurde" (Zwarg 2015: 16 f.). In einem Rückblick stellt McIntosh selbst 2012 fest:

> „The influence of the idea of privilege has increased exponentially since 1988 [...]. We have seen an outpouring of work on privilege – articles, books, anthologies, documentary films, websites, chat rooms, blogs, newspaper columns and articles, college courses, and degree programs." (McIntosh 2012: 194).

Eigene Textgenres wie „Privilegien-Checklisten" und pädagogische Methoden wie „Privilegientests" sind entstanden, in der Blogosphäre (eine Zusammenstellung verschiedener Listen – „permanently in progress" – findet sich zum Beispiel in privilege101 2011) wie in konkreten Orten der Bildungsarbeit; „die ersten Privilegientests im deutschsprachigen Raum" seien in den Gender Studies an der Humboldt-Universität Berlin entwickelt worden (Lorey 2007). 2011 konstatierte eine Seminarankündigung dieses Studiengangs:

> „In den Gender Studies steht der Begriff des Privilegs heute meist selbsterklärend und stellvertretend für Problematisierungen von Weißsein, Männlichkeiten, Heteronormativität und weiteren Dominanzverhältnissen sowie deren Interdependenzen." (Chebout 2011)

Wie ist es zu diesen Eigenschaften des „Selbsterklärenden" und „Stellvertretenden" gekommen?

Auch in die institutionalisierte Politik hat der Privilegiendiskurs Eingang gefunden: Die UN-Kampagne „HeForShe“, die sich an Männer wendet und sich als „United Nations global solidarity movement for gender equality“ bezeichnet, rief 2020 ein „Year of Male Allyship“ aus (HeForShe 2020).

In Massenmedien ist der Privilegiendiskurs zunehmend präsent: So brachte *Deutschlandfunk Kultur* am 27.06.2019 das Radiofeature „Psychologie und Privilegien – Die unangenehme Wahrheit sozialer Ungerechtigkeit“ und begleitete es auf Facebook mit der Abbildung einer Privilegien-Checkliste mit der Unterzeile „Auf wie viele Privilegien kommen Sie – und wie oft haben Sie schon darüber nachgedacht?“ – was flankiert von der BILD-Zeitung auf heftige Reaktionen in Sozialen Medien stieß. In Richtung von Handlungsanleitung ging die Zeitschrift *Brigitte*, als sie unter dem Titel „Rassismus: 5 Dinge, die Du jetzt selbst tun kannst – und solltest“ „Tipps“ von Amnesty International vorstellte, mit denen „weiße Menschen gegen Alltagsrassismus aktiv werden können“ (Dudwiesus 2020). Ein Online-Wörterbuch kürte „allyship“ zum Wort des Jahres, direkt im selben Jahr, in dem es überhaupt in das Wörterbuch aufgenommen wurde (Dictionary.com 2021). Neben solchen kurzen Formaten wurden Sachbücher veröffentlicht, die niedrigschwellig über Rassismus bzw. Sexismus aufklären wollen, sich dabei dabei mehr oder weniger explizit an die jeweils privilegierte Gruppe richten und mehr oder weniger prominent den Privilegiendiskurs nutzen. Zu nennen wären beispielsweise bezogen auf Feminismus *Men and Feminism* (Tarrant 2009), *The Guy's Guide to Feminism* (Kaufman/Kimmel 2011) oder bezogen auf Rassismus *White Like Me: Reflections on Race from a Privileged Son* (Wise 2011, Erstauflage 2005), *Deutschland Schwarz Weiß – Der alltägliche Rassismus* (Sow 2008), *Unter Weißen. Was es heißt, privilegiert zu sein* (Amjahid 2017) oder *Was weiße Menschen nicht über Rassismus hören wollen aber wissen sollten* (Hasters 2019).

Polarisierte Debatte

Neben der beschriebenen Verbreitung des Privilegiendiskurses existiert zugleich eine starke Ablehnung. Die Debatte verläuft polarisiert. Neben einer für manche selbstverständlichen Nutzung als Kernbestandteil feministischer und antirassistischer Politik steht eine kritische Einschätzung der Auswirkungen dieses Diskurses auf die Bewegungspraxis bis hin zu polemischer Verdammung mit schrillen Verfallsszenarien. In den Bewegungen verlaufen Veranstaltungen zu einschlägigen Themen oft kontrovers – bis hin zu ihrem Abbruch. So entgleiste beispielsweise eine Veranstaltung unter dem Titel „Whiteness ist not abolished in a workshop, it is abolished in struggle" am 9. Mai 2012 in einem linken Hausprojekts in Berlin-Mitte, auf der der *weiße*[1] anarchistische Autor Gabriel Kuhn US-amerikanische Ansätze vorstellte, eine kritische Auseinandersetzung mit Weißsein an eine politische Praxis zu knüpfen. Der Abbruch zog mehrere schriftliche Stellungnahmen nach sich und eine mehrwöchigen „Schlagabtausch zwischen People of Color (PoC) und *weißen* Counterparts, die sich mit ihrem *Weißsein* kritisch auseinanderzusetzen versuchten oder dies ganz bewusst nicht taten" (Burschel 2012: 68) auf dem Reflect!-Emailverteiler. Der *weiße* antifaschistische Autor und Journalist Fritz Burschel beklagte im Rückblick in der Diskussion „einen Moment völliger Blockade und Versteinerung, der dem Ende eines Prozesses ähnlicher war als einem Aufbruch zu neuen gemeinsamen Kämpfen" (ebd.). Ein weiteres Beispiel überregionalen Ausmaßes waren die Konflikte auf dem No-Border-Camp in Köln 2012 (einen „Gesamtbericht zu Aktionen & Debatten" bietet NoLagerBremen 2012, eine andere Perspektive Einige No Border Aktivist*innen 2012). Bereits bei der Ursache des Konflikts herrscht Uneinigkeit: Liegt seine Ursache grundsätzlich in bestimmten theoretischen und politischen Ansätzen wie einem „Whiteness-Konzept" (Karakayalı et al. 2012)? Oder liegt die Ursache am autoritären Vorgehen einer einzelnen Aktivist*innengruppe, deren Ansatz unzulässig verallgemeinert und „für eine Generalabrechnung ausgeschlachtet" wurde (Ha 2014)? Einerseits wird konstatiert, dass

> „die Art wie diese Debatte geführt wird, [...] unpolitisch, moralisierend und in höchstem Grade destruktiv [ist]. Sie lähmt sowohl die wissenschaftliche Debatte um, als auch den Kampf gegen Rassismus." (Karakayalı et al. 2012).

---

1 Zur Schreibweise: Die Begriffe „Schwarz" und „*weiß*" werden hier im Kontext von Rassismus anders geschrieben als für Adjektive üblich, um die Differenz zu schlichten Farb-Angaben oder auch Haut-Farben zu verdeutlichen. Sie bezeichnen vielmehr Positionen in einem rassifizierten Machtverhältnis. Um den Unterschied dieser Positionen nicht zu nivellieren, wird zudem jeweils eine andere Schreibweise verwendet: „Schwarz" wird auch als Adjektiv großgeschrieben, da es sich um eine widerständige politische Selbstbezeichnung handelt. Hingegen wird „*weiß*" kursiv geschrieben, um die dominante Position zu benennen, aber zugleich typografisch Distanz zu *weißen* Überlegenheitsideologien auszudrücken. Bei „Weißsein" verzichte ich darauf, da das Wort als spezifischer Fachbegriff die intendierte Bedeutung bereits transportiert. Die Schreibweisen in Zitaten bleiben unverändert.

Andererseits wird den konzeptionellen „Generalabrechnungen" entgegengehalten, „das Kind mit dem Bade auszuschütten", vor einer „grundsätzlichen Frage die Augen [zu] verschließ[en]" und eine Antwort schuldig zu bleiben,

> „wie ohne das Wissen über rassifizierte Macht- und Ressourcenunterschiede, die sich gesellschaftlich wie kulturell von den institutionellen bis zur individuellen Ebene ausdifferenzieren, ein sinnvoller Kampf gegen Rassismus möglich sein soll." (Ha 2014).

Einigkeit besteht am ehesten darüber, dass die Situation unhaltbar ist, da die antirassistische Szene „im eigenen Saft schmort, handlungsunfähig wird und gesellschaftlich nichts mehr bewirkt" (analyse & kritik 2013: 13) und dringender Auseinandersetzungsbedarf besteht. Auf diese Konfliktkonstellation reagierte eine Vielzahl von Texten, in verschiedenen Formaten und Tonfällen von dialogisch bis polemisch.[2] So finden sich auch Polemiken in Medien und durch Autor*innen, die sich als links, emanzipatorisch und bewegungsnah – jedoch in unterschiedlicher Distanz zu Feminismus und/oder Antirassismus und/oder bestimmten Varianten davon – verstehen. Dies umfasste zum einen Medien, die üblicherweise der antideutschen Linken zugerechnet werden, sei es *konkret* (z. B. Fischer 2013), *jungle world* oder *Bahamas* (vgl. Jakob 2013). Zum anderen – und teils unter Wiederverwendung jener Artikel – brachte auch der Berliner lesbisch-schwule Querverlag zu diesem Kontroversenkomplex nicht nur einen Bestseller, sondern darauf folgend eine ganze Buchreihe heraus.[3]

Ablehnung des Privilegiendiskurs findet sich im Übrigen selbstverständlich auch bei jenen, die antirassistische und/oder feministischer Politik in jeglicher Variante ablehnen. Beispielsweise konstatierte ein Text aus einem konservativen studentischen Magazin der Elite-Hochschule Princeton:

---

2 Vgl. beispielsweise einzelne Texte in Bewegungszeitschriften wie Werner (2011) oder Tsianos (2012), Schwerpunktausgaben von (Bewegungs-)Zeitschriften wie *ZAG* (2012); *an.schläge/ Migrazine* (2013), *Phase 2* (2015); Sonderbeilage *analyse & kritik* (2013), Broschüre transact! (2014), oder bestimmte Argumentationen vertiefende Texte wie Kerner (2007, 2013), Lorey (2007, 2008), Karakayalı (2015), Biskamp (2016).

3 Der Sammelband *Beißreflexe* (L'Amour laLove 2017, kritisch z. B. Biskamp 2017) liegt 2020 bereits in 5. Auflage vor und stieß auf eine breite Medienaufmerksamkeit. Der Band enthält einen Buchteil unter dem Titel „Privilegiencheck", in dem „der queeraktivistische Ansatz der ‚Reflexion' und ‚Kritik' von Privilegien im Mittelpunkt" steht (L'Amour laLove 2017: 11). *Beißreflexe* begründete die dann „Kreischreihe" genannte Buchreihe im Querverlag, in der bis 2020 acht weitere Bände folgten.

„There is a phrase that floats around college campuses, Princeton being no exception, that threatens to strike down opinions without regard for their merits, but rather solely on the basis of the person that voiced them. ‚Check your privilege,' the saying goes, and I have been reprimanded by it several times this year." (Fortgang 2014)

Der Text, der letztlich auf die meritokratische Überzeugung, jede*r sei des eigenen Glückes Schmied(*in) abhob, verbreitete sich online, wurde wiederabgedruckt im Magazin *TIME* und erfuhr Berichterstattung u. a. in der *New York Times, BBC, Guardian* bis hin zum Auftritt des Autors in *Fox News* (vgl. Cheadle 2014).[4] Ein anderes Beispiel wäre ein dezidiert antifeministisches Blog, das behauptet die „Privilegientheorie" sei „ein wesentlicher Pfeiler im modernen (radikalen?) Feminismus" (Christian – Alles Evolution 2012). „WikiMANNia", ein anonym betriebenes antifeministisches Hetzportal enthält Artikel unter anderem zu „Privileg" und „Prüf deine Privilegien!", die ausführlich u. a. Artikel aus der extrem rechten Zeitung *Junge Freiheit* zitieren. Darin wird das bereits erwähnte Feature auf *Deutschlandfunk Kultur* als Beispiel für „verqueres linksideologisches Denken" bezeichnet und eine mediale Hegemonie behauptet: „In den Redaktionen herrscht tatsächlich solch eine Denkweise" (WikiMANNia o. J.).

Diese zahlreichen Beobachtungen in verschiedenen Bereichen unterstreichen die Verbreitung des Diskurses:

„Ob in der Linken, den Universitäten, zivilgesellschaftlichen Initiativen und Medienorganisationen, im Feuilleton und Kulturbetrieb – die kritisch gemeinte Rede von Privilegien ist en vogue und omnipräsent." (Zwarg 2015: 15)

Dieser Konsens über die Verbreitungsdiagnose – von linksradikal bis extrem rechts – kann auch dann festgehalten werden, wenn bei Polemiken und politischen Gegner*innen eine gewisse Übertreibung oder projektive Steigerung ins Hegemoniale in Rechnung gestellt wird. Zugleich fällt auf, dass manche klagenden Behauptungen diskursiver Hegemonie insbesondere innerhalb der Universitäten bereits seit über einem Vierteljahrhundert erhoben werden.

4 Fortgangs Text wurde sogar in die vierte Auflage von *Privilege – A Reader* (Kimmel/Ferber 2016) aufgenommen: unter dem Abschnittstitel „Seeing – and Refusing to See – Privilege", und gefolgt von zwei Entgegnungen. Mehr zu diesem Reader in Kapitel 4.

Anknüpfen an langjährige feministische und antirassistische Bewegungsdebatten

Nicht nur jene Gegenstimmen und Polemiken reichen weit zurück, auch die Verhandlungen in den Bewegungen selbst haben Vorgänger*innen. So fühlt sich beispielsweise Ina Kerner von den Kontroversen um das No-Border-Camp Köln 2012 „auf frappierende Weise an die mehr als zwei Jahrzehnte zuvor niedergeschriebenen Beobachtungen Kopperts" (Kerner 2013: 287, meint: Koppert 1990) aus den *beiträgen zur feministischen theorie und praxis* über Veranstaltungen zum Thema Rassismus in der Frauenbewegung erinnert. Für den Privilegiendiskurs findet sich insbesondere in feministischen und antirassistischen sozialen Bewegungen eine lang zurückgehende und intensive Diskursproduktion.[5] Zwar findet sich der Privilegiendiskurs auch in anderen sozialen Bewegungen, jedoch haben feministische und antirassistische Bewegungen ihn in besonderem Maße geprägt, bieten die beste Materialbasis und damit den Ausgangspunkt dieser Analyse. In Bewegungshinsicht kann das Wissen um vorhergehende Debatten tröstlich sowie praktisch wertvoll sein: Es muss nicht das Rad neu erfunden werden; vielmehr bietet älteres Bewegungswissen eine Ressource, auf die analytisch zurückzublicken auch für den Umgang mit gegenwärtigen Kontroversen inspirierend sein kann. Durch die Flüchtigkeit von Bewegungswissen reißen Überlieferungen und Möglichkeiten des Aufeinander-Aufbauen immer wieder ab. Die Analyse basiert auf der Überzeugung, dass in den Bewegungen wertvolle Wissensbestände entstanden sind, die eine genauere Betrachtung wert sind. Sie gilt es zu bergen, um einen Beitrag gegen das regelmäßige Vergessen und Wieder-Bei-Null-Anfangen zu leisten.

Worum geht es aus Bewegungs-Perspektive?

Der angestrebte Erkenntnisgewinn ist kein Selbstzweck, sondern verbunden mit der Hoffnung, dass diese Genealogie hilfreich ist für die Bewegungen, die über den und mit dem Privilegiendiskurs streiten. Hilfreich für den Streit ist hier nicht im Sinne eines schlichten pro/contra-Plädoyers gemeint, sondern im Sinne einer einen Schritt zurücktretenden Kontextualisierung, die

---

5 bell hooks erinnert an die Herausforderungen für feministisches Denken und Praxis durch „radical women of color and white women allies" (hooks 2000: xi), und bilanziert:

> „There has been no other movement for social justice in our society that has been as self-critical as feminist movement." (hooks 2000: xiii)

– losgelöst von den unmittelbaren Entscheidungszwängen eines konkreten Konflikts; aber geleitet von der Hoffnung, dass gerade die Erkenntnisse des Zurücktretens zu einer produktiven Bearbeitung konkreter Konflikte beitragen können – einige analytische und strategische Überlegungen anbieten möchte. Daher soll der Gegenstand auch explizit aus Bewegungsperspektive durchdacht werden: Wenn der Privilegiendiskurs die Antwort ist, was war und ist dann die Frage? Schließlich besteht die zu lösende Aufgabe nicht darin, bloß die beschriebenen Kontroversen zu vermeiden, sondern der Privilegiendiskurs als Gegenstand, über den kontrovers gestritten wird, ist bereits ein Versuch bestimmte Aufgaben in den Bewegungen zu lösen, die in sich bereits hohes Konfliktpotenzial mit sich bringen. Bezogen auf die besagten auflagenstarken Polemiken kann nachdrücklich Biskamps Beobachtung unterstrichen werden:

> „Die Fragen, wie man sich zu Privilegien verhält, ohne in die Untiefen eines positionalen Fundamentalismus abzudriften, wie man Rassismus kritisiert, ohne in Reduktionismus und Apologetik zu verfallen, bleiben nicht nur unbeantwortet, sie bleiben auch ungestellt." (Biskamp 2017)

Mit anderen Worten: Es wird in den Polemiken mit den Antwortversuchen zugleich die Frage verworfen, ja überhaupt negiert, dass es eine zu beantwortende Frage gibt. Was wären aus Bewegungssicht die Fragen, die politischen Aufgaben, die seit Jahrzehnten immer wieder mit einem so hohen Konfliktpotenzial einhergehen, und die zu beantworten zu versuchen so viele Schwierigkeiten mit sich bringt? Die Frage, auf die der Privilegiendiskurs zu antworten versucht, sind Binnen-Bewegungs-Konflikte, die ich als intersektionale Konflikte zusammenzufassen vorschlagen möchte. Damit meine ich bewegungsinterne Konflikte, die die Grenzen eindimensionaler Analysen und Praktiken der Bewegungen deutlich machen, Konflikte, in denen die Imagination einer homogenen Bewegung nicht mehr trägt, in denen unterschiedliche Positioniertheiten innerhalb der Bewegungen sichtbar und diskutierbar werden, und in denen es um die daraus zu ziehenden Konsequenzen für die jeweilige Bewegung geht. „Intersektionale Konflikte" meint hier weniger das Anwenden einer theoretischen Perspektive namens „Intersektionalität" auf bestimmte Bewegungsphänomene, sondern greift den Entstehungsgrund des von der Schwarzen US-amerikanischen Juristin Kimberlé Crenshaw (1991) entwickelten Begriffs auf: Intersektionalität ist ein Begriff, der aus der Analyse von Konflikten in politischen Kämpfen erwachsen ist und diese Konflikte benennbar und bearbeitbar machen soll. Die Bezeichnung „intersektionale Konflikte“ sollte nicht dazu verleiten, die Frage für eine ausschließlich für eine Subgruppe einer Bewegung relevante Angelegenheit zu halten. Die Bearbeitung intersektionaler Konflikte in den Bewegungen hängt direkt zusammen mit der Frage des Umgangs mit Menschen ohne „passende“ (Weiß 1999a), mit „falschen“ (Harding 1994: 288) oder schlicht „zusätzlichen Identitäten [...]: männliche Feministen, Weiße gegen Rassismus, Kolonialismus und Imperialismus; Heterosexuelle gegen Heterosexismus; ökonomisch Privilegierte gegen Klassenausbeutung“ (ebd.: 290). So kommt die *weiße* feministische Erkenntnistheoretikerin Sandra Harding zur Pointe:

> „Ich bin der Ansicht, daß dasjenige, was zunächst außerhalb der zentralen Anliegen des Feminismus zu liegen scheint – theoretische Überlegungen und Hilfe bei der Entwicklung eines Programms für feministische Männer –, sich gerade als diesen zentralen Anliegen zugehörend entpuppt. [...] Die angedeutete Haltung erzeugt aber umgehend das ‚Monsterproblem‘: Was bedeutet es und könnte es bedeuten, ein männlicher Feminist zu sein?“ (ebd.: 291)

Harding äußert die Hoffnung:

> „Wenn wir die Programme zur Erlangung verräterischer Identitäten und sozialer Verortungen spezifizieren, wird es einfacher, sie zu erreichen.“ (ebd.: 310)

Der Privilegiendiskurs mit seinen Handlungsanleitungen rund um *allyship* scheint von genau jener Hoffnung auszugehen und derartige Programme anbieten zu wollen. Das Buch soll einen analytischen Blick werfen auf diese Programme, und auf die in aller Dringlichkeit und Handlungsanleitungs-Hoffnung meist impliziten Annahmen darüber, welches Problem sie eigentlich lösen sollen und auf welche Art. Diese Perspektive lässt sich mit dem von der Singer/Songwriterin Ani DiFranco (1993) bekannt gemachten und teils im Material aufgegriffenen Slogan „Every tool is a weapon if you hold it right“ metaphorisch formulieren als: Welche Art von Werkzeug ist der Privilegiendiskurs? Wie kann er „richtig“ gehalten werden, um welche Bewegungsaufgaben erfüllen zu können? Die Analyse des Privilegiendiskurses soll dazu beitragen, Missstände genauer beschreiben zu können, die sich aus dem gegenwärtigen Fokus auf dieses Werkzeug und seine konstruktionsbedingten Anwendungsmöglichkeiten ergeben. Sie soll dazu beitragen, den Werkzeugkasten zu sichten, die vorhandenen Werkzeuge zu schärfen, aufzuarbeiten, oder auch nur den Bedienungsanleitungen (z. B. durch Übersetzung) ein paar Hinweise hinzuzufügen, um das Repertoire feministischer und antirassistischer Bewegungen für zielgenaue Analyse, Kritik und Interventionspraxis zu vergrößern.

Bei allen zeitbedingter Unterschieden in Formen und Inhalten vermittelt sich vielleicht dennoch der Eindruck, dass nicht jede Bewegungsgeneration bei Null beginnen muss, und dass es wertvoll ist, ein Gefühl für die Kontinuitäten von Bewegungskämpfen zu entwickeln, und „den Faden weiterspinnen" (vgl. Kapitel 3.3) zu versuchen. Ich hoffe, dass die Arbeit auch aus Bewegungssicht „funktioniert", d. h. Gebrauchswert bietet – „the proof of the pudding is in the eating" (Engels 1963: 87). Damit einher geht die Hoffnung, hier kein Distinktionswissen oder akademische Munition für die polarisierten diskursiven Schützengräben zu liefern, sondern – teils möglicherweise unerwartete – Sortierungsversuche und Verknüpfungen anzubieten, die inspirierend zu feministischen und antirassistischen Kämpfen beitragen können.

Aufbau des Buchs

Die Analyse will die Entstehung der geschilderten diskursiven Situation nachzeichnen: Wie kommt es dazu, dass diese Art von Konflikten mithilfe dieses Vokabulars von „Privilegien" und „Privilegierten" geführt wird? Wie kommt es dazu, dass diesem Privilegiendiskurs zugetraut wird, diese Konflikte zu lösen? Woher stammt das Ideal der *allyship*, „reflektierter", emanzipatorisch (mit)wirkender Privilegierter, eben der „Verbündeten"? Oder anders: Welche Rahmenbedingungen der Gegenwart prägen sowohl die Frage als auch die Antwort mit? Schließlich wenden sich soziale Bewegungen sowohl gegen zeitspezifische Probleme, als auch sind sie durch die zeitspezifischen Rahmenbedingungen selbst beeinflusst. Die vorliegende Analyse ist der Versuch, eine Genealogie des Privilegiendiskurs zu schreiben. Genealogie in Foucaultscher Tradition bedeutet hier, gegenwärtige Wissensbestände als historisch-politisch-sozial gewordene zu analysieren und den Prozess ihres „Selbstverständlich-Werdens" nachzuzeichnen. Das folgende Kapitel 2 beschreibt dafür die methodischen und konzeptionellen Grundlagen. Kritik bedeutet hier weniger ein verwerfendes Urteil, sondern ein Nachzeichnen der Gewordenheit auch eigener

Denkwerkzeuge zur Steigerung des Kontingenzbewusstseins, also eine Lockerungsübung – nicht als Selbstzweck, sondern mit der Hoffnung auf gesteigerte Beweglichkeit.

Die empirisch nachgezeichnete Genealogie des Privilegiendiskurses folgt dann in drei Kapiteln, die lose einer Logik vom Konkreten zum Abstrakten folgen, was einen schnellen Einstieg in die Mitte der Bewegungsdebatten ermöglichen soll.

Kapitel 3 umreißt den Privilegiendiskurs mit einigen schlaglichtartig analysierten Bewegungs-Quellen. „Schlaglichtartig" meint ausschnittartig und ohne jeden Vollständigkeitsanspruch: wie Spotlights auf einzelne Diskursfragmente. An welche diskursiven Traditionen wird jeweils angeknüpft, welche angrenzenden Diskurse tauchen neben dem Privilegiendiskurs noch auf? Die Quellen sind drei vielrezipierte Texte zu und aus intersektionalen Konflikten in verschiedenen Bewegungsströmungen.

Nach diesen schlaglichtartigen Analysen zeichnet Kapitel 4 die Verfestigung des Diskurses nach. Wie ist aus verstreuten Überlegungen in heterogenen Bewegungs-Diskussions-Beiträgen etwas Verdichtetes, Kompaktes geworden, ein fester Bestand an Ideen, Theoremen, Forderungen, die mit den Begriffen von Privilegien und *allyship* verbunden sind? Diese Verfestigung kann in und durch drei pädagogische Arenen nachgezeichnet werden: in „Classroom", „Training" und „Workshop". Durch die dortige Wissensproduktion und Professionalisierung hat sich der Privilegiendiskurs nicht nur als solcher verfestigt, sondern auch eine pädagogische Ausrichtung bekommen.

Kapitel 5 betrachtet dann genauer die auf *allyship* abzielenden Handlungsanleitungen. Es beschreibt die Subjektivierungsweise, die im Privilegiendiskurs propagiert wird. Eine Selbsttechnologie, mit Hilfe derer Privilegierte zu Verbündeten werden, ist die handlungsanleitende Liste. Das empirische Material in diesem Teil sind entsprechend Checklisten, How-To-Guides, Ratgeber, Auflistungen von Dos und Don'ts, und Anleitungen zur (Selbst)Reflexion wie den „Privilegien-Listen". Was macht diese Subjektivierungsweise und diese Anleitungen so attraktiv? Welche Art ist das Subjekt, das in diesen Handlungsanleitungen liegt, bzw. mit ihrer Hilfe zu werden versprochen wird?

Im Schlusskapitel 6 wird der Argumentationsgang zusammengefasst. In einem konzeptionellen Ausblick werden theoretische Wege skizziert, die über die Verengungen des Privilegiendiskurses hinausführen können. Zudem ist ein bewegungsorientierter Ausblick enthalten, in dem typische Bewegungsaufgaben betrachtet werden, die es in intersektionalen Konflikten zu lösen gilt. Welche Beiträge zur Strategieentwicklung können die Werkzeuge des Privilegiendiskurses dabei leisten? Stoßrichtung ist dabei, zum Wühlen in der „Werkzeugkiste" der Bewegungserfahrungen anzuregen. Dabei gilt es auch auf die im Privilegiendiskurs zentralen pädagogischen Aufgaben wie auch Aspekte der Persönlichkeitsentwicklung zurückzukommen.

Mit diesem Gedanken sei zurückgekommen auf das vorangestellte Zitat von Audre Lorde. Es kann durchaus im Sinne des Privilegiendiskurses verstanden werden – insbesondere wenn der vorhergehende Satz mitgedacht wird, der sich auf Persönlichkeitsentwicklung hinsichtlich des Anteil des Unterdrückers (der Unterdrücker*in)[6] im Innern jeder Person bezieht:

> „[...] the true focus of revolutionary change is never merely the oppressive situations which we seek to escape, but that piece of the oppressor which is planted deep within each of us, and which knows only the oppressors' tactics, the oppressors' relationships. Change means growth, and growth can be painful. But we sharpen self-definition by exposing the self in work and struggle together with those whom we define as different from ourselves, although sharing the same goals." (Lorde 1984: 123)

Gleichzeitig besitzt das Zitat diesbezüglich eine Mehrdeutigkeit, die sich mit einigen Eigenschaften des Privilegiendiskurses reibt. Auch die deutsche Übersetzung verschiebt das Gewicht stärker in Richtung gemeinsamer Arbeit und gemeinsamen Kampfes.[7] So viel sei schon jetzt verraten: Was die vorliegende Analyse anzuregen versucht, ist – entgegen der im *allyship* verfestigten Tendenz – die Persönlichkeitsentwicklung zu dezentrieren, indem

6 An dieser Stelle noch eine kurze Anmerkung zur Sprache: Grundsätzlich nutzt diese Arbeit mit dem Asterisk/„Gender-Sternchen" eine alle Geschlechter inkludierende Sprachform. Wenn davon – jenseits von Zitaten – abgewichen wird, ist dies inhaltlich beabsichtigt, und weist darauf hin, dass die Aussage sich eben nicht (gleichermaßen) auf alle Geschlechter bezieht. In diesem Sinne werden gelegentlich Klammer-Lösungen genutzt: nicht als eine von manchen gewählte Form der Beidnennung (bei der die Einklammerung der weiblichen Wortendung die intendierte Inklusion von Frauen typografisch zugleich in Frage stellt), sondern aus inhaltlichen Gründen, dass die Aussage eben nur bedingt oder in geringerem Umfang für das eingeklammerte Geschlecht oder die eingeklammerten Geschlechter gilt.

7 Gemeinsame Arbeit und Kampf sind in der deutschen Version nicht schlicht der Ort, an dem sich das Selbst aussetzt („in work and struggle together..."), sondern Arbeit und Kampf sind die Einflüsse, denen sich das Selbst aussetzt:

> „Aber wir schärfen unser Selbstverständnis, indem wir unser Selbst der Arbeit und dem Kampf zusammen mit denen aussetzen, die wir als verschieden von uns definieren, auch wenn sie dieselben Ziele verfolgen." (Lorde 1993: 210)

der Aspekt des „work and struggle together" in das Zentrum gerückt wird, also das, was die Praxis sozialer Bewegungen ausmacht.

Wer ist das empirische Subjekt dieser Überlegungen?

Der Privilegiendiskurs richtet an Privilegierte die Anrufung, sich als solche zu verstehen und insbesondere in Form einer Selbstpositionierung jene Identitätsaspekte zu benennen, die mit Privilegien einhergehen; zudem die Anrufung, sich in jener Positioniertheit zu reflektieren – in spezifischen, teils ritualisierten Formen. Im Sinne des Privilegiendiskurses würde von mir erwartet, spätestens an dieser Stelle eine Selbstpositionierung abzulegen als (bezogen auf die hier im Zentrum stehenden Bewegungen) *weißer* cis-Mann. Mit dem Selbstpositionierungs-Akt wird nicht zuletzt performativ die Bereitschaft signalisiert, dem Diskurs zu folgen. Eine derartige Positionierung in diesem Text wirkte mindestens genauso sehr als eine Positionierung zum hier untersuchten Diskurs wie zu und in gesellschaftlichen Machtverhältnissen: Es hätte primär den Informationswert, ob ich mich auf die Anrufung des Privilegiendiskurses umdrehe oder nicht, und insofern den Diskurs affirmiere oder ablehne. Ich habe ein Unbehagen damit, den performativen Ansprüchen dessen zu folgen, was Gegenstand meiner Analyse ist. Gleichzeitig wäre es ein ebenso starkes (bloß negatives) Statement in Bezug auf den beforschten Diskurs, dies nicht zu tun. Beide Varianten dürften angesichts der beschriebenen polarisierten Debatte wie Plädoyers pro oder contra verstanden werden. Jenseits dieser zu einfachen dichotomen Logik versucht diese Analyse einen dritten Weg – der an dieser Stelle auch umfasst, über dürre Identitätsaspekts-Auflistungen hinaus meine Perspektive auf das Thema zu erläutern.[8] Zumal eine Selbstpositionierung als in Bezug auf die hier fokussierten Machtverhältnisse Privilegierter vermutlich bloß etwas explizieren würde, das geneigten Leser*innen (und gegenüber dem Projekt kritischen erst recht) bereits aus der Grundanlage des Projekts entgegenscheint: Denn dies ist die Position, aus der die Auseinandersetzung mit *allyship* besonders relevant scheint.

Diese Analyse nutzt eine andere Adressierung als es der Privilegiendiskurs meist tut: in der Form weniger ausgehend von eigenen Erfahrungen und persönlichen Erkenntnisprozessen, weniger persönlich in der Ansprache der

8 Meine Perspektive spezifisch auf die „pädagogischen Arenen" von Training und Workshop werde ich noch einmal konkreter in Kapitel 4 erläutern.

Leser*innen, sondern auf konventionellere Art (soziologisch-)wissenschaftlich, vielleicht auf diskursanalytische Art „objektivistisch“. Dieser Ebenenwechsel entspricht dem Anspruch, den Diskurs nicht einfach zu bedienen, sondern ihn zu analysieren – dabei jedoch das antirassistische und feministische Grundanliegen mit dem Diskurs zu teilen. Anders: Die Loyalität dieser Analyse gilt den Bewegungen, die vor der Frage stehen, wie sie intersektionale Konflikte gelingend bearbeiten können, und weniger der konkreten Antwort, die der Privilegiendiskurs darauf gibt. Die Disloyalität gegenüber der konkreten Antwort speist sich gerade aus der geteilten Überzeugtheit von der Dringlichkeit der Frage. Im Vokabular des Privilegiendiskurses ausgedrückt könnte dies heißen, die geforderte Reflexion auf die propagierten Formen der Reflexion selbst auszuweiten. Dabei habe ich immer wieder deutlich mit dem Material gerungen und mich daran gerieben; dies merkte ich beispielsweise an deutlich unterschiedlichen Tonfällen verschieden alter Notizen zu ein und derselben Quelle. Im Verlauf der Arbeit entstand dabei weder ein schlichtes Plädoyer pro oder contra Privilegiendiskurs, noch – so hoffe ich zumindest den Prozess als Erkenntnisfortschritt verstehen zu können – eine unentschiedene Balance beider Positionen, sondern eine tiefenschärfere Analyse.

Hintergrund meines Interesses am Privilegiendiskurs sind eigene Erfahrungen mit der Nachfrage nach Handlungsanleitung: So kenne ich selbst Momente, in denen ich mir ein Buch gewünscht hätte, das mir Schritt für Schritt erläutert, was ich politisch zu tun hätte – und ich kenne Momente, in denen ich selbst mit der Nachfrage konfrontiert war, eine solche Anleitung zu liefern, und in denen ich diese Nachfrage am liebsten erfüllt hätte: Wenn schon kein derartiges Buch verfügbar ist, muss ich es eben selbst schreiben... Genau diese Mangeldiagnose und diese Wünsche finden sich verblüffend regelmäßig im Material: wenn immer wieder die Leerstelle beschrieben wird, dass es an praktischer Handlungsanleitung für Privilegierte mangelt, und angesetzt wird, diese Lücke zu schließen (vgl. z. B. Kivel 1996: xi f.). Es werde, so Fidelma Ashe in ihrem Überblick über profeministische Männerbewegungen, immer wieder das Narrativ „about the novelty of an oppressor identity joining in common cause with an oppressed identity“ (Ashe 2011: 12) bemüht, das geschichtlich kontrafaktisch sei. Diese Motivation finde ich auch beim Wiederlesen meines allerersten öffentlichen Vortrags bzw. des daraus hervorgegangenen Buchbeitrags zu „antisexistischer Männerpolitik und Alltag“ (Scheele 2007) wieder. Der Vortrag fand statt im Rahmen einer Veranstaltungsreihe unter dem Titel „Das gute Leben – Linke Perspektiven auf einen besseren Alltag“, die die *A.G. Gender-Killer*, eine

Berliner queerfeministische (wie man heute wohl sagen würde, damals war das Label noch nicht so verbreitet) Gruppe, 2005 veranstaltete. Darin hantierte ich ebenso mit der Mangeldiagnose wie mit dem Privilegien-Vokabular, dem ich offenbar großes orientierendes Potential zuspreche, wenn ich postulierte, dass „im Alltag an einer klaren Perspektive auf einen Privilegienverzicht kein Weg vorbei" führe (Scheele 2007: 144). Beim Wiederlesen stellen sich bei mir die unterschiedlichsten Gefühle ein. So steht neben dem Stolz darüber festzustellen, dass es eine gewisse Kontinuität des eigenen Nachdenkens gibt und dass ich an bestimmten Themen „drangeblieben" bin, zugleich das Kopfschütteln über den nassforschen Gestus, mit dem der recht überladene Text durch verschiedenste Ebenen von Theoriereferat über Bewegungsgeschichte und Gegner(*innen)-Schmähung bis hin zu politischem Appell galoppiert, bis hin zu Scham darüber, in welchem Gestus ich dort agiere: Woher nahm ich die Gewissheit für die fordernden Statements? Wie funktionierte der performative Sprung aus einer Situation der (selbst-) diagnostizierten Ratlosigkeit in den Anspruch, Handlungsanleitung für Dritte liefern zu können? Jedenfalls wurde der Text offenbar spannend gefunden, und aus dem Buchbeitrag resultierten über mehrere Jahre Vortragseinladungen in verschiedene Städte, teils im Rahmen größerer (pro-) feministischer Veranstaltungen wie einem *Ladyfest*, einer *Antisexistische Praxen*-Konferenz oder einem *Macker Massaker*. Goutiert wurden offenbar zwar auch die theoretischen Erläuterungen oder die reihenschließende Polemik gegen antifeministische Männerbewegungen, aber besonderes Interesse galt den Handlungsanleitungen. Meine Wahrnehmung des Publikums war oft, dass Anleitungen gewünscht sind, mehr Anleitungen, bessere Anleitungen – mal explizit in Nachfragen, mal in kleineren Gesprächen nach der Veranstaltung. Ich erinnere mich an mein Gefühl angesichts eines Raums voller engagierter Menschen, die praxishungrig und mit gespitzten Ohren das Gehörte auf Handlungsanleitung abklopften, diese prinzipiell gern liefern zu wollen – doch woher nehmen? Vielleicht müsste sie nicht grundsätzlich neu entwickelt werden, sondern es ginge erst einmal darum zu sichten, was bereits Brauchbares vorliegt.

In diese Phase traten regelmäßige Aufenthalte in Toronto und intensiver Austausch mit queeren, antirassistischen, anti-ableistischen, linken Aktivist*innen dort, ausgehend insbesondere von einer politischen Austauschreise zu Behinderung und Geschlecht (2008, über die Naturfreundejugend Berlin). Das Kennenlernen dortiger politischer Praxen führte zu einem Außenblick auf das aus Deutschland und Berlin Gewohnte, ließ mir das „Eigene" fremd werden und beides unwillkürlich durch eine Vergleichs-Brille betrachten.

Beispielsweise klang ein Demonstrations-Redebeitrag in Toronto unerhört, der mit einer Vorstellung in der ersten Person Singular, vollem Vor- und Nachnamen, und einer Selbstpositionierung begann. Im Kontrast dazu war bei den in Berlin gewohnten Redebeiträgen der Name der Organisation, der die einen Text vorlesende namenlose Person angehört, das Maximum an Hintergrundinformation. Wie irritierend für in Berlin geprägte Ohren diese offensive Transparenz und persönliche Offenheit war, und zugleich wie kraftvoll und berührend sie sein konnte! In Berlin war ich zeitgleich in einer queerfeministischen Gruppe (in postautonomer Tradition) aktiv. Mir fiel erst Jahre später auf, das wir dort untereinander niemals mehr als zufällig oder flüchtig über unsere Identitäten gesprochen haben, insbesondere nicht über die thematisch naheliegenden Aspekte sexueller Orientierung und geschlechtlicher Identität. Der Kontrast zu den Erfahrungen in Toronto war offenkundig, und vertiefte das Interesse an den Varianten von Bewegungsdiskursen und -traditionen.

Zugleich ist mein Blick ebenfalls gefärbt von meinen beruflichen Erfahrungen in der Geschlechterpolitik, genauer: in der wissenschaftlichen Politikberatung zu Gleichstellungspolitik. Dies umfasst Tätigkeiten in der Geschäftsstelle für den Zweiten bzw. Dritten Gleichstellungsbericht der Bundesregierung (2015–2022) sowie zuvor im GenderKompetenzZentrum an der Humboldt-Universität Berlin (2003–2009), dessen Auftrag es war, insbesondere die Bundesverwaltung bei der Implementierung von Gender Mainstreaming zu beraten. Es trug in der Hochphase von Gender Mainstreaming[9] dazu bei, dessen breiten (da querschnittlichen) fachlichen Anspruch zu unterfüttern und die dazu notwendigen Wissensressourcen insbesondere aus der Geschlechterforschung zu bündeln und zu übersetzen. In dieser – auch internationalen – Aufbruchsstimmung arbeitete ich mit am kooperativen Wissensaufbau im „velvet triangle" (vgl. Woodward 2004) von Geschlechterforschung, feministischen Bewegungen und staatlichen Gleichstellungsakteuren, der zu transformativer Praxis politischer Institutionen beitragen sollte. Die Programmatik, Gleichstellungsorientierung z. B. durch gute, möglichst passgenaue Instrumente in den verschiedensten Handlungsfeldern zu verankern, hat mich fachlich geprägt. Ebenso ist mein Blick sicherlich eingefärbt von einer gewissen Bitterkeit über den politischen Abbruch dieses Vorhabens und das Verschwinden des aufgebauten

9 Zur Strategie Gender Mainstreaming vgl. die Homepage des (ehemaligen) GenderKompetenzZentrums: http://www.genderkompetenz.info/gendermainstreaming/ Für einen Überblick über jenes Jahrzehnt der Implementierung von Gender Mainstreaming in der deutschen Bundesverwaltung vgl. Lewalter et al. 2009.

Wissensstandes.[10] Aus dieser Erfahrung speist sich auch eine Ungeduld mit Ansätzen, die primär identitäts- oder bewusstseinsbildungs-orientiert ansetzen, und damit hinter den damals etablierten Stand des Querschnittsanspruchs und der Fachlichkeitsorientierung zurückfallen, der gerade beim vermeintlich „weichen" Politikfeld Geschlechterpolitik der hegemonialen privatistischen Blickverengung erst entrungen werden musste (vgl. Scheele 2011, oder in diesem Sinne kritisch zum anschließend aufgekommenen Ansatz „Männerpolitik" Geppert/Scheele 2013).

Die Arbeit der wissenschaftlichen Politikberatung kann beschrieben werden als Aufbereiten von Wissen für Akteur*innen der politischen Praxis sowie als Bewertung von möglichen Maßnahmen bezogen auf die Ziele jener politischen Akteur*innen, um ihnen informiertere Entscheidungen zu ermöglichen. Wenn diese Transfer-Dienstleistung prinzipiell sinnvoll – oder angesichts inkompatibler Funktionslogiken und Sprachen von Wissenschaft und Politik sogar notwendig – ist: Warum sie nicht adaptieren für andere Schnittstellen, beispielsweise von Akademie und Aktivismus? Könnte eine Dienstleistung, die Handlungsoptionen so aufbereitet, dass sie das Erreichen der eigenen Ziele erleichtert, nicht auch für politische Akteur*innen wertvoll sein, die typischerweise nicht auf derartige Beratung setzen? Wäre dies nicht eine wertvolle Perspektive auf die angesprochenen Wissensbestände und Erfahrungen sozialer Bewegungen? Und könnte eine Qualifikationsarbeit nicht in diesem Sinne als Dienstleistung für Bewegungen fungieren? Kurz: In der Anfangsphase verfolgte dieses Dissertationsprojekt eine derartige Richtung. Als etwas flapsig formulierte konzeptionelle Richtschnur schwebte mir etwas wie „Politikberatung für soziale Bewegungen" vor. Dieser Begriff stieß auf einer Konferenz zu kritischen Interventionen an der Grenze von Wissenschaft und Aktivismus, auf der ich mein Vorhaben vorstellte, auf „große Skepsis" (König/Steffen 2013: 272 im entsprechenden Tagungsband). Der Begriff Politikberatung war offenkundig nicht hilfreich,

10 Dieses Verschwinden schließt das Wissen darüber ein, dass jener Wissensstand überhaupt einmal existiert hat. So muss nach eineinhalb Jahrzehnten antifeministischer „Mythen und Vermischungen" (Frey 2014) leider eine antifeministische Diskurshoheit über Gender Mainstreaming konstatiert werden (vgl. Scheele 2016: 11f.). Es ist eingetreten, was Julia Roßhart bereits 2007 in einer Medienanalyse zum „Bedrohungsszenario Gender" prognostizierte:

> „Es zeichnet sich ab, dass sich einige Delegitimierungsstrategien über die Debatte hinaus verfestigen und Politiken rund um den Begriff ‚Gender' negativ besetzt werden." (Roßhart 2007: 99)

Mittlerweile finden sich im öffentlich kursierenden Wissen über Gender Mainstreaming nur selten der tatsächliche Gehalt der Strategie und fast nie die tatsächliche Geschichte ihres Aufstiegs und Abbaus.

den Zuschnitt des Projekts anschlussfähig zu erläutern. Am Rande der Tagung unterhielt ich mich mit der Politikwissenschaftlerin Isabell Lorey: Unter dem Eindruck der Rückmeldungen schilderte ich ihr meine in die Projektmotivation eingegangene Erfahrung, immer wieder mit engagierten, wissbegierigen, offenbar handlungsbereiten Menschen zu tun zu haben, die das Bedürfnis nach Handlungsanleitung äußerten. Sei es denn nicht politisch sinnvoll, dieses Bedürfnis aufzugreifen und es – beispielsweise durch eine Zusammenstellung von Handlungsoptionen – zu erfüllen zu versuchen? Sie fragte zurück, ob nicht eher dieses Bedürfnis problematisiert werden müsse. Die Antwort irritierte mich, ich fühlte mich ausgebremst in meinem Vorhaben mit seiner ganzen Dringlichkeit: Lieber eine mit allen akademischen Wassern gewaschene Meta-Analyse als ein Buch, das ich mir als Werkzeugkasten, als Rezeptsammlung vorstellte? Doch war nicht genau das Rezepthafte der *allyship* einer der Punkte, an denen ich mich gerieben hatte? Galt es womöglich für die Analyse des Privilegiendiskurses weniger zu klären „Welche Rezepte sind enthalten“, sondern vielmehr „Wie kommt es zu dieser Rezeptförmigkeit“?

Im Nachgang entwickelte sich das Vorhaben weiter. Die Analyse ging nun grundlegender vor – aber sollte bei aller Meta-Perspektive nicht den Blick auf Strategien verlieren und in Verbindung bleiben mit den Herausforderungen der Bewegungspraxis. Dies bedeutete, die Dringlichkeit ernstzunehmen, die sich im Wunsch nach Handlungsanleitung artikuliert: die Dringlichkeit für die Bewegungen, Umgangsweisen mit intersektionalen Konflikten zu finden. Das ist die Frage, auf die der Privilegiendiskurs eine Antwort zu liefern versucht. Diese Antwort zu kritisieren muss und darf nicht damit einhergehen, die Frage zu ignorieren. Daher soll versucht werden, im Dienste der Bewegungspraxis zu denken, also über die Frage auf eine Art nachzudenken, dass überzeugendere Antworten entwickelt werden können – wobei durchaus auf Elemente der kritisierten Antworten zurückgegriffen werden kann, die dann jedoch durch den Blick auf die Bewegungspraxis anders gerahmt sind.

Der Fokus auf Transfer hat diese Dissertation insofern zwar inspiriert, sie versucht jedoch nicht, die Transfer-Arbeit zugleich zu leisten. Gerade weil ich darum weiß, wie anspruchsvoll Transfer ist, und dass eine Übersetzung von Wissen für andere Akteur*innen und spezifische Anwendungskontexte aufwändig ist, habe ich großen Respekt vor dieser Aufgabe. Es mag bedauerlich sein, dass ein entsprechendes Transfer-Format nicht gleichzeitig (oder noch besser: vorgestern) vorliegt.[11] Ich verwende hier die verfügbare Kraft auf den ersten Schritt der Analyse, im Wissen, dass der notwendige Transfer in einem nächsten Schritt daran anzuknüpfen wäre.

Was bedeutet es – abschließend – eine Qualifikationsarbeit über ein „Herzensthema", noch dazu ein bewegungsnahes, kontrovers diskutiertes Herzensthema zu schreiben? In meinem Fall bedeutete es paradoxerweise, sich außerhalb der Schreib-Arbeit weniger damit zu befassen. Ganz banal bindet das Schreiben einer Dissertation, die doch den Bewegungen dienen soll, jene Energie, die direkt in Bewegungen fließen könnte. Eine Gesamtbilanz steht noch aus.

Das Schreiben einer solchen Arbeit ist nur durch die vielfältige Unterstützung Vieler möglich. Namentlich genannt sind sie soweit möglich in der Langversion der Arbeit (Scheele 2024: 18 f.) . An dieser Stelle möchte ich beschränken auf den Dank an all jene, die mir das Vertrauen schenkten, gemeinsam mit mir in Bewegungen aktiv zu sein. Ohne diesen Erfahrungshintergrund wäre die Arbeit nicht denkbar. Danke auch an alle, die zwischenzeitlich immer wieder Interesse an der Arbeit geäußert haben – das war sehr motivierend. Ich hoffe das Ergebnis ist für Euch relevant, interessant und vielleicht sogar hilfreich.

11 In der Anfangsphase des Dissertationsprojekts versuchte ich mich einmal in einem Transferformat: Aufgrund meiner Beschäftigung im Rahmen „der Diss", aber eher in der Rolle als verbundener Genosse, weniger als Wissenschaftler, war ich angefragt worden für einen Input in einer („gemischten") antirassistischen Gruppe, die sich davon Impulse für einen Konflikt versprach. Ich erinnere mich an mein Gefühl von Begeisterung für bestimmte Erkenntnisse, die ich mit der Gruppe teilen wollte, und von denen ich glaubte, dass sie für sie hilfreich sein könnten. Jedoch kann ich heute sogar mit Blick auf mein eigenes Handout nicht mehr genau sagen, welche begeisternden Erkenntnisse dies genau waren. Entsprechend habe ich den Verdacht, dass der Input damals stärker wirkte als Schritt im eigenen Erkenntnisprozess denn als für die Gruppe hilfreicher Beitrag, und insofern nicht als gelungener Transfer bezeichnet werden kann. Transfer ist eine anspruchsvolle, distinkte Aufgabe – unabhängig davon, ob die Zielgruppe Institutionen oder Bewegungen sind.

2. Konzeptionelle und methodische Grundlagen

Welches Verständnis von Diskurs liegt dieser Arbeit zugrunde? Was meine ich damit, wenn ich von „Privilegiendiskurs" spreche? Was bedeutet es, eine Genealogie der Verbündeten zu schreiben? Auf welche Art möchte ich das, was ich Privilegiendiskurs nenne, und dessen handlungsanleitendes Element „allyship"/„Verbündetenschaft" untersuchen?

Diskurs und Diskursanalyse

Der hier genutzte Begriff von Diskurs lehnt sich an Michel Foucault und die an ihn anschließenden Forscher*innen an. Diskurs bezeichnet – knappstmöglich – einen mit Macht verwobenen Wissensbestand. Eine Diskursanalyse untersucht die Struktur von Wissensbeständen, und die Regeln der Sagbarkeit, die sich in ihr offenbaren. Sie ist die Rekonstruktion machtvoller, handlungsanleitender Wissensbestände. Der Diskursanalyse geht es darum, „unter welchen Bedingungen etwas zum Objekt eines möglichen Wissens werden kann" (Foucault, zitiert nach Bublitz 2001: 235). Damit ist Diskursanalyse „erstens Konfliktanalyse – sie rekonstruiert diskursive Auseinandersetzungen, in denen die Diskursteilnehmer Deutungen für soziale und politische Handlungszusammenhänge entwerfen und um die kollektive Geltung dieser Deutungen ringen", und „zweitens stets Prozeßanalyse – die untersucht die Entstehung, die Verbreitung, die Institutionalisierung und den historischen Wandel mehr oder weniger kollektiv geteilter Deutungen für politische Ereignis- und Handlungszusammenhänge" (Schwab-Trapp 2001: 264). Insbesondere inspiriert ist die Perspektive dieser Arbeit von der Wissenssoziologischen Diskursanalyse (vgl. Keller 2004, 2005).

Die „formulierbaren Inhalte" (Keller 2004: 62), die Sagbarkeiten, werden in der Diskursanalyse in zweierlei Hinsicht befragt:

> „Wer darf legitimer Weise wo sprechen?
> Was darf/kann wie gesagt werden?" (ebd.)

Die Frage danach, wer legitimer Weise sprachen darf, deutet auf die vom jeweiligen Diskurs implizierte Subjektposition hin. Dies sind

> „im Diskurs konturierte, mehr oder weniger stark auch institutionell stabilisierte ‚Orte' für bzw. Erwartungen und Angebote an mögliche Sprecher (Sprecherposition; z. B. durch Voraussetzung spezifischer Qualifikationen) oder Adressaten (z. B. angebotene Kollektiv-Identität; Modelle des ‚umweltbewussten Bürgers')" (Keller 2004: 65).

Konkrete Fragestellungen der Wissenssoziologischen Diskursanalyse sind beispielsweise:

> „Wann taucht ein spezifischer Diskurs auf oder verschwindet wieder?
> Wie, wo, mit welchen Praktiken und Ressourcen wird ein Diskurs (re-)produziert?
> Welche Formationen der Gegenstände, der Äußerungsmodalitäten, der Begriffe, der Strategien enthält ein Diskurs?
> Welche Akteure besetzen mit welchen Ressourcen, Interessen, Strategien die Sprecherpositionen?
> Wie lässt sich ein Diskurs auf raum-zeitlich mehr oder weniger weit ausgreifende soziale Kontexte beziehen?" (Keller 2004: 66)

Wissenssoziologische Diskursanalyse zielt auf Kontextualisierung und Historisierung ab. Foucaultsche Diskurstheorie und Diskursanalyse sind bislang – im Unterschied zur regen Rezeption in vielen anderen Bereichen der Sozialwissenschaften – im Mainstream der Bewegungsforschung kaum aufgegriffen worden, wie Baumgarten/Ullrich (2012) verwundert feststellen. Sie argumentieren, dass mit der Diskurstheorie die „Kontextbedingungen von Aktivismus stärker berücksichtigt" werden können (ebd.: 0). So können die Zusammenhänge zwischen den Deutungsrahmen (*frames*) sozialer Bewegungen und den bewegungsexternen, hegemonialen Deutungsrahmen betrachtet werden. Reiner Keller versteht Deutungsrahmen als „allgemeine, typisierbare Bestandteile gesellschaftlicher Wissensvorräte" (Keller 2001: 132) und erläutert:

> „Ihre zusätzliche Funktion in Diskursen besteht in der Herstellung von Passungsverhältnissen, d. h. Resonanzgrundlagen für diskursspezifische Anliegen bei einem breiteren Publikum. Ihr darin begründetes Mobilisierungspotential wird von kollektiven Akteuren strategisch genutzt." (ebd.)

Mit einer derartigen Kopplung an diskurstheoretische Überlegungen gerät dann die Frage in den Blick, wie nicht nur soziale Bewegungen Rahmungen der Gesellschaft aufgreifen, um an sie (erfolgreich) anzuknüpfen und Resonanz zu erzielen, sondern wie Rahmungen der Gesellschaft auch die Wissensproduktion sozialer Bewegungen prägen (vgl. Baumgarten/Ullrich 2012: 8). In diesem Sinne kann Foucault dazu beitragen zu erklären „why some frames are more resonant than others“ (ebd.: 7). Mit einem foucaultschen Verständnis von diskursivem Kontext können somit diskursive Kontinuitäten zwischen sozialen Bewegungen und hegemonialen Diskursen betrachtet werden, statt es bei der oberflächlichen Setzung von sozialen Bewegungen als ausschließlich oppositionell zu belassen.

Der Privilegiendiskurs – eine Arbeitsdefinition

Welche Regelmäßigkeiten machen es plausibel, von einem Privilegiendiskurs als Diskurs, als diskursive Einheit, zu sprechen? Mit folgender, von den ersten Lektüren einschlägigen Materials in der Anfangsphase des Projekts informierter Arbeitsdefinition bin ich an die Analyse des Materials eingestiegen und habe sie im Fortschreiten rekursiv gesättigt. Der Privilegiendiskurs lässt sich danach beschreiben als eine starke Verbindung dreier Elemente.

Epistemologie: „... kann nicht erkennen...“

Der Privilegiendiskurs nutzt zentral den Privilegien-Begriff im Sinne seiner relationalen, strukturellen Bedeutung, das heißt mit seiner impliziten Aussage über Ungleichheit, die ungleiche Verteilung von Ressourcen. Diese Aussage über Ungleichheit wird zentral mit einer epistemologischen Ebene versehen: Die Position in der Ungleichheitsrelation beeinflusst die Erkenntnismöglichkeiten über diese Ungleichheit. Konkret bedeutet dies: Die klarste, da nicht vom Interesse am Machterhalt gefärbte oder grundsätzlich vom Interesse am Nicht-Erkennen der Ungleichheit blockierte Perspektive besitzen die jeweils Marginalisierten: den „Scharfblick der Ausgeschlossenen“, wie es Pierre Bourdieu (1997: 196) im Kontext der männlichen Herrschaft nennt. Die marginalisierte Position ist somit epistemologisch privilegiert; die privilegierte Position hingegen epistemologisch „unterprivilegiert“.[12]

Hier greift der Privilegiendiskurs zurück auf Traditionen von Standpunkttheorien (seien sie marxistisch und/oder feministisch und/oder antirassistisch; vgl. beispielsweise Hartsock 1987, Harding 1994, Singer 2005). Auf die Privilegierten bezogen wird daraus im Privilegiendiskurs zugespitzt: Sie können die Ungleichheit nicht erkennen, und auch das Phänomen der eigenen Privilegiertheit nicht. Aufgrund dieses Theorems spielt das Problem des Erkennens der eigenen Privilegien, die Frage, wie dies trotz dieser positionsbedingten Unfähigkeit möglich sein kann, und die Handlung, eigene Privilegien und Privilegiertheit zu erkennen und anzuerkennen, eine zentrale Rolle. Inwiefern die privilegierte Position die Erkenntnis verunmöglicht oder bloß erschwert, ob es sich also bei diesem epistemologischen Theorem um eine absolute oder eine graduelle Aussage handelt, ist Teil der Verhandlungen innerhalb des Privilegiendiskurses.

Individualismus: „Ich als Privilegierte*r“

Der Privilegiendiskurs geht konzeptionell von Individuen aus: Sie sind es, die „Privilegien haben“, die „privilegiert sind“, die einen Umgang mit ihren Privilegien finden müssen oder sollen. Dieser Fokus besteht sowohl in der Analyse als auch in den Handlungsvorschlägen.

Der konzeptionelle Individualismus bedeutet für die Analyse, dass von Machtverhältnissen insbesondere die personale Dimension betrachtet wird: individuelle Handlungen und Alltagspraxen (beispielsweise auch sprachliche Praktiken), den Umgang von Personen miteinander, sowie Bewusstseinsphänomene (beispielsweise Vorurteile). Der individualistische Blick

12 Die feministischen Bewegungsforscher*innen Sara Motta et al. beschreiben diesen Gedanken als zum einen geläufig in postkolonialer Theorie, zum anderen als altbekannt aus Hegels Herr/Knecht-Szenario:

> „This claiming of privileged standpoint is in fact common in post-colonial theories and echoes Hegels' discussion of the master-slave, where the slave has a more comprehensive view of the world because s/he must take the view of the master as well as her/his own.“ (Motta et al. 2011: 14)

Den Kern des Gedankens beschreibt Dagmar Schultz im 1993 im Orlanda-Frauenverlag erschienenen Sammelband *Entfernte Verbindungen: Rassismus, Antisemitismus, Klassenunterdrückung* pointiert:

> „Die Unterdrückten wissen immer mehr über ihre UnterdrückerInnen als umgekehrt. Das ist Überlebenssache.“ (Schultz 1993a: 165)

auf Machtverhältnisse verdeutlicht sich beispielsweise in der den Privilegiendiskurs prägenden Metapher des „Rucksacks" (vgl. McIntosh o. J., siehe Kapitel 4.1), die ein „Verständnis von Privilegien als Ressourcen in persönlicher Verfügungsgewalt" (Kerner 2013: 291) nahelegt.[13]

Für die Handlungsvorschläge bedeutet der konzeptionelle Individualismus, dass die Frage nach dem „Was tun?" als eine individuelle verhandelt wird: sie wird beantwortet mit Forderungen zum einen nach Veränderung von individuellen Handlungen und Alltagspraxen, interpersonalem Verhalten, Bewusstseinsphänomenen (beispielsweise Bewusstseinsbildung oder „Verlernen" von Vorurteilen); zum anderen nach einem Aktivismus, der ebenfalls von individuellen Aktivist*innen und ihren Interaktionen (untereinander oder mit bewegungsexternen Individuen) aus gedacht wird.

Handlungsanleitung: „Wie man gute*r Verbündete*r wird"

Der Privilegiendiskurs beinhaltet eine an Privilegierte gerichtete Handlungsanleitung. Diese expliziert, welcher Umgang mit ihrer Privilegiertheit im progressiven (feministischen/antirassistischen) Sinne sinnvoll oder wünschenswert wäre. Diese Handlungsanleitung verdichtet sich im Konzept der „allyship": Die privilegierte Person, die diese Handlungsanleitung erfolgreich erfüllt, ist der*die „Verbündete" (englisch: „ally"). Mit dem Begriff der „Verbündeten" liegt eine explizite Benennung der zentralen Subjektposition (s.o.) des Privilegiendiskurses vor, die einzunehmen der Diskurs fördert und fordert. Die Handlungsanleitung, die häufig in der Form von Listen oder in durch Schritte strukturierten Programmen präsentiert wird, leitet dabei an, Verbündete*r zu werden.

Das Erkennen der eigenen Privilegiertheit (beispielsweise als „Privilegien/Privilegiertheit reflektieren", „Selbstreflexion") ist wichtiger Teil der Handlungsanleitung. Sie gibt damit einerseits Antwort auf die sich u. a. durch die epistemologischen Grundannahmen aufdrängende – und empirisch im Diskurs immer wieder auftauchende – Frage „Was kann und soll ich tun?" in der privilegierten, also epistemologisch *unter*privilegierten Lage. Andererseits entspricht die Handlungsanleitung als spezifische

---

13 Dass McIntosh diesen Rucksack zudem „unsichtbar" nennt, verweist wiederum auf die epistemologischen Grundannahmen. Dabei gilt, wie Lorey (2007) herausstellt:

> „Dass er für andere sichtbar ist, spielt in diesem Kontext keine Rolle, denn hier werden die einzelnen Subjekte mit ihren Wahrnehmungs- oder Nichtwahrnehmungspraktiken angesprochen."

Variante politisch-praktischer Schlussfolgerungen in ihrer Form dem konzeptionellen Individualismus: als Handlungsanleitung für Individuen, mit dem Ziel ein Individuum mit bestimmten Fähigkeiten und Handlungen zu werden, mit einer bestimmten Bezeichnung, einem Prädikat, einer bestimmten moralischen Qualität.

Genealogie und Subjekt

Genealogie in foucaultscher Tradition bedeutet, gegenwärtige Wissensbestände, „selbstverständlich" Wirkendes als historisch-politisch-sozial Gewordenes zu analysieren, ja den Prozess des „Selbstverständlich-werdens" nachzuzeichnen. Das Nachzeichnen der Entstehung des gegenwärtig Sagbaren führt seine Kontingenz vor Augen. Foucault greift damit Nietzsches Interesse auf

> „an der potenziell kritischen Historisierung von etwas, dessen Geschichte bisher keine Rolle gespielt hatte, nämlich von moralischen Einstellungen, Werten, Idealen, Normen und institutionalisierten Denkweisen" (Saar 2003: 160).

Eine „genealogische Diskursanalyse" (Keller 2004: 51) bringt im Blick auf einen gegenwärtigen Diskurs die geschichtliche Dimension hinein. Sie schreibt eine Geschichte der Gegenwart, also forscht von der Gegenwart zurückgehend nach diskursiven Traditionslinien. Eine Genealogie ist damit „die Analyse der Bedingungen gegenwärtigen Wissens" (Bublitz 2001: 257).

In welcher Weise erzielt eine Genealogie einen kritischen Effekt? In welcher Weise spricht die „Gewordenheit" gegen ein Objekt? Die Methode der Genealogie verspricht, dass mit ihr „die Einsicht in die Geschichtlichkeit und die spezifische Herkunft der von ihr untersuchten Gegenstände einen kritischen Sinn bekommt, die Kritik des Heute also mit einem Wissen des Gestern zusammenfällt." (Saar 2007: 9). Auch wenn das Nachzeichnen des Sagbaren und damit der Nachweis historischer Kontingenz auf den ersten Blick „neutral" erscheint, ist er dennoch als solches bereits kritisch, in unterschiedlichem Grade:

> „[D]as Geringste, was er tut, ist das In-Frage-Stellen des bisher Unbefragten, das Äußerste das Stürzen von Autoritäten, deren Selbstverständnis keine Kontingenz im Zustandekommen, kein mögliches Anders-Sein zulässt. In den meisten Fällen liegt sein Effekt zwischen

> diesen Polen und erwirkt eine relativierende Kontextualisierung, ein Reflexivwerden von Überzeugung angesichts der realen Gewordenheit.“ (Saar 2003: 163)

Die Genealogie folgt einem Kritikverständnis, das Foucault folgendermaßen beschreibt:

> „Kritik heißt nicht, dass man lediglich sagt, die Dinge seien nicht gut so, wie sie sind. Kritik heißt herauszufinden, auf welchen Erkenntnissen, Gewohnheiten und erworbenen, nicht reflektierten Denkweisen die akzeptierte Praxis beruht. [...] Kritik ist der Versuch, dieses Denken aufzustöbern und zu verändern. Sie zeigt, dass die Dinge nicht so selbstverständlich sind, wie man meint, damit sie nicht mehr so selbstverständlich hingenommen werden. Kritik heißt, Dinge, die allzu leicht von der Hand gehen, ein wenig schwerer zu machen.“ (Foucault 2005a: 221 f.)

Die Regeln der Sagbarkeit bestimmen die Dinge, die „allzu leicht von der Hand gehen“, die „selbstverständlich“ (nicht) als Problem gelten. Die Phänomene der „Selbstverständlichkeit“, „Sagbarkeit“ und (negativ formuliert) „Unhinterfragbarkeit“ sollten dabei nicht absolut gedacht werden. Vielmehr existieren sie in graduellen Ausprägungen, und dürften in absoluter Form kaum aufzufinden sein, da empirisch auch in hegemonialem Wissen überall Umkämpftheit und Widersprüchlichkeit zu erwarten ist. Diese graduellen Formen des allzu Leicht-von-der-Hand-Gehens könnten umschrieben werden mit Begriffen wie „unmittelbare Eingängigkeit“, „reibungsfreie Anknüpfungsfähigkeit“, „schnelle Griffbereitheit“ oder „naheliegende Entgegnung“ (beispielsweise als Reaktion auf Hinterfragen).

Durch die genealogische Rekonstruktion der in bestimmte Wissensinhalte eingeflossenen Kämpfe werden „vermeintlich an sich zu betrachtenden gegenwärtigen Problematiken [...] auf andere, tieferliegende und ältere Problembereiche beziehbar“, und „das, was als Problem gilt [wird transformiert], indem sie seine Geschichte und damit seine Voraussetzungen freilegt.“ (Saar 2007: 314 f.).

Kurz sei noch auf Stilfragen der Genealogie eingegangen. Denn Martin Saar postuliert, dass Genealogien einen bestimmten Stil besitzen müssten, um den beschriebenen kritischen Effekt zu erzielen: sie nutzten insbesondere „die dramatische Zuspitzung, die Hyperbole, die Übertreibung“ (Saar 2003: 175), ein „Arsenal an Dramatisierungs- und Überspitzungsmitteln“ in einer „intendierten und effektvollen Einseitigkeit" (Saar 2007: 316). Auch in diesem Punkt nutze ich seine systematisierende Rekonstruktion bloß als Werkzeugkasten; diese Arbeit zielt nicht grundsätzlich auf derartige Stilmittel ab. Jedoch liegt das Hyberbolische, die Einschätzung, ob diese Arbeit übertreibend oder überspitzend argumentiert, sicherlich auch im Auge der* Betrachter*in. Gerade im Fall des Privilegiendiskurses dürften die Betrachter*innen häufig starke Voreinschätzungen der ein oder anderen Art mitbringen, vermutlich seltener Gleichgültigkeit; dies dürfte ihre Wahrnehmung des Stils wie des Kritikgehalts generell beeinflussen.

Insbesondere eignet sich die Perspektive der Genealogie für den Gegenstandsbereich von Selbst, von Subjekt und Selbstverhältnis:

> „Bei Genealogien geht es auf eine interessante und konstitutive Weise um Subjekte oder das Selbst, d. h. um etwas, dem es ‚um sich selbst geht' [...], um Selbstbeziehung und um (eine noch näher zu bestimmende) Reflexivität." (Saar 2003: 159)

Foucault ist dabei insbesondere interessiert an der Geschichte

> „[...] der Art und Weise, wie die Individuen aufgerufen sind, sich als Subjekte moralischer Verhaltensführung zu konstituieren: Diese Geschichte wird die Geschichte der für die Herstellung und Entwicklung der Selbstbeziehungen, für die Reflexion über sich, die Erkenntnis, die Prüfung, die Entschlüsselung seiner selbst durch sich, die Verwandlungen, die man an sich selbst vorzunehmen sucht, vorgeschlagenen Modelle sein. Man könnte das Geschichte der ‚Ethik' und der ‚Asketik' nennen, verstanden als Geschichte der Formen der moralischen Subjektivierung und der Selbstpraktiken, die zu ihrer Aufrechterhaltung bestimmt sind." (Foucault 2005c: 683)

Die Genealogie ist dann eine „historische Gewordenheitskritik von spezifischen Subjektformen" (Saar 2003: 171), sie erzählt „dem Subjekt die Geschichte der Machtwirkungen auf es selbst" (Saar 2003: 169), und konfrontiert somit „vorhandene Identitäten mit unerwarteten und irritierenden Beschreibungen ihrer Gewordenheit" (Saar 2007: 15). Die genealogische Kritik untersucht in diesem Sinne die Herkunft von Verbündeten als „gegenwärtigen Formen von Subjektivität" (Saar 2007: 15).

Für die empirische Untersuchung von Subjektivierungsweisen lohnt sich eine weitere Ausdifferenzierung. Foucault beschreibt vier Hauptaspekte, auf die Subjektivierungsweisen untersucht werden können (vgl. Foucault 1986: 37 ff., siehe auch 2005b: 475 ff., überarbeitet wiederveröffentlicht als 2005d: 759 ff., 2005c: 680 ff.). Diese vier Aspekte, die später zur empirischen Analyse der Subjektivierungsweise „Verbündete*r" genutzt werden (Kapitel 5), sollen hier kurz eingeführt werden.

1. Ethische Substanz:

„Der erste Aspekt betrifft den Anteil seiner selbst oder das Verhalten, der oder das in einem Verhältnis zu einer moralischen Verhaltensführung steht." (Foucault 2005d: 760). Die ethische Substanz meint „diesen oder jenen Teil seiner selbst", den das Individuum „als den Grundstoff seiner moralischen Verhaltensführung konstituieren muss" (Foucault 2005c: 680). Eversberg/Schmelzer formulieren als diesbezügliche Frage: „Was genau regeln die moralischen Verhaltensvorschriften, was soll durch sie ‚regiert' werden?" (2017: 85) Beispielhaft könnten dies Lebensbereiche wie Ernährung und Sexualität sein, möglicherweise jeweils in Hinsicht auf Äußerungen und Handlungen, oder auch auf innere Haltungen, Gedanken oder Gefühle, auf die das Subjekt Einfluss nehmen solle.

2. Subjektivierungsmodus:

Foucault nennt dies „den Modus, gemäß dem die Individuen die moralischen Verpflichtungen anzuerkennen haben, die ihnen auferlegt sind" (Foucault 2005d: 760), die „Art und Weise, wie das Individuum sein Verhältnis zur Regel einrichtet und sich für verpflichtet hält, sie ins Werk zu setzen" (Foucault 1986: 38) oder – weniger von Seiten des Subjekts, sondern von Seiten der Anrufung aus gedacht – „die Art und Weise oder den Modus, wodurch man die Leute dazu einlädt oder anhält, ihre moralischen Verpflichtungen anzuerkennen" (Foucault 2005b: 477). Eversberg/Schmelzer (2017: 85) formulieren, näher an einer empirischen Operationalisierbarkeit: „Was ist die Quelle der Regeln der moralischen Selbstbearbeitung?" Diese Quelle ist die legitimatorische Grundlage für die eigene Verpflichtung, ein bestimmtes Selbstverhältnis zu entwickeln und zu pflegen. Beispiele könnten göttliche

Gebote, natürliche Gesetze, wissenschaftliche Erkenntnisse, allgemeine Vernunftregeln, ein ästhetisches Ideal sein.

3. Praxis des Selbst:

„Welches sind die Mittel, dank welcher wir uns umgestalten können, um zu moralischen Subjekten zu werden?" (Foucault 2005d: 759) Dabei meint „moralische Subjekte" selbstverständlich keine normative Bewertung von außen, sondern die immanente Übereinstimmung mit der jeweils spezifischen Moral, der Subjektivierung im Sinne der jeweils spezifischen Anrufung. Geläufige Beispiele für diese Selbstpraktiken/Selbsttechnologien, oder „Formen der ‚Ausarbeitung' der ethischen Arbeit, die man an sich selbst vollzieht" (Foucault 2005c: 681) – Opitz spricht von „Selbstformierungstätigkeit" (Opitz 2004: 77) – sind das Beichten, Tagebuch führen, Gebet, Sport, Askese in einem weiten Verständnis.

4. Teleologie:

Die Teleologie beschreibt die Zielebene, das Ideal, auf das die jeweiligen Selbstverhältnisse abzielen, das zu erreichen oder dem sich anzunähern sie versprechen, der „Seinszustand, der auf diesem Wege erreicht werden soll" (Eversberg/Schmelzer 2017: 86). Foucault formuliert die Frage nach diesem Aspekt so: „Welche Art Sein wollen wir werden, wenn wir ein moralisches Verhalten haben? Müssen wir zum Beispiel rein, unsterblich, frei, Herr unserer selbst, usw. werden?" (Foucault 2005d: 762) Weitere Beispiele, auf die bestimmte Subjektivierungsweisen abzielen, wären die „Fähigkeit zu individueller Autonomie und/oder zur Führung anderer, körperlicher und/oder geistiger Überlegenheit oder auch ein gemeinschaftliches Leben mit anderen" (Eversberg/Schmelzer 2017: 86)

Diese vier Aspekte haben „zugleich Beziehungen untereinander und eine gewisse Unabhängigkeit für jeden von ihnen." (Foucault 2005d: 762). So kann beispielsweise das Ziel der Reinheit zusammenhängen mit Praktiken der Reinigung (z. B. „eine Art Entzifferungs- oder Purifikationstechnik", Foucault 2005b: 479).

Kritik von etwas Kritischem?

Mit dem Konzept der Subjektivierung wird der Blick insbesondere darauf gerichtet, wie die Subjekte gerade dadurch handlungsfähig werden, indem sie sich einer mächtigen Ordnung unterwerfen. Diese Perspektive bestimmt auch die Genealogie:

> „Die Genealogie richtet sich auf Fälle, in denen Praktiken, die wir selbst vollziehen, Ordnungen aufrechterhalten, die uns schaden, obwohl wir gleichzeitig an sie glauben, oder die wir, aus der Distanz betrachtet, verwerfen würden als solche, die uns schaden. Weil wir diese Distanz zu den vielen alltäglichen Verrichtungen und Routinen, die Institutionen und Sinnstiftungen am Leben erhalten, nicht haben und weil uns der Preis, sie uns zu verschaffen, zu hoch erscheint, werden wir zu Komplizen der schädlichen Ordnung.“ (Saar 2007: 331)

Gerade diese Komplizenschaft, und die Komplikationen, die sich aus der Komplizenschaft ergeben, gerade wenn sich die jeweiligen Subjektivierungsweisen und Diskurse selbst als kritisch verstehen, sind das Objekt der Kritik der Genealogie:

Um genauer zu betrachten, welcher Art die „Schädlichkeit“ für einen Bewegungskontext ist, möchte ich auf einige Gedanken von David Owen zurückgreifen. Er beschreibt das Untersuchungsobjekt einer Genealogie mit der Metapher vom „Gefangensein in einem Bild oder einer Perspektive“ (Owen 2003: 122). Dies könne man – in Unterscheidung vom „falschen Bewusstsein“ der Ideologiekritik – „eingeschränktes Bewußtsein“ nennen (ebd.). Die „Schädlichkeit“ dieser Bilder oder Perspektiven besteht in den Einschränkungen in jeweils relevanter Hinsicht:

> „Freilich motiviert nicht schon der bloße Umstand, daß wir einem Bild oder einer Perspektive gefangen sind, die Genealogie. Entscheidend ist, daß diese Gefangenschaft uns in den für uns wichtigen Hinsichten daran hindert, uns als Subjekte oder Akteure zu begreifen.“ (Owen 2003: 133)

Das Kriterium der Schädlichkeit könnte also auch spiegelbildlich mithilfe des Kriteriums der Nützlichkeit beschrieben werden: als die Frage, ob eine Perspektive – in einer Hinsicht, „die uns wichtig ist“ (ebd.) – den selbstgesetzten Zielen zu- oder abträglich ist. Konkret auf eine Subjektivierungsweise bezogen bedeutet dies zu fragen, ob sie – analytisch – beim Begreifen der Machtformen hilft, denen die Subjekte unterworfen sind, oder ob sie daran hindert, und ob sie – praktisch – Handlungsfähigkeit beim Erreichen der selbstgesetzten Ziele fördert oder begrenzt. Welche Form der Intelligibilität von (Bewegungs-)Subjekten, Bewegungsforderungen, welche Form der Handlungsfähigkeit von Bewegungsakteur*innen gehen mit der jeweiligen Subjektivierungsweise einher? Welche werden dadurch eher verstellt, oder durch Nicht-Beachtung marginalisiert? So kann die Intelligibilität, die Resonanzfähigkeit als Erfolgsbedingung in einem bestimmten diskursiven Kontext, zugleich die Unterwerfung unter diesen diskursiven Kontext, unter hegemoniale Rahmungen bedeuten. Die Genealogie kann in dieser Hinsicht zur Selbstaufklärung aufklärerischer Bewegungen beitragen, und „erfüllt […] ihren ureigenen Zweck, Selbstbewußtsein eines Prozesses der Aufklärung und Emanzipation zu sein" (ebd.: 137).

Eine Bestärkung kritischer Perspektiven kann eben auch darin bestehen, auf die Grenzen gegenwärtiger kritischer Aktivitäten oder Diskurse hinzuweisen: auf die „Komplizenschaft" mit „schädlichen Ordnungen" (siehe oben), bzw. auf die Formen von Handlungsfähigkeit, die diese diskursive Komplizenschaft freisetzt, und auf die Grenzen, die sie der Handlungsfähigkeit gleichzeitig setzt. Dabei geht es weniger um den einfachen Nachweis einer „Kontamination" durch die „schädliche Ordnung", durch hegemoniales Diskurse, sondern um das konkrete Funktionieren der kritischen Diskurse und ihrer Verwobenheit mit hegemonialen Diskursen sowie den Gründen dafür. Wenn wir Diskursanalyse und Genealogie als dekonstruktivistische Vorgehensweisen verstehen wollen, geht es bei dieser Kritik, die unmittelbar die Dinge „ein wenig schwerer macht" (Foucault 2005a: 222), um Kritik an etwas Nützlichem:

> „Wenn ich Dekonstruktion richtig verstehe, ist Dekonstruktion nicht das Aufzeigen eines Irrtums und gewiß nicht das Aufzeigen anderer Leute Irrtümer. Die Kritik in der Dekonstruktion, die ernstzunehmendste Kritik in der Dekonstruktion, ist die Kritik an etwas, das äußerst nützlich ist, an etwas, ohne das wir gar nichts ausrichten können." (Spivak 1989, zitiert nach Butler 1995: 49)

Auch Foucault verbindet den kritischen Effekt einer Genealogie keineswegs mit einem Plädoyer für Handlungsabstinenz:

> „Ich möchte gern die Genealogie der Probleme, der Problematiken durchführen. Ich suche nicht zu behaupten, alles sei schlecht, sondern, alles sei gefährlich – was nicht genau dasselbe ist wie schlecht. Wenn alles gefährlich ist, dann haben wir eben stets etwas zu tun. Folglich führt meine Position nicht zur Apathie, sondern im Gegenteil zu einem pessimistischen Hyper-Aktivismus." (Foucault 2005b: 465)

Übertragen auf den vorliegenden Diskurs wäre es Apathie, sich von den „Fragen", auf die der Privilegiendiskurs zu antworten versucht, zurückzuziehen, sie unbearbeitet zu lassen – und die „Gefahr" der gewählten Antwort, deren Erkennen zu „Hyper-Aktivismus" anspornen könnte, wäre die Gefangenschaft in einer Perspektive, die schädlich ist bezogen auf wichtige Aspekte der eigenen Handlungsfähigkeit.

3. Schlaglichter auf drei Quellen aus intersektionalen Bewegungskonflikten

Dieses Kapitel wirft „Schlaglichter“ auf einzelne Quellen, die aus intersektionalen Bewegungskonflikten stammen: aus Binnen-Bewegungs-Konflikten, in denen die (imaginierte) Einheit der Bewegung nicht mehr trug und aufbrach, in denen Differenzen von Positionierungen innerhalb der Bewegungen sichtbar und diskutiert wurden, und in denen es um die daraus zu ziehenden Konsequenzen für die jeweilige Bewegung ging. Die Quellen stellen jeweils Handlungsbedarf fest und schlagen unterschiedliche Umgangsweisen vor. Sie stammen aus verschiedenen Bereichen antirassistischer und feministischer Bewegungskontexte, und unterscheiden sich in Form, Inhalt und Zielgruppe. Im Einzelnen handelt es sich um die folgenden drei Quellen: das Papier *Drei zu eins – Klassenwiderspruch, Rassismus und Sexismus* (Viehmann et al. 1991, erstveröffentlicht 1990), die Broschüre *Kulturelle Etikette – Ein Ratgeber für die wohlmeinende Antirassistin* (Three Rivers 1994, Erstveröffentlichung auf Englisch 1990) und die Broschüre *Den Faden weiterspinnen – Möglichkeiten der Zusammenarbeit von Immigrantinnen, im Exil-lebenden und deutschen Frauen* des Internationalen Frauenplenums Berlin (1995). Zusammengedacht illustrieren sie zum einen, wie breit intersektionale Konflikte existierten und eine dringliche Herausforderung für die Bewegungen darstellten, und zum anderen, wie zu ihrer Lösung – neben Elementen anderer Diskurse – Elemente des Privilegiendiskurses herangezogen wurden. Um diese diskursive Zusammensetzung geht es besonders in den schlaglichtartigen Analysen: Welche Elemente des Privilegiendiskurses werden genutzt? An welche anderen diskursiven Traditionen wird angeknüpft? Die Analyse können metaphorisch als „Sondierungen“ gedacht werden: wie punktuelle Bodenproben, um den Gehalt bestimmter Elemente und ihre Mischungsverhältnisse zu bestimmen. Die drei Quellen, auf die jeweils ein derartiges Schlaglicht gerichtet wird, haben durch ihre Verbreitung ihre Anschlussfähigkeit an und in den Bewegungsdebatten dokumentiert. Es handelt sich entsprechend dem genealogischen Anspruch nicht um tagesaktuelle Quellen; sie entstammen mit Anfang/Mitte der 1990er Jahre einer Zeit – zumindest im deutschsprachigen Raum – vor dem Abschluss des Prozesses der Verfestigung des Privilegiendiskurses. Andersherum gedacht können die in den Quellen genutzten Elemente anderer Diskurse und

Rahmungen inspirierend sein für die gegenwärtige Suche nach Öffnungen jenseits konzeptioneller Verengungen des Privilegiendiskurses.

3.1 Zusammenhängende Machtverhältnisse – An den Grenzen der autonomen Politik der ersten Person

> „Die Gesamtheit der Unterdrückungen, die hier Thema sind, kann gar nicht durch unmittelbare Erfahrungen von allen erkannt werden.“ (Viehmann et al. 1991: 44)

Ein Schlaglicht auf das Diskussionspapier *„Drei zu eins – Klassenwiderspruch, Rassismus und Sexismus*“ von Klaus Viehmann und Genossinnen/Genossen (1990)

Der Kontext des „Drei zu eins-Papiers“ und seine Adressatin ist die autonome Linke in Deutschland. Damit ist eine linksradikale Szene oder Bewegung gemeint, die sich Anfang der 1980er Jahre rund um verschiedene thematischen Kämpfe (u. a. Anti-Atomkraft, Hausbesetzungen) in Abgrenzung zu vorhergehenden linken Bewegungen entwickelte. So setzten sich die Autonomen deutlich ab sowohl von vorherigen linksradikalen Organisationen, insbesondere den in den 1970ern starken K-Gruppen, als auch vom Modell der Partei, seien es bestehende sozialdemokratische oder kommunistische linke Parteien oder Parteineugründungen. In manchen ihrer Charakteristika standen die Autonomen in Kontinuität zu den „Spontis“, Neuen Sozialen Bewegungen wie den feministischen Bewegungen und dem linksalternativen Milieu. So entwickelten sich die Autonomen als ein organisationsloses Modell, das heißt eher nach dem Modell einer Szene, in der Organisation nach dem Modell unabhängiger informeller Kleingruppen stattfand, und die von einer starken Verzahnung von Aktivismus und Alltag, Politik und Lebenswelt geprägt war (vgl. Haunss 2004: 79 f.). Selbstverständnis ist es, wie ein programmatisches Papier von 1982 ausführt, im Sinne einer „Politik der ersten Person“ (vgl. Haunss 2004: 115 f.) von den eigenen Interessen auszugehen.

Koordinierung und Kommunikation über die autonomen Kleingruppen und den persönlichen Austausch an Szeneorten hinaus findet insbesondere über Diskussionspapiere (wie diese Quelle) statt.

Der zeitliche Kontext der Quelle kann mit zwei tendenziell gegenläufigen bewegungsgeschichtlichen Einschätzungen charakterisiert werden. Einerseits hatte „[z]um Ende der 80er Jahre [...] die autonome Bewegung den (bisherigen) Höhepunkt ihrer Mobilisierungsfähigkeit erreicht" (Haunss 2004: 131). Andererseits forderte der Umbruch der innen- wie weltpolitischen Lage von 1989/1990 die Analysen und Strategien der radikalen Linken stark heraus, insbesondere das Wegbrechen des realsozialistischen Blocks sowie aufflammender deutscher Nationalismus und rassistische Pogrome werfen dringende Fragen auf. So kommt einerseits die bisherige theoretische Orientierung an ihre Grenzen, andererseits treten unter dem Einfluss akuter politischer Kämpfe neue Einflüsse hinzu, denn

> „Anfang der 1990er [ist] vor allem die Antirassismus-Politik von einem verstärkten Austausch zwischen Autonomen und Gruppen, die sich eher dem bürgerlich-liberalen Spektrum zuordnen, geprägt." (Haunss 2004: 148)

Die *weiß* und männlich dominierte radikale Linke konnte dabei auf weiter vorangeschrittene Analysen und Diskussionen in feministischen und migrantischen Bewegungen zurückgreifen, bzw. anders formuliert: Sie versuchte in dieser Hinsicht die Verspätung aufzuholen:

> „Über den Umweg feministischer Theorien, hinter denen die Kämpfe der MigrantInnen standen, fand der Antirassismus schließlich in den späten 1980ern eine eigenständige und große Bedeutung in den Köpfen der deutschen Linken." (Perinelli 2013: 3 f.)

Die Einleitung des zitierten Sammelbandes *Metropolen(gedanken) und Revolution? Texte zur Patriarchats-, Rassismus-, Internationalismusdiskussion* vom Frühjahr 1991 beklagt:

> „Die offensichtliche Selbstzentriertheit der letzten Jahre, der unhistorische Umgang mit der eigenen Geschichte und die Politik in der ersten Person als Identitätsfindungsprozeß [,] haben ohne Zweifel dazu geführt, daß an weiten Teilen der Szene soziale Prozesse und Konfrontationen in der Gesellschaft faktisch vorbeigelaufen sind

(z. B. Flüchtlingsproblematik, Umstrukturierung) oder nur beschränkt (Knastrevolten, Wiedervereinigung) wahrgenommen wurden." (Projektgruppe 1991: 8).

Die Einleitung spricht weiter von einer „momentan weit verbreitete[n] Sprach- und Handlungslosigkeit" (Projektgruppe 1991: 8), und warnt davor, dass diese sich „zum Dauerzustand entwickelt und die Rolle des Polit-Zuschauers Normalität wird" (ebd.). Gegen diese Gefahr empfiehlt die Einleitung schließlich das *„Drei zu eins"-Papier* (bzw. *„3:1-Papier"*, wie es in den Debatten meist abkürzend genannt wird) als „gute Grundlage" (ebd.) zur Aufarbeitung und kritischen Untersuchung der eigenen Politik.

Das Papier nutzt dafür auf das Konzept der „triple oppression" oder „dreifachen Unterdrückung" (Viehmann et al. 1991: 28) und greift damit auf internationale linke Debatten und insbesondere die Kritik Schwarzer Feministinnen (vgl. ebd.: 40) zurück:

> „Die Betonung einer ‚triple oppression', einer dreifachen Unterdrückung durch Kapital, Patriarchat und Rassismen ist in der ‚militant left' Englands, Amerikas und im Trikont kräftig vernehmbar." (ebd.: 28)

Das Papier selbst benennt einige gesellschaftliche Veränderungen, die „als Unterdrückungen im Sinne der Triple Oppression analysiert und als Gesamtheit verstanden werden [können], die bekämpft werden kann" (ebd.: 58), und endet mit einer Zusammenfassung der Intention: Es soll zum „Bewußtsein von der Unteilbarkeit der Kämpfe und auch den dazugehörigen (organisatorischen) Konsequenzen" (ebd.: 58) beitragen.

Das *3:1-Papier* diente ursprünglich der Selbstverständigung und war nicht von vornherein zur Veröffentlichung geplant. Einziger namentlich genannter Autor ist Klaus Viehmann, die Koautor*innen werden nur als „und Genossinnen/Genossen" (oder schlicht „u. a.") benannt. Das Papier ist das Ergebnis einer mehrjährigen, meist schriftlich geführten Diskussion, während derer Klaus Viehmann im Gefängnis saß „u. a. wegen Mitgliedschaft in der Bewegung 2. Juni" (Projektgruppe 1991: 7). Die Diskussionsgruppe, die im Übrigen „v. a." (Viehmann et al. 1991: 27) aus Frauen bestand, war kein homogener fester Zusammenhang, die Mitarbeit der Einzelnen fluktuierte und variierte in ihrer Dauer.

Das *3:1-Papier,* ein Artikel von gut 35 Buchseiten, ist auf verschiedenen Wegen veröffentlicht worden. Als erstes wurde er Herbst 1990 „in einigen

Info-Blättern und als Broschüre der Zeitungsredaktion Kassiber/Bremen herausgegeben“ (Projektgruppe 1991: 160). Im April 1991 wurde das Papier dann im Sammelband *Metropolen(gedanken) und Revolution? Texte zur Patriarchats-, Rassismus-, Internationalismusdiskussion* (Projektgruppe 1991) im linken Berliner Verlag Edition ID-Archiv veröffentlicht. Bereits vier Monate später, im August 1991, erfährt dieser Band eine 2. Auflage. Diese ist ebenfalls schnell wieder vergriffen, und aufgrund des „anhaltende[n] Interesse und Bezugnahme in verschiedenen Diskussionen zum Thema Patriarchat, Rassismus und Internationalismus“ (Strobl/Viehmann und GenossInnen/autonome l.u.p.u.s.-Gruppe 1993: Editorische Notiz) wird 1993 eine Auswahl der Texte daraus als ein neuer Sammelband im selben Verlag veröffentlicht. Dieser Sammelband dokumentiert bereits im Titel den Status, den das Papier zwischenzeitlich bekommen hat: *Drei zu Eins. Texte.* Mittlerweile sind all diese Bücher aus der Edition ID-Archiv vergriffen, und der Volltext von *Drei zu Eins. Texte* ist vom Verlag ins Internet gestellt worden (Strobl et al. 1993). Neben den mehrfachen deutschen Ausgaben in verschiedenen Medien gab es zudem Übersetzungen ins Englische sowie ins Italienische. Die Quelle war einflussreich und wurde breit rezipiert (Weiß 2001: 40). Sie hatte starken Einfluss auf Debatten der autonomen Linken in den 90er Jahren und hat im deutschsprachigen Raum das Konzept der „triple oppression“ mitgeformt und verbreitet (vgl. Haunss 2004: 166).

Die Quelle besteht aus neun Abschnitten sowie zusätzlich einer (bzw. zwei, in der Ausgabe von 1993) Nachbemerkung(en) von Klaus Viehmann. Nach einer Einleitung (I) widmet sich Abschnitt II dem „alten Klassenbegriff und seine[n] Grenzen; damit begann die Diskussion auch einmal“ (Viehmann et al. 1991: 29). Im III. Abschnitt folgt „eine Definition von Rassismus und deren [sic] Beziehungen zu Klassenkämpfen und Patriarchat“, im IV. Abschnitt dann Ausführungen zum „Patriarchat und seine[r] feministische[n] Kritik und deren Beziehungen zu Klassenkämpfen“, wobei in einem „besondere[n] Abschnitt dann längere Zitate aus Texten Schwarzer Frauen“ eingefügt sind (ebd.). Der V. Abschnitt bietet „eher Trocken-Theoretisches zur ‚triple oppression‘“. Der VI. Abschnitt ist ein „Exkurs zum NS-Faschismus und dem Widerstand der KPD“; im VII. Abschnitt kommt das Papier zurück auf die „Kritik an autonomer Theorie und Praxis“, und macht „ein paar Vorschläge“ (ebd.). Der IX. Abschnitt schließlich ist eine kommentierte Literaturliste: „die werden alle brauchen, die die ‚triple oppression‘ genauer studieren wollen“ (ebd.).

„Es ist kein Zufall“: Die personelle Zusammensetzung als epistemologisches Problem

Der Text setzt ein mit Unzufriedenheit über den Stand „autonomer Theorie und Praxis“ (Viehmann et al. 1991: 27). An der autonomen Theorie wird die Trennung von Haupt- und Nebenwidersprüchen problematisiert; die Analyse „war immer ökonomistisch verzerrt und machte die Existenz von Patriarchat und Rassismen ‚unsichtbar‘.“ (ebd.: 37) Dies habe Auswirkungen auf die autonome Praxis:

> „Die sexistischen Binnenstrukturen der Linken, die durch das Bekanntwerden häufiger Angriffe auf Frauen nicht mehr geleugnet werden können, die eher schwache linke Reaktion auf die staatliche Hetze gegen ‚Asylantenfluten‘ [...] sowie aktuell die traditionell und defensiv bleibende Thematisierung von wachsenden, sich nicht mehr nur verbal äußernden Rassismen im Einigvaterlandstaumel spiegeln das etwas wider.“ (ebd.: 27)

Dies Problemdiagnose kann insofern als intersektionaler Konflikt verstanden werden, weil durch die Orientierung an einem Hauptwiderspruch kein produktiver Umgang mit anderen Machtverhältnissen möglich war – wie beschrieben sowohl bezogen auf die nach außen gehenden Aktivitäten wie bezogen auf die Bewegung selbst:

> „Linke Männer haben vergleichsweise schwerere Angriffe oder Themen hingegen abgeblockt oder ausgesessen. Dabei betrifft gerade sie die Kritik, eurozentristisch/rassistisch zu sein ohne jede Einschränkung und zwar zusätzlich zur Kritik an ihren patriarchalischen Privilegien.“ (ebd.: 40)

Um diese Defizite zu erklären, die offensichtlich mit den „Binnenstrukturen“ der Linken zu tun haben, wird die Zusammensetzung der autonomen Linken hinterfragt. In Anlehnung an das dem zweiten Abschnitt vorangestellten Paul Gilroy-Zitat „Was ist heute die arbeitende Klasse? Welches Geschlecht hat sie? Und welche Hautfarbe?“ (ebd.: 29) wird gefragt: „Die Autonome Linke: Welcher Klasse gehört sie an? Welches Geschlecht hat sie? Und welche Hautfarbe/Nationalität?“ (ebd.: 51)

Die Zusammensetzung der autonomen Linken – hauptsächlich *weiße* Männer

Die Quelle gibt selbst die Antwort: Theorie und Praxis der autonomen Linken werden dominiert von *weißen* Männern und die vorherrschende Klassenlage sei „jedenfalls keine ArbeiterInnenklasse" (ebd.: 52). Die autonome Bewegung trage damit an ihrer Geschichte:

> „Es ist kein Zufall, daß sie nicht in den Fabriken von ArbeiterInnen ins Leben gerufen wurde. Es ist kein Zufall, daß sie sich nie als antipatriarchale Kraft mit Frauen an ihrer Spitze realisierte. Es ist kein Zufall, daß sie weiß und fast rein deutsch ist." (ebd.: 51)

Diese Exklusivität oder Segregiertheit wird weniger beispielsweise als Problem von Gerechtigkeit oder Partizipation gerahmt, sondern als ein epistemologisches Problem, in ihren Folgen für die Theorie und Praxis, nämlich als Ursache für fehlendes Bewusstsein und Ignoranz:

> „All das setzt sich in Form von weißen Flecken fort bis in ihre Theorie und Praxis. Unterdrückungsverhältnisse in den eigenen Reihen bleiben unsichtbar und einige global vorhandene werden nur sehr abstrakt und folgenlos registriert." (ebd.: 51)

Um den beschriebenen Defiziten entgegenzuwirken, möchte das Papier die Auseinandersetzung mit der „Triple Oppression" voranbringen. Dies habe zur Folge

> „[...] zur Kenntnis zu nehmen, daß ‚andere' (je nach Geschlecht, ‚Rasse' und Klassenzugehörigkeit) ebenso über Erfahrungen an Unterdrückung und Widerstand verfügen, Erfahrungen aber, die ‚uns' subjektiv gar nicht zugänglich sind und es objektiv auch nur eingeschränkt werden können." (ebd.: 57)

An den Grenzen der Politik der ersten Person

Die Frage der Zusammensetzung ist für die autonome Linke insbesondere relevant und beunruhigend, weil die „Politik der ersten Person" an die eigenen Interessen, Erfahrungen und Lebenswelten gekoppelt. Wenn nun diese Lebenswelten als homogen, exkludierend und segregiert thematisiert werden, ist dies eine Herausforderung für die Grundlagen der eigenen Politik. Dies gilt in besonderem Maße, wenn Politikbereiche als wichtig erachtet werden, die nicht unmittelbar an eigene Interessen anknüpfen, und verschärft sich in dem Maße, wie ein Engagement in diesen Politikbereichen gar den eigenen Interessen zuwiderläuft: weil die eigene Position als „privilegiert" erkannt wurde, und ihr damit ein Profitieren vom Status quo attestiert wurde:

> „Verhältnisse, in denen du privilegierter Teil bist, sind nicht ohne eigenen Machtverlust revolutionierbar – das ist d[er] Ausgangspunkt." (ebd.: 28)

Konkret führen für eine *weiß* und männlich dominierte Linke Sexismus und Rassismus zum Selbstwiderspruch, diese Kämpfe nicht im unmittelbaren eigenen Interesse führen zu können. So stellten gerade die Entwicklungen des Rassismus die Politik der ersten Person der *weiß* dominierten autonomen Linken in Frage:

> „Im Antirassismus-Bereich kommt auch die Politik der ersten Person an ihre Grenzen, weil vor allem beim Kampf gegen rassistische Praxen staatlicher Ausländerpolitik ein Ausgehen von eigenen Erfahrungen und eigener Betroffenheit kaum mehr möglich ist." (Haunss 2004: 148)

Das Papier rückt konzeptionell nicht grundsätzlich ab von der Politik der ersten Person, zumindest in ihrer epistemologischen Dimension. Es betont immer wieder eine Verbindung von Bewegungs-Zusammensetzung und ihrer Theorie, und damit die Wichtigkeit von Positioniertheit, ohne in der Formulierung deterministisch zu wirken (um den Preis einer gewissen Vagheit). Das Vehikel zu dieser Gratwanderung ist die Verknüpfung „es ist kein Zufall, dass...". Beispielsweise wird die ungenügende Auseinandersetzung mit „Kapitalismus/Imperialismus, Patriarchat, Rassismen und de[m] Zusammenhang zwischen allen" in der „Theorie der BRD-Linken" (Viehmann et al. 1991: 27) kontrastiert mit dem Satz:

> „Viel weiter sind feministische Genossinnen und Schwarze – besonders schwarze Frauen – was selbstverständlich kein Zufall ist." (ebd.: 28)

Dies ist kein Zufall, so die Implikation, weil im Sinne standpunkttheoretischer Annahmen unterdrückte Positioniertheit die Bewusstseinsbildung über diese Unterdrückung mindestens erleichtert. An anderer Stelle wird die These zum „nicht zufälligen" Zusammenhang expliziert:

> „Die BRD-Linke ist privilegiert: Je männlicher und je weißer und je weniger auf den Verkauf von Arbeitskraft angewiesen, desto mehr. Privilegien machen blind. Blind für Wirklichkeiten außerhalb der eigenen Erfahrungen und gängigen Bewußtheiten." (Viehmann et al. 1991: 28)

In Form dieser epistemologischen Grundannahme ist auch das diskursive Element expliziert, das die Schnittmenge zwischen *3:1-Papier* und Privilegiendiskurs darstellt. Dies ist ein klassisch standpunkttheoretisches Argument. Entsprechend gilt bereits bei einem eindimensionalen Verständnis von Herrschaftsverhältnissen, dass nicht allen dieselben Erkenntnismöglichkeiten offenstehen, sondern eben die Marginalisierten durch ihre Erfahrungen von Unterdrückung und Widerstand (vgl. ebd.: 57) systematisch einen schärferen Blick auf das Herrschaftsverhältnis besitzen. Dieses Argument wird verkompliziert, wenn nicht mehr von einer eindimensionalen Herrschaft ausgegangen wird. Dies thematisiert das ausschnittsweise bereits vorangestellte Zitat, das im Fortgang bei einer praktischen Schlussfolgerung für die Privilegierten landet:

> „Die Gesamtheit der Unterdrückungen, die hier Thema sind, kann gar nicht durch unmittelbare Erfahrungen von allen erkannt werden. Je weißer, je männlicher, je reicher, je metropolitaner, desto weniger und desto größer die solidarische Verpflichtung, sich diese Realitäten als Lernprozeß anzueignen, um dann effektive Solidarität üben zu können." (ebd.: 44)

Der Lernprozess, der auf ein stärkeres Bewusstsein der *Triple Oppression* abzielt, hat also ein Ziel: die Befähigung zu „effektive[r] Solidarität".

Positioniertheitsabhängige Erkenntniswege

Die dafür vorgeschlagenen Erkenntniswege unterscheiden sich je nach Positioniertheit.

„Wir": Bewusstseinsbildung durch Theoriearbeit

Das epistemologische Problem, dass den Privilegierten zur Bewusstseinsbildung über die *Triple Oppression* nicht der Weg der eigenen Erfahrung offensteht, führt zum praktischen Vorschlag, dies auf einem anderen Weg zu erlangen. Der Text fasst in diesem Sinne für die privilegierte Zielgruppe zusammen, welche drei Punkte „[v]ordringlich als Konsequenz aus der Triple Oppression" zu ziehen seien:

> „– Das Bewußtsein von der Unteilbarkeit der Kämpfe gegen alle Unterdrückungen.
> – Das Bewußtsein vom Vorhandensein von Unterdrückungen, deren privilegierter bzw. selbst unterdrückender Teil mann (auch frau) selbst ist.
> – Das Abgehen von der Orientierung an den eigenen Interessen (Betroffenheitspolitik) in dem Maße wie Unterdrückungen, von denen die Linke (hierzulande) nicht so sehr betroffen ist, als wichtiger erkannt werden." (ebd.: 56)

Diese drei Konsequenzen lassen sich mit Bewusstseinsbildung zusammenfassen – insbesondere auf dem Weg der Theoriearbeit, also der Aneignung der publizierten Erkenntnisse der „Anderen": „denn die Unterdrückungsverhältnisse, die mann selbst nicht erlebt, kann er sich nur theoretisch aneignen" (ebd.: 54).

Insbesondere der dritte Punkt der Konsequenzen mit der Forderung, Unterdrückungen Anderer als „wichtiger" zu erkennen, rückt ab vom Kernbestandteil autonomer Politik der ersten Person. Diese vorgeschlagene Dezentrierung fasst das *3:1-Papier* mit dem Begriff der „Selbstlosigkeit". Als „revolutionäres Subjekt" (ebd.: 45) können die Autonomen in der beschriebenen privilegierten Zusammensetzung nicht mehr gelten, ungeachtet der aufgeworfenen Frage, wer dies stattdessen sein könnte, oder ob dies überhaupt angebbar ist – denn angesichts der zusammenzudenkenden Machtverhältnisse könne „keiner Gruppe von Unterdrückten mehr eine privilegierte Avantgardeposition zugewiesen werden" (ebd.: 45).

In einer Diskursanalyse autonomer Debatten arbeitet der Bewegungsforscher Sebastian Haunss zwei die politische Praxis anleitende Rahmungen (*collective action frames*) heraus, die den beiden in der Quelle beschriebenen Strategien entsprechen: Auf der einen Seite steht der „subjektivistische Politikansatz" (Haunss 2004: 115), ein „autonomer Subjektivismus" (Haunss 2004: 143) in Form der Politik der ersten Person, die begründet ist in der Erkenntnis, „dass wir nicht stellvertretend für andere handeln können und wollen" (Interim 169: 29, zitiert nach Haunss 2004: 143 f.). Auf der anderen Seite wird rekurriert auf eine ältere Rahmung von „Politik auf wissenschaftlicher Grundlage" (Haunss 2004: 147):

> „Für sie lassen sich die zentralen Ansatzpunkte linker bzw. linksradikaler, revolutionärer Politik aus einer theoriegeleiteten Analyse der Gesellschaft ableiten. Eine politische Organisation hat dann die Aufgabe, die Theorie für diese Analyse (weiter) zu entwickeln und die RevolutionärInnen zu aktivieren und mobilisieren." (ebd.)

Politisches Handeln werde in der einen Rahmung „mit Subjektivität und (unmittelbarer) Betroffenheit", in der anderen „mit Notwendigkeit und (abstraktem) Interesse" begründet (Haunss 2004: 143). Dass die Konfrontation dieser Rahmungen die Stoßrichtung des *3:1-Papiers* gut erfasst, wird offenkundig, wenn die Quelle Assata Shakur zitiert mit der These „daß revolutionärer Kampf eher wissenschaftlich (scientific) als emotional ist" (Viehmann et al. 1991: 28). Die Quelle weist Theorie einen hohen Stellenwert zu (ebd.: 44). Auf dem Wege der Theoriearbeit entsprächen die Privilegierten der bereits zitierten

> „solidarische[n] Verpflichtung, sich diese Realitäten [der Gesamtheit der Unterdrückungen, SSch] als Lernprozeß anzueignen, um dann effektive Solidarität üben zu können." (ebd.: 44)

In der (ersten) Nachbemerkung wird von weiteren Diskussionen in der Autor*innengruppe rund um das epistemologische Kernproblem berichtet:

> „Im letzten halben Jahr ist die Diskussion der 3:1-DiskutantInnen weitergegangen [...]. Ständig problematisiert wurde und wird, inwieweit Männer bzw. Weiße fähig und berechtigt sind, Themen mitzudiskutieren, die Frauen bzw. Schwarze in erster Linie betreffen. Ergebnisse dieser Diskussion lassen sich noch nicht zusammenfassen, bzw. nicht einfach mit ‚Ja' oder ‚Nein' beantworten. Vielleicht wird es später ein weiteres Papier geben." (ebd.: 62)

Die Dopplung von „fähig und berechtigt" oszilliert zwischen einer (empirischen) Frage von Kompetenz und einer (normativen) Frage der Legitimität. Dem empirischen Problem fehlender Kompetenz kann mit der beschriebenen, auf die Rahmung der „Politik auf wissenschaftlicher Grundlage" zurückgreifenden Theoriebildung abgeholfen werden (praxisorientiertere Möglichkeiten der Bewusstseinsbildung wären denkbar, z. B. nach Art einer „Fortbildung" – dazu später mehr in Kapitel 4). Die normative Frage der Legitimität lässt sich auf diesem Wege nicht beantworten; dafür braucht es andere Wege (beispielsweise der Zusammenarbeit mit jenen „Anderen", die diese Legitimität besitzen).

Die „Anderen": Autonomie von den Autonomen

Eindeutiger und konkreter als die praktischen Vorschläge für die Privilegierten sind die Vorschläge für die „Anderen", die Marginalisierten innerhalb (bzw. außerhalb) der autonomen Linken. Der konkrete Vorschlag ist organisatorischer Art:

> „Was die Binnenstrukturen der autonomen Linken betrifft, so ergibt sich aus der Triple Oppression die Notwendigkeit autonomer Organisierungen entsprechend den Unterdrückungen in/neben der autonomen Linken." (ebd.: 57)

Diese organisatorische Entscheidung, die oft Separatismus genannt wird, ist eine Absage an „gemischte" Organisationen. Als Beispiel wird die Frauenbewegung angeführt, die „sich diese Autonomie längst erkämpft" und sich dadurch „eine Machtbasis geschaffen" hat (ebd.). Hier fordert der Text etwas, das in Bezug auf die autonome Frauenbewegung längst Status quo war.[14] Jedoch sei eine derartige Autonomie von den Autonomen nun zusätzlich auch für „ArbeiterInnen" notwendig, sowie von „Nicht-Deutschen, von Schwarzen und ImmigrantInnen" (Viehmann et al. 1991: 57).

Die zitierte Schrägstrichformulierung „in/neben" ist in ihrer Unbestimmtheit bezeichnend. Welcher Art ist die geforderte Autonomie: Ist organisatorisch eine Art Unterkomitee mit Korrektiv-Funktion gemeint, oder eine Parallelstruktur, die eher konkurriert, bestenfalls kooperiert? Auch in der beispielhaften Darstellung der Frauenbewegung klingen beide Möglichkeiten an: So gehe es um die Veränderung von „interne[n] Unterdrückungsverhältnissen" (ebd.) – aber als Perspektive werden „Bündnisse" angestrebt, was deutlich ein externes Verhältnis zueinander impliziert:

> „Erst auf der Basis von Autonomien wären dann wieder Einheiten möglich, die nicht vereinnahmbar, umarmend oder ungleichgewichtig sind, Bündnisse sind besser aus eigener Stärke heraus einzugehen als aus einer durch eigene Schwäche bedingte Not. Auch hier wieder: Freundschaft basiert auf Respekt." (Viehmann et al. 1991: 57)

Durch das Vokabular von „Freundschaft" und „Respekt", auf das im Folgenden noch eingegangen wird, mit all seinen individuellen und interpersonalen Konnotationen rutscht die Konkretion der Organisationsfragen weiter in den Hintergrund. Dies gilt sowohl für die in die Zukunft gerichtete

---

14 Der Begriff „autonome Frauenbewegung" hat hier eine gewisse Doppeldeutigkeit. Einerseits handelt es sich um eine Bewegung, die mit der autonomen Linken erstmal nichts zu tun hat, denn:

> „Die autonome Frauenbewegung geht den Autonomen historisch voraus. Die Bezeichnung ‚autonom' ist hier in zweifacher Hinsicht Ausdruck einer Differenz gegenüber gemäßigteren Fraktionen der neuen Frauenbewegung. Die autonome Frauenbewegung setzte zur Durchsetzung feministischer Forderungen weniger auf staatliche Institutionen, sondern vor allem auf die Selbstorganisation der Frauen. Der Autonomie-Anspruch manifestierte sich zudem in einem stärker als im Rest der neuen Frauenbewegung ausgeprägten Separatismus gegenüber Männern oder ‚gemischten', d. h. von Frauen und Männern gemeinsam getragenen Strukturen [...]." (Haunss 2004: 151)

Andererseits gibt es jedoch auch eine sozusagen „*autonome* autonome Frauenbewegung", die einen Teil der autonomen Linken darstellt, und die im Kontext der Quelle gemeint ist: Eine

> „innere [..] Grenzziehung [...] zwischen den Vertreterinnen einer radikalen, separatistischen Feminismusvariante und dem männlichen Teil der Autonomen [...] fand ihren Ausdruck in der Existenz verschiedener getrenntgeschlechtlicher Strukturen innerhalb der Einrichtungen und Orte der autonomen Bewegung. Die separate Organisierung folgt der Maxime der Betroffenheitspolitik, der auch die Politik der Autonomen folgt; d. h. Frauen können als vom Sexismus Betroffene Legitimität für eine eigenständige Organisierung beanspruchen." (Haunss 2004: 161)

konkrete Durchführung derartiger Prozesse von Autonomie, Einheits-Bildung, Entscheidungsfindung (seien sie als inner-organisationale Prozesse gedacht oder als Entscheidungsstruktur über mehrere Organisationen hinweg)[15] als auch für die in der Gegenwart bereits bestehenden Beziehungen in und zwischen Organisationen, die deutlich agonal dargestellt werden:

> „[...] auch interne Unterdrückungsverhältnisse sind Gewaltverhältnisse. Und die lassen sich nie harmonisch, sondern nur durch Kräfteverschiebungen lösen." (Viehmann et al. 1991: 57)

Zusammen? Kontakt, Respekt, Freundschaft

Der Bezug auf „Freundschaft" und „Respekt" wird im Abschnitt zu „Kritik an autonomer Theorie und Praxis" (ebd.: 29) ausführlicher hergeleitet. Eingangs wird konstatiert: „Die autonome Linke in der BRD ist mit den Privilegien ihres Weißseins, ihres Deutschseins ausgestattet, ob sie will oder nicht." (ebd.: 54). Antirassistische Kampagnen und Solidarität „aus der Distanz", beispielsweise gegen das südafrikanische Apartheid-Regime und mit ihm kooperierende deutsche Unternehmen, seien „kein Gegenbeweis" (ebd.: 55). Denn sie erforderten „keine hautnahen Reflexionen" (ebd.). Es sei keine Kommunikation mit den „Communities der ImmigrantInnen [...] gesucht oder forciert" (ebd.) worden. Darin steckt die Kritik einer Ignoranz der autonomen Linken gegenüber migrantischen „Communities", die im Folgenden mit Paternalismus und Unkenntnis begründet wird:

> „Ohne Kenntnis ihrer Zusammenhänge, ihrer Aktionsgewohnheiten und ihrer berechtigten Ängste vor den Ausländerbullen werden Kampagnen angeschoben und durchgesetzt." (ebd.)

---

15 Mögliche zu klärende Richtungen einer solchen organisationsbezogenen Perspektive wären u. a.: wie Rechte in der Entscheidungsfindung nach Betroffenheit verteilt werden; wie das bekannte Problem verhindert wird, dass Verantwortung für „ihre" Themen auf die „Betroffenen" abgewälzt wird; wie mit der – auch an anderer Stelle des Papiers benannten – Tatsache umzugehen ist, dass Menschen in einem mehrdimensionalen Machtgefüge sich nicht eindimensional zuordnen lassen; wie mit etwaigen Doppelt- und Dreifachbelastungen umgegangen wird, wenn mit jeder „Betroffenheit" die Mitgliedschaft in einer weiteren eigenen autonomen Gruppe einhergeht; wie diejenigen, die sich autonom von den Autonomen organisieren, nicht wiederum ihrerseits die Autonomie jener Autonomen übermäßig beschränken („Autonomie bedeutet ja eben gerade das Selbstverständnis, daß jede/r (Gruppe) nur selbst bestimmen kann, wie sie/er sich wehren will oder kann.", ebd.: 57) etc.

Anschließend wird ein Gegenargument antizipiert und widerlegt:

> „Das übliche Argument, daß die meisten TürkInnen gar keinen Kontakt zur BRD-Linken haben wollen, übersieht – wenn es nicht eine Verdrehung von Ursache und Wirkung ist – daß solidarischer Kontakt zwischen gleichberechtigten Seiten möglich ist, die sich auch kennen müssen." (ebd.: 55f, Herv. i. O.)

Dieses „kennen" wird im folgenden Satz „Und nicht jeder persönliche Kontakt muß auch gleich ein politischer sein" (ebd.: 56) ausgeführt: er soll persönlichen Kontakt anregen, niedrigschwellig, ohne direkt politische Hintergedanken. Dabei wird konstatiert „Freundschaft basiert auf Respekt", und beklagt, genau den hätten viele (*weiße*) autonome Linke für People of Color und Migrant*innen nicht, „und die spüren das sehr genau" (ebd.). Zusammengenommen ist die Kausalität also: Es fehlt an Respekt, weswegen es kaum Freundschaften gebe, und mangels dieser persönlichen Kontakte, die gegenseitiges Kennenlernen ermöglichen, existieren auch kaum politische Kontakte. Die Forderung nach Kontakt, Respekt, Freundschaft steht in einem gewissen Spannungsverhältnis zu den beiden anderen (positioniertheitsdifferenzierten) Forderungen nach „Theoriearbeit" für die Privilegierten und separater Organisierung für die Marginalisierten. Diese beiden Forderungen sind deutliche Ableitungen der epistemologischen Grundannahmen der Politik der ersten Person, wohingegen die dritte Forderung eher wie ein „common sense"-Argument wirkt. Auch im Tonfall stehen sie in einem gewissen Spannungsverhältnis zur teils gnadenlosen Formulierung der (Selbst-)Kritik. Die Richtung interpersonaler Erfahrungen, individueller Lernprozesse, empathischer Selbstreflexivität wird in der zweiten Nachbemerkung noch einmal etwas stärker ausgearbeitet. Viehmann geht dort noch einmal auf Solidarität und „Selbstlosigkeit" ein. Der Begriff sei missverständlich, Viehmann präzisiert:

> „Richtig wäre es, von einem ‚Zusammenhang von Beziehungen' zu sprechen, in dem das ‚selbst' immer präsent ist und sich entwickelt, weil es ‚die anderen' als Beziehungsteil seiner selbst erkennt. Einfach ausgedrückt: Offenheit, sich Einlassen auf und lernen von Personen und Verhältnissen jenseits des eigenen Tellerrands und das Ziehen von persönlichen, praktischen Konsequenzen daraus ist bestimmt keine ‚Stellvertreterpolitik', sondern von Subjekten bewußt getragene Solidarität. Die Angelegenheiten, Kämpfe und Wünsche der

vormals ‚anderen' werden zu eigenen, ohne daß dabei die jeweiligen eigenen Ausgangsbedingungen und Privilegienunterschiede in Vergessenheit geraten oder gar reproduziert werden dürfen." (Viehmann et al. 1993: o. P.)

Auch in dieser Nachbemerkung werden die Überlegungen jedoch nicht konkreter, ja sie sind sogar noch grundsätzlicher, abstrakter als die knappen Überlegungen zu Freundschaft und Respekt im *3:1-Papier* selbst. Dass sie nicht konkreter ausgeführt werden, entspricht der epistemologischen Logik des Textes.

Fazit

Das *3:1-Papier* bleibt der Politik der ersten Person insofern treu, dass aus der personellen Zusammensetzung zentrale epistemologische Folgen erwachsen – bezogen auf die Privilegierten eben ein „Abgehen von der Orientierung an den eigenen Interessen (Betroffenheitspolitik)" (Viehmann et al. 1991: 56). Stattdessen wird für sie Bewusstseinsbildung und Theoriearbeit gefordert, um das unmittelbar Erfahrene und die privilegierten eigenen Interessen zu dezentrieren. Es handelt sich um eine schillernde Lösung, die im Fall der Privilegierten von der Politik der ersten Person abrückt, gerade weil sie diese Politik der ersten Person ernst nimmt. Die Schlussfolgerung der Bewusstseinsbildung über Theoriearbeit erinnert an die Bewusstseinsbildung auf pädagogischem Wege, die den Privilegiendiskurs prägen wird (vgl. Kapitel 4) – allerdings ohne das individualisierte Element des Privilegiendiskurses. Denn die Bewusstseinsbildung geht hier weniger über individuelle Reflexion vor, sondern dockt eben an die ältere linke Rahmung der Politik auf wissenschaftlicher Grundlage an. Mit diesem Vorschlag steht die Quelle im Kontrast zum Privilegiendiskurs, der eher – Haunss' (2004: 143 f.) Gegenüberstellung folgend – der „Subjektivismus"-Rahmung (modifiziert um eben die privilegierte Positioniertheit) zugehörig verstanden werden kann. Für die Marginalisierten bleibt – ungeachtet der Komplikationen für die Privilegierten – die Politik der ersten Person unverändert.

Die daraus erwachsende Schlussfolgerung separater Organisierung expliziert etwas, das einige Anschlussfragen aufwirft, empirisch jedoch tendenziell dem Status quo entspricht. Dieser positioniertheits-differenzierte Vorschlag ist nach der Ausgangsdiagnose eines praktisch-organisatorischen Problems, nämlich der homogenen Zusammensetzung und der Segregation der autonomen Linken, durchaus verblüffend. Pointiert formuliert bedeutet er: Separatismus als Antwort auf ohnehin bestehende Segregation, und Privilegierte bilden (mehr/andere/bessere) Lesekreise.

Zusätzlich zu diesen Vorschlägen, die sich auf die dargestellte Positioniertheits-differenzierte Art aus den epistemologischen Grundannahmen ableiten lassen, tauchen in der Quelle Einsprengsel eines Vokabulars von Interpersonalität auf. Diese recht vagen Vorschläge von Kontakt, Respekt, Freundschaft haben keinen systematischen Ort in der epistemologischen Ausrichtung des *3:1-Papiers*. Die geringe Konkretion des *3:1-Papiers* hängt sicherlich mit den Entstehungsbedingungen zusammen: Dass es im Gefängnis mithilfe von schriftlicher Diskussion entstanden ist, bringt selbstverständlich eine gewisse Ferne zur politischen Praxis mit sich, wie auch im Papier selbst vermerkt wird (Viehmann et al. 1991: 61); auch für eine vertiefte Auseinandersetzung über Interpersonalität ist eine Situation, die gerade direkte Interpersonalität weitgehend verunmöglicht, sicherlich nicht ideal. Jedoch zeigt die breite Rezeption des Papiers, dass die Perspektive des Papiers inklusive dieser geringen praktischen Konkretion offenbar anschlussfähig war.

Die im *3:1-Papier* genutzten Rahmungen und Einzelstimmen zu den politischen Strategien Privilegierter fächern Fragen auf, die in den Diskussionen im Privilegiendiskurs weiterhin aufzufinden sind – die vorgeschlagenen Lösungen reichen jedoch insbesondere im Rückgriff auf die ältere linke Rahmung der Politik auf wissenschaftlicher Grundlage darüber hinaus.

3.2 Antirassismus als kulturelle Etikette in der Lesbenbewegung

> „Sei eine aktive Verbündete mit allen unterdrückten Menschen.
> Werde aktiv, um Unterdrückung zu verhindern.
> Lasse keine/n in deiner Nähe rassistisch oder antisemitisch oder Vorurteile verbreitend sein." (Three Rivers 1994: 39)

Ein Schlaglicht auf die Broschüre „*Kulturelle Etikette – Ein Ratgeber für die wohlmeinende Antirassistin*" von Amoja Three Rivers (1994)

Kontext der Quelle ist die bundesdeutsche FrauenLesben-Bewegung, die seit den 1980er Jahren kontrovers und ausdauernd über bewegungsinterne Machtverhältnisse diskutierte (vgl. Dennert et al. 2007b, Leidinger 2010). Innerhalb der Bewegung organisierten sich minorisierte Lesben – lesbische Migrantinnen, jüdische Lesben, Schwarze Lesben, „Krüppellesben", „Prololesben", autonome Lesben – und artikulierten Kritik an den bewegungsinternen Ausblendungen und Ausgrenzungen. Insbesondere die Auseinandersetzungen um Rassismus und Antisemitismus war lang andauernd und äußerst kontrovers. Einerseits war die Frauen- und Lesbenbewegung offenbar ein fruchtbarer Kontext für diese Auseinandersetzungen.[16] Insbesondere gehörten in der BRD

> „lesbische Frauen zu den ersten, die auf die Problematik der Ausgrenzung in der Frauenbewegung aufmerksam machten, workshops zu Rassismus und Anti-Semitismus anboten, theoretischen und

16 Katharina Röggla bilanziert mit Bezug auf Gabriele Dietze „dass der Rassismusvorwurf die Weißen Frauen der Frauenbewegung zwar schmerzlich traf, dass sie aber doch das geeignete Publikum waren, um den Vorwurf zu verstehen" (Röggla 2012: 39). Die Auseinandersetzung um auch bewegungsinterne Macht- und Herrschaftsverhältnisse war in der Frauen- und Lesbenbewegung jedenfalls wesentlich intensiver als in gemischtgeschlechtlichen linken Zusammenhängen, „wo etwa zu diesem Zeitpunkt die Reflexion mit dem eigenen Rassismus gerade seitens der Männer eine weitaus geringere Rolle spielte" (Leidinger 2010: 29; vgl. zusammenfassend auch Mayer 2018: 21 ff.).

institutionellen Raum für diese Fragen reklamierten und persönlichen Einsatz zur Aufhebung der Ausgrenzung forderten" (Hark 1989: 63).

Andererseits wurde auch in der FrauenLesben-Bewegung die Thematisierung von Differenzen immer wieder abgewehrt, weil sie „das gemütliche ‚Wir' schmerzhaft in Frage [stellte]" (Dennert et al. 2007b: 134).

In diesen Auseinandersetzungen stand die (west)deutsche Frauen- und Lesbenbewegung immer wieder im Austausch mit nordamerikanischen Bewegungen. Schon in den 1970ern waren immer wieder und quer durch die Bewegungs-Phasen, -Fraktionen und -Themen Texte aus Nordamerika wichtig für die Bewegungsdebatten (vgl. Dennert et al. 2007a: 48 ff., Hark 1999). US-amerikanische Bewegungen dienten als „Vorbild" (Perincioli 2007: 64); Bewegungspraxen der FrauenLesben-Bewegung wie Consciousness-Raising/Selbsterfahrung gingen auf Übersetzungen aus den USA zurück (vgl. Dennert et al. 2007a: 45). Insbesondere die Auseinandersetzung mit Antisemitismus und Rassismus profitierte von englischsprachigen Texten aus Nordamerika, wie beispielsweise von einer 1981 gegründeten Frauengruppe berichtet wird (vgl. Dennert et al. 2007b: 131). Neben Texten waren auch persönliche Kontakte und Aufenthalte einflussreich. Ein besonders hervorgehobenes Beispiel für diesen transatlantischen Austausch war der Aufenthalt von Audre Lorde in (West-)Berlin. Sie stiftete afro-deutsche FrauenLesben zum Buchprojekt *Farbe bekennen: Afro-deutsche Frauen auf den Spuren ihrer Geschichte* (Oguntoye et al. 1986) an (vgl. Dennert et al. 2007b: 133), was initiierend oder „als Katalysator" (Lennox 1995: 135) auf die afrodeutsche Frauenbewegung wirkte und zur Gründung der Vereine Adefra (Schwarze Frauen in Deutschland) und ISD (Initiative Schwarzer Deutscher, heute: Initiative Schwarzer Menschen in Deutschland) führte (vgl. Ani et al. 2007). Die „intensive [...] Liebe und Zuneigung der deutschen Feministinnen zu Audre Lorde" brachte die *weißen* deutschen Frauen dazu, „sich dem Tabu des Rassismus in Deutschland zu stellen und es letztlich zu brechen" (Oguntoye 2007: 161). Auch die Erfahrungen (*weißer*) deutscher Feministinnen in Nordamerika flossen in die Auseinandersetzung mit Rassismus und Antisemitismus ein. Beispielsweise hatte Dagmar Schultz, die in einem Sammelband 1983 Texte von Audre Lorde und Adrienne Rich in deutscher Übersetzung herausgab (zweite Auflage: Schultz 1993b), selbst lange in Nordamerika gelebt und sieht im Rückblick diese Jahre als prägend an in ihrer persönlichen Entwicklung in Bezug auf Antirassismus (vgl. Schultz 1993a). Noch 1993 greift sie „[M]angels Literatur und positiver Beispiele in Deutschland" (ebd.: 181) auf US-amerikanische Texte zurück, um über Koalitionen und Bündnisse nachzudenken. Ein anderes Beispiel wäre Ursula Kornfeld, die ihre Dokumentation des anti-militaristischen Frauenwiderstandscamps im Hunsrück 1985 programmatisch „Was ich in den USA über meinen/unseren Rassismus gelernt habe" überschrieb – ihr Artikel ist „wahrscheinlich der erste Text in der BRD, der sich mit Antisemitismus im Kontext von FrauenLesbenzusammenhängen beschäftigt" (Baetz et al. 2007a: 175). Im Außenblick, dem Fremd-Werden des Eigenen, wurden deutschlandspezifische Formen der (Nicht-)Auseinandersetzung mit Antisemitismus und Rassismus sichtbar, die auch in der Frauen- und Lesbenbewegung durch die Verdrängung des Nationalsozialismus und den Wunsch nach Entschuldung geprägt waren (vgl. Dennert et al. 2007b: 146, dazu auch Koppert 1990, Hark 1990: 46 ff.).

Außer in Publikationen, im persönlichen Austausch oder in Kleingruppen wurden Rassismus und Antisemitismus in der Frauen- und Lesbenbewegung auch auf „einer Reihe von turbulenten Konferenzen" seit 1989 in Bremen, Köln, Berlin diskutiert (Lennox 1995: 134). So kam es in Köln beim Kongress „Frauen gegen Nationalismus – Rassismus/Antisemitismus" 1990 bei der Abschlussdiskussion

> „zu heftigen Auseinandersetzungen um rassistische Privilegien und den Rassismus weißer Frauen – viele der Schwarzen und jüdischen Teilnehmerinnen verlassen aus Protest über Aussagen von weißen Frauen die Veranstaltung." (Baetz et al. 2007b: 294)

Auch beim zweiten „internationalen Camp für Lesben und andere Frauen" bei Amsterdam 1990 eskalierte ein Konflikt um Rassismus (vgl. Fischer 2007: 310 f.). Rassismus wurde „zum zentralen Thema lesbischer Großveranstaltungen der frühen 90er Jahre" (Dennert et al. 2007c: 263). Die als Kontext für diese Quelle besonders relevante Veranstaltung sind die von 1985–1997 jährlich stattfindenden *Berliner Lesbenwochen.* Die erwähnten Konflikte begleiteten sie durchgehend. So folgte auf die Kritik an der ersten *Berliner Lesbenwoche* durch einige Aktivistinnen des aus jüdischen und nicht-jüdischen Frauen zusammengesetzten Schabbeskreises ein „erster Höhepunkt der Debatte um Antisemitismus" (vgl. Dennert et al. 2007b: 131 ff.), mit dem Ergebnis, dass sich nach 1986 jüdische Lesben aus der Veranstaltung der *Berliner Lesbenwoche* zurückziehen (Baetz et al. 2007a: 176, Dennert et al. 2007b: 133). Maria Baader, jüdische Aktivistin des Schabbeskreises, blickt 1993 in einem desillusionierten Abschieds-Text zurück auf diese „Schaukämpfe“ auf „öffentlichen Massenveranstaltungen“ (Baader 1993: 85):

> „‚Wir‘ stellten alle Fettnäpfchen auf in diesen Tagen, und jedes Mal, wenn eine weiße, deutsche Frau mit christlichem Hintergrund hineintrat, schrien ‚Wir‘ auf und benannten, was ‚Wir‘ erlebten. Die ‚Schwarzen‘ Frauen[17] tobten, und die anderen brachen unter Tränen zusammen. Doch ‚Wir‘ wiesen jeden Versuch der Versöhnung ohne Konsequenzen und der Harmonie um der Harmonie willen zurück. ‚Wir‘ wollten kein Verständnis und keine ‚Betroffenheit‘ und keine Schuldbekenntnisse mehr. […] Die Auseinandersetzung ging bis auf die Knochen, aber ‚Wir‘ waren nicht mehr die Verständnisheischenden und Versorgenden gleichzeitig. […] Auf Kongressen und Veranstaltungen in der folgenden Zeit trugen ‚Wir‘ immer wieder die gleichen Proteste vor. In Workshops war die Arbeit nach wie vor möglich, zum Teil hat die Frauenszene unsere Anregungen sogar aufgenommen.“ (Baader 1993: 90 f.)

In den Auseinandersetzungen entwickelte sich eine sprachliche Praxis der Selbstpositionierung, die durch den Privilegiendiskurs bekannter werden sollte:

> „Etwa Ende des Jahrzehnts [der 1980er] entwickelte sich eine typische Umgangsform mit Herrschaftsdebatten und der damit in Rede stehenden Homogenität des ‚Wir Frauen‘ und fehlte bis ungefähr Mitte der 90er Jahre auf kaum einem Plenum: Bevor eine über ihr eigentliches Anliegen zu sprechen begann, machte sie ihren Standort klar. Heute wird dieses Prinzip als ‚markieren‘ bezeichnet. Das klag dann etwa so: ‚Ich als weiße, christlich sozialisierte, nicht behinderte Lesbe aus der Mittelschicht...‘ Wichtig daran waren fraglos die Veröffentlichung und vorherige Selbstbefragung der eigenen Perspektive/n des Denkens und Handelns. Allerdings wurde diese Positionierung nicht selten zu einem ‚freisprechenden Bezichtigungsritual‘.“ (Dennert et al. 2007b: 134)

17 Zum Begriff: „Schwarz“ (in der Großschreibung) umfasste damals als ein Bündnisbegriff „nicht nur schwarze Lesben, sondern auch jüdische und migrierte – sowie zunächst auch Krüppel-lesben, die gemeinsam an einer exklusiven Veranstaltung für Schwarze Lesben teilnahmen, was ein Novum in der Bewegung bzw. für solche Treffen gewesen ist“ (Dennert et al. 2007b: 135).

Als ein einschneidender Moment der Eskalation der „Saalauseinandersetzungen“ (Koppert 2003: 131) wird in verschiedenen Rückblicken eine Aktion auf dem Abschlussplenum einer *Lesbenwoche* bewertet, bei der Schwarze Lesben „mit Spielzeugpistolen auf die Ignoranz der weißen Lesben“ (Dennert et al. 2007c: 263) zielten: „Sobald eine rassistische Bemerkung fiel, gaben sie mit Platzpatronen Schüsse in die Luft ab.“ (ebd.) Diese „zunehmend gewalttätige“ Stimmung ließ Teilnehmerinnen entsetzt zurück, beispielsweise die jüdische Aktivistin Adriana Stern (Stern 2007: 172). Andere bilanzieren die Entwicklung, dass in den *Berliner Lesbenwochen* ab Mitte der 90er Jahre „zunehmend persönlich und moralisch diskutiert wurde“ (Genschel 2007: 337). Während Corinna Genschel eine „Individualisierung“ konstatiert (ebd.), bewerten andere gerade beim Thema Rassismus die Hinwendung zu Workshops mit persönlichkeitsbezogenen, pädagogisch-sensibilisierenden Mitteln positiv, oder zumindest als einzig gangbaren Weg:

> „Etliche schwarze Lesben machten die Erfahrung, dass ‚echte‘ Auseinandersetzungen mit Weißen nur in Workshops möglich waren, in deren Verlauf die Wand aus Schuldgefühlen und Abwehr durchbrochen werden konnte. […] An der grundsätzlichen Ignoranz weißer bzw. privilegierter Lesben und der oftmals fehlenden Solidarität änderten auch die Antirassismus-Workshops, die nur Einzelne besuchten, wenig. Allerdings: Eine erste Sensibilisierung für Rassismus (und auch Antisemitismus) wurde in dieser Zeit zweifellos erreicht, Verantwortung wurde übernommen, und dies war ein Meilenstein in der lesbenbewegten Herrschaftsdiskussion.“ (Dennert et al. 2007b: 133 f., vgl. auch Baader 1993: 85)

In diesem Kontext wird dann auch die hier betrachtete Quelle erwähnt, die „in autonomen FrauenLesbenkreisen [kursierte]“ (ebd.). Die Broschüre war in diesem Kontext somit Teil der Umgangsversuche einer Bewegung mit einem manifesten Konflikt, der sie zu zerreißen drohte.

Bei der Quelle handelt es sich um eine deutsche Übersetzung aus dem Amerikanischen. Die Erstveröffentlichung trägt den Titel *Cultural Etiquette: A Guide for the Well-Intentioned* und wurde 1990 von „Market Wimmin“ veröffentlicht, einem „cultural crafts and merchandising business“, das Blanche Jackson und Amoja Three Rivers gegründet haben. Beide Women of Color sind in antirassistischer Bildung und Kultur tätig; Blanche Jackson hat u. a. „Antiracism: The 7-Step-Program“ erarbeitet, von dem Ausschnitte in der Broschüre zitiert sind (Three Rivers 1994: 39, vgl. auch 11). Three Rivers war eine der Gründerinnen des „Womyn of Colour Tent and Sanctuary“ beim „Michigan Womyn's Music Festival“ und bot auf dem Festival u. a. ihre Broschüre an. Auf diesem Festival stießen auch die beiden *weißen* deutschen Übersetzerinnen auf die Broschüre (vgl Vorwort Three Rivers 1994: 7). Die Broschüre wurde neu aufgelegt, zuletzt 2018; 2006 erfolgte zudem eine Übersetzung ins Polnische. Verschiedene gekürzte Varianten wurden in Zeitschriften abgedruckt.

Die von Martha Bank und Ulrike Braun übersetzte deutsche Version erschien 1994, herausgegeben von Joliba Press/Berliner Lesbenwoche e. V., finanziell unterstützt vom Lesbenreferat des AStA der FU Berlin, und gedruckt in der AStA-Druckerei der FU Berlin. Die Broschüre ist somit ein Produkt lesbisch-feministischer und antirassistischer Bewegungskontexte mit Verbindung zu studentisch-universitären Institutionen.

Die Broschüre besteht aus 42 Seiten. Vorangestellt ist ein Vorwort der Übersetzerinnen mit ihren Danksagungen. Dann folgen die Danksagungen der Autorinnen. Das Kapitel I stellt eine „Einführung“ dar, Kapitel II präsentiert „Selbstdefinitionen“ für „ethnische und kulturelle Zuordnungen“ (Three Rivers 1994: 14). Kapitel III titelt programmatisch „Was ist Ethnozentrismus, und was soll ich davon halten“. Die folgenden Kapitel IV, V und VI verweisen auf eine Zusammenstellung von Informationen und Handlungsanleitungen: „Zu deiner Information“, „Einige bloßgelegte Lügen“, „Tu das einfach nicht. O.K.?“. Kapitel VII befasst sich unter dem Titel „Rot sehen“ themenspezifisch mit Rassismus gegenüber Native Americans. Kapitel VIII verspricht „Denkanregungen“, Kapitel IX regt an zum „Aktiv werden“. Die Broschüre endet schließlich mit einem kurzen „Epilog“ (Kapitel X).

Handlungsanleitungen für das Individuum: Dos und Don'ts

Die Quelle enthält programmatisch das Handlungsanleitungs-Element des Privilegiendiskurses, sie versteht sich als „Handbuch“ (Three Rivers 1994: 13). Zielgruppe sind Personen „mit den besten Absichten“, die „schlechtes kulturelles Benehmen an den Tag legen“ (ebd.). Rassismus wird in dieser Zielangabe mit kultureller Ignoranz verbunden, die sich in individuellem Verhalten ausdrückt. Die Quelle nutzt daher auch das Individualismus-Element des Privilegiendiskurses. Die Quelle spricht das (*weiße*) Individuum an, das sich (potenziell) rassistisch verhält. Die Ansprache als Individuum äußert sich auch sprachlich in der Gegenüberstellung eines direkt angesprochenen „Du“ und eines „Wir“, der Gruppe der People of Color. Diese umfassende, plurale Füllung des „Wir“ lässt die Singularisierung der adressierten Rezipient*in noch einmal stärker wirken. Diese Singularisierung wird auch durch den Untertitel der deutschen Version gegenüber der englischsprachigen gestärkt: „Ein Ratgeber für die wohlmeinende Antirassistin“. Im amerikanischen Original lautet der Untertitel „A guide for the well-intentioned“, was grammatikalisch die Möglichkeit eines Plural offenlässt oder sogar nahelegt – die Übersetzung leistet jedenfalls eine Vereindeutigung in Richtung Singular.[18]

Im Folgenden werden die Handlungsanleitungen für die beiden Bereiche der Verhaltensweisen und der Einstellungen genauer betrachtet, sowie die Handlungsanleitungen für die Schnittmenge von beidem – Sprache – und den Bereich von „Denk-Anregungen“ (ebd.: 33).

Verhalten: „Tu das einfach nicht. O.K.?“

Zahlreiche Aussagen der Quelle zielen auf Verhaltensweisen ab. Sie finden sich in vielen Abschnitten (insbesondere den Kapitel III, IV, V, VI, VII, VIII); Kapitel VI ist explizit im Sinne einer Kompilation von Don’ts betitelt: „Tu das einfach nicht. O.K.?“ (ebd.: 27). Die Don’ts entsprechen einer Auflistung rassistischer Fehltritte. Die meisten dieser Verhaltensweisen stammen aus dem interpersonalen Bereich, beispielsweise:

> „Berühre nicht den Raum einer person of color oder jüdischen Person und dringe auch nicht in diesen ein, solange du keine persönliche, gleichberechtigte Beziehung mit ihr aufgebaut hast.“ (ebd.: 28)
> „Wenn du weiß bist, prahle nicht vor einer person of color über eine Reise in unser Herkunftsland. Besonders, wenn wir uns (selber) eine solche Reise nicht leisten können.“ (ebd.: 29)

Beispielsweise wird an mehreren Stellen der Broschüre darauf hingewiesen, dass *weiße* nicht Schwarzen und People of Color in die Haare greifen sollten

---

18 Die *weiße* feministische Theologin Eske Wollrad führt diesen Untertitel an als Beispiel einer verbreiteten individualisierten Selbstwahrnehmung *weißer* Antirassist*innen als „vereinzelte Erscheinung mit Seltenheitswert“:

> „Der Singular verstärkt den Eindruck, dass Antirassismusarbeit Weißer Menschen eine persönliche Angelegenheit sei, die der/die Einzelne allein bewältigen muss.“ (Wollrad 2007: 48, zu diesem „Singularitätsdiskurs“ vgl. auch Wollrad 2005: 186 ff.)

(ebd.: 19, 23, 29). Viele der zu vermeidenden Verhaltensweisen können als kulturelle Aneignung eingeordnet werden, nämlich dass

> „viele Nicht-people of color sich angewöhnt [haben], sich einzelne Teile unserer Kulturen herauszupicken und daraus eine Modeerscheinung zu machen; sie werden dadurch völlig aus dem Zusammenhang gerissen und all' ihrer Bedeutung und Kraft beraubt." (ebd.: 36).

Diese Handlungsanleitungen, die im Sinne von Don'ts das Vermeiden rassistischer Verhaltensweisen beschreiben, sind also teils sehr konkret beschrieben. Die Dos, die über das nicht-rassistische Verhalten im interpersonalen Bereich hinausgehen in Richtung anti-rassistischer Aktivitäten, sind demgegenüber allgemeiner. So finden sich im Kapitel IX („Aktiv werden", ebd.: 39) beispielsweise folgende, teils bereits eingangs zitierte, Aufforderungen:

> „Sei eine aktive Verbündete mit allen unterdrückten Menschen. Werde aktiv, um Unterdrückung zu verhindern." (ebd.: 39)

> „Schreibe LeserInnenbriefe.
> Unterstütze die LandarbeiterInnen durch den Boykott von Lebensmitteln von ausbeuterischen Firmen. Bemühe dich um den Kontakt mit anderen.
> Setze dich für das ein, von dem du weißt, daß es richtig ist.
> Suche oder initiiere Anti Rassismus Gruppen in deiner Umgebung." (ebd.: 40)

Diese Anleitungen sind teils derart allgemein, dass sie – für die „wohlmeinende" Zielgruppe – weniger konkreten Orientierungswert aufweisen, sondern eher allgemein motivierend wirken dürften. Eine wiederum interpersonale Verhaltensweise wird aufgeführt, die den Staffelstab der Broschüre an die Leserin weitergibt, indem sie Mitmenschen im Nahbereich auf „schlechtes kulturelles Benehmen" hinweisen solle:

> „Lasse keine/n in deiner Nähe rassistisch oder antisemitisch oder Vorurteile verbreitend sein.
> Habe den Mut und die Überzeugung, liebevoll sogar deine Freundinnen oder deinen Arbeitgeber zu konfrontieren, wenn sie beleidigend sind." (ebd.: 39 f.)

Einstellungen: Gegenwissen „zu deiner Information“

Neben dem Verhalten befasst sich die Broschüre auch mit Einstellungen und Wissens insbesondere im Sinne von rassistischen „Mythen“ (ebd.: 19), „Stereotypen“ und „Vorurteilen“ (ebd.: 13) sowie *weißen* Wahrnehmungsmustern und -lücken. Beim Fokus auf Einstellungen wird deutlich, dass Rassismus stark als bewusstseinszentriertes Phänomen verstanden wird: als „Ausdrucksform von kultureller und ethnischer Intoleranz“ (ebd.: 13), insbesondere als Ethnozentrismus, der unter Bezug auf eine Wörterbuchdefinition als „Glaube an die innewohnende Überlegenheit der eigenen Gruppe und Kultur, begleitet von einem Gefühl der Verachtung gegenüber anderen Gruppen und Kulturen“ (ebd.: 16) verstanden wird. Die Quelle interveniert in diese rassistischen Bewusstseinsinhalte, indem sie korrigierende Informationen und Gegenwissen aufführt: „Zu deiner Information“ (Überschrift Kapitel VI, ebd.: 19); „Einige bloßgelegte Lügen“ (Überschrift Kapitel V, ebd.: 26). Dieses Gegenwissen besteht teilweise aus historischen Erläuterungen z. B. aus der Geschichte von Kolonialismus, Sklaverei oder Imperialismus:

> „Die U.S.-mexikanische Grenze ist an sich schon illegal. Vieles vom ‚amerikanischen‘ Südwesten wurde 1848 von Mexiko gestohlen, das geschah in einem unprovozierten Krieg aus purem Imperialismus. Wenn irgend jemand ein/e illegale/r AusländerIn auf diesem Kontinent ist, dann ist es die/der EuropäerIn.“ (ebd.: 23)

Teils bestehen die Informationen in der Nennung einzelner Fakten:

> „Menschen aus dem Mittleren Osten gehören vielen Glaubensrichtungen an. Wir können moslemisch, christlich, jüdisch, bahaistisch, zoroastrisch, Praktizierende anderer althergebrachter spiritueller Traditionen, atheistisch oder agnostisch sein.“ (ebd.: 22)

Die implizite Handlungsanleitung besteht darin, das rassistische Wissen zu vermeiden, die entsprechenden Einstellungen abzulegen. Einige Statements über Einstellungen sind auch sprachlich als Handlungsanleitung ausgeführt. Es finden sich beispielsweise Formulierungen wie „Glaube nicht, daß [...]“ (ebd.: 23) oder „Gehe nicht davon aus, daß es o.k. ist, [...]“ (ebd.: 30) – dies sind Handlungsanleitungen über bestimmte Wissensinhalte. Es finden sich auch Handlungsanleitungen, die eher in eine bestimmte Richtung von

Wissen weisen, nicht auf einen spezifischen Wissensinhalt, so beispielsweise (im Kontext kultureller Aneignung):

> „Lerne nicht nur die schönen und interessanten Sachen über uns und geh' dann nach Hause in dein sicheres, isoliertes, weißes, privilegiertes Leben. Lerne über die Geschichte der Menschen, in deren Kultur du eintauchst. Lerne, wie unsere Geschichte mit deiner zusammenhängt, wie deine Privilegien mit unserer Unterdrückung und Ausbeutung verbunden sind und daran beteiligt sind." (ebd.: 37)

Eine noch stärker generalisierte Handlungsanleitung zur Wissensaneignung ist:

> „Lese Bücher von und über people of color und jüdische Menschen." (ebd.: 40)

Manche Einstellungs-bezogenen Handlungsanleitungen sind jedoch deutlich Aktivismus- und Szene-näher, und verweisen auf Konflikte innerhalb antirassistischer Bewegungen. Dabei wird auch wesentlich mehr hergeleitet oder erläutert an als vielen anderen Stellen. Hier klingen insbesondere die epistemologischen Elemente des Privilegiendiskurses an:

> „People of color und jüdische Menschen sind dies ihr ganzes Leben gewesen. [...] Wir sind daher ExpertInnen für unser eigenes Leben und unsere Lebensbedingungen. Wenn du etwas nicht verstehst oder glaubst oder nicht zustimmst, wenn Menschen etwas über ihre eigene Unterdrückung sagen, gehe nicht automatisch davon aus, daß sie Unrecht haben oder paranoid oder überempfindlich sind. [...] Unterdrückte Menschen überleben dadurch, daß sie lernen, ihren Instinkten zu trauen. Die Wohlmeinenden, (relativ) Nicht-Unterdrückten sollten sich unserer Führung anvertrauen." (ebd.: 34)

Die epistemologischen Grundannahmen finden sich – etwas vereinfacht, und ohne explizite Benennung von Unterdrückungsverhältnissen – nochmals in folgender Handlungsanleitung:

> „Nehme an, daß andere Menschen mehr über ihre eigenen Leben und Kulturen wissen als du." (ebd.: 39)

Sprache: An der Schnittstelle von Verhalten und Einstellung

Sprache kann hier verstanden werden Schnittmenge von Verhalten und Einstellungen: ein konkreter Sprechakt ist eine Handlung, in der sich bestimmte Einstellungen manifestieren. Sprache wird hier noch einmal gesondert betrachtet, weil sie einen großen Anteil an den Handlungsanleitungen der Broschüre ausmacht. So finden sich beispielsweise zu vermeidende Sprachakte: „Frage niemals eine *person of color* [...]“ (ebd.: 30, worauf fünf Fragen folgen). Oder es finden sich zu vermeidende Begriffe, in unterschiedlichen Graden von Krassheit. So werden Begriffe zurückgewiesen, die eher sachlich falsch sind, Begriffe, die bestimmte relativierende Perspektiven auf Rassismus und Kolonialismus implizieren, Begriffsverwendungen mit rassistischer Geschichte oder Konnotation, bis hin zu rassistischen Schimpfworten.

Bei diesen wie auch einigen anderen konkreten terminologischen Handlungsanleitungen stellt sich das Problem der Übersetzung. Die Übersetzung bleibt bewusst „so nah wie möglich am Originaltext“ (ebd.: 7), womit sich jedoch in dieser Hinsicht die Orientierungskraft verringert. Denn Handlungsanleitungen für oder gegen spezifische englische Begriffe sind zwar ggf. als Information über den englischen Sprachgebrauch interessant, aber für den deutschen Sprachgebrauch wenig instruktiv. Teils werden englischsprachige Begriffe erst eingeführt, um zur Pointe zu kommen, dass sie nicht verwendet werden sollten. Auch für manche wichtigen Konzepte entstehen durch die Übersetzung Unklarheiten in der sprachlichen Empfehlung (beispielsweise für „race“ und „native americans“). Weniger „Schwund“ in der Übersetzung und somit eine größere Orientierungsleistung gelingt dort, wo weniger auf einzelne konkrete Begriffe abgezielt wird, sondern auf sprachliche Mechanismen, beispielsweise das Phänomen abwertender Gruppen(selbst-)bezeichnungen (vgl. ebd.: 28). Diese Art von Handlungsanleitung besteht nicht mehr in einem Katalog von Dos und Don’ts konkreter Begriffe, sondern kontextualisiert verschiedene Begriffsverwendungen. Noch etwas allgemeiner weitergedacht finden sich schließlich die „Denkanregungen“.

Selbstreflexion und Persönlichkeitswachstum: „Denk-Anregungen“

Durch die Quelle ziehen sich auch „Dos“ im Sinne der Handlungsanleitung, verbreitete Verhaltensweisen, Einstellungen und Sprachhandlungen zu hinterfragen. Diese werden präsentiert als „Denk-Anregungen“ (ebd.: 33, Überschrift von Kapitel VIII): beispielsweise „[...] dann denke darüber nach, ob [...]“ (ebd.: 16) oder „Als eine Gedankenübung stell’ dir mal vor [...]“ (ebd.: 33).

Einige dieser Denk-Anregungen stammen aus dem Bereich der Selbstbeobachtung, Selbstbefragung und Selbstreflexion:

> „Und wenn du einfach außer dir bist vor Neugierde, nutz’ es als Gelegenheit, Zurückhaltung zu üben. Konzentriere dich und meditiere darüber, warum du so einen starken Drang verspürst, die Haare dieser Person anzufassen.“ (ebd.: 27)
> „Sei feinfühlig und bilde dein eigenes Urteil.“ (ebd.: 30)

Insbesondere im Kapitel IX „Aktiv werden“ und dort insbesondere in den Übernahmen aus „Anti-Racism: The 7-Step-Program“ von Blanche Jackson (vgl. ebd.: 39) weiten sich die Denk-Anregungen hin zu einem Programm des Persönlichkeitswachstums:

> „Entwickle einen eigenen Stolz auf die Tiefe deines Intellekts
> – durch nicht-institutionalisierte Bildung
> – durch regelmäßiges Lernen über Dinge, die anscheinend keinen Einfluß auf deinen Alltag haben.
> Entwickle eine Ehrlichkeit im Herzen. Wenn du nicht klar und offen ausdrücken kannst, was du gerade denkst, hinterfrage, ob das, was du denkst, richtig ist.“ (ebd.: 39)

Es wird empfohlen, „mit allen verfügbaren Mitteln und Techniken [zu experimentieren], um Erkenntnisse zu erlangen“ (ebd.: 39) – wobei die „herausforderndsten“ empfohlen werden, „weil sie die größte und tiefste Belohnung enthalten“ (ebd.: 39), „weil sie den größten Vorteil bringen“ (ebd.: 39). Damit wird die Frage der Effizienz eines Mittels an die subjektive Herausforderung durch das Mittel gekoppelt. Es geht weniger um die Frage der effektiven Intervention bezogen auf die Außenwelt, sondern eher um die Frage von Motivation und charakterlicher Entwicklung.

Die Quelle präsentiert das Persönlichkeitswachstum als nächsten Schritt nach dem Erlernen des Benehmens (vgl. ebd.: 39). Die bereits beschriebenen allgemeinen proaktiven Handlungsanleitungen sind gerahmt von Persönlichkeitswachstums-Programmatik – ihnen voran gehen Übernahmen aus dem 7-Schritte-Programm, ihnen folgt der abschließende Appell:

> „Und habe keine Angst vor dem Wachsen." (ebd.: 40)

Zwischen interpersonalem Umgang und globalen Gewaltverhältnissen - mit spiritueller Zielvision

Über die Zielvorstellung jenes Persönlichkeitswachstums gibt ein abschließender knapper Epilog Auskunft. Er setzt ein mit einer direkten Ansprache der Lesenden, die nach ihren Gefühlen bei der Lektüre gefragt werden:

> „Fühlst du dich unbehaglich beim Lesen dieses Handbuchs? Ärgerlich? Verwirrt? Nimmst du das persönlich?" (ebd.: 41)

In der Broschüre finden sich Passagen mit unterschiedlichen Tonfällen. Während die Persönlichkeitswachstums-orientierten Passagen einen empathischen Tonfall haben, findet sich zugleich Passagen des nüchternen Auflistens von Fakten einschließlich der Geschichte krasser rassistischer Gewalt, ebenso wie zorniger Humor und Ironie. Diese Tonfälle sind teils sehr berührend, wenngleich voraussetzungsreich: sie benötigen oft Kontextwissen der Leser*innen, um spöttische, sarkastische, bittere Tonfälle dechiffrieren zu können. Auch das Springen zwischen Themen, Ebenen, historischen Zeiten, Tonfällen macht die Lektüre teils verwirrend oder überrumpelnd-schockierend. Auch hinter Kapitelüberschriften wie „Zu deiner Information" (ebd.: 19-25) findet sich weniger eine Nachschlagewerk-artige Informationssammlung als ein derartiges Wechselbad der Gefühle. So mindert sich einerseits der Nutzwert als „Handbuch" (ebd.: 13), andererseits intensiviert es die affektive Konfrontation mit den präsentierten Themen – was durchaus intendiert erscheint. Zumindest scheint, wenn auf die dargestellte Art nach den Emotionen bei der Lektüre gefragt wird, dieser Effekt antizipiert zu werden. Jedoch wird das Wechselbad der (negativen) Gefühle dort nicht etwa auf bestimmte Eigenschaften des Textes zurückgeführt, sondern als Ausdruck der Beschäftigung mit Rassismus selbst erläutert. So führt die zitierte Stelle tröstend fort:

> „Naja, werde nicht verdrießlich. Rassismus hat eine große schreckliche Schweinerei angerichtet, und die Heilung davon kann manchmal schmerzhaft sein." (ebd.: 41)

Als Ziel des Persönlichkeitswachstums kommt hier die „Heilung" von Rassismus ins Spiel, die in diesem Kontext noch als individuelle Heilung von der „Krankheit Rassismus" (ebd.: 38) verstanden werden kann. Der Schluss des Epilogs und der Broschüre verdeutlicht dann jedoch, dass an eine wesentlich größere Zieldimension gedacht wird:

> „Unsere grundlegendste Herausforderung und unser grundlegendstes Ziel ist, daß wir uns gegenseitig und alle Dinge der Schöpfung lieben und nähren. Friede und Liebe allen Kindern der Erde." (ebd.: 41)

Für diese globale Zielformulierung wird auf eine religiöse oder spirituelle Rahmung zurückgegriffen. Das Wechselbad der Gefühle mündet also über den emphatischen Tonfall des Persönlichkeitswachstums in die Heilung und eine globalen Harmonie-Vision.

Gemessen am programmatischen Anspruch der Quelle – eben *Ratgeber* nach Art einer *Etikette* zu sein – ist diese Zielformulierung überraschend und produziert ein Spannungsverhältnis. Einerseits reduziert die Quelle Antirassismus in einem bewusstseinszentrierten Rassismusverständnis auf individuelles nicht-rassistisches Verhalten im interpersonalen Bereich – wenngleich als Hintergrund immer wieder über Aspekte der globalen Ausbeutungs- und Gewaltgeschichte des Rassismus aufgeklärt wird. Andererseits zielt sie in maximal großem Maßstab auf globalen Frieden. Dazwischen steht – lesbar vielleicht als der Weg vom einen zum anderen – das Persönlichkeitswachstum, das zu einer Heilung führt. Antirassistische Aktivitäten, die über nicht-rassistisches individuelles Verhalten hinausgehen, haben konzeptionell keinen systematischen Platz, sondern tauchen eher punktuell auf und bleiben allgemein. Trotz dieser Spannungsverhältnisse wurde die Quelle offenbar für die eingangs dargestellten Konflikte hilfreich gefunden. Vielleicht war genau das, was die Broschüre in ihrem Titel verspricht und dann im Großteil ihres Inhalts unterfüttert, nämlich eine Handlungsanleitung für *Weiße* im interpersonalen Umgang mit Personen of Color, ein hilfreiches Werkzeug dafür, um Kontakt, Dialog und – perspektivisch – Bündnisse nicht bereits an den ersten „Fallen von unabsichtlichem Rassismus und Antisemitismus" (ebd.: 13) scheitern zu lassen, oder um Konflikte wenn vielleicht nicht zu lösen, so doch sie nicht weiter zu eskalieren.

Fazit

Die Quelle rahmt Antirassismus als *kulturelle Etikette*, d. h. zum einen als eine Frage von Kultur, kulturellen Differenzen, interkultureller Kompetenz, und zum anderen als eine Frage von Etikette, Benimmregeln, individuellem interpersonalen Verhalten. Die Strategie ist das Vermeiden von „Fallen" – oder gedacht aus einer nicht auf die Privilegierten zentrierten Perspektive: die Vermeidung von Verletzungen. Das Instrument dazu sind Gegeninformation und Handlungsanleitung. Der Informations- oder besser: Orientierungs-Bedarf von *weißen* Mitgliedern der FrauenLesben-Bewegung vor dem Hintergrund der beschriebenen Konflikte wird auf eine Art gestillt, die antirassistisches Nachdenken und Agieren auf ein bestimmtes Gleis setzen. Dieses Gleis führt eher weg von Fragen der Außenwirkung der Bewegung hin zum interpersonalen Verhalten – auch, aber keineswegs spezifisch in Bewegungskontexten; die auf Bewegungspraxis bezogenen Elemente bleiben entsprechend unkonkret. In der Beschreibung der Ziele wird zum einen Heilung versprochen und eine Rahmung des Persönlichkeitswachstums genutzt, zum anderen eine spirituelle Rahmung aufgerufen. In der Quelle sind bestimmte Rahmungen erkennbar, die sich dann im Privilegiendiskurs verfestigen. Die Inspiration für eine derartige Rahmung von Antirassismus stammt, wie auch der Bezug auf das „7-Step-Program" in dieser Quelle deutlich macht, aus dem pädagogischen Bereich von Workshops und politischer Bildungsarbeit. Die Quelle artikuliert somit deutlich das Element des Individualismus einschließlich seines Handlungshorizonts der Interpersonalität sowie das Handlungsanleitungs-Element des Privilegiendiskurses und dessen Nähe zu Pädagogik und Persönlichkeitswachstum-Programmatiken.

3.3 Autonom, feministisch, internationalistisch – Arbeit an den Herausforderungen gruppeninterner Differenzen

> „Und die Absicht ist die, sich immer wieder bewußt zu machen, daß wir unterschiedliche soziale Stellungen haben und damit umgehen müssen.“ (Internationales Frauenplenum 1995: 86)

Ein Schlaglicht auf die Broschüre *„Den Faden weiterspinnen – Möglichkeiten der Zusammenarbeit von Immigrantinnen, im Exil-lebenden und deutschen Frauen*” des Internationalen Frauenplenums (1995)

Das *„Internationale Frauenplenum“ („I.-Plenum“)* war ein politischer Zusammenhang, der von Januar 1988 bis zum Sommer 1991 in West-Berlin bestand. Der Charakter der Organisation war ursprünglich tatsächlich ein Plenum, ein koordinierendes Gremium, an dem Delegierte aus verschiedenen anderen Gruppen (sowie Einzelpersonen) teilnahmen, veränderte sich aber im Laufe der Zeit hin zu einer eigenständigen politischen Gruppe. Der Anfangsimpuls bestand in der Idee „mehrere[r] Frauen- und Lesbengruppen aus dem autonom-feministischen Spektrum“, Aktivitäten gegen den Kongress des Internationalen Währungsfond (IWF) im September 1988 in Berlin zu planen. Ein Teilziel der Anti-IWF-Kampagne war die 8.-März-Demonstration 1988, die eine internationalistische Schwerpunktsetzung erhalten sollte. Dafür wurde gezielt ein Bündnis aufgebaut und das Plenum gegründet, in dem „Frauen aus linken (Frauen-)Organisationen und Gruppen aus acht verschiedenen Ländern und mit sehr unterschiedlichen sozialen Erfahrungen und Hintergründen“ (Internationales Frauenplenum 1995: 4) vertreten waren. Das Plenum bestand anfangs aus 24 Frauen, wobei „auf eine zahlenmäßige Ausgeglichenheit zwischen deutschen und ausländischen Frauen geachtet wurde, um einer Dominanz auf dieser Ebene vorzubeugen“ – „was natürlich auf die Herkunft aus einem Land bezogen trotzdem eine Dominanz deutscher Frauen bedeutete“ (ebd.: 9).

Die jährlichen 8. März-Demonstrationen inklusive 8.-März-Feste waren ein zentraler Arbeitsschwerpunkt des Internationalen Frauenplenums, der insgesamt als erfolgreich eingeschätzt wurde. Zudem beteiligte es sich an anderen Kampagnen und Unterstützungsaktionen (vgl. ebd.: 41), z. B. gegen die geplante Hinrichtung von 83 Frauen im Iran 1989 (vgl. ebd.: 35 f.). Zusätzlich zu den Plenumssitzungen gab es einen wöchentlichen Café-Termin, um sich jenseits der konkreten Demovorbereitung besser kennenzulernen und „genaueres über die jeweiligen politischen und länderspezifischen Hintergründe der unterschiedlichen Frauen zu erfahren" (ebd.: 11). Zudem gab es jenseits der Plenumssitzungen informellere Treffen, bei denen sich eine „rege Eßkultur" (ebd.: 30) entwickelte.

Über die Jahre waren neben dem Prozess, dass sich das Plenum zu einer „festen Gruppe" (ebd.: 27) entwickelte, immer wieder Schwundprozesse zu beobachten. Nach einer frustrierten Selbstauflösung kommt es zu einer Neugründung im Sommer 1990, bei der „nur noch Frauen aus drei verschiedenen Ländern: Chile, Iran, Deutschland (3 Immigrantinnen und 10 deutsche Frauen)" (ebd.: 22) teilnehmen. Schließlich „dominierten Themen und Konflikte der autonomen Frauenszene und der deutschen Frauen das I.-Plenum immer mehr" (ebd.: 25). Um zu klären, wie es zu den Schwundprozessen und dem „Fortbleiben gerade auch ausländischer Frauen" (ebd.: 76) kam, begann eine Strukturdebatte. Verschiedene Vorschläge wurden entwickelt und Reorganisations-Versuche unternommen, um „mehr Frauen mit unterschiedlichen (Alltags-)Bedingungen" (ebd.: 27) die Mitarbeit zu ermöglichen. Allerdings konnte keine verbindliche Arbeit etabliert werden, und Frusterlebnisse sorgten schließlich dafür, dass „die Luft ganz raus war" (ebd.: 28). Im Rückblick wurde bereits der Neugründungsversuch 1990 aufgrund von auseinandergehenden Interessen als „eine Art Selbstbetrug" (ebd.: 28) eingeschätzt. Die Nachbereitung der Arbeit des *I.-Plenums* ist also auch die Nachbereitung eines Scheiterns:

> „Das I.-Plenum hat an vielen Punkten versagt – wie hätte es auch anders sein können. Schließlich war es einer unserer ersten Versuche, langfristig eine Zusammenarbeit zwischen Frauen aus verschiedenen Ländern aufzubauen. Zum Teil haben wir aber auch genau das geschafft, was wir im allgemeinen so schwer hinkriegen: unsere Unterschiede wahrzunehmen und darin gemeinsam ein Stück weiterzukommen. Als Gruppe in unserer Zusammensetzung als Heteras und Lesben haben wir es, abgesehen von den heftigen Eklats, z. B. insgesamt geschafft, durch einen vorsichtigen Umgang miteinander, eine gemeinsame Entwicklung zu machen." (ebd.: 66)

Durch die Nachbereitung sollen die Erfahrungen produktiv gemacht werden. Nach der Auflösung des *I.-Plenums* setzte sich daher eine Teilgruppe zusammen, „um unsere Erfahrungen, die wir miteinander gemacht haben, zu diskutieren und aufzuschreiben" (ebd.: 4), so dass sie nicht vergessen werden und für andere politische Gruppen hilfreich sind. Die Nachbereitungsgruppe, die drei Jahre lang arbeitete, bestand letztlich „aus 8 deutschen Frauen und 3 Immigrantinnen" (ebd.: 4) und führte Interviews mit anderen ehemaligen Mitgliedern, um weitere Stimmen in der Broschüre abzubilden. Im April 1995 wurde die gebundene Broschüre beim linken Verlag Rotation in Berlin-Kreuzberg veröffentlicht, gedruckt bei der linken Druckerei Oktoberdruck in Berlin, und unterstützt vom Netzwerk e.V. und Frauennetzwerk Goldrausch e.V.

In der Broschüre selbst findet sich eine politische Kontextualisierung, die sich auf die Veränderungen zwischen der aktiven Zeit des *I.-Plenums* und der Publikation der Nachbereitungsbroschüre bezieht. Diese Veränderungen hatten Auswirkungen insbesondere auf die Diskussion von Rassismus:

> „Das I.-Plenum war in einer Zeit entstanden, in der internationalistische Arbeit in der BRD in erster Linie im Zusammenhang mit antiimperialistischen Ansätzen gesehen und begriffen wurde. Rassismus tauchte z. B. in der westdeutschen Linken fast nur in der Beschreibung nachkolonialer Verhältnisse im Trikont auf, und in der Mobilisierung gegen staatliche Angriffe auf Flüchtlinge [...]." (ebd.: 73)

In „linker und feministischer Auseinandersetzung" sei Rassismus als ein „Thema für ‚Spezialistinnen'" angesehen worden, auch wenn es durchaus Wissen gab um „Gruppen, besonders in der Frauenbewegung (siehe u. a. den Frauenkongreß 1985 in Frankfurt/Main), die, stark beeinflußt durch die Diskussionen der Frauenbewegung in den USA und of auf Initiative und Forderung Schwarzer Frauen, rassistische Herrschaftsverhältnisse in ihrer Vielfältigkeit analysiert und diskutiert haben" (ebd.), und um die Konflikte, die dies mit sich brachte. Als Grund für die Neuerung, nun auch Rassismus in Deutschland zu debattieren, wird eine veränderte politische Lage benannt: der offensichtliche „rassistische Konsens" (ebd.) nach der Maueröffnung und die rassistischen Angriffe und Morde. Die verstärkte Diskussion schlägt sich auch im nachbereitenden Rückblick nieder:

> „Die lange Phase der Nachbereitung des I.-Plenums fällt genau in die Zeit, in der in Teilen der Frauenbewegung und der autonomen Linken Rassismus als Teil innerer Strukturen diskutiert wird." (ebd.: 85)

Nach einem Vorwort startet die ca. 160 Seiten dicke Broschüre mit einer Chronologie des *I.-Plenums*, das um eine Beschreibung der informelleren Aktivitäten und Beziehungen zueinander ergänzt ist. Der nächste Teil steht unter der Überschrift „Knackpunkte" – „das sind die Stolpersteine, über die wir immer wieder rüber mußten und an denen viele Auseinandersetzungen gelaufen sind" (ebd.: 6). Dieser Teil enthält Kapitel zum Internationalismusverständnis, zu Organisationsformen, „Grundsätzliches zur Zusammenarbeit mit ML-Parteien und Kaderorganisationen", „Lesben im I.-Plenum – Auseinandersetzungen über Heterosexismus" und „Grundsätzliches zur Umgangsweise mit Unterschieden". Zusätzlich gibt es noch jeweils ein Kapitel zur Rassismusdiskussion und zur Strukturdiskussion des *I.-Plenums*. Das letzte Kapitel ist dann ein knapper Ausblick unter dem Titel „Eigentlich hatten wir gerade erst angefangen". Der letzte Satz, der auch im Titel der Broschüre aufgegriffen wird, richtet sich direkt an die Lesenden:

> „[...] vielleicht habt ihr Lust gekriegt und spinnt den Faden weiter." (ebd.: 105)

Es folgt ein umfangreicher Anhang von 54 Seiten, in dem „Dokumente aus der gemeinsamen Arbeit des Internationalen Frauenplenums" abgedruckt sind, beispielsweise Flugblätter und Demonstrationsaufrufe. Die Broschüre wurde in der Bewegung auch überörtlich wahrgenommen, beispielsweise gab es Rezensionen in feministischen Zeitschriften aus Berlin, Hamburg und Köln.[19]

Unterschiedliche Verhandlung von Differenzen nach innen und nach außen

Die Konflikte innerhalb des *I.-Plenums* verliefen entlang verschiedener Differenzen: „Auseinandersetzungen über Heterosexismus" (Internationales

19 Im Übrigen waren die Erfahrungen des *I.-Plenums* auch wesentlich später noch Thema in antisexistischen Bewegungen: 2007 gab es auf der Berliner Konferenz *Antisexistische Praxen* einen Workshop unter dem Titel „Rassismus–Sexismus, verschränkte Betroffenheiten in Bündnissen – zwei FrauenLesben berichten vom I-Plenum Berlin" (vgl. Kapitel 4.3).

Frauenplenum 1995: 60) zwischen Heteras und Lesben, Auseinandersetzungen über Rassismus angesichts der Differenzen von *weißen* und Schwarzen Frauen sowie deutschen und ausländischen Frauen, sowie Differenzen aufgrund unterschiedlicher politischer Organisationskultur. Denn die Teilnehmerinnen entstammten Organisationen, deren „politische Sprache" (ebd.: 71) sehr unterschiedlich war: zum einen marxistisch-leninistische Parteien, zum anderen feministisch-autonomen Gruppen. Neben der politischen Analyse selbst betraf das auch das Selbstverständnis der Bewegungsmitglieder: Dass Mitglieder aus marxistisch-leninistischen (ML)-Gruppen eher als Delegierte oder Funktionärin am *I.-Plenum* teilnahmen, die gegenüber ihrer Organisation berichtspflichtig waren,[20] rieb sich mit dem autonom-feministischen Anspruch, miteinander auch subjektiv zu diskutieren und individuelles Vertrauen aufzubauen. Andersherum wurde von den in Parteien organisierten Frauen die fehlende Struktur und die „Unklarheit der Standpunkte vor allem bei autonomen Frauen" (ebd.: 71, vgl. 81) beklagt. Was bezogen auf diese verschiedenen Differenzen auffällt, ist, dass sie gleichermaßen als Herausforderung für die Gruppe betrachtet werden: Sie sind qualitativ nicht prinzipiell unterschiedlich, beispielsweise in epistemologischer Hinsicht. Dies stellt durchaus einen Unterschied zum Privilegiendiskurs dar, der die epistemologische Relevanz der Differenzen bezogen auf die „klassischen" großen Ungleichheitsverhältnisse (hier insbesondere Rassismus und Sexismus) unterstreicht.

Diese Gleichzeitigkeit der Verankerung in unterschiedlichen politischen (Organisations-)Kulturen und Theorien machte das *I.-Plenum* für eine Heterogenität von Diskursen anknüpfungsfähig. Die gewählten diskursiven Rahmungen unterschieden sich insbesondere zwischen den nach innen gerichteten Verhandlungen und den nach außen gehenden politischen Analysen und Forderungen.

Nach innen: Privilegiendiskurs – Nutzung und Ablehnung

Elemente des Privilegiendiskurses findet sich in der Broschüre zentral im Kapitel „Rassismusdiskussion" (ebd.: 73-97), im Kontext gruppeninterner Konflikte. Der konkrete Konflikt führt mitten in die Kontroversen hinein:

20 Beschrieben in einem Zitat einer ehemaligen Aktivistin, die vorher Mitglied einer marxistischen Organisation im Iran war: „Ich habe Probleme, wenn eine von einer politischen (M.L.) Gruppe reinkommt, weil da rede ich nicht nur mit dieser einen Frau, sondern mit der ganzen Organisation." (ebd.: 92, vgl. auch 94)

„Der Auslöser war folgende Situation: Eine Immigrantin und eine deutsche, weiße Frau trafen sich, um einen Text auszuarbeiten. Dabei kam es zu einem Gespräch, bei dem die weiße Frau sagte, sie denkt, daß in allen Weißen Rassismus steckt. Sie brachte dafür Beispiele verschiedenster rassistischer Denkweisen und Klischees. Im Laufe der folgenden Auseinandersetzung übernahm die weiße Frau die ‚Aufgabe', der Immigrantin zu erklären, wie Rassismus in der deutschen Linken und der deutschen Gesellschaft generell funktioniert. In ihren Äußerungen wurde nicht mehr deutlich, ob sie dieses rassistische Denken selber hatte oder nicht, weil sie immer von ‚uns Weißen' und ‚wir' sprach. Dies führte zu einem heftigen Konflikt zwischen den beiden Frauen." (ebd.: 74 f.)

Die Quelle fährt fort: Als das gesamte Plenum dann von dem Konflikt erfuhr, „konnten wir zunächst gar nicht damit umgehen" (ebd.: 75). Schließlich wurden „als wichtige Kritikpunkte an den deutschen Frauen die Bevormundung und das Nichternstnehmen von Immigrantinnen aus falscher Rücksichtnahme genannt" (ebd.). Vom Privilegiendiskurs taucht in diesem Konflikt das individualistische sowie das epistemologische Element auf, dass mit der Position bestimmte Erkenntnismöglichkeiten einhergehen bzw. dass das Bewusstsein von Privilegierten vom sie privilegierenden Machtverhältnis geprägt ist.[21] Im Rückblick formuliert die Quelle eine Position, die gefärbt ist von der „aktuellen Auseinandersetzungen" „in Teilen der Frauenbewegung und der autonomen Linken" und grenzt sich von „vielen weißen Antirassistinnen" (ebd.: 85) ab, die (auch) außerhalb der Gruppe verortet werden. Dort werde „Rassismus oft schwerpunktmäßig als ein Problem individueller Verhaltensweisen diskutiert"; die „strukturelle Seite des Rassismus" gehe in diesen Auseinandersetzungen verloren und werde „durch die persönliche Problematisierung ersetzt" (ebd.). Das *I.-Plenum* distanziert sich von dieser Tendenz, und insbesondere von einzelnen Grundannahmen dieser Tendenz:

„Wir sind grundsätzlich nicht der Meinung, daß alle Weißen rassistisch sind. Mit dieser Einstellung – alle Weißen seien rassistisch

21 Etwas ironisch ist jedoch, *wie* dieses Element des Privilegiendiskurses in dieser Situation auftaucht: Schließlich argumentiert hier eine Privilegierte im Sinne eben jenes Axioms, während ihr marginalisiertes Gegenüber das zurückweist. Zudem weist sie den Versuch der Privilegierten, ihr etwas über das privilegierende Machtverhältnis zu „erklären" (ebd.), als in Kontinuität zu diesem Machtverhältnis zurück.

> – wird eine Auseinandersetzung über Rassismus unserer Meinung nach sehr behindert. Mit dieser Einstellung ist bei vielen weißen Antirassistinnen eine Grundhaltung verbunden, die grob aus folgenden Annahmen besteht:
> – ich bin weiß und werde deshalb in einer rassistischen Gesellschaft bevorzugt, also bin ich schuldig
> – ich bin nicht besser als andere Weiße
> – als antirassistische Weiße muß ich erkennen und bekennen, daß ich auch rassistisch bin.“ (ebd.)

Gleichzeitig teilt – wie eingangs zitiert – das *I.-Plenum* die Intention dahinter, erachtet den vorgeschlagenen Weg jedoch für untauglich:

> „Die Absicht dahinter ist, sich nicht vorzumachen, daß eine antirassistische politische Haltung automatisch bedeutet, daß man frei ist von rassistischen Vorurteilen, Klischees, dominantem Verhalten... Und die Absicht ist die, sich immer wieder bewußt zu machen, daß wir unterschiedliche soziale Stellungen haben und damit umgehen müssen. Mit der beschriebenen Haltung wird aber unserer Meinung nach genau diese notwendige Auseinandersetzung verhindert.“ (ebd.: 86)

Die Quelle führt die Argumente an, dieser Fokus auf allgegenwärtigen „eigenen, inneren“ Rassismus laufe „auf eine völlige Verharmlosung von Rassismus“ hinaus; es komme zu „[f]alsche[n] Schuldgefühle[n]“ und einer „Bekenntniswut gegenüber schwarzen Frauen“ (ebd.). Statt einer „merkwürdige[n] Identifikation mit einem weißen Wir“ (ebd.) sei von linken Frauen eine Abgrenzung von der rassistischen Gesellschaft zu erwarten.

> „Diese Abgrenzung ist die Voraussetzung für Zusammenarbeit, nicht das Bekenntnis eines ‚eigenen‘ Rassismus. Die andere Voraussetzung ist die Bereitschaft, das eigene Denken und Verhalten immer wieder zu hinterfragen und hinterfragen zu lassen mit der Zielvorstellung, rassistische Anteile überwinden zu können. D. h. die Möglichkeit als Weiße nicht rassistisch zu sein, muß denkbar und Ziel unserer Auseinandersetzung sein.“ (ebd.)

Die Quelle berichtet von der Erkenntnis aus den gemeinsamen Diskussionen, dass es weniger um die Identifizierung von rassistischem Verhalten

„an sich“ (ebd.: 87) gehe, sondern um ein Bewusstsein davon, dass das eigene Handeln als Weiße in einer rassistischen Gesellschaft „eine rassistische Bedeutung bekommen“ kann (ebd.):

> „Wenn weiße Frauen diesen Blickwinkel hätten, dann müßten sie sich mehr über die sozialen Bedingungen und gesellschaftlichen Strukturen auseinandersetzen, in denen wir uns alle bewegen und könnten beginnen, verantwortlich damit umzugehen. Sie würden aufhören, ständig um sich selbst zu kreisen.“ (ebd.)

Diese intensiven Debatten finden sich in der nach außen gerichteten Politik der Gruppe jedoch nicht wieder.

Nach außen: Antiimperialismus

In den nach außen gerichteten Dokumenten taucht der Privilegiendiskurs nicht auf. Stattdessen herrscht ein patriarchatstheoretisches und antiimperialistisches Vokabular mitsamt einem agitatorischen, Einheit beschwörenden Tonfall. Ein Beispiel findet sich auf dem Foto einer Plakatwand:

> „Patriarchat heißt Krieg: Geschlechterkrieg, Klassenkrieg, imperialistischer Krieg. Dieser Krieg ist alltäglich. Solidarität ist unsere Kraft! Frauen/Lesben organisieren wir uns! Für die feministische Revolution weltweit“ (ebd.: o. P. [155]; im Original alles Großbuchstaben ausser „ist unsere“)

Kondensiert ist dieser Antiimperialismus auf einem Transparent abgebildet, das neben dem Slogan „Bekämpfen wir Imperialismus und Patriarchat“ (ebd.: o. P. [123]) zwei Symbole zeigt: zum einen ein Venussymbol, das mit einem fünfzackigen Stern gefüllt ist, zum anderen eine ein NATO-Zeichen zerschlagende Faust. Eine breite Klammer umfasst „Kämpfe von Frauen“ weltweit (vgl. ebd.: o. P. [127]), und die Rolle von Frauen in verschiedenen nationalen Befreiungsbewegungen wird betont (vgl. ebd.: o. P. [107-119]).

> „Wir wollen auch ein Signal setzen für die Frauen weltweit, daß auch hier sich Frauen gemeinsam gegen dieselben Feinde organisieren und kämpfen. **Nur in dem Bewußtsein werden wir endgültig**

Imperialismus und Patriarchat zerschlagen!" (ebd.: o. P. [127]; Hervorhebung im Original)

Häufig genutzter Slogan ist „Ohne Befreiung der Frauen gibt es keine Revolution – Ohne Revolution gibt es keine Befreiung der Frauen!" (ebd.: o. P. [127, 130, 132, 137], mehr zu den internen Diskussionen dazu 44 f.)
Es findet sich also eine deutliche Differenz zwischen nach außen gerichteter Politik, Aktivitäten und Forderungen, sowie nach innen gerichteter Politik, Aktivitäten und Forderungen. Bezogen auf die Positioniertheit der Aktivistinnen finden sich nach innen die geschilderten expliziten Überlegungen zum Umgang mit Binnendifferenzen. Nach außen wird demgegenüber in der antiimperalistischen Rahmung eine breite Einheit der Bewegung gegen „dieselben Feinde" (ebd.: o. P. [127]) postuliert; die Unterschiede der global unterschiedlich positionierten Kämpfe werden dabei tendenziell nivelliert.

Bezug auf konkrete Zusammenarbeit

Für die Reflexion der Erfahrungen des *I.-Plenums* werden manche Elemente des Privilegiendiskurses genutzt, manche – wie oben erläutert – deutlich kritisiert:

> „Wurde früher die Auseinandersetzung über Rassismus als Denk- und Verhaltensmuster innerhalb der linken und feministischen Strukturen weitgehend ausgeblendet, so ist inzwischen eine Situation entstanden, in der Rassismus oft schwerpunktmäßig als ein Problem individueller Verhaltensweisen diskutiert wird. Auf dieser Ebene sind dann auch die Lösungsvorschläge angesiedelt." (ebd.: 85)

Während sich die Broschüre von dieser Art der Individualisierung abgrenzt, nutzt sie Elemente des Privilegiendiskurses „nach innen" auf eine spezifische Art: bezogen auf die konkrete Zusammenarbeit konkreter Arbeitszusammenhänge und die dabei entstehenden Konflikte, Probleme, Herausforderungen, Fragen. Dieser Fokus auf die politische Zusammenarbeit wird schon in den beiden der Broschüre vorangestellten Zitaten aus Interviews mit ehemaligen (nicht explizit positionierten) Mitgliedern deutlich:

> „Es war für mich immer selbstverständlich, daß ich als Linke mit Weißen zusammenarbeite. Dann bin ich da an Grenzen gekommen

und habe mich zurückgezogen und war nur noch mit Immigrantinnen. Heute denke ich: wir müssen bewußt als Schwarze und Weiße zusammenarbeiten, nur so können wir was verändern." (ebd.: 1)
„Wenn es um Rassismus geht, heißt es oft: wir müssen mit Frauen aus anderen Ländern zusammenarbeiten, wir müssen auf sie zugehen. Aber das ist ja noch lange nicht das Ende vom Lied, sich gemischt zusammenzusetzen, da fängt die Arbeit ja erst an." (ebd.)

Konkrete Zusammenarbeit, konkrete Maßnahmen (oder deren Fehlen)

Im Kapitel „‚Wir müssen endlich diskutieren lernen' – Grundsätzliches zur Umgangsweise mit Unterschieden" geht der Abschnitt „Strukturelle Ungleichheit" darauf ein, dass und welche Ressourcen innerhalb der Gruppe „ungleich verteilt" (ebd.: 76) waren: „Zugang zu Arbeit und Wohnung, die Möglichkeit der Existenzsicherung und überhaupt das Recht hier zu sein" (ebd.), die Sprache, die Vertraut- oder Fremdheit in Deutschland sowie in der Szene. Es wird selbstkritisch bilanziert: „Die Zusammenarbeit im I.-Plenum fand unter ‚deutschen' Bedingungen statt." (ebd.)

Die Aufzählung dieser strukturellen Vorteile ist an die konkrete Zusammenarbeit rückgebunden, also an die Folgen für die politische Arbeit. Bezüglich der Sprachunterschiede sei zwar der „größte Teil unserer Treffen [...] mit Übersetzungen ab[gelaufen], oft in mehreren Sprachen gleichzeitig" (ebd.: 82). Da dies „für alle Beteiligten eine enorme Zusatzarbeit, Selbstdisziplin und Konzentration" bedeutet habe, sei das Klima oft unaufmerksam gewesen. Dies habe für die unterschiedlichen Teilnehmerinnen unterschiedliche Auswirkungen gehabt:

„[Deutsche Frauen] konnten […] es sich in ihrer Muttersprache leisten, ungenau und ausschweifend zu sein. In der Übersetzung war dann oft (endgültig) nicht mehr greifbar, was gemeint war. Das erschwerte es, dazu Position zu beziehen. Frauen mit Deutsch als fremde Sprache mußten sich dagegen eher auf eine Aussage beschränken und manches weglassen, was ihnen noch wichtig gewesen wäre. […] Das hieß dann auch, daß deutsche Frauen sie ziemlich einfach kritisieren konnten." (ebd.)

Diese Probleme seien immer wieder mal angesprochen worden „mit dem Ergebnis, daß alle eine Weile etwas aufmerksamer waren“ (ebd.). Dauerhafte Lösungen hätten sich nicht gefunden, aber dennoch findet sich eine Art Bilanz mit konkreten Hinweisen:

> „In einer so vielsprachigen und großen Zusammensetzung ist es wichtig (nicht nur, aber vor allem für deutsche Frauen), sich kurz und präzise auszudrücken, Pausen zu machen, um Nachfragen zu ermöglichen, auf Beiträge einzugehen und im Auge zu behalten, was nicht nur für eine selbst, sondern für die Gruppe wichtig ist.“ (ebd.: 83)

Auch an anderen Stellen, wo rückblickend selbstkritisch Versäumnisse benannt werden, sind diese an die „Konsequenzen“ (ebd.: 77) für die konkrete Zusammenarbeit rückgebunden. So seien Klassenunterschiede und insbesondere unterschiedliche Bildungshintergründe viel zu wenig thematisiert worden. Dies habe dazu geführt, dass die Dominanz von Frauen mit Hochschulbildung über den Diskussionsstil nicht in Frage gestellt worden sei. Auch über die jeweiligen Arbeitsbedingungen und Zeitressourcen sei zu wenig gesprochen worden (vgl. ebd.). Damit auch unregelmäßiger teilnehmende Frauen auf dem Laufenden bleiben, sollte es „regelmäßig Infos und Protokolle an alle Frauen“ (ebd.) geben; dieser Versuch, die Verfestigung von Wissenshierarchien zu verhindern, sei jedoch irgendwann eingeschlafen. In der Nachbereitung werden noch weitere Maßnahmen angedacht, die nie versucht worden waren: beispielsweise „Extra Treffen von uns ausländischen Frauen“ (ebd.: 78 f.), was jedoch neben den unterschiedlichen Organisationszugehörigkeiten und politischen Positionen durch Klassenunterschiede erschwert wurde („Diese Unterschiede liefen quer zu den Nationalitäten“, ebd.: 77). Ein ehemaliges Mitglied bilanziert die Schwierigkeiten:

> „Die Unterschiede sind da, man kann die nur abbauen, wenn das zum Thema gemacht wird. Es ist nicht unmöglich.“ (ebd.: 80)

Kontinuität der Arbeitszusammenhänge

Wenn auch nicht unmöglich, so ist ein derartiger gemeinsamer Prozess doch langwierig und „braucht einen langen Atem“ (ebd.: 105). Dies gilt insbesondere bei kontroversen Diskussionen, die Unterschiede zu Tage treten lassen.

So bilanziert die Quelle, dass kontinuierliche Arbeitszusammenhänge für die angesprochenen Auseinandersetzungsprozesse wichtig sind – und stellt dies den punktuellen (Groß-) Veranstaltungen entgegen, die weiter oben angesprochen wurden:

> „Wir haben festgestellt, daß Auseinandersetzungen über Rassismus und rassistische Strukturen ganz anders möglich sind, wenn sie in Gruppen geführt werden, die die Perspektive einer gemeinsamen Entwicklung haben, als wenn sie in Form einer Wiederholung des immer Gleichen auf Kongressen, Frauen- und Lesbenwochen oder Veranstaltungen stattfinden. Wir wünschen uns, daß es viele Gruppen gibt, in denen eine kontinuierliche gemeinsame Entwicklung möglich ist und von denen neue Impulse ausgehen." (Internationales Frauenplenum 1995: 104)

Dies konnte das *I.-Plenum* teilweise leisten, sei aber auch „an zu hohen Ansprüchen" (ebd.: 105) gescheitert, da es eine Funktion erfüllen sollte, „die nur größere Organisationen erfüllen können" (ebd.). Aufgrund dieser Erfahrungen werden einige Ideen benannt, wie nach dem Ende des Plenums eine „internationalistische Struktur" geschaffen werden könnte:

> „Ein Projekt als feste Anlaufstelle, die für alle zugänglich ist. Eventuell ein Archiv, Dokumentationsstelle und ein Ort für Bildungsarbeit o. ä. Dieses Projekt sollte als Austausch und Koordinationsstelle zwischen verschiedenen Frauengruppen hier und Frauengruppen in anderen Ländern dienen." (ebd.)

Zur Frage der Zusammenarbeit über Unterschiede hinweg sind die Schlussfolgerungen der einzelnen Mitglieder unterschiedlich: Manche organisieren sich bewusst separat (bezogen – neben Geschlecht – auf Herkunftsländer oder Immigrationsstatus), manche bewusst gemeinsam. Manche haben aufgrund ihrer Erfahrungen in neuen Gruppen während der Nachbereitungsphase ihre Positionen dazu verändert (vgl. ebd.: 96 f.). In der Quelle kommen dort über ein Interview verschiedene einzelne Perspektiven und – auch konfliktreiche, verletzende und enttäuschende – Erfahrungen zu Wort.

Emotionale Beziehungen und Vertrauen

Neben der Kontinuität der politischen Struktur und dem Nachdenken über konkrete Maßnahmen wird eine weitere Dimension der Zusammenarbeit genannt: die Ebene emotionaler Beziehungen der Mitglieder zueinander.

> „Politik ist nichts Äußerliches, Abstraktes. Unsere Strukturen sind so gut wie unsere Beziehungen zueinander und unsere Umgangsformen miteinander. Ohne den Raum sich kennenzulernen, ohne die Gefühle zueinander und persönliche Auseinandersetzungen bleiben unsere Organisationsstrukturen ohne Leben. Während unserer I.-Plenumszeit und auch in der Nachbereitung kam immer wieder von Verschiedenen die Kritik, daß die emotionalen Beziehungen und das persönliche Kennenlernen im politischen Leistungsstreß unterging." (ebd.: 29)

Wie eingangs erwähnt gab es insbesondere für dieses Kennenlernen die handlungsentlasteten Essens-Treffen oder die Treffen im Frauen-Kiez-Cafe. Auch sie haben dazu beigetragen, „sich gemeinsam entwickeln" (ebd.: 66) zu können.

> „Was wir gelernt haben, daß es des Kennenlernens, des Vertrauensvorschusses und des Selbstbewußtseins bedarf, um Vorurteile und Ängste abzubauen. Und wir haben gelernt, daß das nur geht, wenn wir uns nicht gleich am Anfang die dicken Positionen um die Ohren hauen und die ‚Glaubensfrage' stellen." (ebd.: 66 f.)

Aus Rücksicht auf den Aufbau einer emotionalen Verbindung politisch Trennendes zurückzustellen – dieser Weg wird rückblickend durchaus ambivalent bewertet. Einerseits klingt Wertschätzung an für diesen „vorsichtigen Umgang miteinander" (ebd.: 66) und die dadurch ermöglichten Erkenntnisse und Verbindungen, andererseits steht weiter die Frage im Raum, „ob wir nicht doch zu liberal miteinander gewesen sind" (ebd.: 67). Jedenfalls hat diese Haltung es offenbar ermöglicht, auch harten Konflikten beispielsweise um Heterosexismus produktive Verunsicherungen und letztlich selbstreflexive Erkenntnisse abzugewinnen:

> „Es ist spannend zu sehen, wie verwirrt wir sind, wenn unsere Kategorien Opfer – Täterin, Bevorteilte – Benachteiligte etc. durcheinander geraten; wenn wir mit den Widersprüchen konfrontiert sind, gleichzeitig Teil einer unterdrückten Minderheit (als ‚Schwarze' bzw. lesbische Frauen) und einer unterdrückenden Mehrheit (als ‚Weiße' bzw. heterosexuell-lebende Frau) zu sein." (ebd.: 65)

Die Beziehungsqualität und das Vertrauen zueinander wird dabei neben den Auseinandersetzungen selbst zurückgeführt auf gemeinsame Erfahrungen:

> „Durch gemeinsame Erfahrungen und Auseinandersetzungen können wir ein Stück Sicherheit und Vertrauen ineinander gewinnen oder erfahren, was wir verändern müssen, um dahin zu gelangen." (ebd.: 93 f.)

Fazit

Die Auswertungsbroschüre des *I.-Plenums* betrachtet rückblickend die Schwierigkeiten bzw. „Möglichkeiten" (so im Untertitel der Broschüre) der positioniertheitsübergreifenden politischen Zusammenarbeit innerhalb einer Gruppe.

Grundlegend zeigt sich an dieser Quelle, dass in diesem Kontext der Privilegiendiskurs eine gewisse Szenepräsenz hatte. Seine Elemente tauchten zum einen in internen Konflikten auf (und zwar auf konfliktverstärkende oder sogar -auslösende Weise); zum anderen wurden sie bei „vielen weißen Antirassistinnen" (ebd.: 85) wahrgenommen, so dass eine ausführliche Auseinandersetzung damit als sinnvoll oder notwendig empfunden wurde. In der Positionsfindung finden sich Elemente des Privilegiendiskurses, aber auf jeweils spezifische Art konturiert und verbunden mit Distanzierungen von anderen Elementen. Neben deterministischen Ableitungen aus dem epistemologischen Element des Privilegiendiskurses („alle Weißen seien rassistisch", ebd.) lehnt die Quelle insbesondere den Individualismus des Privilegiendiskurses ab. Zugleich wird durchaus über Individuen und individuelles Verhalten nachgedacht – jedoch über Individuen im Sinne von Gruppenmitgliedern. Das maßgebliche Kriterium ist ihr Beitrag zu Erfolg und Qualität der gemeinsamen Gruppenpolitik. Man kann dies zum einen positiv ablesen an den zitierten Beispielen für gruppeninterne Maßnahmen, die die Zusammenarbeit verbessern sollen. Zum anderen kann es negativ daran abgelesen werden, dass in den nach außen gerichteten Forderungen der Privilegiendiskurs keine Rolle spielt: Dort wird eine antiimperialistische Rahmung genutzt. Die Unverbundenheit beider Rahmungen ist – ungeachtet der Einschätzung der konkreten antiimperialistischen Rahmung – ein relevanter Punkt: Sie unterstreicht die Unterscheidung zwischen Bewegungs-Innen und Bewegungs-Außen, mit denen jeweils unterschiedliche Aufgaben, Ziele, Erwartungen aneinander, Maßnahmen und Methoden einhergehen. Um die mit Unterschieden einhergehenden Konflikte produktiv zu führen, wird die Notwendigkeit eines verbindlichen Arbeitszusammenhangs und eines dauerhaften Näheverhältnisses herausgestellt.

Das Ziel einer guten, also politisch effektiven, handlungsfähigen Struktur soll durch eine Verbesserung der Zusammenarbeit innerhalb der Gruppe erreicht werden. Werkzeuge dafür sind Maßnahmen zur Zugänglichkeit der politischen Arbeit (bezogen z. B. auf zeitliche Rahmenbedingungen, Sprachen/Übersetzungen, Protokolle) und zum Beziehungs- und Vertrauensaufbau (z. B. handlungsentlastete Gelegenheiten zum besseren Kennenlernen). Als Bedingung, um Vertrauen ineinander aufbauen zu können, werden „gemeinsame Erfahrungen und Auseinandersetzungen" (ebd.: 93) genannt sowie Klarheit in den „Positionen und Zielvorstellungen" (ebd.: 43).

Differenzen zwischen Bewegungsmitglieder sind dabei hochrelevant; sie können auch epistemologisch wichtig sein. Jedoch haben die Differenzen in der Positioniertheit bezogen auf Rassismus keinen prinzipiell anderen Status als Differenzen beispielsweise bezogen auf politische Herkunftsorganisationen und ihre Organisationskulturen: beides sind (anspruchsvolle) Herausforderungen für die gemeinsame Arbeit, mit denen ein Umgang gefunden werden muss, um erfolgreich miteinander arbeiten zu können.

Zwischenfazit

Diese schlaglichtartigen Analysen von feministischen und antirassistischen Bewegungsmaterialien illustrieren, dass intersektionale Konflikte in den jeweils auf spezifische Art zusammengesetzten Bewegungen immer wieder zu dringenden Handlungsbedarf und auch Ratlosigkeit geführt haben. Um einen Umgang mit dieser Herausforderung zu finden, wurde auf verschiedene diskursive Traditionen und Wissensbestände zurückgegriffen, die teils aus dem englischsprachigen Raum adaptiert oder übersetzt wurden. Manche der in den Quellen genutzten Rahmungen lassen sich im Rückblick als Elemente des mittlerweile verfestigten Privilegiendiskurses erkennen. Andere finden sich im Privilegiendiskurs nicht wieder; an sie kann möglicherweise – in Richtung Zukunft gedacht – angeknüpft werden, um über Verengungen des Privilegiendiskurses hinauszugehen. Es geht an dieser Stelle nicht darum, die drei Quellen im strengen Sinne gegeneinander zu lesen – dafür entstammen sie zu unterschiedlichen Kontexten und sind schon formal zu unterschiedlich als Diskussionspapier, Handreichung und Nachbereitungsbroschüre. Allerdings weisen bereits diese Formen auf hier relevante inhaltliche Punkte hin: Das Diskussionspapier schlägt theoretische Auseinandersetzung vor; die Handreichung soll Individuen anleiten; die Nachbereitungsbroschüre einer Gruppe geht von konkreter Gruppenpraxis aus. Unter Rückgriff auf die in der Arbeitsdefinition beschriebenen drei Elemente des Privilegiendiskurses stellen sich die analysierten Quellen folgendermaßen dar:

Das *3:1-Papier* teilt mit dem Privilegiendiskurs den Fokus auf die Epistemologie und die standpunkttheoretischen epistemologischen Grundannahmen. Das Papier rahmt die privilegiert-homogene Zusammensetzung der autonomen Linken als epistemologisches Problem, und problematisiert vor diesem Hintergrund die Politik der ersten Person. Der positioniertheitsabhängige Lösungsvorschlag, dass sich die Marginalisierten separat organisieren und die Privilegierten sich Theoriearbeit widmen, bleibt für erstere der Politik der ersten Person treu, wechselt jedoch für letztere in die ältere linke Rahmung von „Politik auf wissenschaftlicher Grundlage". Dies ist ein wenig paradox, und nicht unproblematisch. Es kann aber, weniger streng kontrastiert, zum einen auf die Probleme allzu hermetischer „Politik der ersten Person" angesichts der intersektional komplizierten Realität hinweisen. Zum anderen erinnert es an die politischen Möglichkeiten einer älteren linken Rahmung, die davon ausgeht, dass politisches Bewusstsein nicht von selbst aus einer Position erwächst, sondern in der Auseinandersetzung mit theoriegeleiteten Analysen entstehen muss.

Die *Kulturelle Etikette* teilt mit dem Privilegiendiskurs die Elemente der Handlungsanleitung und des Individualismus. Das Ziel der Quelle ist es, dadurch unbeabsichtigte Verletzungen im interpersonalen Bereich vermeiden zu können. Dabei setzt sie auf pädagogische Mittel der Bewusstseinsbildung, auf Selbstreflexion und damit erreichbares Persönlichkeitswachstum. Sie hat von den drei analysierten Quellen die größte Schnittmenge mit dem Privilegiendiskurs, und insofern am wenigsten andere Rahmungen, die über den Privilegiendiskurs hinausgingen. Als über ihn hinausgehend fällt vielleicht die spirituelle Zieldimension auf; jedoch kann auch diese, wenn sie als Steigerung eines Heilungsversprechens verstanden wird, im Privilegiendiskurs mitschwingen.

In der Auswertungsbroschüre des *I.-Plenums* tauchen Elemente des Privilegiendiskurses auf – zum einen referierend als eine Position in gruppeninternen Konflikten, zum anderen als Objekt der Auseinandersetzung in der Nachbereitung. Er scheint in der Bewegung so präsent zu sein, dass eine ausführliche Auseinandersetzung damit als sinnvoll empfunden wurde. Neben aus dem epistemologischen Element abgeleiteten deterministischen Aussagen lehnt die Quelle insbesondere den Individualismus des Privilegiendiskurses ab. Zugleich wird durchaus über Individuen und individuelles Verhalten nachgedacht – jedoch nur über Individuen im Sinne von Gruppenmitgliedern. Das maßgebliche Kriterium ist ihr Beitrag zu Erfolg und Qualität der gemeinsamen Gruppenpolitik. Für das Bewegungs-Außen nutzt die Quelle den Privilegiendiskurs nicht, sondern verbleibt mit Analyse und Forderungen in einer antiimperalistischen Rahmung. Diese ist hier weniger als solche interessant; wichtiger ist die Beobachtung, dass die nach innen und nach außen genutzten Rahmungen nicht identisch sind: Bezogen auf Bewegungs-Innen und -Außen unterscheiden sich Aufgaben, Ziele, Maßnahmen, Erwartungen aneinander. Diese Unterscheidung macht es möglich, an den konkreten Herausforderungen bewegungsspezifischer Aufgaben zu arbeiten.

Die Quellen stehen damit für jeweils spezifische diskursive Mischverhältnisse und unterschiedlich starke Nutzung jener Elemente, die sich im Rückblick als Bestandteile eines verfestigten Diskurses erkennen lassen. Im folgenden Kapitel soll diese Verfestigung nachgezeichnet werden, die zentral in pädagogischen Arenen stattgefunden hat.

4. Die Verfestigung des Privilegiendiskurses in drei pädagogischen Arenen

> „[...] to give more thought to why white privilege has become such a thing." (Shih 2014)

Nach den schlaglichtartigen Analysen einiger Bewegungsquellen dieses Kapitel die Verfestigung des Privilegiendiskurses nach. Wie ist aus verstreuten Überlegungen in heterogenen Bewegungs-Diskussions-Beiträgen und Gesellschaftsanalysen etwas Verdichtetes, Kompaktes geworden, ein relativ fester Bestand an Ideen, Theoremen, Forderungen, Praktiken, die mit dem Begriff der Privilegien verbunden sind? Diese Verfestigung kann in und durch drei pädagogische Arenen nachgezeichnet werden, also Settings, die auf Lernprozesse abzielen: in „Classroom", „Training" und „Workshop". Der Classroom bezeichnet das schulische und hochschulische Setting formalen Lernens in Bildungsinstitutionen. Training bezieht sich auf insbesondere berufliche Fortbildung, typischerweise von Mitgliedern einer Organisation wie einem Unternehmen oder einer Behörde. Workshop im hier interessierenden Sinne ist eine in Bewegungen häufig gewählte punktuelle Bildungsmaßnahme informellerer Art.

Das untersuchte Material ist Arena-spezifisch und wird im entsprechenden Abschnitt jeweils erläutert. Jedoch gibt es Verbindungslinien inhaltlicher, personeller oder organisationaler Art zwischen den pädagogischen Arenen, die jeweils benannt werden, und die ein Symptom der Verfestigung zu einem einzigen Diskurs sind.

4.1 Classroom: Formales Lernen in Bildungsinstitutionen

„Helping Students Explore their Privileged Identities“ (Goodman 2010: Titel)

„Classroom“ beschreibt hier (hoch)schulische Bildungskontexte, in denen professionelle Lehrkräfte einer Gruppe von – typischerweise wesentlich jüngeren – *students* (Schüler*innen/Studierenden) etwas beibringen. Diese sind typischerweise verpflichtet zur Teilnahme, ggf. relativiert durch die Wahlmöglichkeit von Kursen und (Studien-)Fächern. Der Privilegiendiskurs wird in den Classrooms genutzt in Kursen, die sich von fächerübergreifend bis fachspezifisch bewegen: von beispielsweise sensibilisierenden *diversity courses* oder Kursen zur Gewaltprävention über Einführungen in Themen wie soziale Ungleichheit, Gerechtigkeit, Unterdrückung, oder in spezifische Machtverhältnisse wie Rassismus und Sexismus, bis hin zur Forschung zu den darin jeweils Privilegierten wie *masculinities studies* oder *whiteness studies*. Vielleicht ist es unnötig zu betonen, dass aus emanzipatorischer Perspektive das Einfließen von antirassistischem und feministischem Wissen in Curricula und die pädagogische Praxis in Classrooms eine Erfolgsgeschichte darstellt. Dahinter stehen Kämpfe vorangegangener (Bewegungs-)Generationen, und gegenwärtig wie zukünftig profitieren davon auch die die Bildungsinstitutionen besuchenden Aktivist*innen (in spe). Zugleich gilt es, sich die spezifische Form, die antirassistisches und feministisches Wissen in der Arena der Classrooms annimmt, genau anzuschauen; insbesondere wenn das dort verfestigte Wissen dann auch darüber hinaus und wiederum in den sozialen Bewegungen aufgegriffen wird. Die Fragerichtung schließt damit an Analysen feministischen Wissens „[z]wischen Aktivismus und Akademie“ (Hark 2005: 209 ff., vgl. auch Mayer 2018: 39 ff., 53 ff.) an, die danach fragen, auf welche Art in wissenschaftlichen Einrichtungen der Einbezug kritischen Wissens möglich war, und wie sich das kritische Wissen selbst in und durch seine Institutionalisierung formt und verändert (vgl. Hark 2005: 11 ff.). Welches Wissen wird jeweils aus anderen Bereichen aufgegriffen, fließt gegebenenfalls wieder zurück, und wird dabei jeweils von den Eigenschaften jener Bereiche geformt, so dass es sich – beispielsweise im hier untersuchten Fall – zu einem Diskurs verfestigt? In der Arena der Classrooms verfestigte sich der Privilegiendiskurs insbesondere durch das

Medium der Reader und Einführungstexte, die hier nun zuerst betrachtet werden. Dann folgt ein genauerer Blick auf einen – in vielen Readern enthaltenen – zentralen Text des Privilegiendiskurses sowie eine verbreitete Methode. Abschließend wird der Privilegiendiskurs als Widerspiegelung der Grundkonstellation des Classrooms bilanziert.

Reader und Einführungen

Eine Form von Material, das für den Einsatz im Classroom produziert wird, sind „Reader“, also Textsammlungen, die eine Vielzahl von Texten – ausschnittsweise – zusammenstellen und dadurch in ein Thema einführen. Das Genre der Einführungsliteratur hat ein besonders starkes Diskursverfestigungspotential (vgl. Knapp 2005b: 254). Denn Einführungsliteratur besitzt erstens eine große Verbreitung und es kommt in vielen Fällen zu Neuauflagen. Zweitens erfährt das in der Einführungsliteratur enthaltene Wissen durch die ausschnitthafte und auf Niedrigschwelligkeit abzielende Präsentation eine gewisse Dekontextualisierung und Vereinfachung oder gar Reduzierung auf Schlagworte. Drittens bekommt das es qua Nutzung durch die pädagogische Institution den Status autoritativen oder kanonischen Wissens. Denn viertens ist die Rezeptionssituation spezifisch, da sie weniger auf einer freiwillig gewählten Auseinandersetzung mit einem Thema und einem Text basiert, sondern das Wissen als „Stoff“ im Unterricht fungiert, mit dem sich die Lernenden auseinandersetzen müssen. Das Potenzial dieses Mediums zur Verfestigung eines Diskurses zeigt sich auch im Fall des Privilegiendiskurses. Case/Iuzzini/Hopkins beschreiben, wie das „topic of privilege“ u. a. durch „anthologies geared toward undergraduate college courses“ (Case et al. 2012: 2) an Aufmerksamkeit gewonnen hat, und nennen eine Reihe von teils über Jahrzehnten hinweg neuaufgelegten Readern.[22] Als Einführungen zu Rassismus und Feminismus mit Fokus auf die jeweils Privilegierten sind

22 Case et al. (2012: 2) nennen die folgenden Reader:

- Andersen, Margaret L./Hill Collins, Patricia (Hg.) (1992): Race, class, and gender: An anthology, Belmont: Wadsworth. [9. Auflage 2016]
- Ferber, Ally L./Jiménez, Christina/O'Reilly Herrera, Andrea/Samuels, Dena R. (Hg.) (2008): The Matrix Reader: Examining the Dynamics of Oppression and Privilege, Boston et al.: McGraw-Hill Higher Education.
- Kimmel, Michael S./Ferber, Abby L. (Hg.) (2003): Privilege – A Reader, Boulder/Colorado: Westview Press. [4. Auflage 2016]
- Rothenberg, Paula S. (Hg). (2002): White privilege: Essential readings on the other side of racism, New York: Worth. [5. Auflage 2016]

eine Reihe von Monografien erschienen, aus denen häufig Ausschnitte in die Reader aufgenommen worden sind.[23]

Die hier analysierten Einführungsbände versuchen auch dadurch niedrigschwellig zu sein, dass sie durch persönliche Narrative die Schüler*innen/Studierenden an das Nachdenken über soziale Ungleichheit, Machtverhältnisse und Privilegien heranführen, sei es durch den Abdruck autobiografischer Texte oder durch das Anknüpfen an eigene Erfahrungen und Lebenswelten. So verspricht ein Zitat im Klappentext des Readers *Readings for Diversity and Social Justice*:

Manche Reader liefern zusätzliche pädagogische Anleitungen für die Lehrkräfte auf einer begleitenden Website, beispielsweise die Website http://www.seeingwhite.org zu:

- Halley, Jean/Eshleman, Amy/Vijaya, Ramya Mahadevan (2011): Seeing White. An Introduction to White Privilege and Race, Lanham: Rowman & Littlefield.

Manchmal steht dem Reader für die *students* ein eigener Band für die Lehrkräfte zur Seite, so beispielsweise im Fall von *Readings* bzw. *Teaching for Diversity and Social Justice*, der „‚Bibel‘ der Social Justice-Bildung in den USA“ (Bee 2012):

- Adams, Maurianne/Bell, Lee Anne/Griffin, Pat (1997): Teaching for Diversity and Social Justice: A Sourcebook, New York: Routledge. [3. Auflage 2016]
- Adams, Maurianne/Blumenfeld, Warren/Castaneda, Carmelita/Hackman, Heather W./Peters, Madeline L./Zúñiga, Ximena (2000): Readings for Diversity and Social Justice, New York: Routledge. [4. Auflage 2018]

23 Case et al. (2012: 2) nennen folgende einführende Sachbücher antirassistischer Autor*innen, die zur Aufmerksamkeit auf das Thema Privilegien beigetraten haben:

- Kivel, Paul (1996): Uprooting Racism: How White People can Work for Racial Justice, Philadelphia: New Society Publishers. [4. Auflage 2017]
- Anlässlich der Veröffentlichung der vierten Auflage beziffert Kivel für die vorherigen Auflagen die Verkaufszahl auf über 50.000. (Kivel o. J.).
- Shearer, Jody Miller (1994): Enter the river: Healing steps from white privilege toward racial reconciliation, Scottsdale: Herald Press.
- Wise, Tim (2005): White Like Me: Reflections on Race from a Privileged Son, Berkeley: Soft Skull Press. [3. Auflage 2011; 2013 als Dokumentarfilm adaptiert, siehe https://whitelikememovie.org/]

Weitere Beispiele einschlägiger verbreiteter Monografien sind:

- Bishop, Anne (1994): Becoming an Ally – Breaking the Cycle of Oppression in People, Halifax: Fernwood. [3. Auflage 2018]
- Johnson, Allan G. (2001): Privilege, power and difference, Mountain View: Mayfield. [2. Auflage 2006]
- Jensen, Robert (2005): The Heart of Whiteness – Confronting Race, Racism, and White Privilege, San Francisco: City Lights.
- Kaufman, Michael/Kimmel, Michael (2011): The Guy's Guide to Feminism, New York: Seal Press.
- Pease, Bob (2010): Undoing Privilege: Unearned Advantage in a Divided World, London & New York: Zed Books. [2. Auflage 2021]
- Tarrant, Shira (2009): Men and feminism, Berkeley: Seal Press.

> „The book is rich in concrete examples of structural and social inequalities and in personal narratives challenging the notion that the U.S. is a land of equality. We expect that instructors will find its comprehensive nature useful and, more importantly, that students will be engaged by its timely, spirited, and accessible content.“ (Cucchiara/Childs in Adams et al. 2000: Klappe)

Die Einführungsbände tragen auf diese Art zur Programmatik bei, die der – zu Beginn des Abschnitts zitierte – Aufsatztitel von Diane Goodman (2010) zusammenfasst: „Helping Students Explore their Privileged Identities“. Hintergrund dafür ist zum einen das junge Alter der *students*, zum anderen der Umgang mit Widerstand, der – über das Maß hinaus, das erfahrungsgemäß bei diesen Themen aufkommt – besonders dann stärker sein dürfte, wenn die *students* nicht aus eigener Entscheidung oder intrinsischem Interesse an einem bestimmten (Studien-)Fach teilnehmen, sondern es sich um Pflicht-Klassen beispielsweise fächerübergreifender Art handelt. So nennen Case et al. als mögliches Einsatzgebiet der Reader „Undergraduate diversity courses“, die Vorurteile der Studierenden reduzieren und ihr Bewusstsein von Privilegien stärken sollen (sie geben auch Hinweise auf empirische Forschung zur Wirkung dieser Kurse; vgl. Case et al. 2012: 4 f.). Das Anknüpfen an die Erfahrungen der *students* hat also eine pädagogisch-strategische Dimension, die auch in die Entscheidungen für bestimmte diskursive Rahmungen einfließt. Dies wird beispielsweise in Vorwort und Einleitung des *Matrix Readers* (Ferber et al. 2008) deutlich, wo genau aus dieser Überlegung heraus „the concepts oppression, privilege, and social change as the framework for our courses“ (Ferber et al. 2008: x) gewählt werden. Indem dem Blick auf Unterdrückung der auf Privilegien zur Seite gestellt wird, sowie dies mit der titelgebenden „matrix of domination“ von Patricia Hill Collins (vgl. Ferber et al. 2008: xi) intersektional gedacht wird, könnten die *students* es leichter auf ihre Erfahrungen beziehen:

> „Focusing solely on oppression only addresses half of the problem. It can also create antagonism between people who are discriminated against on a daily basis and those who are not. Bringing privilege into the discussion enables us to see that we all experience varying degrees of oppression and privilege. Exploring the ways in which each one of us is oppressed and privileged potentially unites us in our effort to enact positive social change.“ (Ferber et al. 2008: 4)

Das Konzept der Privilegien soll es erleichtern, Gemeinsamkeiten zu finden. Den *students* soll „in a nonthreatening way" (Ferber et al. 2008: xi) beigebracht werden, Unterdrückung auf persönlicher, kultureller und institutioneller Ebene zu verstehen:

> „In this manner each student can envision herself or himself as an agent for social change despite the daunting idea of altering an institutionalized social system." (ebd.)

Die Lehrenden machten häufig die Erfahrung, dass *students* am Ende der Kurse mit einem Gefühl von Machtlosigkeit und Frustration zurückblieben, und verzweifelt nach Antworten auf die im Kurs geschilderten Probleme suchten (vgl. ebd.: xiii). Als Reaktion darauf betont der Reader die individuelle Handlungsfähigkeit und endet mit dem Abschnitt „Be the Change":

> „The Matrix Reader culminates in a section that equips students with the tools to become an ‚ally' and encourages them to become active agents for social change." (ebd.: xi)

So ist der Privilegiendiskurs als eine Art, Wissen über verschiedene Machtverhältnisse übergreifend zu rahmen, und dabei eine Betonung auf individuelle Handlungsfähigkeit zu legen, auch von den Möglichkeiten und Notwendigkeiten des Classrooms beeinflusst. Dazu gehört neben dem Setting eben in einer Bildungsinstitution, mit dem das Abzielen auf individuelle (Bewusstseins-)Bildung einhergeht, das niedrigschwellig voraussetzungslose methodische Vorgehen und das Betonen individueller Handlungsfähigkeit, das die *take home message* für das Verhalten (auch) außerhalb des Classrooms prägt.

„Privilege – A Reader"

Geradezu paradigmatisch betitelt für das Genre der Einführungs-Textsammlungen, die den Privilegiendiskurs enthalten und als Diskurs verfestigen, ist *Privilege – A Reader*. Der Reader erschien erstmals 2003; weitere Auflagen erschienen 2009, 2013 und 2016 mit einer jeweils modifizierten Auswahl von Texten. Der von den *weißen* Soziologieprofessor*innen Michael S. Kimmel und Abby L. Ferber herausgegebene Reader ist verbunden mit einem Netzwerk von Institutionen, Veranstaltungen und Publikationen, die zur Verfestigung des Privilegiendiskurses beitragen. Der Klappentext des

Readers hebt hervor, das Konzept Privileg über die „traditionellen" (vgl. Kimmel/Ferber 2009: Klappe) Grenzen von Weißsein und Männlichkeit hinaus zu erweitern. Die enthaltenen Essays nähmen verschiedene Blickrichtungen ein, persönliche und analytische, und könnten dadurch

> „[…] help students understand that ‚race' can mean white people, ‚gender' can mean men, and ‚sexuality' can mean heterosexuals." (Kimmel/Ferber 2009: Klappe).

Die kurzen empfehlenden Zitate auf der Buchklappe unterstreichen den Nutzen des Readers für den Einsatz in Classrooms verschiedener Kontexte. Der Reader besteht aus vier Teilen: Während die ersten beiden Teile „Making Privilege visible" und „Understanding Privilege" die Zentralität des Privilegienbegriffs unterstreichen, bezieht sich Teil III auf eine intersektionale Perspektive und Teil IV ist dem handlungsorientierten Ausblick gewidmet. Manche der Texte sind analytischer Art: Sie entstammen der sozialwissenschaftlichen Empirie oder Theoriebildung, politischer und persönlicher Analyse von Forschenden und Aktivist*innen. So soll auch die persönliche Auseinandersetzung der Studierenden ermöglicht oder initiiert werden:

> „Written both personally and analytically, these essays can bring the reader inside the experiences and enable us to theorize our own lives as well as to explore the ways in which these systems [race, gender, class, and sexuality] intersect in people's lives." (ebd.)

Andere der Texte sind eher Übungen, so dass der Reader teils den Charakter einer pädagogischen Methoden-Sammlung bekommt. Hier sind zum einen zwei „Privilegien-Listen" zu nennen (dazu später mehr) und der „Heterosexual Questionnaire" (Rochlin 2009; Erstveröffentlichung 1972), der ironisch heteronormative Fragen umdreht. Zudem enthält ab der dritten Auflage jeder Buchteil einen Abschnitt unter dem Titel „Discussion Questions and Activities".

Kimmels Einleitungstext für den Band hat den Titel „Toward a Pedagogy of the Oppressor" (Kimmel 2009) und umschreibt damit die Zielrichtung deutlich: Eine Pädagogik, und zwar eine Pädagogik, deren Zielgruppe die „Unterdrücker(*innen)" sind, die „majority students" (Kimmel 2009: 3), eben die Privilegierten. Während die Unterdrückten durch ihre tägliche Konfrontation mit den Effekten von Ungleichheit „virtually had no choice but to examine race, class, gender, and sexuality" (Kimmel/Ferber 2009: xv), soll bzw. muss den Unterdrücker(*inne)n das Phänomen der Unterdrückung und der Machtverhältnisse auf pädagogischem Wege nahegebracht werden. Die Einleitung enthält ein ausführliches Beispiel, mit dem sich der Autor in der Gruppe der Privilegierten positioniert, ja genau den Erkenntnismoment beschreibt, in dem ihm die eigenen Privilegiertheit bewusst geworden seien – eine vielzitierte Anekdote, die Michael Kimmel in mehreren seiner Texte überliefert hat, und die auch in andere Reader aufgenommen wurde.[24]

Es handelt sich um einen im Medium der Einführungsliteratur stark integrierten Diskurs, was sich über zahlreiche Querverweise und ein bestimmtes Repertoire an Texten sowie einschlägigen Autor*innen manifestiert. Im *Privilege*-Reader von Kimmel und Ferber sind so beispielsweise auch Texte von Allan Johnson und Tim Wise aus deren Monografien enthalten. Ein zentraler Text des Diskurses ist ebenfalls im *Privilege*-Reader enthalten: Peggy McIntoshs „White Privilege and Male Privilege". Seine Leitmetapher des „invisible knapsack" bildet eine Zwischenüberschrift in der Einleitung (Kimmel 2009: 6), und der Text ist seit der zweiten Auflage als erstes Kapitel platziert. Er wird im Folgenden genauer betrachtet.

Peggy McIntosh: Analogien-inspirierte Selbstreflexion in der Hochschule

Peggy McIntosh Text „White Privilege and Male Privilege – A Personal Account of Coming To See Correspondences through Work in Women's Studies" (McIntosh 2009) geht zurück auf einen Vortrag von 1986, den sie erstmals 1988 publizierte. McIntosh arbeitete seit 1979 für das Frauenforschungs-Zentrum am Wellesley College in Wellesley, Massachussetts, und gründete dort 1986 das *National S.E.E.D. Project on Inclusive Curriculum (Seeking Educational Equity and Diversity)*, ein Fortbildungsprogramm für Lehrkräfte (vgl. dazu zusammenfassend: Shapiro 2002: 89 f.). McIntoshs Text

24 Z. B. in der Einleitung von:
- Kimmel, Michael/Messner, Michael A. (1995): Men's Lives, 3. Auflage, Boston: Allyn and Bacon. [Erstauflage 1989, 9. Auflage 2013]

Der Aufsatz wurde zudem 2012 wiederveröffentlicht als erster Text der ersten Ausgabe der italienischen Zeitschrift *AboutGender – International Journal of Gender Studies*. Die Editionsgeschichte der Anekdote verweist somit schließlich auf die transatlantische Dimension der Verfestigung des Privilegiendiskurses. Auf Deutsch erschien sie ebenfalls mehrfach, u. a. wurde sie aufgenommen in einen Einführungstext zu Männer- und Männlichkeitsforschung (Schölper 2008).

wurde vielfach wiederabgedruckt, „[w]idely anthologized and republished" (Jensen 2005: 8), u. a. auch in einem Sammelband zanlässlich des 20jährigen Jubiläums der Erstveröffentlichung (Weekes 2009). Zudem existiert eine erstmals 1989 veröffentlichte Kurzversion unter dem Titel „White Privilege: Unpacking the Invisible Knapsack" (McIntosh o. J.), die ebenfalls vielfach wiederabgedruckt und verbreitet wurde. Der Text war und ist diskursprägend für den Privilegiendiskurs. Zudem prägte der Text eine eigene Textgattung des Privilegiendiskurses: das Genre der Privilegienliste. So beziehen sich beispielsweise Listen männlicher Privilegien auf McIntoshs Arbeit:

> „McIntosh's important insight provided the groundwork for men such as Paul Kivel, Jewel Woods, and Barry Deutsch [„Unpacking Men's Invisible Knapsack"], who have borrowed her concept and created similar lists about male privilege." (Tarrant 2009: 96)

Derartige Listen stellen eine genuine Textform des Privilegiendiskurses dar, und sind zu den verschiedensten Machtverhältnissen erstellt worden (zur Analyse dieser Listen unter der Perspektive der Subjektivierung mehr in Kapitel 5.1). In ihrer genrebegründenden Liste (McIntosh 2009: 16-19) versammelt McIntosh

> „46 ordinary and daily ways in which I experience having white privilege, within my life situation and its particular social and political framework" (McIntosh 2009: 14).

Zudem enthält ihr Text eine zweite Liste zu „heterosexual privilege" (McIntosh 2009: 24). Weil Privilegien ein so flüchtiges Thema seien, dem gern ausgewichen werde, wählt McIntosh die Form der Liste, um einmal erkannte Aspekte zu sammeln und präsent zu halten (ebd.: 19). Die Liste mit ihrem „potpourri of examples" (ebd.: 20) fungiert dabei als eine Art an sich selbst gerichtete Gedächtnisstütze, die als „crude work, at this stage" (ebd.: 16) ohne den Anspruch von Theoriebildung oder Systematisierung auftritt. McIntosh geht bei ihrem Text selbstreflexiv von persönlichen Beobachtungen und Erfahrungen aus:

> „This paper is a partial record of my personal observations, and not a scholarly analysis. It is based on my daily experiences within my particular circumstances." (ebd.: 14)

Jenseits der persönlichen Auseinandersetzung der Autorin selbst zielen diese Überlegungen auf die pädagogische Praxis ab. Es handelt sich um das selbstreflexive Schreiben einer (hochschul-)pädagogisch Tätigen, das dann in der (hochschul-)pädagogischen Praxis eingesetzt wird. Dieser pädagogische Einsatz richtet sich an die Zielgruppe der Lehrkräfte (z. B. in Aus- oder Fortbildung) sowie – beispielsweise mittels des Mediums der Reader – an die Zielgruppe der Lernenden. Inhaltlich ist der Untertitel der Langversion („A Personal Account of Coming To See Correspondences through Work in Women's Studies") Programm: Ausgehend von den Erfahrungen als Lehrende in der Frauenforschung mit den Widerständen von Männern fragt sie nach Analogien bezogen auf ihre eigenen Privilegien als *Weiße*:

> „Since I have had trouble facing white privilege, and describing its results in my life, I saw parallels here with men's reluctance to acknowledge male privilege." (McIntosh 2009: 14).

Die Analogiebildung nimmt ihren Ausgangspunkt also in dem Perspektivwechsel, der sich durch die unterschiedliche Positioniertheit bezogen auf verschiedene Machtverhältnisse ergibt. Dabei unterscheidet McIntosh zwischen „universal" und „particular effects" von „privilege systems":

> „Insisting on the universal effects of ‚privilege' systems, then, becomes one of our chief tasks, and being more explicit about the particular effects in particular context is another." (ebd.: 23)

Diese „universellen", über die jeweils „partikularen" Machterhältnisse hinausgehenden Effekte und Antworten konstituieren einen Kern des Privilegiendiskurses, denn dieser Diskurs ist selbst dadurch bestimmt, über konkrete „einzelne" Machtverhältnisse hinaus – auf der abstrakteren Ebene von Privilegen und Privilegiertheit – Aussagen zu treffen. Der epistemologische universelle Effekt ist jener der „Unsichtbarkeit". Die universelle Antwort auf den epistemologischen Befund ist die der Bewusstseinsbildung. Dies ist laut McIntosh der erste Schritt und das zentrale Werkzeug:

> „To redesign social systems, we need first to acknowledge their colossal unseen dimensions. The silences and denials surrounding privilege are the key political tool here." (McIntosh 2009: 25)

McIntoshs diskursprägender Text verfolgt dieses Projekt durch Analogien-inspirierte, in Listen festgehaltene Selbstreflexion für den (hochschul-)pädagogischen Kontext der Classrooms.

Einen weiteren Schritt der Verfestigung des Privilegiendiskurses im Sinne der beschriebenen intersektional informierten, selbstreflexiv vorgehenden Bewusstseinsbildungs-Pädagogik stellen Institutionalisierungsbemühungen unter dem Titel „Privilege Studies“ dar. McIntosh selbst beschreibt im Jahr 2012 unter dem Titel „Reflections and Future Directions for Privilege Studies“ rückblickend (und der Rolle ihres eigenen Aufsatzes bewusst) die diskursive Explosion des Privilegiendiskurses, eine Institutionalisierung z. B. in „degree programs“, und imaginiert perspektivisch die Entwicklung von „whole departments“. McIntosh denkt das pädagogische Programm vom Classroom aus, und sieht es momentan primär im Classroom verwirklicht – aber hält auch jenseits dessen für notwendig, es soll sich an den privatwirtschaftlichen wie den öffentlichen Sektor sowie an „alle Bürger*innen“ richten (McIntosh 2012: 195).

Die zentrale Rolle von McIntoshs Text für den Privilegiendiskurs ist vielfach beschreiben worden. Der Literaturwissenschafts-Professor David Shih bilanziert, „[m]ost of us in my generation (and the one that followed, I suppose)“ hätten durch McIntoshs „iconic essay“ das Konzept *weiße* Privilegien kennengelernt (Shih 2014). Er beschreibt dabei selbstreflexiv die Rolle der Bildungsinstitutionen bei der Verfestigung des Diskurses, dem eingangs zitierten „making white privilege a *thing*“ (ebd.). Die zentrale Rolle, die McIntoshs Text bei der Verfestigung des Privilegiendiskurses in der Arena der Classrooms einnimmt, unterstreicht auch ein Text von Mitgliedern des „Midwest Critical Whiteness Collective“ in einer pädagogischen Fachzeitschrift (Lensmire et al. 2013). In den USA sei in der Ausbildung *weißer* Lehrer*innen (durch *weiße* Hochschullehrer*innen) zum Thema Antirassismus McIntoshs Aufsatz und ihr Name zu einer „Synekdoche“ geworden, also – in etwa – zu einem Synonym für jegliche antirassistische Arbeit:

> „The primary answer proposed by white teacher educators to questions of how to combat institutional racism, how to eliminate educational disparities, and how to educate white teachers to work effectively in diverse classrooms is to have future and practicing teachers read Peggy McIntosh's 1988 essay on white privilege and the ‚invisible knapsack‘.“ (Lensmire et al. 2013: 411)

McIntoshs pädagogischer Ansatz habe ein ganzes Feld inspiriert, das Lensmire et al. mit Bezug auf Levine-Rasky „white privilege pedagogy" nennen (ebd.); andere sprechen – über den Fokus auf Rassismus hinausgehend – von „privilege studies pedagogy" und betrachten „Teaching and Learning As Allies in the Classroom" (Case 2013). Diesbezüglich hat sich eine breite pädagogische Fachdebatte entwickelt. An dieser Stelle soll bloß die Rolle des Classroom bei der Verfestigung des Privilegiendiskurses festgehalten werden: McIntoshs diskursprägender Text ging zum einen aus von analogien-inspirierter Selbstreflexion einer Lehrenden, und zielte zum anderen ab auf den Einsatz des Texts im Classroom – sowie zusätzlich, auf einer Ebene dazwischen: auf den Einsatz im Classroom, der für die Lehre im Classroom vorbereitet, also in der Lehramtsausbildung. Auch wenn die im engeren Sinne pädagogische Debatte hier nicht Thema ist, soll im Folgenden eine pädagogische Methode genauer betrachtet werden, da sie häufig mit dem Privilegiendiskurs verbunden wird und aufgrund ihrer großen Verbreitung für das Nachzeichnen seiner Verfestigung relevant ist: der „Privilegientest".

Der Privilegientest – eine verbreitete Methode

Der „Privilegientest" ist eine pädagogische Übung, die in zahlreichen Varianten und unter verschiedenen Namen wie „Privilege Walk", „Privilege Spectrum", „Power-line activity" oder „Crossing the line" bekannt ist. Es handelt sich dabei um eine soziometrische Übung, also um eine Aufstellung von Gruppenmitgliedern im Raum nach einer bestimmten Methode. Es werden Statements über Privilegien verlesen, und die anfangs in einer Reihe stehenden Teilnehmenden treten je nach Zutreffen oder Nichtzutreffen einen Schritt vorwärts oder einen Schritt nach hinten:

> „The typical classroom version of this activity involves between 10-40 participants. Throughout the privilege walk, the following statements are read by the facilitator and the participants are asked to take a step forward or backward based on their responses. This activity forces participants to confront the ways in which society privileges some individuals over others. It is designed to get participants to reflect on the different areas in their lives where they have privilege as well as the areas where they don't." (Penn State Student Affairs 2006)

Die Übung kann somit als soziometrische Umsetzung einer Privilegienliste verstanden werden: Aus dem individuellen Lesen der Liste und dem individuellen Nachdenken über die einzelnen Statements wird in dieser gruppendynamisch-interaktiven Variante eine Verteilung von Gruppenmitgliedern im Raum, die im Ergebnis den (Nicht-)Besitz der jeweils ausgewählten Privilegien kumuliert abbildet. Manche Autor*innen ziehen selbst diese Verbindung zwischen Privilegien-Checklisten und Varianten ihrer soziometrischen Umsetzungen (z. B. Kivel 1996: 30). Zur Herkunft der Übung wird häufig auf Peggy McIntosh und ihren berühmten Text verwiesen (so beispielsweise AMSA 2015 oder EUI o. J.). Jedoch weist McIntosh von sich, die Methode entwickelt zu haben, und rät – ganz im Gegenteil – von ihrer Anwendung ab (vgl. McIntosh o. J.: 6).

Woher stammt die Methode stattdessen? Der linke Ökonomieprofessor Christian Parenti (2021) behauptet in einem Text unter dem Titel „The first privilege walk“ den Ursprung der Methode ausgemacht zu haben. Parentis Text zieht weitreichende Schlussfolgerungen über beispielsweise Alte und Neue Linke und verfolgt letztlich eine polemische Stoßrichtung; es wäre nicht verfehlt, ihn zusammenzufassen als eine weitere marxistische Verdammung von „Identitätspolitik“ zugunsten eines Plädoyers für „Klassenpolitik“. Dazu kommt eine teils psychologisierende und reißerische Darstellung, die sicherlich auch mit der faszinierenden Familiengeschichte und dem Prominenz-Faktor der beteiligten Personen zusammenhängt. Doch die Recherche des Texts bezogen auf die Herkunft des Privilege Walk wirkt überzeugend. So berichtet Parenti, 1989 in San Francisco am privaten „New College of California“ an der Methode teilgenommen zu haben, „when the exercise was just five years old, still confined to a small circle of Bay Area educators, and was known only as the Power Shuffle“ (Parenti 2021). Die leitende Person habe die Methode von Ricky Sherover-Marcuse erlernt, die den *privilege walk* 1984 gemeinsam mit Hugh Vasquez entwickelt habe. Die Methode sei jedoch

> „in many ways, merely a modification of practices that Ricky had already been using since the late 1970s as part of her unlearning racism workshops“ (Parenti 2021).

Erica „Ricky“ Sherover-Marcuse, geboren 1938 in New York, führte ihre „Unlearning Racism“-Workshops bis zu ihrem frühen Tod 1988 durch, und zwar über die USA hinaus auch in Großbritannien, den Niederlanden, Deutschland, Australien, Neuseeland und Israel. An ihre Arbeit erinnert(e) die Homepage UnlearningRacism.org (2000; mittlerweile nur noch im Internet-Archive einzusehen); weitere Informationen über sie finden sich auf einer von Mitgliedern der Marcuse-Familie betriebenen Homepage (Marcuse 2022). Sherover-Marcuse promovierte zu einer marxistischen Theorie emanzipatorischen Bewusstseins bei Herbert Marcuse, den sie 1976 heiratete. Nach dessen Tod 1979 schloss Sherover-Marcuse die Arbeit 1984 ab und verteidigte sie bei Jürgen Habermas in Frankfurt. Sie erschien 1986 unter dem Titel *Emancipation and Consciousness: Dogmatic and Dialectical Perspectives in the Early Marx*. In einer Auseinandersetzung mit frühem und spätem Marx entwickelt sie ein Modell, das sie als Grundlage ihrer praktischen Workshop-Arbeit verstand: Ein

> „model for what she called ‚an intentional practice of subjectivity' with which ‚to rupture the historical system of domination' internalized within each individual as a seemingly natural ordering of values and beliefs. The book was Ricky's theoretical grounding for her ‚emancipatory practice'. The ‚unlearning racism' workshops were the tool for her practice" (Aptheker 1989)

Sherover-Marcuse zielte mit den Workshops ab auf emotionale Arbeit und Veränderung vorheriger „Konditionierung":

> „I realized that the difficulties that we were running into were not the sort of things that could be corrected by either reading more books or by more political discussions… They had to do with undoing, on the emotional level, some of the consequences of prior conditioning and some of the misinformation… that has been glued together as a result of that conditioning." (Sherover Marcuse zitiert nach Parenti 2021)

Dazu griff sie auf Theorie und Methode des „Re-evaluation Counseling" zurück.

Exkurs zur „Re-evaluation Counseling"-Traditionslinie

„Re-evaluation Counseling", auch bekannt als „Co-Counseling", geht auf Harvey Jackins zurück, der in den 1930er und 40er Jahren Mitglied der Kommunistischen Partei der USA und *organizer* in verschiedenen Gewerkschaften gewesen war, jedoch jeweils aus den Organisationen ausgeschlossen worden war. Er entwickelte *Re-evaluation Counseling* ab den 1950er Jahren nach Zusammenarbeit mit Ron Hubbard und dessen „Dianetik"-Lehre, aus der jener später „Scientology" entwickelte – beide brachen daraufhin miteinander (vgl. Cusack 2017). Jackins systematisierte seine Lehre und gründete die straff geführte „Re-evaluation Counseling"-Organisation („RC") in Seattle einschließlich eines Verlags („Rational Island Publishers"). Für einige Jahrzehnte fand *RC* Verbreitung und fachlichen Respekt (vgl. ebd.: 501). Konflikte inhaltlicher Art, aber auch Kritik an Jackins' autoritärer Führung und Fälle sexualisierter Gewalt führten zu Spaltungen, so dass heute parallel dazu unabhängige und dezentrale *Co-Counseling*-Organisationen existieren. Insbesondere die Benennung „Co-Counseling" verweist auf die Wechselseitigkeit der Unterstützung: Zwei Personen nehmen nacheinander und zu gleichen Zeitanteilen die Rolle von *client* und *counselor* ein. Damit handelt es sich um eine auch aufgrund der Kritik am hierarchischen Verhältnis von Patient*innen zu (professionellen) Psychotherapeut*innen gewählte Methode wechselseitiger Selbsthilfe. Abgesehen von diesem organisatorischen Aspekt besteht der inhaltliche Kern des *Re-evaluation Counseling* im Fokus auf kathartisches Ausdrücken von Emotionen. Durch das Wiedererleben von vergangenen Verletzungen („distress experiences") und das Ausdrücken und Loslassen der damit verbundenen Gefühle könne Entlastung („discharge") errreicht werden, und damit eine Befreiung von bisherigen Verhaltens- und Gedankenmustern, die auf jene Verletzungen zurückgehen. Dies ermögliche eine „Re-evaluation", also Neubewertung einer Situation. Aufgrund des politischen Anspruchs insbesondere der *RC*-Organisation bezieht sich dies auch auf Unterdrückung durch beispielsweise Rassismus und Sexismus: die Methoden des *Re-evaluation Counseling* sollen von Verhaltensmustern und bisher geglaubter „misinformation" befreien. Diese gingen zurück auf in der Sozialisation „internalisierte Unterdrückung" der Mitglieder unterdrückter Gruppen (genannt „target"-Gruppe) bzw. die „Konditionierung" der Mitglieder der unterdrückenden Gruppe (genannt „non-target"-Gruppe).

Ricky Sherover-Marcuse arbeitete seit den 1970er Jahren mit *Re-evaluation Counseling*. Sie fokussierte sich mit der Methode auf Arbeit zu Unterdrückung bzw. Befreiung. Dabei geht Sherover-Marcuse davon aus, dass alle Menschen Erfahrungen als Mitglied sowohl von *target*-Gruppen (nicht zuletzt aufgrund der geteilten Erfahrungen mit Adultismus als Kind) als auch von *non-target*-Gruppen haben:

„Since, under present world conditions, everyone either is now, or has been, or will be at some time a target of social oppression, and since everyone is now, or has been, or will be in a non-target group in relation to some other group's oppression, alliance-building is for everyone.“ (Sherover-Marcuse 2000: 486)

Unter anderem aus dieser Grundannahme leitet sie ab, dass die eigene Erfahrung mit Unterdrücktheit das Verständnis für die Perspektive anderer Unterdrückter erleichtert, und dass alle Menschen gleichermaßen ein Interesse an Befreiung haben – sowohl an der eigenen wie auch an der anderer Menschen, entgegen der vordergründigen materiellen Interessen. Sie nutzt dabei zentral den Verbündeten-Begriff und fasst unter der Überschrift „Strategies for being an effective ally“ zusammen:

„1. Assume that all people in your own group including yourself want to be allies to people in other groups. Assume that you in particular are good enough and smart enough to be an effective ally. (This does not mean that you have nothing more to learn – see #6 below.)
2. Assume that you have a perfect right to be concerned with other people's liberation issues, and that it is in your own interest to do so and to be an ally. […]
6. Assume that target group people are experts on their own experience, and that you have much to learn from them. Use your own intelligence and your own experience as a target group member to think about what the target group people might find useful.“ (Sherover-Marcuse 2000: 487)

Bezogen auf Rassismus und *Weiße* als Verbündete schildert Sherover-Marcuse den beschriebenen Mechanismus in ihrem Text „Working Assumptions For White Activists On Eliminating Racism: Guidelines For Recruiting Other Whites As Allies“:

„4. Assume that all white people have undergone some variety of systematic conditioning or ‚training' to take on the ‚oppressor role' in relation to people of color. Sometimes this training has been to participate in acts of violence, or to join in racial slurs or jokes; sometimes this training has been to keep silent in the face of injustice. Sometimes this training has been to be ‚extra nice' towards people of color …

5. Assume that no human being would have ever agreed to take on any aspect of an oppressor role if they had not first been mistreated or oppressed themselves – originally as young people, and in a variety of other ways. […]
10. Assume that in spite of the material rewards and preferential treatment that our society gives to white people, these ‚advantages‘ do not offset the real costs of racism to us as human beings.
11. Assume that the conditioning which white people have undergone has been hurtful to us as human beings: it has betrayed our sense of ourselves, robbed us of close and trusting relationships with our families, given us a false picture of reality, isolated us from the majority of the world's peoples, blunted our imagination, limited our vision, enforced a sense of powerlessness, hampered our ability to love.
12. Assume that at some level, all white people know this. Accordingly the task of the white activist is not to persuade or convince other whites of this truth, but to make their own buried awareness accessible to them.
13. Assume that the elimination of racism is in the real self-interest of all people. […]
17. Assume that white people (like all other human beings) will change their minds and let go of deeply ingrained attitudes and behavior patterns when
1) they feel acknowledged and appreciated as individuals;
2) they are listened to with complete respect on their own grievances and liberation concerns;
3) they trust the person presenting the new perspective;
4) the new perspective makes sense to them;
5) they are not blamed for their prior conditioning or behavior.“
(Sherover-Marcuse o. J.)

Die Perspektive des *Re-evaluation Counseling* auf Machtverhältnisse lässt sich somit als eine psychotherapeutische beschreiben. Das *Re-evaluation Counseling* betont die psychischen Verletzungen, die mit Unterdrückung einhergehen, und eine diesbezügliche Interessensgleichheit über alle Machtdifferenzen hinweg. Es zielt ab auf eine Heilung der verletzenden Effekte von Unterdrückung durch (gruppen-)psychotherapeutische Methoden, und darüber zu einer Bewusstseinsbildung, die zu „alliance-building“ beiträgt.
Nicht nur war Sherover-Marcuse von *Re-evaluation Counseling* beeinflusst, sondern beeinflusste selbst die Organisation, so dass beispielsweise Harvey

Jackins den von ihr geprägten Begriff „Unlearning Racism" aufgriff (vgl. Parenti 2021). Vermutlich hat Sherover-Marcuses früher Tod 1988 dazu beigetragen, dass ihre Arbeit nicht mehr Einfluss hatte – oder eher: dass sie nicht stärker namentlich genannt wird. Denn außer ihrer Dissertation hat sie ihre Texte meist nicht formal veröffentlicht, sondern – unter den Nutzwert betonenden Überschriften wie „Guidelines" und „Working Assumptions" – als informelles Workshop-Material weit gestreut, wie es Bettina Aptheker in ihrem Nachruf beschreibt:

> „Her workshop materials [...] condensed complex theoretical ideas into two or three pages of block paragraphs [...]. She gave these guidelines away, dropping them everywhere, like so many seedlings. I believe that hundreds of us, maybe thousands, all over the world, have these guidelines, have reproduced them, are using them in classes, community groups, unions, churches, and synagogues." (Aptheker 1989)

Ihre Texte wurden auch aufgrund dieses unkonventionellen Listen-Formats, von dem die Zitate einen ersten Eindruck geben, eher in auf die pädagogische Anwendung orientierten Kontexten veröffentlicht. Zu nennen ist beispielsweise die Aufnahme ihres kurzen Texts „Working Assumptions and Guidelines for Alliance Building" (Sherover-Marcuse 2000) im Reader *Readings for Diversity and Social Justice* (Adams et al. 2000). Ruth Frankenberg erwähnt Sherover-Marcuse in einer Fußnote als Einfluss auf die Auseinandersetzung *weißer* linker Aktivist*innen seit der ersten Hälfte der 1980er Jahre darüber, „how white people learn their places in the racial order and what keeps them invested in those locations" (Frankenberg 1997: 17, auch 33 FN 24; inhaltlich artikuliert Frankenberg übrigens Skepsis bezüglich der Effektivität). Ein auch namentlich mit Sherover-Marcuse verbundener Einfluss der *Re-evaluation Counseling*-Traditionslinie auf den Privilegiendiskurs lässt sich in einigen niederländischen Texten und über deren Übersetzungen ins Deutsche finden; dazu später mehr. Meist wird jedoch an diese Traditionslinie ohne Erwähnung von Sherover-Marcuse angeknüpft. Selbst Anne Bishop, die in ihrem von der *Re-evaluation Counseling*-Traditionslinie beeinflussten Buch *Becoming an Ally – Breaking the Cycle of Oppression in People* (Bishop 2002 [Erstauflage 1994, 3. Auflage 2018]) berichtet, Anfang der 1990er mehrere Jahre Workshops unter dem Titel „Unlearning Racism" mit angeleitet zu haben und dazu selbst einen „Workshop Guide" veröffentlicht hat, erwähnt Sherover-Marcuse nicht.

Doch auch wenn Sherover-Marcuse kein unter ihrem Namen breit bekanntes Werk hinterlassen hat, und auch wenn einige Organisationen dieser Traditionslinie nicht mehr existieren, existiert ein Einfluss dieser Traditionslinie. Dazu einige Beispiele. Hugh Vasquez bietet mittlerweile gemeinsam mit Victor Lewis und Peggy McIntosh Workshops zu „Privilege Systems“ an, die auf ein „inclusive higher educational environment“ abzielen und sich insbesondere an die den Classroom diesbezüglich mitgestaltenden (Hoch-) Schulbeschäftigte richten (vgl. Vasquez o. J.). Der Band *Making Allies, Making Friends: A Curriculum for Making the Peace in Middle School* (Vasquez/Myhand/Creighton 2002) enthält *Co-Counseling*-Texte. Mitherausgeber Allan Creighton gründete gemeinsam mit Paul Kivel das *Oakland Men's Project* (1979–1999), das seine Arbeit unter anderem an *middle schools* und *high schools* anbot. Hier zeigt sich eine Verbindung der *Re-evaluation Counseling*-Traditionslinie zur antisexistischen Arbeit mit Männern und Jungen – und mit Paul Kivel zu einem bekannten Autor, der auch über das Ende des *Oakland Men's Project* hinaus den Privilegiendiskurs mitprägte. Dass ein Text von Sherover-Marcuse im Reader *Readings for Diversity and Social Justice* (Adams et al. 2000) enthalten ist, wurde bereits erwähnt. In diesem Reader sowie im korrespondierenden Handbuch *Teaching for Diversity and Social Justice: A Sourcebook* (Adams et al. 2007 [1997]) stehen zudem die Beiträge von Barbara J. Love für diese Traditionslinie.

Sicherlich ist nicht der Privilegiendiskurs als solcher auf die spezifische Praxis und Theorie von *Re-evaluation Counseling* zurückzuführen, jedoch stellt sie eine in den Privilegiendiskurs eingehende Traditionslinie dar – gerade im Kontext der pädagogischen Praxis, in Workshops und Trainings wie auch im Classroom.[25] Und auch wenn diese Traditionslinie teils nicht explizit erkennbar ist, scheint bezogen auf die Methode des Privilegientests die Herkunft aus Sherover-Marcuses diesbezüglicher Arbeit plausibel.

Verbreitung, Varianten und pädagogische Kritik

Der Privilegientest hat sich seitdem weit verbreitet: „The privilege walk has become a go-to social justice activity“, schreibt Meg Bolger (2018),

25 Ein Indiz für den vorhandenen, aber nicht bestimmenden Einfluss dieser Traditionslinie ist die vergleichende Studie von Ilana Shapiro *Training for Racial Equity and Inclusion*: Von den zehn darin untersuchten Programmen arbeitet eines auf Grundlage von *Re-evaluation Counseling* (das 1984 gegründete „National Coalition Building Institute“, vgl. Shapiro 2002: 16 ff.).

Betreiber*in u. a. der „Social Justice Tool Box“ (http://www.socialjustice-toolbox.com). Diese Verbreitung ist auch im deutschsprachigen Raum zu finden. Bereits bei Workshops im Rahmen der *Berliner Lesbenwochen* in den 1980er Jahren wurde eine derartige soziometrische Methode benutzt – und kontrovers diskutiert (vgl. Stern 2007: 157). Mittlerweile ist der Privilegientest zu einer „prototypische[n] Methode [...] politischer Bildungsarbeit“ (Reimer 2010: 229) geworden. In den Gender Studies an der Humboldt-Universität Berlin entwickelten Daniela Hrzán und Susanne Baer einen Privilegientest (Hrzán 2007: 15 berichtet von den Erfahrungen bei dessen Einsatz). Im Zuge der Verbreitung sind „im Laufe der Jahre zunehmend komplexer werdende Versionen dieser Übung entstanden“ (Busche 216: 244). Die existierenden Varianten unterscheiden sich – neben den konkreten Fragen zu Privilegien und den Machtverhältnissen, auf die sie jeweils abzielen – im Ablauf und den Details des soziometrischen Aspekts. Einige dieser Varianten sind: Mal wird nur temporär ein Schritt vorgetreten, mal addieren sich die Vorwärtsschritte oder kulminieren gar in einem abschließenden „Wettrennen“, mal wird die Übung im Kreis stehend durchgeführt, mal halten die Teilnehmenden sich (anfangs) an den Händen, mal sind die Augen geschlossen. Weitere Unterschiede beziehen sich darauf, wie die Übung abgeschlossen und nachbereitet wird: Mal liegt der Fokus auf dem bloßen Wahrnehmen der finalen räumlichen Verteilung, der eigenen Emotionen und dem Austausch darüber, ggf. auch der Emotionen zum Ausgang des „Rennens“ – mal gibt es einen Fragenkatalog zur Nachbereitung, mal ist anschließend ein Bewegungsspiel oder eine körperliche Lockerung vorgesehen, um „wieder aus den Rollen herauszufinden“ (DGB Bildungswerk Thüringen 2014: 62), seltener liegt ein Fokus auf der Verbindung der Erfahrungen in der Methode mit Einsichten in gesellschaftlichen Rassismus und seine Entstehungsweisen (vgl. Reimer 2010: 228 f.).

Mit der Methode hat sich auch die Kritik an ihr verbreitet und zu den Modifikationen beigetragen. Insbesondere zielt die Kritik auf den exponierenden Charakter der Methode: die Privilegierten ganz vorn könnten sich wie an einem Pranger schamvoll und schuldig fühlen (vgl. Bolger 2018), für die Marginalisierten bewirke die Position ganz hinten eine „erneute Stigmatisierung“ (Hrzán 2007). Zumal liege dem Lernziel der Übung implizit ein Fokus auf die Privilegierten zugrunde: Wenn von der Unsichtbarkeit der Privilegien ausgegangen wird und pädagogisch angesetzt wird, diese Unsichtbarkeit aufzuheben, wird die Perspektive der Privilegierten eingenommen und (re)zentriert. Der Privilegiendiskurs stellt sich hier als ein pädagogisches Projekt für privilegierte Lernende dar. Darauf weist grundsätzlich Sara Ahmed hin:

> „What are we learning when we learn to see privilege? (Of course this question reminds us that the project of ‚learning to see' is addressed to privileged subjects.)" (Ahmed 2004: 36)

Konkret auf die Methode der Privilegientests ist diese Kritik vielfach als Grund geäußert worden, sie nicht (mehr) anzuwenden, wie beispielsweise *middle school teacher* Christina Torres schreibt (Torres 2015, vgl. ähnlich Bolger 2018).

Damit ist die pädagogische Frage aufgeworfen, wie mit verschieden (nicht)privilegierten *students* biografisch/erfahrungsbasiert mit Erkenntnisgewinn für alle gearbeitet werden kann– und nicht nur für die jeweils Privilegierten, während die Nicht-Privilegierten weiter stigmatisiert oder zum Rohstoff der privilegierten Erkenntnisprozesse funktionalisiert werden.

Jedenfalls führte auch derartige Kritik an den Privilegientests zur zentralsten Modifikation der Methode, dem Wechsel zu fiktiven Identitäten (vgl. z. B. Amjahid 2017: 15 oder GLADT 2009: 3). Die fiktiven Identitäten werden auf Rollen-Karten beschrieben, die den Teilnehmenden dann zufällig zugeteilt werden. Die Methode wird damit zum „Rollenspiel" (Reimer 2010: 227), zum „Privilegienspiel" (vgl. z. B. Busche 2016: 244).

Die oben beschriebenen Varianten der Methode und erst recht die Entscheidung für die Nutzung fiktiver oder realer Identitäten unterscheiden sich hinsichtlich des methodischen Abzielens auf intensive Emotionen. Was im beschriebenen gruppentherapeutischen Setting des *Re-evaluation Counseling* erwünscht und konzeptionell zentral ist – das Mobilisieren starker Gefühle – ist zugleich stärkster Kritikpunkt an der Methode:

> „[N]ot all moments that are powerful are helpful or good."
> (Bolger 2018)

Manche Anleitungen verweisen darauf, dass es sich um eine risikoreiche Methode handelt, die nur unter bestimmten Voraussetzungen sinnvoll ist. Andere betonen jedenfalls die Freiwilligkeit der Teilnahme als Kriterium des Gelingens (Bishop 2022: 134); die Idealsituation sei, wie Bishop als Anhängerin des *Re-evaluation Counseling* schreibt, die „therapy group" (ebd.: 137). Ungeachtet der Frage, wie der Privilegientest im (gruppen-)therapeutischen Kontext zu beurteilen ist, kann festgehalten werden, dass sich die Methode mit den geschilderten Modifikationen, insbesondere dem Wechsel zu fiktiven Identitäten vom therapeutischen Anspruch ablöst. Mit der Nutzung fiktiver Identitäten erübrigen sich einige der beschriebenen Probleme der Methode – und zugleich einige der versprochenen Wirkungen. Je weniger sie auf kathartische Emotionen und ihre heilenden Effekte abzielt, desto stärker trennt sie sich von der Traditionslinie des *Re-evaluation Counseling*. Zugleich ist die Verbreitung der Methode auch in ihrer Vielfalt ein wichtiger Beitrag zur Verfestigung des Privilegiendiskurses. Denn auch die Durchführung mit fiktiven Identitäten nutzt dieselbe Spielmechanik einer biometrischen Darstellung von Privilegien; hinzu tritt bloß die anschließende Transferleistung auf die eigene Identität und Privilegiertheit. Die Methode des Privilegientests hat sich vom Entstehungskontext in Workshops verbreitet in Classrooms sowie in Trainings, und stellt damit eine Verbindung her zwischen den verschiedenen pädagogischen Arenen, in denen sie zur Verfestigung des Privilegiendiskurses beiträgt.

Der Privilegiendiskurs als Widerspiegelung der Grundkonstellation des Classrooms

Die Entwicklung, Weiterentwicklung, Nutzung des Privilegiendiskurs in der Arena der Classrooms hängt mit der Grundkonstellation der pädagogischen Arbeit dort zusammen. Ganz grundsätzlich zielt sie ab auf Erziehung und Bildung, und kann dabei „nur an den Individuen ansetzen" (Debus 2014: 96). Im Classroom – insbesondere in der Schule, und umso stärker, je jünger die Lernenden sind – kann typischerweise nicht von Vorwissen ausgegangen werden. Ebenso wenig kann von einem von allen geteilten intrinsischen Interesse ausgegangen werden, insbesondere im Fall von verpflichtenden Klassen/Kursen. Daher bietet sich in Klassen zu Machtverhältnissen ein niedrigschwelliges Vorgehen an, insbesondere ein erfahrungsbasiertes und biografieorientiertes Vorgehen mit dem Ziel erster Sensibilisierung. Für die Arena Classroom ist bezogen auf die hier interessierende Perspektive zudem charakteristisch, dass die Grundkonstellation zwischen Lehrenden und Lernenden von Machtdifferenzen geprägt ist. Es besteht nicht nur eine Hierarchie bezogen auf die Rechte und Pflichten der Rollen von Lehrkräften und Lernenden, und auch nicht nur bezogen auf den Altersunterschied zwischen Erwachsenen und Kindern/Jugendlichen bzw. an Hochschulen zwischen (meist) älteren und jüngeren Erwachsenen, sondern auch bezogen auf andere gesellschaftliche Machtverhältnisse. So unterscheiden sich die

Klassen-positionen systematisch zwischen der Gruppe der Lehrenden, die eine akademische Lehramtsausbildung abgeschlossen haben, und der Gruppe der Lernenden. Für die Hochschule fasst Maisha Eggers die Grundkonstellation des Classrooms zusammen als – über verschiedene Diskriminierungsmerkmale hinweg – „Diversitätsdiskrepanz zwischen Lernenden und Lehrenden" (Eggers 2016: 63). Kurz: Die Grundkonstellation des Classroom ist typischerweise geprägt von der Arbeit privilegierter Lehrkräfte mit weniger privilegierten Lernenden.

Der Privilegiendiskurs spiegelt diese Charakteristika der Arena Classroom konzeptionell sowie praktisch wider und bietet eine Bearbeitung jener pädagogischen Grundkonstellation mit pädagogischen Mitteln. In dieser Perspektive stellt der Privilegiendiskurs eine Selbstreflexion der eigenen professionellen Tätigkeit von (privilegierten) Lehrenden dar, die dann den Weg in die Inhalte jener professionellen Tätigkeit gefunden hat und auch für die (privilegierten) Lernenden und ihre Lernprozesse sinnvoll gefunden wird. Besonders eng zusammen liegt beides dort, wo es sich bei den Lernenden um zukünftig Lehrende handelt, also bei der Lehramtsausbildung: den Classrooms, die für die Arbeit im Classroom ausbilden. Dort wird Selbstreflexivität, „deep teacher self-knowledge" und ein positioniertheitsbewusstes Agieren in der Grundkonstellation des Classrooms zu einem Bestandteil professioneller Qualität (McIntosh 2012: 200 f.). Ähnlich argumentiert im bereits angeführten Reader *Teaching for Diversity and Social Justice* das im letzten Buchteil „Conversations Among Facilitators" enthaltene Kapitel „Knowing ourselves as social justice educators" (Adams et al. 2007: 381 ff.).

Noch einmal stärker ausgeprägt und offensichtlicher ist die Grundkonstellation von privilegierten pädagogischen Profis und marginalisierter Zielgruppe in der Sozialen Arbeit. Pädagogisch ist hier zum einen die – zukünftige – berufliche Praxis der Sozialpädagogik, zum anderen eben die Arena jenes Classrooms, der für den Beruf ausbildet. Es stellt die Grundlage von Sozialer Arbeit und ihrer Notwendigkeit dar, dass die Zielgruppe – in verschiedener Hinsicht – marginalisiert ist und damit in Relation zu ihr die Sozialarbeiter*innen systematisch privilegiert sind. Der Privilegiendiskurs spiegelt somit auch für die Soziale Arbeit die Grundkonstellation des (zukünftigen) Berufs wider. Die Selbstreflexivität der (im Vergleich mit ihrer Zielgruppe) privilegierten Sozialarbeiter*innen ist ein Aspekt berufsbezogener Kompetenzen.

Die pädagogische Arena Classroom spielt daher nicht zufällig eine Rolle bei der Entwicklung, Weiterentwicklung, methodischen Operationalisierung,

Nutzung, kurz: der Verfestigung des Privilegiendiskurses, sondern stellt eine Arena dar, deren Handlungslogiken und aus ihrer Grundkonstellation erwachsenden Herausforderungen der Privilegiendiskurs widerspiegelt. Der dort verfestigte Privilegiendiskurs trägt ihre Spuren.

Fazit: Classroom als Arena der Niedrigschwelligkeit und Professionalisierung

Der Beitrag der pädagogischen Arena Classroom zur Verfestigung des Privilegiendiskurses ist von den Eigenschaften jener Arena geformt. Der Classroom als pädagogische Arena muss zum einen – mit Blick auf die Lernenden – niedrigschwellig vorgehen insofern, dass kein Wissen vorausgesetzt werden kann. Beispielsweise kann bei den Teilnehmer*innen einer Klasse – im Unterschied zu Mitgliedern antirassistischer oder feministischer Bewegungsgruppen – keine Identifizierung mit antirassistischer oder feministischer Politik vorausgesetzt werden, ebenso wenig eine intrinsische Motivation zur Beschäftigung damit. Dies gilt umso mehr in jenen Klassen/Kursen, die verpflichtend sind. Daher wird als Ziel eine erste Sensibilisierung angestrebt; als Weg dorthin dienen an den eigenen Erfahrungen ansetzende, biografisch anknüpfende Methoden. Die Methode des „Privilegientests" entspricht beiden Kriterien.

Mit Blick auf die Lehrenden stellt sich der Classroom als Arena der Professionalisierung von Bewegungswissen und kritischen Analysen dar. Diese Professionalisierung bezieht sich zum einen auf den Status des Wissens: aus Bewegungswissen wird legitimes Wissen in formalen Bildungsinstitutionen, es erfährt eine gewisse Kanonisierung. Zum anderen bezieht sich Professionalisierung auf die pädagogische Praxis der Lehrenden: Methoden, die aus Bewegungen oder zumindest aus bewegungsnahen, ehrenamtlichen, selbstorganisierten Kontexten stammen – wie beispielsweise beim *Re-evaluation Counseling* einer Lai*innen-orientierten (gruppen-)psychotherapeutischen Traditionslinie – werden im Classroom von professionellen Lehrkräften angewendet und weiterentwickelt. Eine Professionalisierung liegt auch vor, wenn die Selbstreflexivität der Lehrenden zu einer berufsbezogenen Kompetenz wird. Dieser Aspekt der Professionalisierung geht wiederum ein in die Curricula jener Classrooms, die für pädagogische Berufe ausbilden. Der Beitrag der Arena Classroom zur Verfestigung des Privilegiendiskurses erklärt sich insofern dadurch, dass er anknüpfungsfähig ist an Classroom-typische Mittel zur Auseinandersetzung mit einer Classroom-typischen Herausforderung.

Mit den Classrooms, die zu Lehramt und Sozialer Arbeit ausbilden, ist bereits der Bereich der beruflichen Bildung angeschnitten worden; im folgenden Abschnitt wird dies anhand der Arena Training und ihrer Rolle bei der Verfestigung des Privilegiendiskurses vertieft.

4.2 Training: Fortbildung von Organisationsmitgliedern

> „The basic premise of this model is that each of us functions at the personal, interpersonal, and organizational levels concurrently."
> (Kendall 2013: xviii)

Trainings können hier beschrieben werden als Fortbildungen, die sich an Mitglieder einer Organisation richten. Typischerweise sind dies Beschäftigte eines Unternehmens oder einer Behörde, und Trainings gehören somit zum Bereich der beruflichen Bildung. Allgemein kann Training als eine pädagogische Maßnahme mit dem Ziel der Kompetenzentwicklung verstanden werden. Während also mit „Classroom" eine pädagogische Arena in pädagogischen Institutionen gemeint ist, stellt „Training" eine Bildungsmaßnahme dar in und für eine Organisation, deren primäres Ziel nicht in der Bildung als solcher liegt. Der Zugang zur Arena der Trainings besteht an dieser Stelle aus einem Korpus von Texten von Trainer*innen, insbesondere in Form von programmatischen, zusammenfassenden Büchern. Diese Bücher changieren in Ton und Inhalt zwischen Programmatik und Methodensammlung: Programmatisch beispielsweise in dem Sinn, dass sie als Bilanz, Synthese, Zusammenfassung langjähriger Erfahrung präsentiert werden (vgl. z. B. Katz 1978: vi; Kendall 2013: ix), oder auch im Sinne einer Argumentation für die Wichtigkeit des jeweiligen Anliegens und nicht zuletzt der Überzeugung der Leser*innen von der Sinnhaftigkeit und Effizienz der eigenen Dienstleistung. In einem marktförmigen Feld von Beratungs- und Trainingsdienstleistungen sind die Trainings-Programmatiken zugleich Werbetexte in eigener Sache. Häufig enthalten sie Elemente einer Methodensammlung und eines Handbuchs für die pädagogische Praxis, inklusive Reflexionen zum Umgang mit dort auftretenden Herausforderungen. Diese Mischung ist nicht untypisch für Organisationsberatungs- und Managementratgeber-Literatur: Mit alltagsnaher Zugänglichkeit und einem gewissen Optimismus von Fortschritt und Steuerbarkeit richten sie sich nicht zuletzt an die

„Entscheider*innen“ in Organisationen und somit an potenzielle Auftraggeber*innen. Sie knüpfen an deren Relevanzen von einerseits Zeitknappheit sowie andererseits pragmatischer Lösbarkeit und Handlungsfähigkeit an z. B. durch „Programme“ mit klar definierten „Schritten“.

In der Arena der Trainings verfestigte sich der Privilegiendiskurs insbesondere unter dem Einfluss der Trainings aus dem Kontext des Diversity-Diskurses, weswegen diese nun genauer betrachtet werden.

Trainings im Kontext des Diversity (Management)-Diskurses und seiner Verbreitung

Diversity Management bezeichnet eine Managementstrategie, die insbesondere die Vielfalt der Beschäftigten berücksichtigt. Ihr Ziel ist eine Organisationskultur zu gestalten, die für alle Beschäftigten förderlich ist und dadurch ihre Vielfalt als Ressource für die Organisation nutzbar macht (vgl. Baer/Kletzing 2004: 9, Mecheril/Rosenstreich 2005: 18). Diversity Management umfasst damit primär in der Personalentwicklung angesiedelte Maßnahmen; weniger häufig bezieht es sich auch auf Vielfalt im Kreis der Kund*innen oder Adressat*innen einer Organisation, was dann den Bereich des Marketing oder der Öffentlichkeitsarbeit einbezieht. Es gibt widerstreitende Herleitungen der Herkunft der Strategie Diversity Management und des Diversity-Diskurses – mal wird sie gerahmt über betriebswirtschaftlichen Erfolg, mal über bewegungs-basierte Gerechtigkeit (vgl. z. B. Krell 2014: 328 f.). Einigkeit besteht jedenfalls an mehreren Punkten: erstens am Punkt der Herkunft aus dem „Mutterland“ USA (ebd.: 320); zweitens darüber, dass dieser Diskurs, „this buzzing, hyper-productive current diversity-talk“ (Marten 2015: 1) Konjunktur hat. Gudrun-Axeli Knapp konstatiert 2005, Diversity sei

> „[…] auch in Europa auf dem besten Wege, zum neuen Modewort zu werden. Dies gilt nicht nur im Feld der neuen Management-Literatur, sondern ebenso in den Foren der politischen Öffentlichkeit. Wissenschaftlerinnen, die diese Phänomene untersucht und kommentiert haben, weisen auf die Bedeutung hin, die der transnationale Markt der ‚social equality policy ideas‘ bei diesem Transfer gespielt hat, den auch feministische Aktivistinnen auf ambivalente Weise genutzt haben […].“ (Knapp 2005a: 70 f.)

Der Diversity-Diskurs muss im Kontext von Antidiskriminierungspolitik betrachtet werden. Er fand Verbreitung über organisationsinterne Antidiskriminierungsstrategien in Wirtschaftsunternehmen, insbesondere im Personalwesen. Dabei wird insbesondere auf die Maßnahme Trainings gesetzt. Eine Genealogie aus der Perspektive der Pädagogik betont, dass das Diversity Training – zumindest in Deutschland – historisch den Kern des Diversity-Diskurses und von Diversity Management darstelle (vgl. Mecheril/Rosenstreich 2005: 18). Weiterhin gehe Diversity Management häufig nicht über Trainings hinaus; hinter dem Begriff verberge sich manchmal

> „[...] recht wenig: So haben die meisten deutsche Unternehmen, die von sich sagen, sie würden mit einem Diversity Ansatz arbeiten, allenfalls Einzelmaßnahmen umgesetzt (z. B. Trainings oder ein ‚Girls Day'‘)." (ebd.: 19).

Dabei gäbe es zudem oft eine Verengung auf als „kulturell" verstandene Differenzlinien, so dass sich „als Diversity Trainings bezeichnete Angebote wenig von sog. interkulturellen Trainings" (ebd.) unterschieden. Auch in Unternehmen jenseits des Bildungssektors sind Trainings die typische Maßnahme von Diversity Management. Durch die Verbreitung des Diversity-Diskurses lasse „sich gegenwärtig Geld damit verdienen", was mit einem „um Diversity boomenden Bildungsmarkt" einhergeht (ebd.). Aus antirassistischer Bewegungsperspektive spricht Noel Ignatiev bezogen auf die USA gar von der „diversity industry", und warnt davor, die Bewegungs-Elemente in der Diversity-Genealogie in ihrer Wichtigkeit für Diversity Trainings überzubetonen:

> „The ‚diversity' industry does not depend on small groups of well-intentioned people meeting in church basements, but on lucrative contracts with corporations to conduct seminars for executives on how to manage a ‚diverse' labor force." (Ignatiev 1998)

Zusammenfassend sind Diversity Trainings eine pädagogische Maßnahme im Rahmen der organisationsinternen Antidiskriminierungsstrategie Diversity Management. Dies gilt zumindest ihrem Anspruch nach, empirisch sind Diversity Trainings häufig die primäre oder einzige Maßnahme. Wenn eine Einbindung in eine darüber hinausgehende organisationale Strategie fehlt, kann ein Training nur persönlichkeitsorientiert vorgehen. Diese Persönlichkeitsorientierung prägt, wie zu sehen sein wird, die Arena der Trainings.

Bevor genauer Trainings-Programmatiken betrachtet werden, soll ein Exkurs (sowie anschließend ein Abschnitt zu meiner eigenen Perspektive auf diese Debatten) eine fachliche Unterscheidung aus einer anderen Traditionslinie von Trainings einführen, die mir für die Bewegungspraxis-bezogene Diskussion von Trainings produktiv scheint.

Exkurs zur Traditionslinie Gender Trainings

Eine spezifische Form von Training mit einer spezifischen Entwicklungsgeschichte und spezifischem methodischen Fachdiskurs sind Gender Trainings. Sie zielen darauf ab,

> „als Fortbildungsmaßnahme zur fachlichen Umsetzung genderspezifischer Aspekte in die eigene Arbeit und die betriebliche Wirklichkeit bei[zutragen].“ (Blickhäuser 2004: 163, Herv. i. O.)

Bezogen auf die Dauer eines Gender Trainings wird meist von mehreren Tagen ausgegangen; kürzere Formen seien eher als Workshop zu bezeichnen (vgl. z. B. Frey 2003: 128). Gender Trainings entstanden Ende der 1980er/ Anfang der 1990er Jahre im Kontext der Entwicklungszusammenarbeit, als „entwicklungspolitische Fortbildungsmaßnahmen“ (Frey 2003: 125), die u. a. zum „Erlernen genderbewusster Analyse- und Planungsmethoden in der Entwicklungspolitik“ (Frey/Kirleis 2004: 9) diente. Gender Trainings wurden dann zunehmend in den Rahmen der bekannter werdenden Strategie Gender Mainstreaming gestellt, in der Gleichstellung als Querschnittsaufgabe der gesamten Organisation verstanden wird:

> „Bewusstseinswandel und spezifische Fähigkeiten auf individueller Ebene reichten eben nicht aus, um die in Institutionen eingelagerten Gender-Arrangements zu durchbrechen [...]. Aus diesem Grund wurde Gender Training zunehmend eingebettet in die weitere Strategie des Gender Mainstreamings [...]. Gender Training stellt sich innerhalb dieser Strategie als (nur) ein Instrument von mehreren zur Erreichung von Mainstreaming dar [...].“ (Frey 2003: 127)

Auch die Anwendungsfelder verbreiterten sich über die Entwicklungszusammenarbeit hinaus, wobei auch die Gender Trainings „methodisch weiterentwickelt“ (Frey/Kirleis 2004: 9) wurden. Während der

Hochkonjunktur von Gender Mainstreaming in Deutschland in der ersten Hälfte der 2000er Jahre wurde konstatiert, dass sich „Gender Training zu einem blühenden Markt entwickelt“ (Netzwerk Gender Training 2004: Klappe). Nicht nur gründeten sich entsprechende Fachverbände und Netzwerke, sondern eine detaillierte fachliche Diskursproduktion setzte ein. Diese konzeptionelle Selbstverständigung zu Gender Trainings bezog sich auf seine Ziele, Zielgruppen, Methoden, theoretischen Grundlagen, Qualitätskriterien, Erfolgsvoraussetzungen und ihre Rolle in einer organisationalen Gesamtstrategie wie insbesondere Gender Mainstreaming. Für den Kontext des Privilegiendiskurses besonders relevant findet sich in der Debatte um Gender Trainings eine Unterscheidung zwischen zwei Richtungen: einerseits den persönlichkeitsorientierten, andererseits den fachlichkeitsorientierten Gender Trainings. Erstere zielen stärker auf Reflexion und Sensibilisierung ab, letztere stärker auf Kompetenzen und Qualifizierung. Letztere Ausrichtung verdichtete sich im Konzept der Gender-Kompetenz. Das *GenderKompetenzZentrum* an der Humboldt-Universität definierte Gender-Kompetenz folgendermaßen:

> „Gender-Kompetenz ist die Fähigkeit von Personen, bei ihren Aufgaben Gender-Aspekte zu erkennen und gleichstellungs-orientiert zu bearbeiten.“ (GenderKompetenzZentrum o. J.).

Dies wird konkretisiert anhand dreier Elemente: erstens dem „Wollen“, also der Bereitschaft und Motivation gleichstellungsorientiert zu handeln; zweitens dem „Wissen“, der Verknüpfung von Gender-Wissen mit dem jeweiligen Fachwissen; drittens dem „Können“; dies braucht neben den Fähigkeiten der Personen die Ermöglichung durch die Organisation durch Zuständigkeiten, Ressourcen, Instrumente (vgl. ebd.).[26]

---

26 Diese Fachlichkeitsorientierung der Trainings stellte sich beispielsweise folgendermaßen dar, wie Lewalter et al. 2009 die Implementierung von Gender Mainstreaming in der Bundesverwaltung rekapitulieren:

> „In allen Ressorts wurden Fortbildungen durchgeführt. Insbesondere die an Pilotprojekten Beteiligten erhielten die Gelegenheit, sich zu qualifizieren. Darüber hinaus sollten alle Beschäftigten über die neue Strategie zumindest informiert werden. In den Fortbildungen wurde die Berücksichtigung von Gender-Aspekten als fachliche Anforderung an gute Arbeit und somit als Qualitätsmerkmal vermittelt. Hier wurde auch die Parallele zur Umweltpolitik und der Umweltverträglichkeitsprüfung in der Konzeption von Gleichstellungspolitik mit einer ‚Gleichstellungsverträglichkeitsprüfung‘ genutzt. Die persönliche Einstellung der Beschäftigten zu Gleichstellung war hier ebenso wenig von Interesse wie ihr privates Umweltverhalten. Daher wurden auch auch keine

Die Diskussion um Persönlichkeitsorientierung und Fachlichkeitsorientierung kreist häufig um die Fragen, welche Rolle die Sensibilisierung für Geschlechterfragen im Gender Training hat, welche Methoden dafür erfolgversprechend sind, und letztlich in welchem Verhältnis Sensibilisierung und Qualifizierung stehen. Die unterschiedlichen Autor*innen, Trainer*innen und Institutionen setzen dabei unterschiedliche Schwerpunkte: mal ein Primat des Persönlichen, mal eine ausschließlich fachliche Operationalisierung, mal als Mittelweg ein schrittweises Vorgehen, bei dem das Persönliche nur im Rahmen einer ersten Trainingsphase dem sensibilisierenden thematischen Einstieg dient. Die Gender-Trainerin Angelika Blickhäuser betont, dass das Alltagswissens-geprägte Vorverständnis von Geschlechterfragen seitens der Teilnehmenden meist persönlichkeitsorientiert ist:

> „Gender wird eher als persönliche und kulturelle Kategorie gesehen [...]. Die Vermittlung von Gender als Strukturmerkmal von Institutionen oder als Analysekategorie in der Anwendung in Fachgebieten, z. B. in der Arbeitsmarkt- und Sozialpolitik, der Wirtschafts- oder Sicherheitspolitik, der Finanz- oder der EDV-Abteilung, gestaltet sich in der Praxis sehr viel schwieriger: Der Handlungsbedarf muss in den Gender Trainings herausgearbeitet und anhand konkreter Fachbeispiele verdeutlicht werden." (Blickhäuser 2004: 162)

Es gilt also, in den Gender Trainings mit dem hegemonialen persönlichkeitsorientierten Vorverständnis von Geschlecht und Geschlechterverhältnissen umzugehen und darüber hinauszukommen: Einerseits ist ein persönlichkeitsorientiertes Vorgehen anschlussfähiger an das Alltagswissen, die Fachlichkeitsorientierung ein anspruchsvoller Bruch damit. Andererseits kann mit der anschlussfähigeren Persönlichkeitsorientierung auch ein stärkerer Widerstand gegen das Training einhergehen. Dies ist beispielsweise der Fall, wenn die Teilnehmer*innen befürchten, ihre private Lebenswelt sei Gegenstand der jeweiligen gleichstellungspolitischen Strategie, und sich gegen den – angenommenen – Versuch der Trainer*innen dort „hineinzuregieren" verwehren:

personen- oder einstellungsbezogenen Gender-Trainings angeboten. Vielmehr gab es fachlich und administrativ ausgerichtete Workshops; sie probten exemplarisch die Anwendung der Arbeitshilfen auf Vorgänge aus den Ressorts." (Lewalter et al. 2009: 130)

> „Je mehr persönliche Einstellungen und Verhaltensmuster adressiert werden, desto stärker können Widerstände ausfallen […].“ (Erfurt 2010: 12)

Für den Umgang mit Widerständen ist es natürlich wichtig, um diese persönlichkeitsbezogenen Aspekte zu wissen und einen Umgang mit ihnen zu finden (dabei kann persönlichkeitsorientiert Sensibilisierendes einen hilfreichen Schritt darstellen, z. B. wenn durch die Arbeit mit persönlichen Erfahrungen die Öffnung für ein Thema erreicht werden kann), aber der konzeptionelle Fokus darauf kann genau den Eindruck der Persönlichkeitsorientiertheit bestätigen und festigen. Im Umkehrschluss wird bezogen auf einen fachlichkeitsorientierten Zugang resümiert:

> „Je praxisorientierter die Gender Trainings aufgebaut sind, umso höher ist die Bereitschaft der Teilnehmenden, sich mit Geschlechterfragen in Organisationen und Fachinhalten einzulassen. Allerdings wird auch deutlich, dass der Transfer von Gender-Kompetenz in die eigene Arbeit die größte Herausforderung des Ansatzes darstellt.“ (Blickhäuser 2004: 168)

Im Sinne der Fachlichkeitsorientierung werden Gender Trainings und die dort zu erreichende Sensibilisierung nicht als Ziel an sich gesehen, sondern als ein Instrument im Rahmen einer Strategie zur Erreichung eines übergeordneten Ziels. Dabei ist die Einbettung in eine Gesamtstrategie „Grundvoraussetzung für den Einsatz des Instruments Gender Training“ (Blickhäuser 2004: 169). Das Instrument soll die Organisationsmitglieder befähigen, im Sinne des Querschnittsansatzes an ihren jeweiligen Stellen gleichstellungsorientiert zu arbeiten. Der Stellenwert der sensibilisierenden Elemente muss sich in dieser Sichtweise davon ableiten lassen, inwiefern sie für das Erreichen dieses fachlichen – und mithin organisationalen – Ziels förderlich und notwendig sind.

Gender Trainings in dieser Traditionslinie spielen in sozialen Bewegungen und im Privilegiendiskurs bislang kaum eine Rolle. Die hier in einem Exkurs skizzierte Literatur zu Gender Trainings ist daher nicht Teil des Korpus. Jedoch hat dort ein detailliertes, systematisierendes Nachdenken über die Charakteristika der Gender Trainings stattgefunden, das die weitere Analyse der hier im Zentrum stehenden Bewegungs-nahen Bildungsformate informieren kann. Die diesbezügliche Diskursproduktion – insbesondere bezogen auf die Achse persönlichkeitsorientiert/fachlichkeitsorientiert, aber auch Gedanken zu Zielklarheit, Zielgruppenspezifik, Einbettung in organisationale Strategien, Querschnittsperspektive – können dabei inspirierend herangezogen werden.

Zu meiner Perspektive auf Trainings

Meine Perspektive auf die hier fraglichen Trainings ist geprägt von der deutschsprachigen Frauen- und Geschlechterforschung, und hier relevanter: von deren politikberatenden Bereichen. Konkret formte sich mein Blick auf Trainings in der Beschäftigung mit Gender Mainstreaming und der von dort ausgehenden Auseinandersetzung mit anderen Strategien. Denn im Kontext von Gender Mainstreaming war immer wieder das Verhältnis zu Diversity Management Thema. Zum einen gab es ein konzeptionelles Nachdenken über die Gemeinsamkeiten und Unterschiede, zum anderen über die konkretere Verhältnisbestimmung beider Strategien, beispielsweise bezogen auf die Art der anwendenden Organisationen, die angestrebten Ziele (vgl. z. B. GMEI 2015: 2 ff.), die (typischerweise) genutzten Maßnahmen und ihre Reichweite, die zugrunde liegenden theoretischen Konzepte und Problemanalysen. Meine skizzierte Herleitung der Entstehung von Diversity Management und Gender Mainstreaming basiert insofern auf bestimmten der zahlreichen kursierenden „‚interessierten' Geschichten" (Krell 2014: 320), und schreibt sich darin ein, auch wenn der hier angepeilte Anwendungsbereich nicht mehr der klassische jener Strategien ist. Die auch von Konkurrenz geprägten Auseinandersetzungen kreisten häufig um den Status der Begriffe „gender" und „diversity". Dies geschah einerseits in der Form, dass in „diversity" etwas Umfassenderes, Weiterreichenderes als in „gender" gesehen wurde (vgl. zur Analyse dieser „narratives of overcoming" und der „counter-narratives" Marten 2017). Andererseits wurde kritisiert, dass „diversity" die theoretische Fundierung fehle, die die „Kategorie Gender" erreicht habe (vgl. Frey 2007). Soziale Kategorien würden im Diversity-Diskurs einfach als Personenmerkmale betrachtet, stattdessen bedürfe es „eines theoriegeleiteten Verständnisses von sozialen Differenzkategorien sowohl als sozial konstruiert als auch als strukturwirksam" (Pimminger 2013: 15). Pointiert gesagt: Ob „diversity" umfassender ist als „gender" soll hier nicht weiterverfolgt werden, es geht eher darum, dass „mainstreaming" umfassender ist als „management" (vgl. auch Baer/Kletzing 2004: 10). Denn für den Nutzen in der Analyse des Privilegiendiskurses und die an dieser Stelle relevanten Verständnisse von Training ist es ergiebiger, diese anderen beiden Begriffsbestandteile zu betrachten. So wird die Frage der organisationalen Einbindung beider Strategien und damit der Frage nach ihrem Wirkungs-bereich greifbarer.

Meine Prägung durch den Gender Mainstreaming-Kontext zeigt sich deutlich, wenn ich dem Anspruch von Gleichstellung als Querschnittsaufgabe durchaus transformatives Potential zurechne (sofern die Strategie ernsthaft angewendet wird, und nicht in der praktischen Umsetzung hinter den Anspruch zurückfällt – doch diese Einschränkung gilt prinzipiell für jede Strategie). Dieser Anspruch umfasst nämlich,

> „dass eine Maßnahme selbst in ihrer Wirkung so ausgerichtet sein muss, dass sie zur Bekämpfung struktureller Ungleichheiten im Interventionsfeld beiträgt." (Pimminger 2013: 11)

Diversity Management hingegen verstehe ich als typischerweise betriebswirtschaftlich motivierte Maßnahme primär in Personalwesen und Marketing, deren Wirkungen – jenseits der betriebswirtschaftlichen Perspektive, d. h. in einer politischen Perspektive, die die politischen Verheißungen der begleitenden Diskurse ernst nimmt – mir meist zahnlos erscheinen, teils sogar essentialisierend, kulturalisierend, stereotypisierend. Jedoch geht es an dieser Stelle nicht um beide Strategien als solche. Vielmehr werden sie hier durch die Brille der Analyse des Privilegiendiskurses betrachtet: einerseits ihre Rolle bei der Verfestigung des Privilegiendiskurses, und andererseits ihr Wissensfundus, der herangezogen werden kann, um über Verengungen des Privilegiendiskurses hinauszukommen, auch wenn für Anwendungen im Bewegungskontext einige Transfer-Arbeit notwendig ist. Es sind insbesondere zwei Aspekte, die aus den geschilderten strategischen Debatten in meine Perspektive auf Bewegungsdiskurse und -strategien eingehen:

Erstens ein klarer Blick auf die Ausrichtung einer Strategie bezogen auf Ziel und Anwendungsbereich: auf die Frage der Organisationsspezifik, d. h. auf die Verortung ihres Veränderungsanspruchs. Liegt der Veränderungsanspruch diesseits oder jenseits der Organisationsgrenze, zielt er „nach innen" oder „nach außen" (vgl. GMEI 2015: 2)? Und wie wird das Verhältnis von beidem zueinander verstanden? Was sind die Handlungsfelder einer konkreten Organisation? Oder geht es ausschließlich um den „kleinsten gemeinsamen Nenner" aller Organisationen, nämlich dass sie Organisationsmitglieder haben? Der Aspekt der Organisationsspezifik bringt es mit sich, genau auf die Handlungsfelder oder „Aufgaben" einer Bewegungsorganisation zu schauen und ihre diesbezügliche Praxis zu verbessern, statt ausschließlich über die Organisationsmitglieder als Individuen vorzugehen.

Zweitens, und das führt zum konkreten Thema dieses Unterkapitel: der genaue Blick auf Trainings und ihre Rolle im Rahmen der jeweiligen Strategie. Dieser Blick schärfte sich durch die Beschäftigung mit unterschiedlichen Varianten von (Gender) Trainings. Trainings finden nicht nur im Rahmen beider Strategien statt, sondern es gab und gibt auch innerhalb der jeweiligen Strategien deutlich unterschiedliche Trainings-Konzeptionen und kontroverse Debatten darum. Besonders im Gender Mainstreaming wurde die fachlichkeitsorientierte Art systematisch konzipiert, auch wenn dies in der Praxis nicht überall derart gefüllt wurde und wird.

Beide Aspekte – Organisationsspezifik wie Fachlichkeitsorientierung – sind zudem informiert von einer Auseinandersetzung mit (gleichstellungsorientierter) Männerpolitik und einer Ungeduld mit dieser Strategie, die m. E. gerade bezogen auf diese beiden Aspekte unterbestimmt, ja un-strategisch ist. Denn die Strategie verbleibt oft beim Appell an Identität und (vermeintliche) Gruppeninteressen und einer Praxis persönlichkeitsorientierter Pädagogik (vgl. Geppert/Scheele 2013: 137, Scheele 2010, 2012, 2019). Als Zielgruppen wird nicht differenziert zwischen (männlichen) Organisationsmitgliedern mit spezifischen fachlichen Aufgaben und (männlicher) „Allgemeinbevölkerung", sondern ausschließlich auf eine geteilte Identität als Mann gesetzt. Diese Debatte ist auch aufgrund der diskursiven Nähe und Durchlässigkeit zwischen (profeministischen) Männerbewegungen, Männerarbeit (als Sozialer Arbeit mit der Zielgruppe Männer) und Männerpolitik für den Privilegiendiskurs wichtig.

Meine Perspektive greift also gewisse Elemente der Auseinandersetzungen um Gender Mainstreaming und Diversity Management auf sowie die daran geschärfte Einschätzung von Männerpolitik. Diese Perspektive geht ein in mein Nachdenken über die Trainings im Privilegiendiskurs und ihre Funktion und Effekte in Bewegungen.

Judith H. Katz: Antirassismus-Training zur Bewusstseinsbildung für *Weiße*

Aus dem Korpus der programmatischen Literatur und Methodenanleitungen zur pädagogischen Arena „Training" werden beispielhaft Veröffentlichungen dreier langjährig einschlägig aktiver Autor*innen und Trainer*innen genauer betrachtet.

Eines der frühesten und zugleich prägendsten Bücher zu Antirassismus-Trainings stellt *White Awareness: Handbook for Anti-Racism Training* von Judith H. Katz dar, das erstmals 1978 erschien. Katz arbeitete leitend in einer Beratungsfirma, die private und öffentliche Organisationen zu Diversity und Inklusivität berät. Im Vorwort ihres frühen Buchs beschreibt Katz ihre Perspektive auf das Thema sowie ihre biografische Entwicklung in der Auseinandersetzung mit Rassismus. Dass sie als Kind jüdischer, aus dem nationalsozialistischen Deutschland geflohener Eltern in New York City geboren wurde, habe eine Grundlage gelegt für ihre Auseinandersetzung mit Rassismus (vgl. Katz 1978: v). In den späten 1960er Jahren habe sie sich mit dem „human relations movement and sensitivity training" beschäftigt, und dort einige ihrer Werte und Verhaltensweisen hinterfragt. Durch Interaktionen mit „minority students and professors" habe sie dann die Existenz von Rassismus anerkennen gelernt (ebd.). Seit 1972 habe sie dann „White-on-White groups in Amherst, Massachussetts" angeleitet, und der Prozess habe sich in ein systematisches konzeptionelles Format kristallisiert, das sie nun im Buch darlege (vgl. ebd.: vi):

> „The question, What have you done? has been the motivating force in my search to uncover racism within myself and to combat racism actively. This training program is an attempt to answer the question and a partial response to the need to find a meaningful way to help create change in the White community. The program offered in this book developed out of my work with sensitivity-training groups." (ebd.)

Katz zieht eine Analogie zur feministischen Kritik an unterdrückerischen Geschlechterrollen, wenn sie die Schädlichkeit der Unterdrückung für die Unterdrücker auch im Fall Rassismus beschreibt (ebd.: vii).

Das *Handbook* besteht aus zwei Teilen. Der erste Teil (1-32) stellt eine Einführung dar, die mit „Racism and Human Relations Training" einsetzt. Katz führt „Human Relations Training" ein über unterschiedliche existierende Verständnisse, wobei sie als häufiges Anwendungsgebiet Organisationen und die Beziehungen zwischen ihren Beschäftigten herausstellt:

> „Human relations training means different things to different people. To some, it focuses on understanding oneself with the goals of identifying one's individuality and moving toward self-actualization. To others, improving relationships with friends, family, loved ones, and

> co-workers is of major concerns. To many, human relations training implies improving relationships in organizations to create a more productive and effective work environment. To still others, it is a means of diagnosing and eliminating such forms of oppression as racism, sexism, and agism in an effort to make the world a better place in which to live." (Katz 1978: 3)

In ihrer Begründung, warum sie „Racism as a White Problem" (Kapitel 2, 7 ff.) sieht, und sich entsprechend auf die Arbeit mit *Weißen* fokussiert, bezieht sie sich unter anderem auf Malcolm X:

> „Whites who are sincere should organize themselves and figure out strategies to break down the prejudice that exists in white communities. This is where they can function more intelligently and more effectively, in the white community itself, and this has never been done." (Malcolm X, zitiert nach Katz 1978: 16)

Rassismus versteht sie zentral als über Einstellungen und Vorurteile definiert. In einer Krankheits-Metapher wird der psychologisch-individualistische Fokus deutlich:

> „All these analyses clearly indicate that racism is a critical and pervasive form of mental illness." (Katz 1978: 12)

Der zweite Teil des Buchs beschreibt dann „The Training Program" (S. 33-184). Das Programm besteht aus „six stages of development", denen jeweils Übungen zugeordnet sind. Das Lernziel des Programms ist es, dass die Teilnehmenden am Ende zu Folgendem fähig sind:

> „1. Name and clearly define the concepts of bias, bigotry, prejudice, and racism.
> 2. Describe and examine racism in its institutional, cultural, and individual forms.
> 3. Identify and articulate personal feelings and fears around the issue of racism.
> 4. Define ways in which one's own attitudes and behaviors are representative of racism in the United States.
> 5. Develop and act on specific strategies designed to combat racism on an institutional and individual level." (Katz 1978: 23)

Die meisten dieser Lernziele benennen individuelle Fähigkeiten, Wissensbestandteile und emotionale Kompetenzen. Das fünfte und letzte Lernziel zielt auf die Fähigkeit ab, Strategien zur Bekämpfung von Rassismus zu entwickeln – und beschreibt dies somit als eine Aufgabe, die jenseits des Trainings liegt, und zwar sowohl die Entwicklung der Strategie als auch deren Durchführung. Alle fünf Lernziele wirken kontext-unspezifisch.

Aufgrund des Status' des Handbuchs als „now-classic" (Alcoff 2005: 211) liegen bereits eingehende Auseinandersetzungen mit ihm vor. Linda Martín Alcoff analysiert es als eine typische Antwort auf die von ihr so genannte „whiteness question", d. h. die Frage „what are North American whites to do?" (ebd.: 207), um antirassistisch wirksam werden zu können. Es sei repräsentativ für das popularisierte psychologische Herangehen an Antirassismus; Katz benenne weder Ausbeutung noch die Notwendigkeit von Umverteilung, sondern behandle Rassismus „as a psychological pathology that can be solved through behavior modification" (ebd.: 211 f.). Es handle sich um einen liberalen Zugang. Dennoch habe das Handbuch Stärken, und das Trainingsprogramm könne Startpunkt für Reflexion und die Arbeit mit den auftauchenden Emotionen sein:

> „Despite these weaknesses, White Awareness offers procedures that can permit collective exploration of and critical reflection on white racial consciousness. It builds on whites' own tacit knowledge of racism to promote reflection, thereby enhancing whites' confidence in their own agency and counteracting fatalism. And it helpfully acknowledges the likelihood of white emotional responses like anger, guilt, and resistance without seeing these as indicative of an insurmountable racism." (Alcoff 2005: 212)

Auch in politischen (Bewegungs-)Kontexten sei das Buch in diesem Sinne zumindest punktuell hilfreich gewesen:

> „I have at least anecdotal reports that the book has been used productively in contexts of political organizing to initiate an exploration and reflection by whites about the many subtle layers of racism and supremacist assumptions embedded in their interactions." (Alcoff 2005: 212)

Gleichzeitig erinnert Alcoff an den Kontext dieser Diskursproduktion, nämlich primär Organisationen der Privatwirtschaft, weniger Bewegungs-Organisationen (Alcoff 2005: 211). Dieser Kontext ist wie dargestellt der Diversity-Diskurs, dessen Rahmungen in der Arena der Trainings in den Privilegiendiskurs eingehen.

Frances E. Kendall: Training zu authentischeren Beziehungen „across race"

Die 1947 geborene, *weiße* US-amerikanische Autorin Frances E. Kendall veröffentlichte 2006 das Buch *Understanding White Privilege: Creating Pathways to Authentic Relationships Across Race*, das 2013 überarbeitet erneut aufgelegt wurde (Kendall 2013). Es sei das Resultat von fast 40 Jahren „of interacting with institutions about issues of race and privilege" (Kendall 2013: xvi). Der Klappentext beschreibt Kendall als

> „nationally known consultant who focuses on organizational change and communication, specializing in issues of diversity, social justice, and white privilege" (Kendall 2013: Klappe).

Sie ist somit sowohl eingebunden in den Diversity-Diskurs als auch in den Privilegiendiskurs. Dies unterstreichen auch die langen Empfehlungs-Zitate von u. a. Peggy McIntosh auf der Klappe.

Der Ansatz des im Buch vorgestellten antirassistischen Trainings ist deutlich Interpersonalitäts-zentriert. Das im Untertitel benannte Ziel sind „authentic relationships", eine Verbesserung der Interaktionsqualität zwischen bezogen auf Rassismus unterschiedlich positionierte Personen. Der Ansatzpunkt zu dieser verbesserten Interpersonalität ist die persönliche Selbstreflexion: „Beginning with Ourselves: The Importance of Doing Our Personal Work", wie das erste Kapitel heißt. Im Sinne der vorgestellten Unterscheidung zwischen persönlichkeits- und fachlichkeitsorientierten Trainings gehört dieser Ansatz deutlich zu ersteren. Das Buch führt zwar – wie bereits als Zitat dem Abschnitt 4.2 vorangestellt – ein Modell zur Ebenenunterscheidung von persönlich, interpersonal und organisational ein:

> „The basic premise of this model is that each of us functions at the personal, interpersonal, and organizational levels concurrently." (Kendall 2013: xviii)

Das Modell bleibt jedoch deutlich persönlichkeitsorientiert. Zum einen geht es um individuelles Handeln, und Organisationen sind primär als Plattform individuellen Handelns und als ein Bereich individueller Lebenswelt interessant (nicht etwa als institutioneller Akteur oder als System mit einer Eigenlogik jenseits der individuellen Organisationsmitglieder o.ä.). Zum anderen wird das Verhalten von Individuen als Ebenen-übergreifend übereinstimmend konzeptionalisiert, wobei das Interpersonale und das Organisationale letztlich kausal auf das Persönliche zurückzuführen sind. Denn was Individuen glauben „sickert heraus“:

> „Often we are unaware that what we personally believe seeps out, greatly affecting our behavior at all three levels.“ (ebd.: xviii)

Auch wenn die Formulierung hier eher auf negative, das intendierte Verhalten sabotierende Effekte beispielsweise rassistischer persönlicher Einstellungen abzielt und nicht auf positive Effekte der Bewusstseinsbildung, erinnert die Flüssigkeits-Metaphorik an eine „trickle-down“-Theorie: eine Art Bewusstseins-Trickle-Down-Effekt, dass verbessertes individuelles Bewusstsein der Organisationsmitglieder sich in verbessertem Handeln der Organisation niederschlägt. Das individuelle Bewusstsein steht an der Spitze einer Kausalitätspyramide. Auf Grundlage dieser Annahmen wird das Individuum zum einzigen (benötigten) Hebel organisationaler Veränderung, ja persönliche Veränderung resultiert automatisch in organisationaler Veränderung.

Das Buch enthält einen für den Privilegiendiskurs typischen argumentativen Ablauf, der als chronologisch vorgestellt wird: Nach dem besagten Einstieg mit Selbstreflexions-orientierten Kapiteln widmet sich ein Kapitel epistemologischen Überlegungen mit Fokus auf die epistemologischen Schwierigkeiten der Privilegierten: „Barriers to Clarity: What Keeps White People from Being Able to See Our Whiteness and, Therefore, Our Privilege?“ (Kendall 2013: 96 ff.). Anschließend wird ein Lernerfolg, ein Überkommen dieser Barrieren antizipiert (auch wenn der Einschub in Klammern zugleich Zweifel daran artikuliert) sowie die anschließende Frage nach Handlungsanleitung aufgeworfen: „Now That (I Think) I Understand White Privilege, What Do I Do?“ (Kendall 2013: 116 ff.). Abschließend wird diese Frage unter prominenter Nutzung des *ally*-Begriffs beantwortet: „Becoming an Ally and Building Authentic Relationships Across Race: The Challenge and Necessity of Making Race Our Issue“ (Kendall 2013: 171 ff.).

Dort, wo das Buch die Ebene von Organisationen anspricht, sind typische Elemente des Diversity-Diskurses erkennbar. So werden die „costs of ignoring or downplaying systemic racism in organizations" angesprochen und damit der „business case" stark gemacht, den Privatunternehmen am frühesten verstanden hätten (Kendall 2013: 25 f.). Auch in anderen Texten stellt Kendall die geschilderte Verbindung zentraler Elemente des Privilegiendiskurses mit zentralen Elementen des Diversity-Diskurses her (z.B. in Kendall 2003: „How to Be an Ally if You Are a Person with Privilege").

Durch die unterschiedlichen Quellen und Argumentations-Elemente entsteht im Buch ein Spannungsverhältnis: So werden einerseits Zitate radikaler Antirassismus-Theoretiker*innen und Aktivist*innen (viele davon People of Color, wie Audre Lorde, Charles W. Mills oder bell hooks) genutzt, andererseits ein Horizont betriebswirtschaftlichen Erfolgs aufgerufen. Dieses Spannungsverhältnis war auch im Buch von Katz zu finden, wenn sie beispielsweise Malcolm X zitiert. Der Schluss von Kendalls Buch illustriert das Spannungsverhältnis pointiert. Einerseits stammt Kendalls letztes Zitat im Buch von Audre Lorde und ist ein emphatischer Aufruf zu „ketzerischen" Aktivitäten und zu immer wieder zu erneuernden gemeinsamen Kämpfen für unsere Träume (Kendall 2013: 191). Kendall schließt daran an und beendet das Buch andererseits mit einigem Arbeitsethos und der wesentlich begrenzteren Vision harmonisch diverser Belegschaften am Arbeitsplatz:

> „Imagine a world, even a workplace, where we really did use all the talent, all the skills, all the gifts that people bring. Imagine the additional energy that would be poured into our institutions if each person was genuinely valued for all that she or he is, not in spite of their color, class, orientation, religion, ability, or gender, but because of them. Imagine. And let's get to work." (Kendall 2013: 191)

Die punktuell eingestreute normative Radikalität, die in der Konkretion des Programms nicht durchgehalten wird, wirkt eher als herangezogene Legitimationsressource. Kendalls Publikationen sind ein Beispiel einer deutlichen Schnittmenge von Diversity-Diskurs und Privilegiendiskurs – vermittelt über die persönlichkeitsorientierte Ausrichtung der Trainings.

Cooper Thompson: Training zum Verständnis von Unterdrückung durch Selbstreflexion

Als drittes empirisches Beispiel seien die Arbeiten von Cooper Thompson genannt. Thompson ist ein *weißer*, 1950 in den USA geborener Autor, Coach,

Trainer und Berater zu Diversity Management und Interkulturalität, der seit den 1970er Jahren gegen Sexismus, Homophobie und Rassismus arbeite (vgl. Thompson et al. 2003: Klappe). Dabei greift er auf sehr heterogene Wissensbestände zurück.[27] In einer Online-Selbstdarstellung schreibt er:

> „Fast alle seine Publikationen drehen sich um […] seine persönlichen Erfahrungen privilegiert zu sein, als Mann, als Weißer, als Heterosexueller." (Diversity Works o. J.)

Thematisch entsprechend publizierte er biografische und autobiografische Texte; er kooperierte mit US-amerikanischen Kritischen Männerforschern wie Harry Brod und Michael Kaufman und publizierte in diesen Kontexten beispielsweise im *Changing Men Magazine*. Er ist mit zwei Texten vertreten im Reader *Readings for Diversity and Social Justice*, die im Folgenden genauer betrachtet werden.

Zum einen ist dies der Text „Can white heterosexual men understand oppression?" (Thompson 2000b), ursprünglich veröffentlicht 1991 im *Changing Men Magazine*. Thompson steigt ein mit einem autobiografischen Narrativ von seiner ersten Bekanntschaft mit einer „outspoken feminist" (ebd.) und beschreibt sich anschließende Erkenntnisprozesse und Beschäftigungen mit Homophobie und Rassismus. Aus diesen Erfahrungen destilliert er vier „Barriers to Change", genauer: „barriers that kept me – and that I believe keep many of us – from understanding oppression" (ebd.). Als Zielrichtung des Texts skizziert Thompson ein „Effective Educational Program" (ebd.: 481):

> „I believe that carefully designed and gently led educational programs on oppression can help heterosexual white men understand the reality and impacts of oppression. ‚Educating' people about oppression must not be a euphemism for forcing someone to accept the party line. Education can be a process in which learners willingly engage with one another and the material at hand, in ways that are helpful to them. I have used the following guidelines and approaches in my work with heterosexual white men and have found them helpful" (ebd.).

27 „In my work with clients, I draw on five main sources of expertise, theory, and experience: Transactional Analysis (TA), cultural diversity and discrimination, Buddhism, 12 step programs of recovery from addiction, and my own life experience. I am not rigid in any approach. I use what I think might be useful for you, and then ask for feedback, to see what is helpful for you." (Thompson o. J. a)

Er listet fünf für diese pädagogischen Prozesse notwendige Elemente auf:

> „1. We can listen to one another, and understand our histories, rather than judging one another for our oppressive attitudes and behaviors.
> 2. We can speak for ourselves and from our own experiences.
> 3. We can recognize and appreciate our differences as well as the ways in which we are similar.
> 4. We can encourage feeling as well as thinking.
> 5. We can identify the ways oppression has hurt us and how we will benefit from ending oppression." (ebd.: 481 f.)

Der pädagogische Prozess, der hier anvisiert wird, ist teils deutlich psychologisch-therapeutischer Natur, beispielsweise durch klassisch therapeutische Vorgehensweisen wie den Rückgriff auf prägende Kindheitserfahrungen und der Heilung durch Reden über schmerzliche Erinnerungen wie Unterdrückungserfahrungen aufgrund von Adultismus (vgl. ebd., auch 479). Das Training zielt ab auf Bewusstwerdungsprozesse, die über biografischen Erkenntnisse und von ihnen ausgehenden Analogiebildungen zwischen verschiedenen Machtverhältnissen vorgehen.

Zum anderen ist im besagten Sammelband der Text „White Men and the Denial of Racism" (Thompson 2000a) enthalten. Dessen argumentativer Ansatz ist es, von einer Analyse der Vorstellungen von „angry white men" auszugehen, um über diesen Spiegel auch die eigene Position als antirassistischer *weißer* Mann zu verstehen. Die These ist, dass diese ebenfalls – wenngleich in geringerem Ausmaß – die Wirkweisen von Rassismus verleugnen:

> „[T]hey probably are on one end of a continuum that includes progressive and liberal white men. The continuum is called ‚denial of racism.'" (Thompson 2000a: 105)

Die Vorstellungen der rassistischen *weißen* Männer zu verstehen führe dazu, dass sich die eigene Klarheit über *weiße* männliche Privilegien und Rassismus erhöhe (vgl. ebd.). Der Text ist strukturiert über Abschnitte, in denen jeweils eine typische Position, ein Vorurteil, eine Äußerung des Widerstands der „angry white men" (beispielsweise gegenüber *affirmative action)* aufgegriffen und widerlegt wird. In den Abschnitten werden verschiedene Beispiele für das genannte Kontinuum der Leugnung von Rassismus dargestellt, und ähnliche Mechanismen wie z. B. „defensiveness" auf beiden Enden des

Kontinuums herausgearbeitet. Die bearbeiteten Beispiele stammen fast ausschließlich aus dem Bereich der Erwerb- und Bildungskarrieren, insbesondere des Personalmanagements.

Der letzte Abschnitt des Textes fordert auf zum „Speaking Out About Racism“ (ebd.: 109). Er richtet sich an *weiße* Männer, denen „through the experiences of friends and colleagues” (ebd.) bekannt sei, dass Sexismus, Rassismus und andere Formen der Unterdrückung tägliche Erfahrungen vieler seien. Trotz dieses Wissens schwiegen sie jedoch:

> „But I'm struck by the relative absence of these voices of allies in the fight against racism. [...] My wish is that more white men speak out about racism.“ (ebd.).

Die Titelgebende „denial of racism“ hat also neben einer psychologischen Dimension (rassistischen Erklärungen glauben wollen, um sich nicht mit Unangenehmerem befassen zu müssen) und einer epistemologischen Dimension (Barrieren des Erkennens aufgrund der eigenen Positioniertheit) eine handlungspraktische Dimension: dass auch diejenigen, die es eigentlich bereits besser wissen, indem ihnen Erfahrungsberichte nicht-privilegierter Freund*innen und Kolleg*innen über die epistemologische Barriere geholfen haben, dennoch schweigen und sich nicht öffentlich gegen Rassismus aussprechen. Als hoffnungsgebendes Beispiel zitiert Thompson schließlich einen entsprechenden Leserbrief eines *weißen* Mannes pro *affirmative action* (vgl. ebd.).

Ähnlich der Analyse von Kendalls Buch zeigt sich bei Thompson ein persönlichkeitsorientierter Zugang, dessen Kern quasi-therapeutische Selbstreflexion und emotionale Auseinandersetzung darstellt. Dieser Weg – „opening themselves to the meaning of oppression“ (Thompson 2000b: 478) – ist nicht kontext- oder organisationsspezifisch. Dies illustrieren auch die heterogenen herangezogenen Beispiele[28]; die konzeptionellen Übergänge von Training, Workshop sowie auch Coaching/Beratung von Einzelnen und Paaren sind fließend.

Thompsons Arbeit ist nicht nur als Beispiel für eine Richtung von bestimmten Diversity-Dienstleistungen und Beratungen spannend, sondern bekommt hier einen zusätzlich interessanten Aspekt dadurch, dass er (seit

---

28 Beispielsweise ein „workshop on racism“ mit *weißen* Männern, darunter „a university president, a chief of police and several corporate presidents and vice-presidents“ (Thompson 2000b: 481).

2003) in Deutschland lebt und hier weiterhin aktiv ist in Antidiskriminierungsarbeit, Bildungsarbeit und Trainings. Er lebt in einer „cross cultural relationship“ mit einer deutschen Frau und publiziert über seine diesbezüglichen Erfahrungen und Wahrnehmungen, die er über kulturelle Unterschiede erklärt:

> „She, like many Germans, has a sense that it is important to follow rules, and that there is a certain way to do things. I, like many people from the US, believe that anything is possible and we follow the rules when we want to.“ (Thompson o. J. b)

Bezogen auf die Antidiskriminierungsarbeit nimmt Thompson ebenso Unterschiede zwischen Deutschland und Nordamerika war: Viele jener, die in Deutschland gegen Diskriminierung kämpften, täten dies nur auf der institutionellen Ebene und würden sich nicht persönlich involvieren. Auch diese Unterschiede und insbesondere der Widerstand bezüglich persönlicher Reflexion seien „kulturell bedingt“ (Thompson/Spiegel 2013: 4):

> „In Deutschland wird in der Regel das Privatleben vom Arbeitsleben getrennt. Es existiert die Überzeugung, dass die schulische Bildung sich auf eine rein kognitive Wissensvermittlung konzentrieren sollte und Gefühle und persönliche Erfahrungen ‚untergeordnete‘ Formen des Wissens seien. Die sogenannte Objektivität wird gegenüber der Subjektivität und der persönlichen Erfahrungen als überlegen betrachtet.“ (ebd.)

Demgegenüber plädieren Thompson/Spiegel in ihrem „Anstoß für Menschen, die sich für Menschenrechte und Gerechtigkeit engagieren“ (Thompson/Spiegel 2013: Titel) für Selbstreflexion:

> „Daher ist die ‚persönliche Arbeit‘ entscheidend, wenn wir eine Gesellschaft aufbauen und gestalten wollen, in der Menschen aus unterschiedlicher Herkunft zusammen leben, arbeiten und voneinander lernen.“ (Thompson/Spiegel 2013: 4)

Wie weiter oben dargestellt ist meine Perspektive auf Trainings vom deutschen Kontext geprägt. Mit Thompsons anekdotischer kulturvergleichender These wäre meine Präferenz für fachlichkeitsorientierte Trainings vielleicht ein typisch deutsches Beharren auf das Lehren von „a certain way to do things", auf organisationaler Arbeitsteilung und formalen Zuständigkeiten auf der institutionellen Ebene – während die persönlichkeitsorientierten Trainings inklusive ihrer vollmundigen Transformationsversprechen eben den amerikanischen Glauben an das Individuum, dem „anything" möglich ist, widerspiegeln. Jedoch wäre mein Argument für diese Präferenz nicht – wie Thompson/Spiegel formulieren – eine Hierarchisierung von „Objektivität" und „Subjektivität", sondern der Wunsch nach möglichst erfolgreicher Arbeit und politischer Effektivität. Dabei kann durchaus persönliche Auseinandersetzung nicht nur sinnvoll, sondern notwendig sein. Dies scheint auch in den von Thompson/Spiegel angeführten konkreten Settings so: einer Bildungsreise von deutschen Geschichtslehrer*innen nach Polen unter anderem ins ehemalige Vernichtungslager Auschwitz, oder Teambesprechungen von Trainer*innen zu Diskriminierung. Allerdings handelt es sich eben um spezifische Settings: In beiden Fällen geht es um kollegialen, beinahe supervisorischen Austausch unter Pädagogik-Profis. Die Selbstreflexion zielt auf die eigene pädagogische Praxis ab, nicht schlicht auf ein Setting-loses Individuum. Oder anders: die individuelle Selbstreflexion – auch in der pädagogischen Funktion – dient dazu, die pädagogische Praxis zu verbessern. Insofern spräche einiges dafür, diese von Thompson/Spiegel geforderte Praxis in der hier vorgeschlagenen Unterscheidung als fachlichkeitsorientiert zu verstehen. Mit der fachlichkeitsorientierten Ausrichtung geht ein genauer Blick auf das jeweilige spezifische Setting einher – und insofern eine Skepsis, über alle Settings hinweg einen gemeinsamen Nenner zu propagieren, den der „persönlichen Arbeit" für „Lehrende, Aktivisten, Menschen, die sich für eine bessere Welt einsetzen" (vgl. Thompson/Spiegel 2013: 4).

Cooper Thompson verbindet in seinen Trainings- und Beratungs-Tätigkeiten den Diversity-Diskurs und die diesbezügliche Unternehmensberatung mit der individuellen Beratung im Kontext von Coaching und Counseling und ebenso, wie am letzten Beispiel deutlich wurde, mit der Frage von Lehrer*innenfortbildung für den Classroom. Die persönlichkeitsorientierte Ausrichtung bildet das Passepartout für diese verschiedenen pädagogischen (und die pädagogische Praxis unterstützenden) Tätigkeiten, wobei die geteilte Ausrichtung die Grenzen zwischen Training und Classroom sowie Workshop fließend werden lässt.

Fazit: Persönlichkeitsorientierte Ausrichtung von Trainings im Kontext des Diversity-Diskurses

Die in der Arena der Trainings stattfindende Verfestigung des Privilegiendiskurses geht stark auf Trainings aus dem Kontext des Diversity-Diskurses zurück. Schon in den 1970er Jahren ist in Nordamerika in Organisationen auf Trainings gesetzt worden, um insbesondere rassistischer Diskriminierung entgegenzuwirken. Diese Interventionsart hat sich mit dem Diversity-Diskurs verbreitet auch im deutschsprachigen Raum.

Bezogen auf die Trainings handelt es sich meist um individuell ansetzende, sensibilisierende, bewusstseinsfördernde, persönlichkeitsorientierte pädagogische Maßnahmen. Das Abzielen auf organisationsinterne Antidiskriminierung sowie die Fokussierung auf Individuen hängen zusammen: Der Antidiskriminierungsrahmen selbst beruht auf einer juristischen Perspektive, deren Kern eine liberale Machtanalyse und der Blick auf individuelle Fälle bildet. Der Diversity-Diskurs als „distant cousin" (Crenshaw 2011a: 1341 f.) des Antidiskriminierungsrahmens ist diesbezüglich noch einmal begrenzter, da rechtlich unverbindlicher: Vom Antidiskriminierungs-Vorhaben kommen regelmäßig primär jene Elemente an, die gut aussehen und wenig kosten (oder sogar betriebswirtschaftlichen Gewinn versprechen). Diesen Kriterien entsprechen Trainings, die weniger in organisatorische Veränderungen eingebunden sind, sondern auf individuelle Reflexion setzen: Sie bedrohen organisatorische Strukturen weniger, und stärken nach innen idealerweise die Identifikation mit der Organisation oder die Nutzbarkeit des vielfältigen „Humankapitals". Nach außen werfen sie Imagegewinn ab. Strukturell kann das Vorgehen über persönlichkeitsorientierte Trainings sogar so verstanden werden, dass dadurch die Verantwortung für die Fortexistenz von Rassismus und Sexismus sowie für den Kampf zu ihrem Abbau auf die Individuen verlagert wird, weg von der Organisation, die sich auf das Bereitstellen jener Maßnahme für die individuelle Auseinandersetzung beschränken kann. Innerhalb der Homogenität, den dieses notwendigerweise vereinfachende Fazit zeichnet, gilt zugleich: Im Diversity-Diskurs wird auf heterogene Traditionslinien zurückgegriffen, auf verschiedene Arten der Arbeit an Persönlichkeit. Im dargestellten Material wurden beispielsweise benannt das „Human Relations Training", Coaching, psychotherapeutische Richtungen wie die Transaktionsanalyse oder auch Buddhismus. Besonders bemerkenswert ist jedoch, dass und wie auf feministisches und antirassistisches Bewegungswissen zurückgegriffen wird. Das Aufgreifen bekannter Namen aus dem Kontext von Bewegungen (im dargestellten Material beispielsweise Malcolm X und Audre Lorde) produziert Legitimität des eigenen Interventions-Anspruchs und suggeriert eine Radikalität auch jenseits der Organisationsgrenzen, die kaum mit der tatsächlichen Programmatik des Diversity-Diskurses in Deckung zu bringen ist. Dennoch produzieren derartige Rückgriffe eine Anknüpfungsfähigkeit des Diversity-Diskurses an soziale Bewegungen. Was der in den Bewegungen genutzte Privilegiendiskurs aus den im Diversity-Diskurs geprägten Trainings übernimmt, folgt somit der persönlichkeitsorientierten Ausrichtung bei gleichzeitigem radikal transformatorischen Anspruch. Diese Anknüpfung ist angesichts der unterschiedlichen Settings und Ziele erstmal verblüffend. Was dennoch die Kompatibilität herstellt, ist der persönlichkeitsorientierte Fokus einschließlich – in der Kumulation von Persönlichkeiten – der interpersonalen Ebene. Alle Organisationen bestehen aus Menschen – eine reichlich allgemeine gemeinsame Eigenschaft. In der persönlichkeitsorientierten Ausrichtung von Trainings besteht der „kleinste gemeinsame Nenner" zwischen jenen Wirtschaftsunternehmen, die das typische Setting von Diversity Management darstellen, und den Bewegungen, die den Privilegiendiskurs nutzen. Darüber hinausgehende Organisationsspezifik wird in dieser Art von Fortbildung von Organisationsmitgliedern nicht geleistet. Die Arena der Trainings prägte und verfestigte den Privilegiendiskurs also durch Trainings in ihrer allgemeinsten, Organisations-unspezifischen Variante.

4.3 Workshop: Informelle, punktuelle Bildungsmaßnahme in Bewegungen

> „[…] to shed light on the roots of what is today a widespread and central practice in racial justice activism in the US."
> (Burgin 2013: 9)

Eine dritte Arena, die zur Verfestigung des Privilegiendiskurses beigetragen hat, ist der „Workshop". Mit Workshops sind Veranstaltungsformate gemeint, für die sich typischerweise eine Gruppe von Teilnehmer*innen zusammenfindet, um angeleitet von Teamer*innen punktuell intensiv zu einem Thema gemeinsam zu „arbeiten", d. h. sich mit einem Thema auseinanderzusetzen mithilfe verschiedener pädagogischer Methoden, beispielsweise von frontalen Inputs über Kleingruppen-Arbeitsphasen bis zu individueller kreativer

Arbeit. Bei allen (konzeptionellen, methodischen, personellen) Verbindungen und Überlappungen zu den anderen beiden Arenen Classroom und Training kann der Workshop analytisch dennoch von ihnen unterschieden werden. Workshops sind erstens durch einen hohen Grad an Informalität geprägt. Sie finden nicht innerhalb einer Bildungsinstitution statt, und es gibt keine Abschlüsse zu erringen, Prüfungen zu absolvieren oder Teilnahmepflichten zu erfüllen. Zweitens ist der Workshop tendenziell ein punktuelles Angebot. Er ist nicht Bestandteil einer fortlaufenden gemeinsamen Arbeit und hat tendenziell eine kürzere Dauer als Trainings. Beides bedeutet drittens bezogen auf die Teilnehmenden, dass sie sich primär erst im und durch den Workshop selbst als Gruppe zusammenfinden, d. h. sie sind keine vorab existierende Gruppe wie beispielsweise ein Klassenverbund/Jahrgang/Studiengang in einem Classroom oder wie Organisationsangehörige in einem Training. Der Teilnehmer*innenkreis folgt keinen strikten Organisationsgrenzen, d. h. ein Workshop adressiert und rekrutiert die Teilnehmenden weniger als Organisationsmitglied, sondern als (interessiertes) Individuum. Viertens konnotiert „Workshop" eine starke Praxisorientierung; schließlich war die primäre Bedeutung von „workshop" im Englischen schlicht „Werkstatt" als ein Ort, der keineswegs dem pädagogischen Bereich entstammt, sondern der Produktion und Reparatur. Damit einher gehen in der pädagogischen Bedeutung des Wortes bestimmte Erwartungen bezogen auf die angewendeten Methoden: tendenziell erfahrungsorientiert statt wissensorientiert, interaktiv statt „Frontalunterricht". In diesem Sinne stellt der Workshop eine informelle Bildungsmaßnahme dar, die in sozialen Bewegungen häufig gewählt wird.

Zu meiner Perspektive auf Workshops als Teilnehmer und Anbieter

Meine Perspektive auf Workshops und insbesondere Workshops für Privilegierte bezogen auf Sexismus und Rassismus ist auch geprägt von eigenen Erfahrungen in dieser Arena. So habe ich teils selbst Workshops unter deutlicher Nutzung des Privilegiendiskurses angeboten. Dies geht zurück auf meinen bereits in der Einleitung angesprochenen Vortrag in einer Veranstaltungsreihe der *AG Gender Killer* und den Buchbeitrag, den ich für den aus der Veranstaltungsreihe entstandenen Sammelband schrieb (Scheele 2007). Auch aufgrund dieses Buchbeitrags wurde ich angefragt für einige Abendveranstaltungen sowie für Beiträge zu größeren Veranstaltungen, insbesondere in feministischen und linken Bewegungskontexten (z. B. ein

„Ladyfest", ein „Macker Massaker", eine „Antisexistische Praxen"-Konferenz, dazu in 4.3.4 mehr). Von den vielen verschiedenen Ebenen, die der Buchbeitrag ansprach, traf die „Praxis" besonders auf Interesse. Der Wunsch nach Handlungsanleitungen stand im Raum, und wenn nach den Veranstaltungen etwas als weitergehendes Interesse artikuliert wurde, dann der Wunsch nach einem Mehr an Handlungsanleitung für den Alltag. Mit der jetzigen Analysebrille könnte ich sagen: Diese Handlungsanleitung habe ich geliefert, unter Nutzung von Kernelementen des Privilegiendiskurses. Die praxishungrige Rückmeldung schien mir dafür zu sprechen, dass ich „zu wenig" davon geliefert hatte, und dass generell zu wenig dieser Art von Wissen existiert oder bekannt ist, zumindest hierzulande. In die Zeit dieser Vorträge fiel meine erste Reise nach Toronto, und mein erster Kontakt zu dortigen Aktivist*innen. In meiner Verwunderung über die Unterschiede zwischen den dortigen und den mir aus Deutschland bekannten Bewegungen fiel mir insbesondere ein anderer Umgang mit Positioniertheit auf, darunter auch ein geläufiger Privilegiendiskurs und eine starke Workshop-Kultur. Vieles davon schien mir nicht nur unmittelbar einleuchtend, sondern so „powerful", dass ich es gern als Impuls nach Berlin mitnehmen wollte. Als ich 2009 für einen „Workshop" beim „Gender (is) Happening" des Gunda-Werner-Instituts der Heinrich-Böll-Stiftung angefragt wurde, wollte ich nun tatsächlich einen solchen anbieten, und ließ mich von Workshopabläufen in Toronto inspirieren. Ich wählte als Titel „Wie können Männer Verbündete sein? Antisexismus aus privilegierter Perspektive". Der Workshop begann mit einer Vorstellungsrunde, ich stellte mich und meine Perspektive vor, explizierte Grundannahmen, sammelte Begriffsverständnisse zu Sexismus und Männerpolitik, gab einen Input, streute Diskussionsmöglichkeiten ein, sah eine Abschlussrunde vor. Letztlich fühlte sich die Durchführung etwas unbefriedigend an, und auch für einige im Publikum schien der Workshop eher misslungen zu sein. Dieses Misslingen dürfte zum einen damit zu tun haben, dass ich zum einen nicht genug methodische Erfahrungen als *facilitator* hatte; so erwies sich beispielsweise die veranschlagte Zeit für die einzelnen Punkte als nicht realistisch. Und manche Themen entsprangen vermutlich stärker meinen eigenen Klärungsbedürfnissen als den Bedürfnissen der Teilnehmer*innen. Zum anderen war das Publikum außerordentlich heterogen, wie mir bei der Vorstellungsrunde siedend heiß auffiel: beispielsweise Ministerialbeamt*innen, queerfeministische Aktivist*innen, bewegte Männer (also durchaus Felder, mit denen ich Berührungspunkte hatte – aber gerade deshalb um ihre Unterschiedlichkeit weiß), darüber hinaus beispielsweise Aktive der Entwicklungszusammenarbeit. Die

Erwartungen, Ausgangslagen, inhaltlichen Sprachen, Interessen waren entsprechend weit gefächert, wie in der Eingangsrunde klar wurde. Verblüffenderweise konnten sich alle auf ein Interesse an „Praxis" einigen. Das Feedback, dass „mehr Praxis" gewünscht war, kannte ich schon aus den Bewegungskontexten. Doch gerade hier, mit im Vergleich zu Bewegungsräumen noch einmal heterogeneren Erfahrungs- und Arbeitshintergründen, sprang mir die Frage ins Auge: Welche Praxis denn? Gibt es so etwas wie einen „kleinsten gemeinsame Nenner" der Teilnehmenden? Wäre dieser kleinste gemeinsame Nenner, der von allen konkreten Tätigkeitsfeldern abstrahiert, letztlich nur in individueller Bewusstseinsbildung, persönlichem Alltag, Interpersonalem zu finden gewesen? Wäre dies ein Zugang gewesen, auf den sich die unterschiedlichen Teilnehmenden eingelassen hätten, und der ihren Interessen entsprochen hätte? (Und: Hätte ich mich auf diesen Zugang eingelassen? Hätte er meinen Interessen entsprochen?) In der Ankündigung hatte ich eine Mischung – inklusive Ingredienzen des Privilegiendiskurses – produziert, die offenbar in Richtung dieser unterschiedlichen Erwartungshaltungen anknüpfungsfähig war, und die ich dann gar nicht befriedigend füllen konnte. Mit welchem Diskurs hatte ich da gespielt? Das unbefriedigende Gefühl schien größere Ursachen zu haben als nur meine fehlende Erfahrung in der Workshop-Leitung. Denn ein Workshop zu Männlichkeit, den ich 2011 in einem Berliner linken feministischen Bewegungskontext als Teilnehmer besuchte, schien ähnliche Gefühle hervorzurufen. Bei den anderen Teilnehmenden wie dem Teamer selbst nahm ich den bekannten Praxis-Hunger wahr und eine diesbezügliche Atmosphäre hochengagierter Ratlosigkeit.

Meine Workshop-Erfahrungen sind stärker ausgeprägt in Bezug auf Feminismus und Antisexismus. Doch auch in Bezug auf Rassismus habe ich u. a. an einem entsprechenden Workshop teilgenommen, der 2010 unter dem Titel „How to be a good White ally" in einem Berliner Bewegungsort stattfand, dem „New Yorck" im Bethanien. Geleitet wurde der Workshop von Poe Liberado, einer genderqueeren Person of Color aus Toronto, die zu der Zeit in Berlin lebte. Zwar waren wir uns vorher nicht persönlich begegnet, wussten aber von gemeinsamen Bekannten sowohl aus Toronto als auch Berlin. Mein Interesse am Workshop hatte insofern mehrere Ebenen: neben dem Interesse am Inhalt selbst auch mein Interesse an der Begegnung von deutschen und kanadischen Bewegungskontexten und -diskursen. So erlebte ich einige für Privilegierte in einem derartigen Workshop wohl klassische Gefühle: beispielsweise die Hoffnung, nun von einer marginalisierten Autorität Sicherheit gebende Handlungsanleitungen zu bekommen (zumal von einer Autorität, der ich aufgrund der persönlichen Verbindungen Vorschussvertrauen schenkte) – und zugleich die Erleichterung über jeden Gag der teamenden Person, also die Erleichterung darüber, es bei dieser „Autorität" mit einer freundlichen, humorvollen Person zu tun zu haben und nicht mit einer strafenden Instanz. Andere Gefühle hatten eher mit meiner subjektiven Stellung zwischen teamender Person und den anderen Teilnehmenden zu tun: einerseits mit einigen der Inhalte bereits vertrauter zu sein als andere deutsche Teilnehmende und mich ihnen dadurch überlegen zu fühlen, andererseits Reibungspunkte besonders deutlich wahrzunehmen (beispielsweise im historischen Abriss ein aus deutscher Perspektive irritierend beiläufiges Auftauchen der Shoa). Das anekdotische Aufführen hier soll den Hintergrund meiner Perspektive auf *Allyship*-Workshops beleuchten. So kenne ich sowohl als Teilnehmer als auch als Anbieter von Workshops den Wunsch Privilegierter nach Handlungsanleitung und die Erwartung, dass ein Workshop diese handlungspraktische Konkretion liefern kann. Akut bewusst wurden mir die Diskrepanzen, die sich hinter dem konsensfähigen, vermeintlich eindeutigen Fokus auf „Praxis" verbergen. Diese Erfahrungen flossen in meine Perspektive auf die pädagogische Arena Workshop ein.

Verbreitung an *Weiße* gerichteter antirassistischer Workshops in den USA

Wie sich in und durch soziale Bewegungen in den USA antirassistische Workshops (insbesondere) von und für *Weiße* verbreitet haben, zeichnet die geschichtswissenschaftliche Dissertation von Sarah Nicole Burgin (2013) nach. Sie geht dem „rise of anti-racism workshops developed by white activists in various United States social movements from the late 1960s through the mid-1980s" (Burkin 2013: 4) nach, der dazu führte, dass diese Workshops mit den 1990er Jahren eine weite Verbreitung fanden (vgl. ebd.: 28) und heute wie eingangs zitiert „a widespread and central practice in racial justice activism in the US" darstellen (ebd.: 9). Dabei zeichnet sie nach, wie diese *weißen* Aktivist*innen „took cues from radical activists of colour at every turn" (ebd.: 10). Insbesondere verortet sie die Wurzeln der Antirassismus-Workshops in den Analysen von Schwarzer Bürgerrechtsbewegung und Black Power Gruppen. Durch sie sei die von Burgin als „Black Power imperative" (ebd.: 322) zusammengefasste Forderung an *weiße* Antirassist*innen ergangen, „[to] organise against racism in white communities" (ebd.) bzw. – über das Abwehren hinausgehend, agitatorisch – „that whites should organise other whites against racism" (ebd.: 9). *Weiße* Aktivist*innen hätten auf den „Black Power imperative" reagiert mit pädagogischer Arbeit mit *Weißen* in Form von Workshops; diese seien „a significant, perhaps even primary, way" der Reaktion darauf gewesen (ebd.: 322).

Burgin untersucht fünf Fallstudien aus verschiedenen Bewegungen. Konkret betrachtet Burgin in einem ersten Buchteil die beiden Organisationen *Detroit Industrial Mission (DIM)* und *People Acting for Change Together (PACT)* aus Detroit, die in den späten 1960er und 70er Jahren Workshops für größtenteils *weiße* Teilnehmende organisierten in verschiedenen Settings: sowohl in „‚professional' settings" (ebd.: 39) wie im Management von Unternehmen als auch in „community and church groups" (ebd.) und Schulen. Die Zielgruppe dieser Workshops liegt also außerhalb der sozialen Bewegungen. Die Workshops stellen eher eine – politisch motivierte, durchaus als Aktivismus zu verstehende – Dienstleistung für und Intervention in bewegungsexterne Organisationen dar.

In einem zweiten Buchteil stellt sie drei Fallstudien aus feministischen und queeren Bewegungen vor: erstens den Aktivismus der radikalen Feministin Pam Allen in verschiedenen teils von ihr (mit-)gegründeten Organisationen, zweitens die 1971 gegründete *Women's School* in Cambridge, die als langlebigste Schule dieser Art noch bis 1992 bestand (vgl. ebd.: 168), sowie drittens die Organisation *Black and White Men Together (BWMT)* aus der Schwulenbewegung in den frühen 1980er Jahren. Die Workshops der im zweiten Buchteil vorgestellten Organisationen richten sich an die Mitglieder der Bewegung selbst. Dass dieser Fokus in feministischen und queeren Bewegungen aufkommt, unterstreicht die Relevanz intersektionaler Konflikte, einschließlich der immer wieder festgestellten hartnäckigen Exklusivität der jeweiligen Organisation bzw. dem Fortbestehen von Rassismus in ihnen, was dem eigenen Anspruch nicht gerecht wird.[29] So wurde gerade an der Schnittstelle von antirassistischen und feministischen bzw. queeren Erwägungen Pionier*innenarbeit geleistet; eine Entwicklung, die sich mit der im deutschsprachigen Kontext beschriebenen deckt, wenngleich teils mit einer gewissen Zeitverzögerung.

Dabei stellt der Bestand an Praxisformen und Methoden in den jeweiligen Bewegungen eine Ressource der Inspiration wie der Abgrenzung für die pädagogische Beschäftigung mit Rassismus dar. Für die feministische

29 Als Kontrast das Beispiel *DIM*: Dort wurde nicht von einem intersektionalen Konflikt ausgegangen, sondern Rassismus eindimensional betrachtet, so dass Geschlecht im untersuchten Zeitraum kein Thema war – dabei nahmen an vielen ihrer antirassistischen Aktivitäten ausschließlich *weiße* Männer teil (vgl. ebd.: 73 f.).

Bewegung der „Zweiten Welle“ ist hier an erster Stelle das Consciousness-Raising zu nennen. Insbesondere Pam Allen war zum einen in wichtigen feministischen Consciousness-Raising-Gruppen aktiv: bei der 1967 gegründeten Gruppe *New York Radical Women*, wo der Begriff entstand (vgl. Sarachild 1978: 144 f.), und bei *Sudsofloppen* in San Francisco, einer der am längsten kontinuierlich existierenden Consciousness-Raising-Gruppen der USA (vgl. Burgin 2013: 247). Zum anderen prägte Allen Consciousness-Raising auch durch ihre eigenen Publikationen: Ihr Text „Free Space“ (Allen 1973, erstveröffentlicht 1970) war einer der ersten wie einflussreichsten Texte der Bewegung darüber (vgl. Burgin 2013: 228, 248).[30] Allen beschreibt in ihrem Text die Vorgehensweise von Consciousness-Raising über die Schritte „opening up, sharing, analysing and abstracting“ (Allen 1973: 272) mit dem Ziel der Entwicklung einer Ideologie:[31]

> „And out of this emerging ideology will come a program grounded in a solid understanding of women's condition that will have its roots, but not its totality, in our own experience.“ (ebd.: 278)

Bezogen auf antirassistische Workshops war Pam Allen klar, dass *Weißen* ein Ausgehen von der eigenen Erfahrung der Unterdrückung nicht möglich ist, und dass daher methodisch anders vorgegangen werden muss. Sie leitete 1971 im Kontext einer kalifornischen *women's studies*-Konferenz einen „White Supremacy Workshop“, dessen Teilnehmer(*)innen sich mit einem Statement an die Konferenzteilnehmer(*)innen richteten, das diese Differenz deutlich machte:

> „As white women our approaches to understanding sexism and racism have to be different. As women we are the direct victims of sexism. The roots of our realization and understanding of sexism are in our personal experiences and feelings because those experiences and feelings are what we live. From examining our own lives, we can

30 Dieser Einfluss reichte auch nach (West-)Deutschland: Der Frankfurter Weiberrat veröffentlichte Allens Text als „Der Freiraum“ 1972 auf Deutsch im Sammelband *Frauen gemeinsam sind stark! Texte und Materialien des Women's Liberation Movement in den USA* und stützte sich in seinem Verständnis von Consciousness-Raising wesentlich auf diesen Artikel (vgl. Hark 2005: 230).

31 „Ideologie“ ist hier genutzt im Sinne eines wertfreien Ideologiebegriffs, also in etwa gleichbedeutend mit politischer Weltanschauung oder Gesellschaftsanalyse.

> go on to a systematic study of sexism in all its institutional forms and complexities.
> But we are not the victims as white women of institutional racism. Therefore we cannot trust our feelings and experiences because we do not carry within us the reality of racist oppression. So to understand racism we have to start from the other end – an approach opposite that to sexism. That is, we have to study. We have to learn about the mechanisms of racism – its history and institutions.“ (Pam Allen, zitiert nach Burgin 2013: 257 f., Hervorhebungen im Original)

Gerade wegen der Grundannahmen des Consciousness-Raising ist es für die Bewusstseinsbildung von Privilegierten nicht gleichermaßen geeignet. Zugleich folgt die stattdessen vorgeschlagene Bewusstseinsbildung insofern der Consciousness-Raising-Programmatik der Theoriebildung ausgehend von Erfahrungen, dass zwar nicht die eigenen Erfahrungen der in der Gruppe anwesenden *weißen* Frauen die Grundlage bildeten, aber die „experiences and histories of others“ (Burgin 2013: 258), also hier die Erfahrungen von Women of Color, die durch die Lektüre von Texten vergegenwärtigt wurden. Diesen Weg hatte Allen auch in ihrem Kurs „Institutional Racism“ an der 1970 in San Francisco gegründeten, feministischen freien Schule *Breakaway* gewählt: Ihr „reading-heavy format at Breakaway signified her distinction between study and consciousness-raising“ (Burgin 2013: 258, vgl. auch 271).

Auch beim Fallbeispiel aus Cambridge, der von *weißen* Feministinnen organisierten *Women's School*, wurde deutlich zwischen „race-based classes“ und Consciousness-Raising-Gruppen unterschieden (vgl. ebd.: 164). Die Organisatorinnen hielten die zum Zeitpunkt der Eröffnung 1972 „allgegenwärtigen“ Consciousness-Raising-Gruppen für extrem wichtig, aber sahen einen Bedarf für die Frauenbewegung über sie hinauszugehen (vgl. Burgin 2013: 180). Sie wollten den Aktivistinnen eine zu den Consciousness-Raising-Gruppen komplementäre (ebd.: 179) politische Bildung bieten, so dass sie die Richtung der Bewegung gestalten könnten. Dabei wollten sie die Fokussierung der *weißen* Frauenbewegung auf Patriarchat und Sexismus herausfordern, die Gefahr laufe – wie in der Ersten Frauenbewegung – Rassismus zu perpetuieren. Zudem erschwere sie „inter-movement alliance building“ und die notwendige Verbindung zu anderen unterdrückten Gruppen und revolutionären Kämpfen (vgl. Burgin 193 ff.). Das Programm ihrer politischen Bildung entstammte dem sozialistischen und dem antiimperialistischen Feminismus und insbesondere der Black Power Bewegung. Die Verbindungen zwischen Imperialismus, Rassismus und

Sexismus sollten gelernt werden durch die historische Beschäftigung mit Schwarzen Bewegungen und Befreiungsbewegungen der „Dritten Welt" (vgl. ebd. 191 f., 203 f.). Im Curriculum gingen die antiimperalistischen Feministinnen nach einer Art Querschnittsansatz vor: Ihre Inhalte tauchten nicht nur beispielsweise in „Black History" auf, sondern wurden ebenso in den – meist besser besuchten – Kurs „Women's History" integriert.[32]

Die Schlussfolgerung, die diese feministischen Projekte aus der eigenen privilegierten Zusammensetzung für die Auseinandersetzung mit dem sie privilegierenden Machtverhältnis ziehen, erinnert an die, die zwei Jahrzehnte später im 3:1-Papier für die autonome Linke geschildert wird (vgl. Kapitel 3.1): Da das – epistemologisch eigentlich bevorzugte – Ausgehen von der eigenen (Unterdrücktheits-)Erfahrung im Sinne der Rahmung „subjektivistischer Politik" nicht möglich ist, wird auf die Rahmung der „Politik auf wissenschaftlicher Grundlage" gewechselt, und das heißt konkret: auf Textlektüre gesetzt. Die hier betrachteten feministischen freien Schulen geben dieser Schlussfolgerung ein konkretes pädagogisches Format.

Spätestens bei diesem pädagogischen Format fällt auf, dass Burgins Workshop-Begriff ein weiterer ist als der in dieser Analyse verfolgte (vgl. Burgin 2013: 28, 41). Im Sinne der hier verfolgten Unterscheidung zwischen den drei pädagogischen Arenen von Classroom, Training und (einem entsprechend engeren Begriff von) Workshop wären manche Praktiken aus ihren Fallstudien eher anderen Arenen zuzuordnen – und derartige Benennungen sind auch in Burgins Material selbst zu finden. Zudem sind die Inhalte der von Burgin betrachteten pädagogischen Formate keineswegs deckungsgleich mit dem, was ich als Privilegiendiskurs bezeichne. Dennoch ist Burgins Analyse für das Nachzeichnen der Entwicklung – der Verbreitung von Workshops und der Verfestigung des Privilegiendiskurses in der pädagogischen Arena der Workshops – hilfreich. Burgins Hauptthese ist wie bereits erwähnt, dass die Workshops Wurzeln in sozialen Bewegungen hatten. Dabei war das Rassismus-Verständnis innerhalb der frühen Fallstudien stark von der Black Power Bewegung, von marxistischen Analysen und allgemein der Neuen Linken geprägt: Es konzentrierte sich auf

32 In beiden Kursen wurde beispielsweise Angela Davis' Text „Reflections on the Black Woman's Role in the Community of Slaves" (1971) gelesen. Ein Interview mit der Organisatorin Laura Whitehorn gibt einen lebhaften und selbstironischen Eindruck in diese Querschnitts-Integration:

> „[W]e used Angela Davis's article when that came out. I just used that in every class. I didn't care what it was. I thought they should use it in carpentry." (Whitehorn, zitiert nach Burgin 2013: 207 f.)

Machtverhältnisse, Unterdrückung und Herrschaft. Über die Zeit wurde ein auf individuelle Überzeugungen und Handlungen abzielendes Rassismus-Verständnis stärker. Mit Bezug auf den Soziologen Howard Winant spricht Burgin von einem diesbezüglichen „conservative turn in the 1970s" (Burgin 2013: 226). Im Ergebnis galt für die Workshops:

> „Even if they developed through socio-historical analyses that were central to the ideology of Black Power, the workshop materials of the late 1970s and early 1980s tended to frame workshops with regard to the ‚personal', by using individuals' own experiences to begin to paint a larger picture of racism and race relations in the United States." (Burgin 2013: 276)

Die Workshops waren also „distinguishable but not entirely disconnected from what feminist scholar Chandra Talpade Mohanty later referred to as the ‚race industry' […] that mushroomed in the 1980s" (ebd.: 28). Burgins Intention ist es, die bislang verdeckten „activist roots of the ‚race industry'" wieder sichtbar zu machen (ebd.: 29). Beispielsweise fasste Robert Terry seinen Ansatz bei *Detroit Industrial Mission* im zehntausendfach verkauften Buch *For whites only* (Terry 1970) zusammen, das Judith Katz bei ihrem bereits angesprochenen *White Awareness: Handbook for Anti-Racism Training* von 1978 stark beeinflusste (vgl. Burgin 2013: 69, 79, 107). Als Ergebnis dieser Verbreitung pädagogischer Bewegungs-Praxen hält Burgin fest:

> „By the late 1970s and early 1980s, anti-racism workshops had become increasingly common both inside and outside of social movements. Aside from their normalisation within activist circles, the increasing professionalisation of anti-racism training had led to a proliferation of workshop materials. The rise of professional educators and organisational development specialists saw a boom in workshop designs, exercises, how-to guides, and facilitator trainings – all aimed at promoting education around race and racism." (Burgin 2013: 276)

Mit Burgins bewegungsgeschichtlichen Blick wird deutlich, wie die Bewegungen und ihre antirassistischen Workshops für *Weiße* die Arenen Classroom und Training beeinflusst haben. In ihrer chronologisch letzten Fallstudie, *Black and White Men Together (BWMT)* aus der Schwulenbewegung, zeichnet sie nach, wie der Wissensbestand aus der professionalisierten Arena der Trainings wiederum in den Bewegungen und ihren Workshops aufgegriffen wurde. *BWMT* wurde 1980 in San Francisco von schwulen Männern in „multiracial" Partnerschaften gegründet. In der Folge entstanden viele lokale „Chapters" und ein landesweiter Dachverband, der bis heute besteht. Burgin beschreibt die Workshops von *BWMT* als unterschiedlich von denen der anderen Fallstudien:

> „Far more so than DIM, PACT, Breakaway and the Women's School, the anti-racism workshops of BWMT demanded self-criticism and introspection of its participants. [...] BWMT workshops centred on participants' own experiences, motivations, relationships and knowledges as they worked to address race-based ignorances and injustices." (Burgin 2013: 320)

Ein persönlicher Zugang ist vielleicht wenig überraschend angesichts des Fokus der Organisation: Paare, zwischen denen eine rassifizierte Differenz besteht. 1984 veröffentlichten *BWMT* das Handbuch *Resisting Racism: An Action Guide*, das Workshop-Methoden und Ressourcen sowie eine Bibliographie enthielt. Das Handbuch wurde auch öffentlich verkauft und war einflussreich auch jenseits der Organisation; Neuauflagen entstanden 1985 und 1991 (vgl. Burgin 2013: 97 ff.). In das Handbuch floss das Material der professionalisierten Trainings ein, das zwischenzeitlich in einem „mushrooming of workshop materials" (ebd.: 165) verfügbar geworden war. Die Workshops nahmen ihren Ausgang in persönlichen Erfahrungen; eine Methode war „Consciousness-Raising on Racism" betitelt. Burgin fasst sie zusammen:

> „The primary purpose was to ask participants to reflect on their lives in order to uncover the machinations of racism. Participants broke into small groups and were asked ‚to explore the presence of racism in our personal lives and to actively confront and struggle against it'. In classic consciousness-raising fashion, they took place in a ‚testimony go-round on [a] topic related to racism' that was chosen in advance from a list provided in the workshop design." (Burgin 2013: 299)

Damit wurde – ironischerweise, wie Burgin notiert – an die feministische Consciousness-Raising-Praxis angeknüpft, während die untersuchten feministischen Organisationen bei der Arbeit mit Privilegierten gerade davon abwichen. Während deren „akademischerer" Zugang in den feministischen

Freien Schulen beispielsweise über historische Analysen verlief, wurden diese in den Workshops von *BWMT* größtenteils in die Bibliographie verwiesen (vgl. ebd.: 303). Hier bei *BWMT* als chronologisch letzter Fallstudie von Mitte der 1980er Jahre sind dann schließlich deutlich Elemente des Privilegiendiskurs zu erkennen. So wird zum einen der Begriff „Privileg" genutzt, hier im Zitat des langjährigen *BWMT*-Mitglieds und Aktivisten Michael Karp von 1986:

> „[…] unless we, as white men, are willing to acknowledge our role as symbols of the privilege historically and currently enjoyed by white males, we will never confront institutional racism and sexism." (Karp, zitiert nach Burgin 2013: 306)

Zum anderen ist bei den Workshop-Materialien im Handbuch *Resisting Racism* eine jener später typisch werdenden Privilegien-Checklisten zu finden, „an ‚Assessment Checklist for White Racism', which asked white individuals to consider a list of rationalisations often relied upon by whites" (Burgin 2013: 297). Im Unterschied zu den früheren Fallstudien nahmen die Workshop-Materialien der späten 1970er und frühen 1980er das eigene Leben der Teilnehmenden und deren persönliche Reflexion als Ausgangspunkt:

> „This move towards introspection denoted a methodological shift in anti-racism workshop practices within social movements. Specifically, it signalled a turn towards reflexivity, and towards studying and understanding the self in relation to race and racism in an intentional and sustained way." (Burgin 2013: 277 f.)

Innerhalb der summarischen Beobachtung einer zunehmenden Verbreitung antirassistischer Workshops – „[i]ncreasingly prevalent from the late 1960s through to the diversity-trainings explosion of the 1990s" (Burgin 2013: 4) – finden sich bei bei genauerer Betrachtung also einige Formwandlungen und Wechselbeziehungen zwischen den pädagogischen Arenen, in denen der Privilegiendiskurs sich verfestigte. Damit erhellen die Ergebnisse von Burgins Analyse Aspekte der Verfestigung des Privilegiendiskurses. Ihre Fallstudien illustrieren einmal mehr die Rolle von feministischen und queeren Bewegungen, und in ihnen insbesondere die Herausforderung durch intersektionale Konflikte, auch wenn der Ausgangspunkt ein „monothematischer" Blick auf antirassistische Workshops ist. Bezogen auf die pädagogischen Arenen zeichnet ihre Analyse wechselseitige Einflüsse nach. Gerade in ihrem weiten Begriff von Workshop sind pädagogische Praktiken enthalten, die die Entstehung der hier interessierenden Workshops im engeren Sinn erklären. Die Verbreitung der antirassistischen Workshops in sozialen Bewegungen war nicht unabhängig von den anderen pädagogischen Arenen, oder stärker: die Bewegungsworkshops griffen auf in anderen Arenen entwickelte und verbreitete Materialien und Methoden zurück – die wiederum von Bewegungswissen inspiriert waren.

Aus Sicht der sozialen Bewegungen kann eine Kreisbewegung beschrieben werden: Bestimmte pädagogische Formate der sozialen Bewegungen – die eine große Bandbreite hatten, von der „subjektivistischen" bis zur „wissenschaftlichen" Rahmung von Politik – gelangen in einem ersten Schritt in bewegungs-externe Organisationen. In dieser Professionalisierung liegt ein politischer Erfolg – wenngleich durchaus ambivalent, aufgrund der Notwendigkeit der Anknüpfung an Organisationslogiken, des Institutionen-immanenten Handlungshorizonts und der Sagbarkeitsgrenzen beispielsweise im Diversity-Diskurs. Dieses Wissen und diese Methoden werden dann in einem zweiten Schritt wieder in den Bewegungen aufgegriffen. Pointiert: Das aktivistische Wissen ist durch den „Flaschenhals" institutionellen Wissens gegangen, und durch diesen Flaschenhals hat manches nicht gepasst. Übrig bleibt eine Fokussierung auf bestimmte Elemente: beispielsweise wie von Burgin herausgestellt ein bewusstseinszentriertes und individualisiertes Rassismusverständnis, dem in den pädagogischen Praxen die Reflexions-Orientierung entsprach. Diese Verengungen gilt es bewusst zu machen. Im Ergebnis der beschriebenen Entwicklungen in und durch die pädagogischen Arenen kam es zur „ubiquity of the anti-racism workshop, the structured group-based study of racism and anti-racist practice, within white racial justice activism" (Burgin 2013: 7), die für Mitte der 1990er Jahre beschrieben wird. Burgin selbst scheint in der Verbreitung des in antirassistischen Workshops entwickelten Wissens sowie der Praxis der antirassistischen Workshops selbst eine Erfolgsgeschichte zu sehen (vgl. Burgin 2013: 329).[33] In den Bewegungen stimmen viele zwar der Verbreitungs-Diagnose zu, sehen dies jedoch durchaus (selbst-)kritischer (dazu später mehr).

33 Burgins Arbeit endet mit einem angesichts der auf Black Power zurückführenden Genealogie durchaus irritierenden Beispiel: antirassistischen Workshops in den US-Streitkräften. Sie beschreibt die Einrichtung des *Defense Race Relations Institute (DRRI)* des Pentagons Anfang der 1970er Jahre mit dem Auftrag, dass „all military personnel undertake 18 hours of race relations education annually" (Burgin 2013: 329). Die individuellen Schmerzgrenzen bei der Institutionen-Immanenz sind sicherlich unterschiedlich, aber aus Sicht von sozialen Bewegungen

Vorher sollen mit einem – chronologisch anschließenden – Blick in den deutschsprachigen Raum sowie danach mit der Betrachtung eines weiteren US-amerikanischen Fallbeispiel, das in Bezug auf das Workshop-Format einen Kontrastfall darstellt, die Beobachtungen zur Arena der Workshops weiter angereichert werden.

FrauenLesben-Bewegung als Pionierin im deutschsprachigen Raum

Kapitel 3 hatte die Broschüre *Kulturelle Etikette* (Three Rivers 1994) betrachtet, deren Übersetzung ein Beispiel darstellt für den Austausch zwischen nordamerikanischer und (west)deutscher Frauen- und Lesbenbewegung. Wie dort bereits angesprochen fanden in der (west)deutschen FrauenLesben-Bewegung schon in den 1980er Jahren antirassistische Workshops statt, um einen Umgang mit intersektionalen Konflikten in der eigenen Bewegung zu finden. Im deutschsprachigen Raum war die FrauenLesben-Bewegung damit Pionierin. Neben den direkten Bezügen auf nordamerikanisches Bewegungswissen scheint dessen Rezeption durch Arbeiten aus den Niederlanden unterstützt worden zu sein, insbesondere bezogen auf die Gestaltung von Workshops. Jedenfalls deuten zwei Ende der 1980er Jahre aus dem Niederländischen ins Deutsche übersetzte Bücher darauf hin, dass niederländischen Feministinnen eine Scharnierfunktion bei der Übersetzung nordamerikanischen Bewegungswissens in den deutschsprachigen Raum zukam. Beide Bücher unterscheiden sich, aber haben auch Berührungspunkte insbesondere in ihrem Bezug auf eine in den USA entstandene Workshop-Methodik, und beide Autorinnen scheinen sich aus Workshop-Kontexten zu kennen.

Das erste dieser Bücher ist Anja Meulenbelts *Scheidelinien – Über Sexismus, Rassismus und Klassismus* (1988, niederländische Erstveröffentlichung 1986). Meulenbelt war durch vorherige Veröffentlichungen auch in Deutschland bereits bekannte sozialistische Feministin. Das Buch erreichte in der BRD eine „große Bekanntheit" (Roßhart 2016: 429) und erschien in

mag das Setting-übergreifende Setzen auf pädagogische Instrumente durchaus irritieren, das Burgin zusammenfasst:

> „Race-based education and the study of power, knowledge and ignorance had become central to anti-racism projects around the nation, whether they took place within social movements or government institutions like the Armed Forces." (Burgin 2013: 330)

Jenseits der politischen Bewertung illustriert dieses Beispiel jedenfalls einmal mehr die wechselseitigen Einflüsse der Arenen.

„mehreren, vergleichsweise hohen Auflagen“ (ebd.: 468). Mit dem Buch verfolgt Meulenbelt zum einen das theoretische Ziel, „die drei großen Systeme der Unterdrückung [...] sowohl einzeln zu behandeln, als auch die Übereinstimmungen und Zusammenhänge zwischen ihnen aufzuzeigen“ (Meulenbelt 1988: 21). Dabei nutzt sie eine große Menge an Literatur, darunter zahlreiche Klassiker*innen des marxistischen und Schwarzen Feminismus, davon vieles aus Nordamerika.[34] Wichtiger noch ist ihr zum anderen die praktische Perspektive:

> „ [...] dieses Buch dient vor allem dem Zweck, die Praxis zu beleuchten, die Alltagspraxis, in der wir leben, die Unterrichtspraxis, die Berufspraxis und die Praxis der politischen Bewegung.“ (Meulenbelt 1988: 22)

Im Abschnitt zu Sexismus titelt sie u. a. „Männer als potentielle Verbündete“ (ebd.: 248). Bei der Praxis zu allen Unterdrückungsverhältnissen legt sie einen Schwerpunkt auf die Sozialisation, „wie wir die Unterdrückung verinnerlicht haben“ (ebd.: 23), und betrachtet dabei besonders die privilegierte Seite:

> „An Privilegien teilzuhaben, auf der herrschenden Seite der Scheidelinien zu stehen, macht blind für vieles, was auf der anderen Seite geschieht.“ (Meulenbelt 1988: 28)

Das finale Kapitel widmet sich entsprechenden Bewusstwerdungsprozessen und mündet in die Schilderung einer Praxis, die Meulenbelt „der Einfachheit halber ‚Solidaritätsgruppen‘“ (ebd.: 285) nennt. Dabei bezieht sich Meulenbelt auf Workshops mit der bereits angesprochenen (gruppen-)psychotherapeutischen Methode *Co-Counseling* (ursprünglich *Re-evaluation Counseling*):

> „In den Workshops des Co-Counselling sammelte ich meine ersten Erfahrungen bei der Diskussion über die Unterschiede zwischen Frauen und Männern, zwischen schwarz und weiß, zwischen jüdisch und nichtjüdisch oder die verschiedenen Klassenzugehörigkeiten. Sowohl die Methode des Co-Counselling als auch seine Theorie haben mir neue Wege eröffnet.“ (ebd.: 19)

---

34 Auch den „Klassismus“-Begriff hat Meulenbelt aus der nordamerikanischen Diskussion – unter Bezug auf Rita Mae Brown und das von ihr mitgegründete lesbisch-feministische *The Furies Collective* in Washington – in die niederländische und dann deutsche Diskussion eingeführt (vgl. Roßhart 2016: 441 ff.).

Im Co-Counseling richteten sich regelmäßig Workshops an „Verbündete" (vgl. ebd.: 285). u. a. Angeleitet von Erica „Ricky" Sherover-Marcuse, die diese in den Niederlanden (wie auch offenbar in Deutschland) angeboten hatte (vgl. ebd.: 20, 183). Meulenbelt bezieht sich auch auf zwei von Sherover-Marcuses Texten, die in einem ins Niederländische übersetzten *Co-Counseling*-Band erschienen waren, sowie auf ein weiteres Buch des Begründers von *Re-evaluation Counseling*, Harvey Jackins. Als weitere Beispiele von „Trainingsprogrammen" (ebd.: 183) aus den USA neben Sherover-Marcuses Arbeit nennt sie u. a. Judith Katz' *White Awareness* und Robert Terry's *For whites only* von der *Detroit Industrial Mission* (vgl. Meulenbelt 1988: 183, FN 78). Für in den Niederlanden durchgeführte Workshops nennt sie zudem das Frauenkollektiv *Kantharos*, dem Lida van den Broek angehörte, und verweist auf deren bald erscheinendes Buch (vgl. Meulenbelt 1988: 183, FN 79) – dazu im nächsten Abschnitt mehr.

Die Rezeption von Meulenbelts Buch in sozialen Bewegungen war durchaus kontrovers. Einerseits berichtet Meulenbelt im Vorwort zur deutschen Ausgabe vom Vorwurf niederländischer antirassistischer, antifaschistischer und linker Gruppierungen, sie würde „mit der Betonung der Sozialisation politische Probleme ‚wegpsychologisieren'" (ebd.: 13). Und in der autonomen Lesbenbewegung in der BRD Ende der 1980er Jahre sei Meulenbelt „eher ‚out' [gewesen], sie galt vielen als ‚zu psychologisch', ‚nicht analytisch genug'" (Roßhart 2016: 470). Andererseits erfuhr das Buch in gemischtgeschlechtlichen bzw. männlich dominierten linksradikalen Bewegungen bei aller Kritik durchaus Wertschätzung und wurde beispielsweise im *3:1-Papier* als „Lesetip" angegeben – jedoch bezogen auf den analytischen Teil, nicht auf die pädagogisch-individuelle Praxis (Viehmann et al. 1991: 58 f.). Eine andere Rezension in einer linken Bewegungszeitschrift bilanziert 1990, dass „das Buch trotz einiger [...] Defizite und Unklarheiten unbedingt zur Lektüre zu empfehlen" sei (Schulze 2011 [1990]).[35]

Das zweite Buch – bereits bei Meulenbelt angekündigt – ist *Am Ende der Weißheit: Vorurteile überwinden. Ein Handbuch* von Lida van den Broek (1988, niederländische Erstveröffentlichung 1987). Es verfolgt keinen theoretischen Anspruch wie Meulenbelt und nutzt entsprechend wesentlich weniger Literatur, sondern hat einen eindeutigeren Fokus auf Workshops. Der Klappentext verspricht Workshops als Praxis zur „Überwindung von Vorurteilen":

35 Diese Rezension sowie das rezensierte Buch werden wesentlich später offenbar weiterhin für nützlich gehalten: Das linke Rezensionsportal *kritisch-lesen.de* veröffentlicht die Rezension 2011 wieder, mit der vorangestellten Bemerkung, „dass alte Diskussionen den aktuellen sehr ähneln können" (Schulze 2011).

„In Workshops, die im Buch dargestellt werden, können wir falsche ‚Überlebensstrategien' als Nährboden für Rassismus entdecken und bearbeiten. Damit versetzen wir uns in die Lage, realere und lebendigere Beziehungen zu uns und unseren Mitmenschen zu gestalten und von da aus auch in größeren Zusammenhängen anti-rassistisch zu wirken. […] Dieses Buch gründet auf ihren seit vielen Jahren erfolgreichen antirassistischen Workshops in allen Teilen der Niederlande." (van den Broek 1988: Klappe)

Dabei bezieht sich van den Broek stärker als Meulenbelt auf *Co-Counseling*, auf ihre „Zusammenarbeit" (ebd.: 7) mit Sherover-Marcuse, auf deren Texte und auch auf ein Buch von Harvey Jackins. So referiert van den Broek *Co-Counseling*-Vorstellungen über kathartische Emotionsarbeit, die auf dem Weg einer „Neukonditionierung" (ebd.: 105) neue Verhaltensweisen eröffne, und bestätigt deren (gruppen-)therapeutischen Anspruch bei der Arbeit mit Biografie und Sozialisation:

„Indem alte Erfahrungen erinnert und noch einmal bewußt durchlebt werden, können die damit verbundenen Emotionen freigesetzt und unbewußte Verhaltensmuster geändert werden." (van den Broek 1988: 122)

Van den Broek betont grundsätzlich, dass es wichtig sei, „Trainingsgruppen als Bestandteil einer breitangelegten antirassistischen Strategie zu sehen", betrachtet dann jedoch ausschließlich die Praxis der „Bewusstwerdungstrainings" (ebd.: 108 f.). Van den Broeks Buch geht dabei auf die konkrete Gestaltung der Workshops ein, und beschreibt auf den letzten 20 Seiten zahlreiche „Übungen", die den „wichtigsten Teil der Trainings bilden" (ebd.: 122). Die deutsche Version des Buchs erschien im *Orlanda Frauenverlag* und wurde in feministischen Bewegungen in Deutschland genutzt: Es bildete eine „[w]ichtige Grundlage für (spätere) antirassistische Workshops, in denen rassistische Sozialisation und damit einhergehender verinnerlichter Rassismus herausgearbeitet wurden" war (Dennert/Leidinger/Rauchut 2007b: 133 f.). Van den Broek sprach beispielsweise 1989 auf der Bremer Tagung „Frauen und Rassismus". Auf Grundlage eines dort mit ihr geführten Interviews erschien ein Text in den *beiträgen zur feministischen theorie und praxis* (Ghirmazion/Herkenrath 1990).

Die Arbeit von Meulenbelt und van den Broek zeigt neben den geschilderten nordamerikanischen Bezügen einmal mehr die Verbindung der

Bewegungs-Aktivitäten in der Arena der Workshops zu den Arenen von Classroom und Training, denn beide Autorinnen waren neben ihren Bewegungsaktivitäten dort professionell tätig. Meulenbelt lehrte im hochschulischen Classroom an einem Institut für die berufliche Erwachsenenbildung, speziell für Sozialpädagoginnen mit Berufserfahrung (vgl. Meulenbelt 1988: 19). Van den Broek war aktiv in der Arena der Trainings: Sie gründete 1983 *Kantharos* mit, ein „weißes Frauenkollektiv für die Befreiung vom Rassismus" (van den Broek 1988: 117), mit dem sie als Beraterin und Trainerin zu Diversity Management arbeitete. Auftraggebende Institutionen sind auch Schulen und Hochschulen (ebd.), insofern besitzt auch van den Broek Verbindungen zum Classroom.

Abschließend kann festgehalten werden, dass Meulenbelt und van den Broek mit ihrer Arbeit eine Scharnierfunktion erfüllten: Sie rezipierten nordamerikanische Texte und Workshop-Methodiken insbesondere in *Co-Counseling*-Tradition, die sie durch die Arbeit von Sherover-Marcuse auch vor Ort in den Niederlanden kennenlernen konnten. Durch ihre ins Deutsche übersetzten Bücher und deren Rezeption in FrauenLesben-Bewegungen im deutschsprachigen Raum flossen sie in deren Pionier*innen-Arbeit der Gestaltung von Workshops zu Privilegien und ihrer Reflexion mit ein.

„Antisexistische Praxen"-Konferenzen in Berlin: Ein Beispiel im Zeitverlauf

Wie die geschilderten Entwicklungen in einem feministischen gemischtgeschlechtlichen (mit einem geringen Männeranteil) Bewegungskontext aufgegriffen wurden, soll anhand des Beispiels der „Antisexistische Praxen"-Konferenzen betrachtet werden. Sie fanden örtlich – wie einige der genannten Pionier*innen-Arbeiten – in Berlin statt, und chronologisch einige Jahre später: sechs Mal zwischen 2007 und 2014.[36] Durch ihre mehrjährige Kontinuität können mit der Analyse ihrer Programme im Zeitvergleich diskursive Veränderungen innerhalb eines relativ kurzen Zeitraums nachgezeichnet werden. Als Ziel der Konferenz halten die Programme fest:

36 Antisexistische Praxen 2007–Antisexistische Praxen VI 2014. Diese Quellen werden im folgenden Abschnitt der Einfachheit halber jeweils nur mit der Jahreszahl zitiert. Da es sich durchgängig um Homepage-Texte oder unpaginierte Dokumente im PDF-Format handelt, verzichte ich zudem auf die Kennzeichnung „o. P.".

> „Die Konferenz bietet einen Ort des Austausches und der Reflektion von früheren, aktuellen und zukünftigen antisexistischen Praxen. Des Weiteren gibt es Auseinandersetzungen über die täglichen Sexismen, denen wir begegnen, wie wir mit ihnen umgehen, wie wir uns weiter stärken und die Verhältnisse angreifen können." (2009, 2010, 2012, ähnlich 2014)

Die *Antisexistische Praxen*-Konferenzen fanden in linken Bewegungsräumen statt, meist im Mehringhof in Kreuzberg. Sie umfassten jeweils 2-3 Tage, die eine Vielzahl von – bis zu sechs parallel stattfindenden – Einzelveranstaltungen umfassten. Diese Einzelveranstaltungen wurden „workshop" genannt, und das Programm wurde durch „Workshop-Phasen" strukturiert. Die Workshops der *Antisexistische Praxen*-Konferenzen entsprechen daher den eingangs beschriebenen Workshop-Eigenschaften als punktuelles, informelles, und nicht an eine vorab existierende Gruppe gerichtetes Angebot. Die Praxisorientierung, die Interaktivität und auch die Erfahrungsorientierung der Workshops wurden unterschiedlich ausgeprägt gefüllt, waren aber als Anspruch präsent. Die Workshops selbst waren unterschiedlich ausgerichtet. So gab es Workshops zum praktischen Lernen und Ausprobieren beispielsweise von Selbstverteidigung, Kickboxen, DJing, Rap, Veranstaltungstechnik, „Autoschrauben" (2014) oder einen „Aktionsworkshop" zur Demovorbereitung (2012). Zahlreiche Workshops widmeten sich vertieft verschiedenen Aspekten der Unterstützungsarbeit nach Gewalterfahrungen. Besonders erfahrungsorientiert waren beispielsweise Workshops zu Körper- oder Bewegungsarbeit oder ein „Selbsterfahrungs-Workshop zu geschlechtsneutraler/anti-diskriminierender Sprache" (2014). Gemeinsame Reflexionsarbeit war Kernbestandteil einiger Workshops z. B. zu Heterosexismus (2010), Weißsein (2012) oder Männlichkeit (2014). Methodisch umfasste der Workshop-Begriff auch Formate wie Vortrag mit Diskussion, „offene Diskussionsrunde" (2012), teils auch „Training" (nämlich Social Justice Training zu Heterosexismus, 2010).

Die Analyse basiert auf den online verfügbaren Programmen der Konferenzen. Diese Programme umfassen neben einem kurzen Einleitungsabschnitt und einem Abschnitt zu Organisatorischem jeweils kurze Ankündigungstexte für die Workshops. Den im Folgenden beschriebenen drei Beobachtungen liegen quantitativen Auswertungen der Programme zugrunde.[37] Es handelt sich aufgrund der Methodik jeweils um relativ geringe Fallzahlen, die dennoch einige Entwicklungen erkennbar machen.

Nutzung des Privilegien-Vokabulars nimmt zu

Bezogen auf ein Vokabular von „Privilegien“ als einem Bestandteil des Privilegiendiskurses kann – dies ist die erste Beobachtung – eine Zunahme festgestellt werden. Während dieses Vokabular 2007 und 2008 kein einziges Mal auftaucht, wird 2009 erstmals die Verbform „privilegieren“ genutzt, und zwar in der einführenden Abendveranstaltung „Antisexistische Praxen als interdependente Politiken?“ (2009). Danach (2010, 2012) tauchen „Privilegien“ und „Privilegierung“ auf; zum einen in der Beschreibung einzelner Workshops, zum anderen im organisatorischen Abschnitt des Programms („Das Setting“):

> „Damit sich alle auf der Konferenz wohl fühlen können, kommt es aber letztlich darauf an, dass die Einzelnen bewusst mit (ihren) Privilegien und Machtstrukturen umgehen und sensibel für die Grenzen und Verletzlichkeiten anderer Menschen sind. Wer das nicht hinbekommt, hat auf der Konferenz nichts zu suchen. Beschäftigte Personen bei der Polizei und ähnlichen Repressionsinstanzen sind ebenfalls unerwünscht.“ (2010 und 2012)

Das Auftauchen des Privilegienvokabulars kann auch anhand des für das Konferenzthema Antisexismus „klassischen“ (zumindest kontinuierlich in jedem Jahr der Konferenz bearbeiteten) Themenkomplexes Männlichkeit und männliche Antisexisten nachgezeichnet werden: 2007 befasst sich ein Workshop mit autonomen Männergruppen unter der Frage „Patriarchatskritik und oder individuelle Lebensplanung?“ und bietet einen subjektiven Rückblick auf die „Männergruppengeschichte in Berlin von Ende der 1980 bis Mitte der 1990“. Obwohl gerade „das verzwickte Verhältnis von Kritik an den Verhältnissen und dem Verstrickt sein in den Verhältnissen“ in das Zentrum gestellt wird, wird dafür nicht auf das Privilegien-Vokabular zurückgegriffen. Auch 2008 kommt die Ankündigung des Workshops

37 Eine Tabelle zur Übersicht über die Auszählungen ist in der Langversion dieser Arbeit (Scheele 2024: 183 f.) enthalten, an dieser Stelle wird aus Platzgründen darauf verzichtet. Dort ist auch jeweils der Grund erläutert, wenn eine Textstelle nur unter Vorbehalt gezählt wurde.

„Antisexistische Männerpolitik im Alltag?“ ohne den Begriff Privilegien aus, obschon die Frage „Was tun mit hegemonialer Männlichkeit im Alltag?“ im Zentrum steht. 2010 wird dann der Workshop „Antisexismus aus ‚männlich sozialisierter‘ Perspektive“ zentral über den Privilegiendiskurs gerahmt. Die Ankündigung setzt ein mit der „Herausforderung, einen Umgang mit den eigenen Privilegierungen angesichts des sexistischen Normalzustands zu finden“. Es geht um Fragen der „Verantwortungsübernahme“ und „Verstricktheit“, die im Workshop bearbeitet werden, und die schließlich auf das Konzept der „Verbündeten“ hinauslaufen:

> „Mit diesem Workshop wollen wir einen Raum eröffnen, um sich über die eigene Motivation für antisexistische Politik, den Widersprüchen und Grenzen, die zwangsläufig damit verbunden sind, und den eigenen Bedürfnissen in diesem Kontext auszutauschen. Durch die Reflexion der eigenen Positionierung und den gemachten Erfahrungen wollen wir uns gemeinsam dem Entwurf von Perspektiven annähern, um als Verbündete Verantwortung für antisexistische Politiken zu übernehmen.“ (2010)

Im Übrigen taucht 2010 dieser Begriff der Verbündeten bzw. des „Verbündetsein“ in einem weiteren Workshop auf, einem Social Justice Training zu Heterosexismus (2010):

> „Das Projekt Social Justice tritt ein für die Idee des Verbündetseins, der politischen Freundschaft, wo uns die Anliegen der Anderen die eigenen Anliegen sind.“ (2010)

Die Nutzung des Privilegien-Vokabulars steigt also an, ausgehend von keiner einzigen Nutzung in den ersten Jahren zu Höhepunkten von 4 bzw. 2 Nutzungen 2010 und 2012, einschließlich der Nutzung im Text zum „Setting“ der gesamten Konferenz; auf der letzten Konferenz 2014 kann dann nur noch eine Nutzung unter Vorbehalt gezählt werden. Diese Entwicklung findet in einem ansonsten inhaltlich relativ konstanten Kontext statt: sei es im grundsätzlichen Rahmen des „Antisexismus“ der gesamten Konferenz, oder im kleineren Rahmen der Männlichkeits-bezogenen Workshops, die über die Jahre beständig auf jeder der Konferenzen durchgeführt werden.

Positioniertheit bekommt ein größeres Gewicht

Zweitens ist zu beobachten, dass Positioniertheit über die Jahre ein größeres Gewicht bekommt. Das kann daran festgemacht werden, dass es eine Zunahme von Workshops gibt, die sich ausschließlich an bestimmte Teilnehmer*innen richten. Derartige Zielgruppenangaben nehmen über die Zeit zu: 2007 gibt es keine, 2008 eine, in den folgenden Jahren gibt es sie dann bei fünf bis elf Workshops. Es kann also eine starke Zunahme von zielgruppenspezifischen Workshops konstatiert werden. Auch im Abschnitt „Das Setting" wird die Relevanz von Positioniertheit aufgegriffen und erläutert:

> „Die Konferenz ist **offen für alle Geschlechter**. Einzelne Workshops richten sich mitunter nur an Menschen mit spezifischer gesellschaftlicher Positionierung/ Erfahrung, also z. B. nur an bestimmte Geschlechter, nur an Menschen mit Rassismuserfahrung oder an Betroffene von sexualisierter Gewalt. Ebenso wird während der Workshops teilweise in spezifischen Kleingruppen gearbeitet." (2010, 2012, Herv. i. O.; ähnliche Formulierung auch 2009)

Die am häufigsten genutzte Zielgruppenangabe bezieht sich auf FrauenLesben und Trans*personen, vereinzelt taucht beispielsweise spezifischer auf „für Femmes" (2012), „für Women of Color" (2009) oder „PoC/migrants/black women* only" (2014). Ausschließlich an eine in Bezug auf das jeweils thematisierte Machtverhältnis privilegierte Zielgruppe richten sich drei Workshops: 2012 richtet sich ein Workshop an „Weiß positionierte Personen of all genders". 2010 und 2014 richtet sich jeweils ein Workshop an „Männer*" – zumindest „in erster Linie" (2014) – bzw. „primär an ‚männlich sozialisierte' Personen, ist aber offen für alle Interessierten. Es besteht die Möglichkeit, jederzeit in spezifischen Kleingruppen zu arbeiten" (2010).

Die zielgruppenspezifischen Workshop-Angebote können zum einen praktisch als Versuch verstanden werden, Räume für einen sensiblen und vertrauensvollen Erfahrungsaustausch zu schaffen (so beispielsweise bei zahlreichen Workshops zu sexualisierter Gewalt). Zum anderen weisen sie grundsätzlich darauf hin, dass der Positioniertheit eine epistemologische Relevanz zugesprochen wird. Dafür spricht auch, dass die Benennung von Positioniertheit auch über die Zielgruppenangaben der Workshops hinaus zunimmt – und zwar insbesondere für die in Bezug auf Rassismus privilegierte Positionierung „weiß". Denn während die Nutzung von „Rassismus"/„rassistisch" über die Jahre in relativ konstanter Anzahl beobachtet werden kann (durchgängig ein bis zwei Erwähnungen), nimmt die Benennung von „weiß"/„Weißsein" zu: nach keiner Nutzung in den Jahren 2007 und 2008 ein Anstieg von 2009 bis 2012, um dann 2014 wieder abzusinken. 2009 taucht erstmals der Begriff „weiß"/„Weißsein" auf beim Workshop „Gendersensible Ansätze der Reflexion von Weisssein aus Weissen Perspektiven". Dieser „Workshop zu prozessorientierter weißer Selbstreflexion und Positionierung in Bezug auf Rassismus" wird angeboten von einer aus einem universitären Projekttutorium hervorgegangenen Gruppe, die sich „seit ca. einem Jahr [trifft] um uns mit unserer eigenen weiße Position im Bezug auf Rassismus auseinanderzusetzen" (2009). 2010 ist die Frage nach „verantwortungsvoller Selbstreflexion und Handlungsveränderung aus einer *weißen* Positionierung heraus" Teil der Auftaktveranstaltung. Zudem gibt es dort einen Workshop der Vorbereitungsgruppe unter dem Titel „‚*Weiße* halten Weiße Räume *weiß*' – ein Einblick in den Vorbereitungsprozess der ASP-Konferenz", der sich der (Selbst-)Kritik widmet, mit der Konferenz einen „weiß dominierten, ausschließenden Raum" geschaffen zu haben. 2012 und 2014 taucht „weiß" dann (u. a.) in der Selbstbeschreibung von Teamenden auf.

Eine Gegenprobe bezogen auf Geschlecht zeigt: Bei der bezogen auf Sexismus privilegierten Position „Männlichkeit"/„Mann" zeigt sich keine vergleichbare Entwicklung. Vielmehr ist dort eine Konstanz zu beobachten: Die Begriffe tauchten durchgängig zwei bis viermal auf, und ein dezidiert männlichkeitsbezogener Workshop wurde konstant bei jeder Konferenz Jahr angeboten. Während also die Benennung von Rassismus – wie auch die Benennung von Sexismus und der diesbezüglich Privilegierten, Männer – über die Konferenzen hinweg relativ konstant blieb, trat eine stärkere Benennung von *Weißen* als von Rassismus Privilegierten hinzu. Dies verweist auf Versuche intersektionale Konflikte zu bearbeiten. Besonders deutlich ist dies in der Selbstkritik der Vorbereitungsgruppe in Form eines Workshops 2010; aber auch darüber hinaus und in den Jahren davor ist die Frage des Verhältnisses von (Anti-)Sexismus und Rassismus prominent präsent.

Transatlantische Bezüge nehmen zu

Als eine dritte Beobachtung kann festgehalten werden, dass auf den Konferenzen über die Zeit Bezüge nach Nordamerika zunehmen.

Zum einen gilt dies in inhaltlicher Hinsicht für die bewegungsgeschichtlichen und -konzeptionellen Bezüge, die die Konferenzprogramme herstellen. Während Bezüge auf vergangene Bewegungsaktivitäten im lokalen, regionalen, generell im deutschsprachigen Raum zurückgehen , nehmen die auf Nordamerika, insbesondere die USA zu.[38]

So fallen beim Programm der ersten *Antisexistische Praxen*-Konferenz relativ häufige explizite Bezüge auf vergangene lokale Kämpfe und Bewegungen auf, insbesondere in Form von Rückblicken von Protagonist*innen und Dialog zwischen Bewegungsgenerationen. Es werden vier diesbezügliche Workshops angekündigt, darunter auch ein Bericht zweier FrauenLesben zu ihren Erfahrungen im *I.-Plenum* 1988–1991 unter dem Titel „Rassismus-Sexismus, verschränkte Betroffenheiten in Bündnissen". Bei der Konferenz 2008 gibt es in drei Workshops Bezüge auf lokale Bewegungsgeschichte: Einer ist zentral dem intergenerationellen Austausch in einer „Gesprächsrunde" gewidmet, zwei weitere beinhalten unter anderem derartige Austausch-Aspekte. In den Programmen der weiteren vier Konferenzen tauchen nur noch zwei Workshops auf, die explizite Anknüpfungen an die Geschichte lokaler Kämpfe und deren Protagonist*innen enthalten (2009 ein Workshop, der unter Vorbehalt gezählt werden kann, und 2012 eine Filmvorführung von *Audre Lorde – Die Berliner Jahre 1984 bis 1992*, bei der eine Diskussion mit „Protagonistinnen aus dem Film" angedacht ist). Der Anspruch der Konferenz, „einen Ort des Austausches und der Reflexion von früheren, aktuellen und zukünftigen antisexistischen Praxen" (2009, 2010, 2012) zu bieten, wird also zunehmend weniger durch Bezüge auf lokale Bewegungsgeschichte und ihre Protagonist*innen gefüllt.

Zugleich nehmen die Bezüge auf nordamerikanische Bewegungsgeschichte und -konzepte zu. 2007 wird kein derartiger Bezug benannt. 2008 taucht ein Bezug auf in einem Workshop, der sich mit dem „Sexismus"-Konzept befasst und seinem Kontext diskutiert. Bei den folgenden Konferenzen nehmen die expliziten Nordamerika-Bezüge zu: 2009 und 2010 sind es

38 Hier sollte direkt betont werden, dass der Rückgang nicht für Bezüge auf *gegenwärtige* Bewegungsaktivitäten gilt. Es gibt weiterhin Bezüge auf jeweils aktuelle Kämpfe aus der Stadt Berlin (z. B. „Marsch für das Leben" 2012, „International Women Space" in der besetzten Schule in der Ohlauer Straße 2014, 2014 endet die Konferenz mit dem Programmpunkt: „gemeinsam auf zum trans*march berlin"), der Region (Besetzung Bombodrom in Brandenburg 2007, G8-Protestcamp in Mecklenburg-Vorpommern 2007), anderen Städten in Deutschland („1000 Kreuze Marsch" Münster 2010) und dem deutschsprachigen Ausland (Väterrechtsdemo Wien 2010) wie darüber hinaus (insbesondere zum Thema Schwangerschaftsabbruch: „international" 2008, „Lateinamerika" 2009, Polen 2010, England 2012). Die Beobachtungen beziehen sich also nur auf die bewegungsgeschichtlichen und -konzeptionellen Bezüge: auf die Rückblicke auf vergangene Kämpfe, an die anzuknüpfen die Konferenz für wertvoll hält, und auf das zu Konzepten geronnene Bewegungswissen.

jeweils ein Workshop (zu „consent"/Zustimmung bzw. zu „community accountability") und ein weiterer unter Vorbehalt. 2012 stellen drei (unter Vorbehalt vier) Workshops Bezüge zu nordamerikanischer Bewegungsgeschichte und -konzepten her. Nach diesem Höhepunkt findet 2014 kein Workshop mit explizitem Bezug auf nordamerikanische Bewegungsgeschichte statt (genauso wenig wie auf lokale Bewegungsgeschichte). Diese Trendumkehr für die letzte Ausgabe der Konferenz – ähnlich beobachtet bei den Benennungen von Weißheit – mag auf Sondereffekte einer Umorientierung z. B. aufgrund der „neu gegründete[n] Gruppe" (2014) zurückgehen. Dass jedoch beispielsweise ein Workshop-Titel „Bodies that matter – Antisexistische Praxen in Bewegung" (2014) die Anlehnung an Judith Butlers Buch nicht explizit benennt, könnte darauf hindeuten, dass bestimmte Bezüge in der Zielgruppe nun so bekannt waren, dass die Explikation unnötig wurde. Auch dass 2014 im Programm und einem Workshop zum an die Konferenz anschließenden „Trans*March Berlin" mobilisiert wird, spricht für eine selbstverständliche Geläufigkeit bestimmter aus nordamerikanischen Bewegungskontexten übernommener Benennungen.

Zum anderen zeigt sich ein größeres Gewicht nordamerikanischer bzw. englischsprachiger Bezüge neben den bewegungsgeschichtlichen inhaltlichen Aspekten auch in einer organisationspraktischen Hinsicht: Die Anzahl (auch) englischsprachig angebotener Workshops nimmt über die Zeit stark zu. In englischer Sprache jedoch findet erstmals 2010 ein Workshop statt (bei dem dann Übersetzung ins Deutsche angeboten wurde). 2012 sind es drei,. 2014 schließlich acht Workshops, die auf Deutsch und Englisch oder ausschließlich auf Englisch angeboten werden. Durch diese Anstrengungen versuchen die Konferenzen vermutlich niedrigschwelliger und inklusiver zu werden für Teilnehmer*innen und Teamer*innen aus englischsprachigen Ländern als auch aus weder deutsch- noch englischsprachigen Ländern, die sich über Englisch als gemeinsame Zweitsprache verständigen können. Zugleich wird mit der Zunahme englischsprachiger Workshops die Teilnahme für diejenigen ohne Englischkenntnisse eher höherschwellig; dies gilt insbesondere für Ankündigungen, die offenlassen, ob der Workshop auf Deutsch oder Englisch durchgeführt wird, und daher die Fähigkeit voraussetzen, sich ggf. ad hoc auf eine andere Sprache einzulassen. Insofern deutet diese Zunahme darauf hin, dass englische Sprachkenntnisse – in einem für Aktivismus und inhaltliche Diskussion erforderlichen Maße – für selbstverständlicher gehalten werden. Dies kann auf ein eher akademisches Milieu hindeuten, in dem beispielsweise die Lektüre englischsprachiger Texte Routine ist. Jedenfalls ist im Angebot englischsprachiger Workshops eine

Internationalisierung und eine verstärkte Rezeption von englischsprachigen, insbesondere nordamerikanischen Bewegungsdiskursen erkennbar.

Die *Antisexistische Praxen*-Konferenzen stellen ein Fallbeispiel dar für die Arena der Workshops im Kontext gemischtgeschlechtlicher linker antisexistischer Bewegung. Auf den Konferenzen sind im Zeitraum von 2007 bis 2014 diskursive Veränderungen zu beobachten: die Nutzung des Privilegien-Vokabulars nimmt zu, Positioniertheit bekommt ein größeres Gewicht, ebenso transatlantische Bezüge auf nordamerikanische Bewegungen. Ungeachtet der Frage, wie diese Entwicklungen bewertet werden (beispielsweise ob als Verfallsgeschichte à la „Die Verbindungen zu lokalen Bewegungserfahrungen und -generationen gehen verloren, an ihre Stelle treten angelesene Bezüge aus einem anderen Kontext“ oder als Erfolgsgeschichte à la „Endlich wird Positioniertheit klar benannt und bearbeitet, endlich setzt sich ein mehrheitlich *weißer* Kontext mit angemessen anspruchsvollen antirassistischen Positionen auseinander“) sind hier Anzeichen eines diskursiven Wandels zu erkennen, und zwar eines Wandels in einem relativ kurzen Zeitraum innerhalb eines ansonsten stabilen diskursiven Kontexts.

„Challenging White Supremacy Workshop“ und „Catalyst Project“ in San Francisco: Bewegungsintegrierte Qualifizierung

Ein weiteres Fallbeispiel von Workshop-Programmatiken veranschaulicht weniger eine diskursive Veränderung im Zeitverlauf, sondern ist von großer Beständigkeit. Dieses Fallbeispiel wurde wegen seiner mittlerweile beinahe 30jährigen Kontinuität gewählt, wegen seiner gut dokumentierten Programmatik, wegen seiner Ausstrahlungskraft, sowie zugleich wegen einer gewissen Sonderstellung insbesondere bezogen auf das Workshop-Format, die als Konstrastfall die Auseinandersetzung mit dem Privilegiendiskurs bewegungsstrategisch inspirieren kann. Betrachtet wird die pädagogische Arbeit zweier Organisationen in San Francisco: der „Challenging White Supremacy Workshop“ und das als dessen Projekt begonnene, aber nach dessen Ende unabhängig existierende „Catalyst Project“. Beide Projekte führten unterschiedliche Programme und Angebote durch, aber

> „at the heart of both is the kind of activism-based education on race that has long characterised anti-racism workshops“ (Burgin 2013: 8).

Challenging White Supremacy Workshop

Der *Challenging White Supremacy Workshop (CWS Workshop)* existierte von 1993 bis 2005. Die beiden Gründerinnen Sharon Martinas und Mickey Ellinger, *weiße* Frauen und seit Mitte der 1960er Jahren in antirassistischen, antiimperialistischen und internationalistischen Bewegungsorganisationen aktiv (vgl. Janowski 2002, Catalyst Project o. J. a), hatten 1992 an einem „Undoing Racism Workshop" des afroamerikanisch geleiteten *People's Institute For Survival and Beyond (PISAB)* teilgenommen. Dies inspirierte sie zur Arbeit insbesondere „by and for white activist" (Burgin 2013: 8; vgl. Martinas 2006: 1 f.; Shapiro 2002: 73). Ein „Workshop"-Durchgang – zum Format später mehr – dauerte jeweils zwischen 10 und 15 Wochen. Neben einem dreistündigen Treffen pro Woche beinhaltete dies:

> „Participants were expected to complete reading assignments of 100-150 pages per week, to volunteer in a prearranged racial justice organization for 6 to 8 hours per week, and to raise funds to pay the honoraria for organizers of color who presented to the workshop." (Martinas 2006: 1)

Kern des Programms stellt die Einbindung in Bewegungspraxis dar in Form begleiteter Freiwilligenarbeit in einer antirassistischen, von People of Color geleiteten Organisation (vgl. ebd.: 6). Die praktische Erfahrung wurde durch die Workshop-Treffen begleitet und vertieft, u. a. durch diese Aspekte des Curriculums:

> „– Making sure that small group discussions focused on connecting participants' experience with their racial justice placements with their readings, and their experiences within the workshop setting. (i.e., modeling ‚the work is not the workshop.')
> – Organizing special small group discussions exclusively for discussion of racial justice volunteer placement experiences." (Martinas 2006: 8)

Der Anspruch war, ein politisches Programm anzubieten, dass den Teilnehmenden die Möglichkeit bot, Solidarität mit von People of Color geleiteten Bewegungsorganisationen zu üben und zu erfahren, wie dies das eigene Leben verändern kann (vgl. ebd.: 4). Der Fokus des Workshops lag entsprechend auf den Fähigkeiten der politischen Arbeit; die Teilnehmenden sollten lernen

> „[…] to analyze, strategize, and practice antiracist political activities. It does not focus on emotional release, nor on delving deeply into personal stories." (Martinas 2006: 9)

Für die teilnehmenden Organisationen waren die Freiwilligen eine willkommene Unterstützung (vlg. ebd.: 5 f.). Sofern einzelne Freiwillige sich als nicht verlässlich („accountable") herausstellten, also beispielsweise bei Schichten der Freiwilligenarbeit nicht auftauchten, wurde das Gespräch gesucht und im ungünstigsten Fall die Teilnahme am Workshop beendet. Ein*e *Racial Justice Volunteer Coordinator* begleitete intensiv sowohl die teilnehmenden Organisationen als auch die Freiwilligen (vgl. ebd.: 6).

Jeder Workshop-Durchgang umfasste 30 Personen. Die meisten Teilnehmenden waren *weiße* Aktivist*innen zwischen 20 und 30 Jahren mit College-Abschluss, ca. 90% Frauen, und 60% LGBT. Ab 2001 war es Teilnahmevoraussetzung, mindestens ein bis zwei Jahre aktivistischer Erfahrung zu besitzen (vgl. Martinas 2006: 1). Bei der Entwicklung des Curriculums griffen die Gründerinnen auf das von (der bereits erwähnten) Pam Allen und ihrem Mann Robert Allen erstmals 1974 veröffentlichte Buch *Reluctant Reformers: Racism and Social Reform Movements in the United States* zurück, das nachzeichnete, wie soziale Bewegungen immer wieder vom Rassismus ihrer *weißen* Mitglieder sabotiert wurden:

> „[...] how white privilege frames our movements' agendas, limits our choices of allies, harms equitable leadership development strategies, undermines resource-sharing, and prevents the development of relationships of mutual respect and trust with organizations and movements led by grassroots organizers of color." (Martinas 2006: 8)

Entsprechend formulierte der *CWS Workshop* die Überzeugung, dass der effektivste Weg grundlegender sozialer Veränderung im Aufbau von „mass-based, multi-racial grassroots movements led by radical activists of color" (Challenging White Supremacy Workshop o. J.) bestehe, und dass das größte Hindernis dabei Rassismus sei. An dieser Stelle setzt das Ziel der Workshops für *Weiße* an.

Der *CWS Workshop* war also ein an (durch Rassismus) Privilegierte gerichtetes pädagogisches Projekt, und zwar an privilegierte Aktivist*innen, um sie durch eine „Anti-Racist Pedagogy for the Privileged“ (Martinas 2006: 10) zu „principled and effective anti-racist organizers“ (Challenging White Supremacy Workshop o. J.) zu machen. Dass dabei die Begriffe von Privilegien (insbesondere *weißen* Privilegien) wie auch „allies“ präsent sind, ist offenkundig (vgl. auch das Glossar Challenging White Supremacy Workshop 2000: 2 bzw. 15 f.). Zugleich beleuchtet Martinas als langjährig alleinige Koordinatorin des *CWS Workshops* dies im Rückblick kritisch, indem sie subjektiv-historisch vergleicht zwischen ihrer politischen Perspektive „back in the day“ seit den späten 60er Jahren und ihrer Wahrnehmung der Perspektive der Teilnehmenden am *CWS Workshop* in den 90er und 2000er Jahren:

> „Most workshop participants tended to use the term ‚being an ally‘ rather than ‚standing in solidarity.‘ But ‚being an ally‘ connotes an individual relationship to another individual, whereas ‚standing in solidarity‘ assumes an organization to organization relationship in the context of a movement for self-determination of thousands of oppressed people – even whole nations – struggling to free themselves from the system of U.S. Imperialism.“ (Martinas 2006: 4)

Martinas beschreibt die Unterschiede zwischen den Bewegungsgenerationen als „culture clash“ und berichtet anekdotisch einige Beispiel von Missverständnissen, weil sie nicht „workshopese“ als Sprache der jüngeren Bewegungsgeneration gesprochen habe (ebd.: 10 f.). Hier zeigt sich einmal mehr ein Kontrast zweier bereits angesprochener Rahmungen, des Frames von Politik auf wissenschaftlicher Grundlage (hier insbesondere marxistisch-leninistischer Art) und des Frames subjektivistischer Politik. Letzteren schreibt Martinas einerseits einem – holzschnittartigen – „post-modernism“ zu, der die Perspektive von „most college educated white workshop participants“ geprägt habe, macht dies andererseits aber durchaus an konkreten Workshop-Erfahrungen fest (ebd.: 11). Weitere analoge Kontraste zeigten sich in der politischen Organisationskultur, nämlich eine Präferenz zu „feminist and anarchist organizational structures“ gegenüber hierarchischer und Disziplin erwartender Organisationen, einschließlich eines stärkeren Fokus auf den Prozess der – kollektiven – Entscheidungsfindung gegenüber den politischen Ergebnissen:

> „‚Back in the Day,‘ political alliances and other organizing strategies tended to put more weight on having a similar political line: analysis

and strategy. We focused more on results and effects. Today, many white activists put as much or more weight on personal relationships with individual organizers. They tend to put as much or more emphasis on the process by which decisions and actions are made as on the results of those decisions and actions." (Martinas 2006: 11)

Zudem gebe es eine stärkere Aufmerksamkeit für Selbstsorge, für „taking care of themselves as revolutionary work, a way to stay in for the long haul" (ebd.: 12), während „back in the day" die Revolution in Griffweite geglaubt worden sei und die Aktivitäten entsprechend „frantic" (ebd.) angegangen worden seien. Für den Umgang mit diesen Unterschieden zwischen Bewegungsgenerationen sowie historischen Situationen benennt Martinas einige Fragen, für die sie keine Antwort habe. Auch manche organisatorischen Probleme seien im *CWS Workshop* ungelöst geblieben: beispielsweise hätte die Leitung eigentlich „multi-generational" sowie „multi-racial" (ebd.: 13) sein müssen, stattdessen habe sie während des weit überwiegenden Zeitraums den Workshop allein geleitet, was auch die Beziehung zu den Teilnehmenden eingeschränkt habe. Der *CWS Workshop* habe jedoch einen Beitrag zu einer neuen wachsenden *weißen* antirassistischen Bewegung in den USA geleistet, zu einer neuen Generation mit „both the tools and the demonstrated commitment" (Martinas 2006: 17), darunter auch das *Catalyst Project*:

„The work has been passed on." (ebd.)

Catalyst Project

Das *Catalyst Project* entwickelte sich 2000 aus dem Programm „Anti-Racism for Global Justice" des *CWS Workshop*. Es war inspiriert von der 1999 bei den Gipfelprotesten in Seattle sichtbar auftauchenden globalisierungskritischen Bewegung – und zugleich von der Kritik daran, dass diese Massenbewegung stark *weiß*-dominiert war. Später löste sich das *Catalyst Project* vom *CWS Workshop* und wurde ein „independent center for political education and movement building" (Crass 2013: 104; vgl. 135 ff.; auch Burgin 203: 8, Catalyst Project o. J. a). Leitend für die Entwicklung waren intergenerationale Mentorschaft und ein „commitment to non-sectarian left/radical movement building" (Catalyst Project o. J. a.). Zentrale Bezugspunkte sind Bürgerrechtsbewegung, Black Power Bewegung, Schwarzer/Women of Color Feminismus und anarchistische Organisierungstraditionen.

Der *weiße* Aktivist Chris Crass, der das *Catalyst Project* von 2000–2011 leitete, und der ebenfalls in feministischer Organisierung mit Männern aktiv ist, beschreibt den Ansatz – ganz im Sinne der auch dem *CWS Workshop* zugrunde liegenden Strategie sowie der von Burgin herausgestellten Motivation durch den „Black Power imperative" – folgendermaßen:

> „Catalyst works to answer the challenge from organizers of color who, generation after generation, call on white people who are committed to social justice to work with each other and within white communities to uproot racism as part of a larger strategy to build powerful movements for broad systemic change." (Crass 2013: 173)

Als Ziel dieser grundlegenden Transformation popularisierte das *Catalyst Project* den Begriff „collective liberation" von bell hooks (vgl. Crass 2013: 17 sowie Buchtitel). Als weitere Zielangaben der Aktivitäten zum Bewegungsaufbaus werden „to build and win a democratic and socialist society" (ebd.: 15) genannt. Das *Catalyst Project* versucht dazu beizutragen durch Veranstaltungen, Workshops und Trainings in verschiedensten Größenordnungen, strategische Beratung, Organisationsentwicklung und Mentoring. Darunter befindet sich das jährlich angebotene, vier- bis fünfmonatige „Anne Braden Anti-Racist Organizer Training Program"/„Anne Braden Program", bei dem die Kontinuität zum *CWS Workshop* am deutlichsten wird:

> „It's not a series of ‚101' style workshops, but a rigorous political education and leadership development program intended to support white organizers and activists in becoming more effective racial justice leaders as a part of multi-racial movements." (Catalyst Project 2021)

Von den Teilnehmenden wird erwartet, bereits in Bewegungen aktiv zu sein, dies fortführen zu wollen und diese Arbeit im Programm reflektieren zu wollen. Jenseits der 3stündigen Treffen sollten für das Programm wöchentlich durchschnittlich sechs Stunden eingeplant werden (vgl. ebd.). In einem Bewerbungsformular werden neben einer Positionierung bezogen auf verschiedene Identitätsaspekte Bewegungserfahrungen, Vorkenntnisse und Motivation erfragt. Eine Tabelle gibt Anhaltspunkte für die Selbsteinschätzung auf der „sliding scale" der Teilnahmegebühren von 0–1600 Dollar (als durchschnittliche Kosten des Programms pro Person sind 1200

Dollar angegeben). Ebenfalls wird erfragt, ob ein „Stipendium“ für Kinderbetreuung oder Lohnersatz erforderlich ist, um teilnehmen zu können. Die Verzahnung mit der praktischen Bewegungserfahrung ist also wie beim *CWS Workshop* zentral, wird hier jedoch nicht über temporäre Freiwilligenarbeit in einer PoC-geleiteten Organisation geleistet, sondern über Arbeit in Bewegungsorganisation, in der die Teilnehmenden bereits vor dem Programm Mitglied waren. Zudem ist Fundraising für eine PoC-geleitete Bewegungsorganisation in der eigenen Region Teil des Programms. Die eigene Bewegungspraxis der Teilnehmenden, „not just participating in one event but being part of a movement“ (Crass 2013: 178), ist integral für das Ziel des *Anne Braden Program*, zum Bewegungsaufbau beizutragen. Im Hintergrund steht eine Analyse von Rassismus als Strategie der Herrschenden, die arbeitenden Klassen zu spalten (vgl. ebd.). Pointiert formuliert Crass, wie das bewegungspraxis-orientierte Ziel des *Catalyst Project* über ausschließlich bewusstseinsbezogene Ziele hinausgeht, wie sie viele andere Workshops anstreben:

> „Our goal is not to help raise awareness, although that is important. Our end goal is to help support people to take action to build the movements we need.“ (Crass 2013: 253)

Diese Programmatik wurde weiter vertieft durch das nationale Netzwerk „Showing Up For Racial Justice“ (SURJ), an dessen Start 2009 das *Catalyst Project* eng beteiligt waren (vgl. Crass 2015: 181). *SURJ* versucht, sich als antirassistisch verstehende *Weiße* zur aktiven Arbeit anzuleiten, die – beispielsweise auf dem Land – vereinzelt sind, die bisher nicht aktiv sind oder die unsicher sind, wie sie aktiv werden können. Durch Vernetzung und Fortbildung sollen sie befähigt werden, sich gegen Rassismus in ihren *communities* zu organisieren sowie die von Schwarzen und People of Color geführten Kämpfe zu unterstützen (vg. SURJ o. J.). Sowohl *SURJ* als auch das *Catalyst Project* selbst existieren weiterhin.

Ausstrahlung

Nicht nur in der Gründung des *SURJ*-Netzwerks mit 200 lokalen Gruppen zeigt sich die Ausstrahlung des *Catalyst Project* und des Vorgängerprojekts *CWS Workshop*. Verschiedene Texte präsentieren stolze Zahlen: 2013 nennt Crass „well over a thousand [CWS alumni]“ (Crass 2013: 135). Das

Catalyst Project berichtet 2021 von zehn *Anne Braden Program*-Durchläufen mit insgesamt über 410 Teilnehmenden (Catalyst Project 2021). Kürzere Formate miteingerechnet sind noch wesentlich höhere Teilnehmendenzahlen angegeben:

> „Catalyst has influenced tens of thousands of activists through one-time workshops, dedicated organizing support, leadership development, and intensive organizer training programs." (Dixon in Crass 2013: 9)

Das Buch selbst ist ein Indiz für die große Bekanntheit und Wertschätzung der Arbeit von Crass und des *Catalyst Projects*: Die vorangestellten Testimonials zahlreicher Aktivist*innen und Autor*innen erstrecken sich über sechs Seiten, darunter in Bewegungen bekannte Aktivist*innen und Autor*innen wie Elizabeth „Betita" Martínez, David Roediger, Paul Kivel oder Silvia Federici. Barbara Smith, Gründungsmitglied des *Combahee River Collective*, schreibt dort:

> „With compelling honesty Chris Crass shares his journey toward understanding his own privilege in order to become a more effective ally in struggles for justice." (Smith in Crass 2013: o. P.)

Rami Elamine, Herausgeber des Magazins *Left Turn*, lobt die „Absolvent*innen" des *Catalyst Projects* als beste „Verbündete":

> „It's no wonder that the best white allies in the movement are ‚graduates' of the Catalyst Project." (Elamine in Crass 2013: o. P.)

Bezogen auf feministische Bewusstwerdungs- und Organisierungsprozesse von Männern enthält das Buch u. a. eine Version von Crass' weitverbreitetem Text „How Can I Be sexist? I'm An Anarchist!" von 2003. Er ist beispielsweise in den Sammelband *Men Speak Out – Views on Gender, Sex, and Power* (Tarrant 2007) aufgenommen worden sowie ins Deutsche (z. B. in Antisexistisches Aktionsbündnis München 2010) und Spanische übersetzt worden.

Differenz zum Privilegiendiskurs

Die Programmatik des *Catalyst Projects* sowie des vorangegangenen *CWS Workshops*, ihre jahrzehntelange kontinuierliche pädagogische Praxis, ihre ausführlichen programmatischen Veröffentlichungen und die Ausstrahlungskraft nicht zuletzt durch die dort ausgebildeten Aktivist*innen und ihre weitere Arbeit in Bewegungen und Institutionen haben zur Verfestigung des Privilegiendiskurses beigetragen. Aber es gibt auch wichtige Unterschiede zwischen ihrer Arbeit und den für den Privilegiendiskurs typischen Workshops. Die Einsortierung in die pädagogische Arena „Workshop" ist insofern kompliziert. Die Programme von *CWS Workshop* und *Catalyst Project* stehen zwischen den beiden Arenen Workshop und Training, die jeweils durch typischere Beispiele geprägt sind. Sie stehen eben nicht in der Traditionslinie der Diversity Trainings: Sie nutzen weder den persönlichkeitszentrierten Ansatz, noch sind sie konzeptionell gerahmt als Antidiskriminierungspolitik.[39] In der Arena der Workshops stellen sie einen erhellenden Kontrastfall dar: Sie richten sich an Aktivist*innen aus Bewegungen, verfolgen Ziele der sozialen Bewegungen, und zwar auf eine strukturierte, verbindliche, in die Bewegungspraxis integrierte Art. Die teilnehmenden Aktivist*innen sollen in der Qualifizierung ihre Bewegungserfahrungen bearbeiten und die erlernten Fähigkeiten wieder in den Bewegungen zum Einsatz bringen. Martinas formuliert:

---

39 Auch die Studie Shapiro 2002, die zehn Antirassismus-Trainings Programme von US-amerikanischen non-profit NGOs vergleicht, unterstützt diese Einordnung. Shapiro unterscheidet u. a. zwischen Programmen, die Macht ins Zentrum des Verständnisses von Rassismus rücken, von denen, die gerahmt über Diversity oder multikulturelle Ansätze Ignoranz und Vorurteile fokussieren (vgl. Shapiro 2002: 100), und ordnet den *CWS Workshop* unter ersteren ein. Die allermeisten Programme arbeiteten mit einem individuenzentrierten Ansatz, einige mit einem Fokus auf „intergroup relations", aber nur wenige mit einer strukturellen Rassismusanalyse – darunter eben der *CWS Workshop* (vgl. ebd.: 102 f.). Als besonderes Merkmal des *CWS Workshops* hält Shapiro fest:

> „CWS is one of the few programs in the U.S. with materials and methods designed specifically for working with white social activists on issues of structural racism. [...] In addition, the program has some of the most extensive training materials and collection of articles with a historical and structural analysis of racism available. It is also one of the few programs that combines training in anti-racism analysis with specific organizing skills and techniques for social justice work." (ebd.: 76f.)

Insofern ist der *CWS Workshop* für die Arena der Trainings in verschiedener Hinsicht untypisch. Entsprechend praktiziert er bereits einige der Handlungsempfehlungen, die Shapiro am Ende ihres Vergleichs benennt. So empfiehlt sie u. a., dass Trainingsprogramme über die persönliche Reflexion hinaus den Teilnehmenden helfen soll, Erlerntes in ihren Organisationen, Institutionen und Communities einzusetzen:„to translate awareness into action" (ebd.: 109).

> „[…] the workshop is only a place to practice what we want to do in the world. It is not a substitute for that world. ‚Workshopitis' doesn't help us become stronger antiracist organizers." (Martinas 2006: 9)

Zur Verdeutlichung des Unterschieds noch zwei Beispiele aus dem Material, die selbst eine Kontrastierung zur verfestigten Variante des Privilegiendiskurses und dessen typische(re)n Workshops vornehmen. Das persönliche Verhalten, das in anderen Workshops und Trainings oft im Mittelpunkt steht, thematisiert auch der *CWS Workshop*. Es wird allerdings offenbar selbstironisch gerahmt als „Anti-Racist Toilet Training" (Challenging White Supremacy Workshop 2000: 3), was bereits deutlich macht, dass es sich dabei um Grundlagen, aber keineswegs um hinreichende Fähigkeiten handelt. Konkret geht es um persönliche Verhaltensweisen im Bereich von Sprachverhalten, Gruppendynamik und aktivem Zuhören – auch hier kommen diese durch die Brille gelingender gemeinsamer Arbeit in Bewegungszusammenhängen in den Blick:

> „The controversial term ‚anti-racist toilet training' refers to the necessity for white social justice activists to change the basic behaviors that they have learned in the white supremacist socialization process so that they will be able to work respectfully in multi-racial groups." (ebd.)

Das zweite Beispiel, ein Text von Chris Crass von 2015, setzt sich von der Bezeichnung „ally" ab – bzw. dezentriert den Begriff zugunsten einer Perspektive auf Ziele und effektive Wege, diese zu erreichen:

> „My goal isn't to be a great ally. My goal is the abolition of white supremacist capitalist patriarchy and the building up of multiracial democracy, economic, gender and racial justice for all […]. If being an ally is useful, at times, to further this shared movement vision, then be an ally and be effective. If bringing leadership is helpful, at times, bring it, and rock it. But overall, the underlying goal of this vision is to be a good comrade giving what I/we can to the larger movement and to team liberation, of which we are part of. […] At the end of the day, what we call ourselves is less important then how we treat people, the values we practice, the goals and vision that guide us, and the beloved community we are building on the journey to all get free." (Crass 2015: 172)

Die bewegungsintegrierten Qualifizierungen des *CWS Workshops* bzw. *Catalyst Projects* stellen also in mancher Hinsicht eine Ausnahme im Privilegiendiskurs dar, die inspirierend dabei sein kann, über Verengungen des Privilegiendiskurses hinauszukommen. Diese Sonderstellung wird auch in Kritiken gesehen wie beispielsweise in Catherine Jones' Text „The Work Is Not The Workshop". Sie nimmt darin den *CWS Workshop* von der Kritik aus, die sie an punktuellen und weniger bewegungsintegrierten Workshops äußert:

> „It's been my experience that short-term anti-racist workshops for white folks include a lot of material on how to act once you start doing the work, but not a whole lot on how to actually start doing the work." (Jones 1997)

Zugleich sind hinsichtlich anderer Aspekte der *CWS Workshop* und das *Catalyst Project* durchaus Beispiele der „Workshop-Kultur" und insofern Objekte der (Selbst-)Kritik jener pädagogischen Arena.

(Selbst-)Kritiken der Workshop-Kultur

> „Catalyst Project $250–$500
> Free range beef $25
> Fair trade wine $15
> Organic fruit $5
> Guilt-free living: Priceless"
> (Liberado 2010)

Die beschriebene Entwicklung der Verbreitung von an Privilegierte gerichtete Workshops ist auch in den Bewegungen selbst registriert worden. Einige Aktivist*innen, darunter Anbieter*innen von Workshops, haben (selbst-)kritische Überlegungen zu dieser Entwicklung veröffentlicht; teils wurden diese zu konkreten Punkten bereits zitiert. Als Abrundung der empirischen Fallbeispiele sollen hier einige darüber hinausgehende Aspekte dieser Kritiken betrachtet werden. Eine verbreitete dieser Kritiken ist Jones' bereits erwähnter Text „The Work Is Not The Workshop" von 1997, „a paper that found wide circulation amongst activists in the United States" (Burgin 2013: 7). Die Aktivistin Catherine Jones beschreibt darin, dass sie selbst zahlreiche Workshops besucht hat, dankbar für vieles dort gelernte ist, und schließlich selbst

Workshops veranstaltet hat. Jones kondensiert ihre Bewertung der Verbreitung von Workshops im Begriff der „workshop culture“ (Jones 1997). Eine ähnliche Beobachtung einer „whole culture of anti-oppression workshops“ bilanziert die *weiße* Aktivistin Michelle O'Brien (2003) einige Jahre später im Text „Whose ally? Thinking critically about anti-oppression ally organizing“, wie Jones' Text online beim antirassistischen Netzwerk *Colours of Resistance* erschienen. O'Brien blickt darin zurück auf ihren politischen Werdegang seit Mitte der 90er als Teilnehmerin wie Anbieterin antirassistischer Workshops für *Weiße,* die sie dann adaptiert habe für Workshops für „non-trans allies to trans people“, da von ihr als Transfrau zunehmend erwartet worden sei, ihre Erwartungen an Cis-Verbündete zu artikulieren. Ihre Erfahrungen mit dieser Adaption für eine andere Form von Unterdrückung, zumal eine „where I am not privileged“, haben ihre Wahrnehmung von *allies* verändert und sie dazu gebracht neu über Workshops nachzudenken. Die Workshop-Kultur sei „self- perpetuating“ (O'Brien 2003), und absorbiere die Energie von vielen Personen. Auch Jones beschreibt, wie die Konzentration auf Workshops als bevorzugter Praxisform in den Bewegungen andere (unspezifizierte) politische Strategien an den Rand drängt:

> „Ironically, because I was spending so much time first participating in and then giving workshops about racism, I had a lot less time to fight it.“ (Jones 1997)

Diese Tendenz zu einer strategischen Monokultur gehe zurück auf strategische Präferenzen insbesondere von Privilegierten.[40] Dabei beobachtet Jones eine Tendenz zur Selbst-Reproduktion dieser Praxisform:

> „I can't count the number of times I've talked to anti-racist white folks with incredible energy and commitment who take an anti-racist workshop and then think the only way for them to do real-live anti-racist work is to become an anti-racist trainer. This is not to say that being an anti-racist trainer isn't an important way to do anti-racist work, but it is by no means the only one. It is, however, the most visible, and this is the part that's problematic. The What Is My Role question, already a source of at least temporary paralysis for a good number of emerging white anti-racists, becomes even more obscured

40 So beschreibt O'Brien die Beobachtung: „[…] the people of color in these groups often employed a far more diverse set of strategies in challenging white supremacy.“ (O'Brien 2003)

> if newer anti-racist white folks don't have any role models to look toward except the people putting on the workshops." (Jones 1997)

Zudem beschreibt Jones ihre Erfahrung, dass sie nach der Teilnahme an einer Vielzahl von Workshops nicht den Eindruck hatte, effektiver in ihrer Bewegungspraxis geworden zu sein. Während zwar ihre Analyse von Rassismus dadurch „more sophisticated" geworden sei, sei ihre antirassistische Arbeit dadurch nicht viel effektiver geworden. Vielmehr herrsche oft ein Perfektionsanspruch, ein „tireless dedication to ‚figuring out' how to be the perfect anti-racist" (Jones 1997), der von nützlicher politischer Strategie wegführe. Dies könnte als pädagogische Effektivitätskritik bezeichnet werden: die Workshops erreichen nicht das pädagogische Ziel, das sie erreichen wollen. O'Brien kritisiert ähnlich, dass in den Workshops eine „highly specific modality of political practice" propagiert werde, „a particular configuration of discourse and practices [...] as the way to be an antioppressive ally" (O'Brien 2003). Diese extrem spezifische Analyse sei ein „code" geworden. Die Workshops leisteten es zwar, *Weißen* eine bestimmte Sprache für die Diskussion von *weißen* Privilegien zu geben, und ermutigten dazu, auf eine bestimmte Art das eigene Verhalten (sowie das anderer Privilegierter) zu analysieren. Jedoch brächten sie die Teilnehmenden nicht näher an die Fähigkeit, respektvoll mit Personen of Color zusammenzuarbeiten oder auch nur zu diskutieren, sondern könnten dies sogar erschweren – bei gleichzeitigem Stolz über den eigenen Antirassismus, wie O'Brien ausgehend von einem Erlebnis bei einer anarchistischen Buchmesse beschreibt:

> „These workshops helped us establish a particular way of thinking about ourselves as antiracist, or committed to an antiracist politics, that worked to contain and manage any threats to our egos and arrogance around race. All these words helped create the illusion that we were doing something, while continuing to completely center the discussion around the needs, interests and concerns of white people." (ebd.)

Kurz, O'Brien kommt zu dem Schluss:

> „I really don't think the whole culture of antiracist white ally events work that well." (ebd.)

Die Workshop-Kultur wird auch auf ihre ökonomische Ebene hin betrachtet. Dies zum einen hinsichtlich der bereits angeklungenen Anerkennungs-Ökonomie: Jones merkt an, dass mit der Workshop-Kultur ein „skewed system of honor and recognition" einhergehe; besondere Anerkennung erhielte „high-visibility work" wie Workshops organisieren, Vorträge halten und über Rassismus schreiben, während andere antirassistische Aktivitäten ignoriert würden (Jones 1997). In der Professionalisierung dieser Aktivitäten könnten Karrieren aufgebaut werden, was mit Konkurrenz und einer neuen Ebene von Eigeninteressen einhergeht. Damit gehen – zum anderen – die Fragen der Anerkennungs-Ökonomie über in ökonomische Fragen finanzieller Art. Dieser Strang der Kritik kann Kommodifizierungskritik genannt werden. Auch das vorangestellte Zitat von Poe Liberado zielt ironisch angelehnt an eine Kreditkarten-Werbekampagne in diese Richtung. In einem als Zine und als Blogbeitrag veröffentlichten Text unter dem Titel *Accomplices Not Allies: Abolishing the Ally Industrial Complex. An Indigenous Perspective* kritisiert „Indigenous Action Media", eine antikoloniale und antikapitalistische indigene Gruppe aus Arizona, die Professionalisierung der Anbietenden und eine Kommodifizierung des Wissens:

> „The ally industrial complex has been established by activists whose careers depend on the ‚issues' they work to address. These nonprofit capitalists advance their careers off the struggles they ostensibly support. They often work in the guise of ‚grassroot' or ‚community-based' and are not necessarily tied to any organization. […] While the exploitation of solidarity and support is nothing new, the commodification and exploitation of allyship is a growing trend in the activism industry." (Indigenous Action Media 2014: 1)

Mit der pointierten Bezeichnung „ally industrial complex" bezieht sich die Gruppe auf das Konzept des „non-profit industrial complex", und bezeichnen damit gewissermaßen dessen Privilegiendiskurs-bezogenes Segment. Der „non-profit industrial complex" ist ein Konzept, das *INCITE! Women of Color Against Violence* mit ihrem Buch *The Revolution Will Not Be Funded: Beyond the Non-Profit Industrial Complex* (2007) prägten, und mit dem sie kritisch die Handlungslogik von Non-Profit-Organisationen, insbesondere ihre Abhängigkeit von Staats- oder Stiftungsfinanzierung, und deren Effekte auf radikale Bewegungen beschreiben, nämlich dass Widerspruch in kontrollierte Bahnen gelenkt und in Institutionen zu integriert werde, die mit dem Staat kooperieren. Mit der Abhängigkeit von bewegungsexternen

Finanzierungen ginge eine Verengung der Aktivitäten einher. Denn finanziert würden nur spezifische Aktivitäten:

> „These entities almost always propose trainings, workshops, action camps, and offer other specialized expertise in acts of patronization." (Indigenous Action Media 2014: 3)

Die Verbreitung von Workshops und der sie anbietenden Institutionen zeichnet Indigenous Action Media launig nach, und kommt zum Fazit, der Begriff „ally" sei wirkungs- und bedeutungslos geworden:

> „Anyone who concerns themselves with anti-oppression struggles and collective liberation has at some point either participated in workshops, read 'zines, or been parts of deep discussions on how to be a ‚good' ally. You can now pay hundreds of dollars to go to esoteric institutes for an allyship certificate in anti-oppression. You can go through workshops and receive an allyship badge. In order to commodify struggle it must first be objectified. This is exhibited in how ‚issues' are ‚framed' & ‚branded.' Where struggle is commodity, all yship is currency. Ally has also become an identity, disembodied from any real mutual understanding of support. The term ally has been rendered ineffective and meaningless." (Indigenous Action Media 2014: 1 f.)

Um dies zu unterfüttern, werden acht verschiedene Typen von Verbündeten bissig beschrieben mit typischen Motivationen und Fallstricken (beispielsweise „Salvation aka Missionary Works & Self Therapy", „Academics & Intellectuals" oder „Navigators & Floaters"), von denen einige Bezüge auf die pädagogischen Arenen haben beispielsweise als Absolvent*innen der beschriebenen pädagogischen Programme (vgl. ebd.: 4).

Zusammenfassend formuliert Indigenous Action Media eine verdammende Kritik an „allyship" als „corruption of radical spirit and imagination" (ebd.: 7). Grundsätzlich rät die Gruppe zu Misstrauen gegenüber vorgeblichen Verbündeten; bei Zweifel über die Zusammenarbeit mit einer Organisation seien deren Motive, Finanzierung, Transparenz über bezahlte Stellen, Zusammensetzung und Entscheidungsfindung genau zu betrachten.

Fazit: „The workshop as the work“ in den Bewegungen

Die verschiedenen Fallbeispiele beleuchten zusammen eine Verfestigung des Privilegiendiskurses in der pädagogischen Arena der Workshops, die sich aus verschiedenen Traditionslinien speist: darunter erstens professionalisierte Methoden und Materialien, die für Arbeit jenseits von Bewegungen entwickelt wurden, und die ein bewusstseinszentriertes und individualisiertes Rassismusverständnis enthielten, zweitens eine (gruppen-) psychotherapeutische Traditionslinie, die durch kathartische Arbeit mit Emotionen ansozialisiertes Verhalten verändern möchte, und drittens – in einer untypischen, aber einflussreichen Variante – eine von *movement building* und *organizing* motivierte, längerfristige und bewegungsintegrierte Qualifizierung. Für Workshops insbesondere in feministischen und antirassistischen Bewegungen ist eine wiederholende Verfestigung dieses aus verschiedenen Quellen gespeisten Privilegiendiskurses zu beobachten. Auch in den Bewegungen selbst und durch Aktivist*innen, die Workshops anbieten oder angeboten haben, wird diese Entwicklung einer an Privilegierte gerichteten „Workshop-Kultur“ registriert und (selbst-)kritisch betrachtet, dass Bewegungen den Schwerpunkt ihrer Arbeit zunehmend auf die Organisation von Workshops legen, ja die Workshops zu „the work“ selbst werden (so – affirmativ – Burgin 2013 und – kritisch – Jones 1997). Dabei werden Fragen der Effektivität dieser Arbeit aufgeworfen, ebenso wie Effekte der Professionalisierung kritisiert, beispielsweise die Kommodifizierung von Bewegungswissen. Die Finanzierung über bewegungsexterne Quellen trage zur Fokussierung auf Bildungsarbeit in Form von Workshops bei, da sie eine häufig förderbare Praxis seien.

Zwischenfazit

Die Beiträge der drei pädagogischen Arenen zur Verfestigung des Privilegiendiskurses sind von den jeweiligen Eigenschaften und Traditionslinien der Arenen geformt, wie jeweils genauer erläutert wurde. Ein Effekt der Professionalisierung pädagogischer Arbeit allgemein ist die Selbstverständlichkeit der Fokussierung auf Bewusstseinsprozesse und Lernen, oder wie es Sara Ahmed lakonisch ausdrückt:

> „Of course, if you live and work in the world of education, then you are likely to assume that learning is a good thing.“ (Ahmed 2004: 37)

Bei den Ausführungen zu den jeweiligen Arenen wurden an vielen Stellen die Verbindungen zu jeweils anderen Arenen benannt. Auch im Material selbst werden Arenen-übergreifende Anwendbarkeit und auf andere Arenen ausstrahlende Einflüsse herausgestellt. Die Zusammenhänge und Querverbindungen zwischen den Arenen sind Symptom der Verfestigung des Diskurses auf eine pädagogische Art, als ein pädagogischer Diskurs: Der Privilegiendiskurs überspringt mühelos die Grenzen zwischen Classroom, Training und Workshop – aber kaum die Grenze zwischen Pädagogik und alldem, was jenseits pädagogischer Zugänge liegt. Zusammen mit der These der Wurzeln der kritischen Beschäftigung mit Machtverhältnissen in sozialen Bewegungen kann eine Kreisbewegung skizziert werden von: das in Classroom, Trainings und Workshops aufgegriffene und operationalisierte Bewegungs-Wissen gelangt als pädagogisch verfestigter Diskurs wieder in die sozialen Bewegungen. Das aktivistische Wissen ist durch den „Flaschenhals“ institutionellen, pädagogischen Wissens gegangen. Diese Verengung gilt es bewusst zu machen. Denn sonst besteht die Gefahr, dass soziale Bewegungen zum einen die Differenz zwischen ihrer Arbeit und dezidiert pädagogischer Arbeit übersehen – womit bestenfalls eine systematische Öffnung der Bewegungs-Praxis für Lernprozesse einhergeht, im schlechtesten Fall eine Verengung dieser Praxis auf Lernprozesse. Zum anderen wird die Differenz zwischen den in sozialen Bewegungen bestehenden pädagogischen Aufgaben und pädagogischen Aufgaben in anderen Settings übersehen. Zwar sind nicht alle Bewegungsaufgaben pädagogischer Art – aber manche eben doch (mehr dazu im bewegungsorientierten Ausblick). Sie brauchen einen Blick auf die Bewegungsspezifik dieser Aufgaben. Aus Bewegungsperspektive heißt dies: sich der Spezifität der pädagogischen Arbeit in, für, auch durch Bewegungen bewusst zu sein, und aus anderen Kontexten ggf. zu adaptieren, aber nicht bloß zu übernehmen.

5. So wird man Verbündete*r – Der Privilegiendiskurs als Subjektivierungsweise

> „ALLY:
> Men as allies of women
> 1. not an act of collective guilt, collective shame, or collective blame
> 2. an act of collective love for the women in our lives
> 3. strengthening our connection with women
> 4. seeing that we have a common cause
> 5. because we believe in the goodness of men
> 6. what this book is all about
> (Kaufman/Kimmel 2011: 10)

Das letzte Kapitel hat nachgezeichnet, wie sich der Privilegiendiskurs in pädagogischen Arenen verfestigt hat. Nun wird der auf diese Art verfestigte Privilegiendiskurs vertiefter betrachtet als ein Diskurs, der zu einer bestimmten Subjektposition anleitet, als eine Subjektivierungsweise. Denn der Privilegiendiskurs enthält in Form der *allyship* eine Anrufung an (privilegierte) antirassistische und feministische Aktivist*innen und/oder Sympathisant*innen: er leitet sie dazu an Verbündete zu werden, legt es ihnen nahe, fordert sie dazu auf, verspricht ihnen die Möglichkeit. Der(*die) Verbündete ist hier die angestrebte Subjektposition, die dafür notwendigen Selbstpraktiken werden beispielsweise in Form von handlungsanleitenden Listen operationalisiert. Das empirische Material in diesem Kapitel sind entsprechend Checklisten, How-to-Guides, Ratgeber, Auflistungen von Dos und Don'ts, und Anleitungen zur Reflexion, etwa „Privilegien-Listen". Was macht diese Subjektivierungsweise und diese Anleitungen so attraktiv? Welcher Art ist das Subjekt, das in diesen Handlungsanleitungen vorausgesetzt wird und das zu werden sie versprechen? In welcher Tradition stehen die Vorstellungen von Intentionalität und Handlungsfähigkeit?

Für die Aufschlüsselung des Materials nutze ich eine Unterscheidung von vier Aspekten, die Foucault in der Untersuchung von Subjektivierungsweisen vorgenommen hat. Die Struktur der folgenden vier Abschnitte orientiert sich an diesen vier Aspekten, sie behandeln (5.1) die ethische Substanz, (5.2) den Subjektivierungsmodus, (5.3) die Praxis des Selbst, und (5.4) die moralische Teleologie.

5.1 „Ongoing Self-Examination" – Das Primat der Reflexion

Was ist die „ethische Substanz", der „Gegenstand" oder die „Materie der moralischen Praktik" (Foucault 1986: 38), deren Bearbeitung im Zentrum der Subjektivierungsweise des Privilegiendiskurses steht? Zentraler Gegenstand des Privilegiendiskurses ist die Reflexion: Seine Praktiken zielen zuallererst auf das Bewusstsein der Privilegierten ab, auf die Reflektiertheit des Selbst-Bewusstseins.

Reflexion: Selbst-Bewusstsein als privilegiert

Die ethische Substanz des Privilegiendiskurses ist die Reflexion. Reflexion bedeutet in diesem Fall einen Bezug auf sich selbst als privilegiert, genauer: den Prozess des Erlangens eines Selbst-Bewusstseins als privilegiert. So bezeichnet Tarrant unter der Überschrift „Confronting masculine privilege" diese Reflexion als wichtigste Aufgabe in der *allyship*:

> „The most important thing is that we have a responsibility to be introspective." (Tarrant 2009: 115, mit Bezug auf Michael Flood)

Der Charakter als Arbeit wird deutlich herausgestellt:

> „Relinquishing privilege involves, in part, each of us doing the work ourselves to examine our privilege." (Tarrant 2009: 115)

Diese Arbeit der Produktion von Erkenntnissen über „uns selbst", was die eigene Privilegiertheit betrifft, ist Ferber zufolge von jeder privilegierten Person zu leisten. Die erste Person Plural meint hierbei privilegierte Personen, was – unter Nutzung des Intersektionalitäts-Konzeptes – tendenziell alle Personen umfasse (vgl. Ferber 2009: 252 f.).

Der Gegenstand, auf den die Subjektivierungsweise des Privilegiendiskurses einwirkt, ist also die Reflexion der Privilegierten auf sich selbst und ihre Privilegiertheit. „Reflexion“ erhält dabei eine normative Aufladung, jenseits einer neutral deskriptiven Dimension des Selbstbezugs: Unterschieden wird zwischen Reflexion (und reflektiert sein) und Nicht-Reflexion (und unreflektiert sein), wobei eben die Reflexion (und das Reflektiert-Sein) der ethisch erstrebenswerte und zu erarbeitende Selbstbezug ist, die Nicht-Reflexion der zu überwindende.[41] Dies beinhaltet ein quantitatives Verständnis von Reflexion, auf einer kontinuierlichen Skala von „unreflektiert“ bis „sehr reflektiert“. Dabei ist Reflexion nicht bloß ein arbiträrer Ansatzpunkt des Umgangs mit Privilegien, sondern sie ist aufgrund der epistemologischen Annahmen des Privilegiendiskurses sein zentraler Ansatzpunkt: Durch Reflexion soll die Unbewusstheit über Privilegiertheit überwunden werden, die selbst ein Privileg, ja sogar das „erstes großes Privileg“ darstelle:

> „The first big privilege which whites, males, people in upper economic classes, the able bodied, the straight (I think one or two of those will cover most of us) can work to alleviate is the privilege to be oblivious to privilege. This checklist is, I hope, a step towards helping men to give up the ‚first big privilege.‘“ (Deutsch 2004)

41 Anekdotisch lässt sich dies beispielsweise beobachten auf dem linken Berliner „reflect!“-Emailverteiler: Während sein Name schlicht auf den ihn betreibenden Verein zurückgeht, der sich im Kontext politischer Bildungsarbeit gegründet hat, ist auf dem regen Verteiler mit tausenden Abonnent*innen die Bildungsarbeits-Spezifik in den Hintergrund gerückt. Vermutlich wird der Name von vielen mittlerweile im Sinne eines allgemeinen „Reflexions“-Imperativs verstanden. Dafür sprechen zahlreiche Varianten, die die Eigenschaft der Reflektiertheit hochhalten und damit – den Anspruch an – eine *in-group* beschreiben: sei es bezogen auf die Liste (Beispiele wären die Anrede „Liebe reflektierte“, oder eine kritische rhetorische Frage: „sieht so ein ‚reflektierter‘ verteiler mit ‚reflektierten‘ menschen aus!?“) oder auf die Wohngemeinschaften, die über die Liste Mitbewohner*innen suchen („Wir sind viel- und wenigbeschäftigt, reflektierend, kochen und essen gern zusammen“, „Ansonsten das übliche, wir suchen natürlich jemand nettes, tolerantes und ein bisschen reflektiertes; kurz: keine Blödis.“).

Checklisten: Gedächtnisstützen für die Reflexion

Dass die ethische Substanz der Reflexion zentraler Bestandteil der Subjektivierungsweise des Privilegiendiskurses ist, findet Ausdruck in einem für den Privilegiendiskurs genuinen Textgenre, der „Privilegienliste“ oder „Privilegien-Checkliste“. Typischerweise bezieht sich eine Privilegienliste jeweils thematisch auf ein Machtverhältnis (anhand der jeweils privilegierten Position), also beispielsweise „white privilege“, „male privilege“, „heterosexual privilege“ etc.[42] Die Liste enthält typischerweise Statements in der ersten Person Singular, die Beispiele von alltäglichen Erfahrungen und Situationen beschreiben; sie ist ein „potpourri of examples“ (McIntosh 2009: 20). Der genrebegründende Einfluss von McIntoshs Liste sowie die Verbreitung derartiger Privilegienlisten – beispielsweise durch ihre Aufnahme in Textsammlungen – ist bereits in Kapitel 4.1 beschrieben worden. Welcher Art ist nun eine „Checkliste“? McIntosh selbst nutzte diesen Begriff nicht, ja lehnt ihn für ihre eigenen Privilegienlisten sogar explizit ab (vgl. McIntosh o. J.: 6), er hat sich jedoch danach für diese Art der Liste weit durchgesetzt. Üblicherweise bezeichnet eine Checkliste eine Liste von abzuarbeitenden Aufgaben, eine Gedächtnisstütze von zu Erledigendem, die dazu dient, nichts zu vergessen. Eine Checkliste zu erledigen bedeutet üblicherweise alle Items zu bearbeiten, und die Erledigung jeweils durch ein (imaginäres oder reales) An- oder Abkreuzen („check“) zu markieren. In diesem Sinne ist die Checkliste eine Methode der Selbstprüfung, ob bzw. welche Vorteile auf mich selbst zutreffen, welche Privilegien „angekreuzt“ werden müssen (oder in den gruppenpädagogischen Methoden anderweitig sichtbar gemacht werden). Bei der im Zuge des Privilegiendiskurses verbreiteten umgangssprachlichen Aufforderung „check your privilege!“ bedeutet das Verb „to check“ weniger „ankreuzen“, sondern (ein Privileg/eine Privilegiertheit) „prüfen“, „untersuchen“, „kontrollieren“, auch (als Zielvorstellung) „eindämmen“ oder „aufhalten“. Bei der Checkliste fallen letztlich beide Bedeutungen von „to check“ in eins: die Selbstprüfung, ob etwas zutrifft, sowie das Ankreuzen von Zutreffendem. Die Checkliste dient somit der Reflexion, indem sie als eine Gedächtnisstütze fungiert. McIntosh wie nachfolgende Listen-Autor*innen gehen bei ihren Texten selbstreflexiv von persönlichen Beobachtungen und Erkenntnissen aus, die sie in Listen

42 Eine Zusammenstellung verschiedener Privilegienlisten bietet das Blog privilege101 (2011). Der Name des Blogs spielt auf das pädagogische Setting eines Einführungsseminars an, den in Kapitel 4.1 beschriebenen Classroom.

– mit Potpourri-artig zusammengestellten, aber für aufschlussreich oder typisch erachteten Beispielen – festhalten möchten. Dieses Festhalten ist notwendig, da Privilegien ein flüchtiges, schwer fassbares Thema seien, „elusive and fugitive" (McIntosh 2009: 19). Für die Leser*innen stellt die Liste der einzelnen Items eine Gedächtnisstütze zur Selbstprüfung dar: einen Katalog zur Besinnungsübung oder Gewissenserforschung nach Art eines Beichtspiegels.

Die Auseinandersetzung mit dieser Liste setzt dabei bereits die Bereitschaft zur Reflexion voraus, sie kann sie nicht selbst hervorbringen. Die Checkliste selbst ist somit weniger eine Methode zur Überzeugung von Menschen – auch wenn dies regelmäßig versucht werde, wie in „Vorsichtshinweisen" zum Gebrauch von Privilegien-Checklisten auf einem Blog beschrieben wird (vgl. Cedar 2007). Wenn der Effekt dieser Reflexion häufig als „augenöffnend" beschrieben wird, so setzen sie vielleicht kein Subjekt mit bereits geöffneten Augen voraus, aber ein Subjekt, das bereit ist, den Blick in eine bestimmte Richtung zu wenden, oder den Kopf bereits in diese Richtung gewendet hat.

Das Kriterium der Schwierigkeit

Die Reflexion, die Bearbeitung des Selbst-Bewusstseins als privilegiert, ist auf mehrere Arten mit der Frage verbunden, wie schwierig sie für die Subjekte ist. Zum einen ist die Schwierigkeit ein Kriterium der Bewertung der Reflexionsanstrengung, das Kriterium, ob sie ernsthaft betrieben wird, jene „difficult personal and emotional work required of us" (Ferber 2009: 253). Insbesondere ist eine emotionale Schwierigkeit gemeint, also wie bedrohlich, schmerzhaft oder unangenehm sich die Reflexion für die Subjekte anfühlt. Robert Jensen warnt in seinem Buch *The Heart of Whiteness – Confronting Race, Racism, and White Privilege:*

> „Don't confuse this book with some feel-good, self-help project. When I face these things about myself and about the world in which I live, I usually don't feel better." (Jensen 2005: 93)

Jensen geht so weit, die antirassistische Arbeit als neue „White People's Burden" (z. B. in der Überschrift seines Abschlusskapitels, ebd.: 89) zu beschreiben – also in Anlehnung an Rudyard Kipling's Formulierung der legitimatorischen Ideologie des Kolonialismus:

> „That is the new White People's Burden, to understand that we are the problem, come to terms with what that really means, and act based on that understanding. Our burden is to do something that doesn't seem to come naturally to people in positions of unearned power and privilege: Look in the mirror honestly and concede that we live in an unjust society and have no right to some of what we have. We should not affirm ourselves. We should negate our whiteness. Strip ourselves of the illusion that we are special because we are white. Steel ourselves so that we can walk in the world fully conscious and try to see what is usually invisible to us white people. We should learn to ask ourselves, ‚How does it feel to be the problem?'" (Jensen 2005: 93)

Die Schwierigkeiten sind derart, dass es nötig ist sich zu „stählen", um bewusst mit der eigenen Privilegiertheit umzugehen – jedoch sei der Schmerz notwendig, wenn dies ernsthaft angegangen werde (vgl. ebd. 94). Auch Paul Kivel verweist in seinem *Uprooting Racism: How White People can Work for Racial Justice* auf die emotionalen Schwierigkeiten, die die Konfrontation mit Ungerechtigkeit (konkret Rassismus) und der eigenen Privilegiertheit darin mit sich bringt. Diese Schwierigkeiten seien vermutlich unumgänglich, aber hilfreich, und könnten mit anderen Privilegierten zusammen bearbeitet wurden – sie sollten nicht von der Arbeit der Reflexion (konkret: der aktiven Lektüre seines Buches) abhalten:

> „It is probably inevitable that, when faced with the reality of the benefits and the harm of racism, we will feel defensive, guilty, ashamed, angry, powerless, frustrated or sad. These feelings are healthy and need to be acknowledged. Because they are uncomfortable we are liable to become angry at whoever brought up the subject. Acknowledge your feelings and any resistance you have to the information presented above. Keep reading through this book and doing the exercises. Yes, it is hard and sometimes discouraging. For too long we have ignored or denied the realities of racism." (Kivel 1996: 35)

Die Schwierigkeiten sind also zum einen ein Charakteristikum des gesamten Prozesses, sofern er ernsthaft unternommen wird. Zum anderen sind sie ein Kriterium des Fortschritts der Reflexion:

„It is okay to be uncomfortable; it is a sign that you are learning!" (Ferber 2009: 254)

Das Auftreten von Unwohlsein und anderen schwierigen Emotionen ist also ein Zeichen, auf dem richtigen Weg zu sein. Ziel ist es dann, sich von den auftretenden Schwierigkeiten nicht von der Reflexion abhalten zu lassen, den schwierigen Zustand aushalten zu lernen, ja möglicherweise als Ziel anzustreben:

„Allies understand that emotional safety is not a realistic expectation if we take our alliance seriously. For those with privilege, the goal is to ‚become comfortable with the uncomfortable and uncomfortable with the too-comfortable' and to act to alter the too-comfortable." (Kendall 2003: Punkt 12)

Das Kriterium der Schwierigkeit bedeutet zudem, beim Nachlassen von Schwierigkeit misstrauisch zu werden. Wenn die Schwierigkeit abnimmt oder verschwindet, ist dies weniger ein Zeichen des Erfolgs – dass die Reflexion erfolgreich absolviert wäre o.ä. –, sondern ein Warnsignal, das weitere Selbstbefragung erfordert:

„And, once the process of confrontation has begun, it's difficult to resist what a colleague once called ‚premature self-congratulation', the often earnest, if insufferable proclamations of the newly converted." (Kimmel/Ferber 2009: xiii)

Die richtige Arbeit an der ethischen Substanz Reflexion ist nicht nur schwierig, sondern auch unabschließbar.

Unabschließbarkeit

Die Reflexion zeichnet sich durch ihre Unabschließbarkeit aus:

„Recognize that learning to see oppression and privilege is an ongoing, lifelong process." (Ferber 2009: 254)

Beim Abbruch dieser Arbeit, ja beim (selbst-)zufriedenen Ausruhen auf der bereits geleisteten Reflexion, droht jederzeit Komplizenschaft mit dem Bekämpften:

> „No matter how much work we have done on our privileged status, any time we become complacent about the amount of internal examination we have done, we move quickly to greater complicity with the systems of oppression." (Kendall 2013: xviii)

Es handelt sich um eine „life-long journey", wie Tema Okun von „changework" betont, einer Gruppe von Organisationsentwicklungsberater*innen, Trainer*innen, Bildner*innen und Organizers (vgl. Okun 2006: 18 oder Shapiro 2002: 91 f.). *Changework* benutzt u. a. in ihren Workshops ein Leiter-Modell, eine „ladder to becoming a white antiracist ally" (Okun 2006: 18), in dem zahlreiche Stufen und die dort jeweils auftauchenden Verhaltensweisen und Gefühle, Erkenntnisse und Schwierigkeiten beschrieben werden. Dabei komme es durchaus zu Überlappungen, widersprüchlich Wirkendem oder mehrfach Auftauchendem – dies entspreche jeglichem Prozess von Identitätsentwicklung:

> „This is the nature of identity development. The ladder is a generalized attempt to describe the different steps that we go through as white people in developing our awareness and abilities as anti-racist activists." (Okun 2006: 3)

Im Leitermodell werden viele psychologische Mechanismen (Abwehr, Schuldzuweisung, Scham, Selbstzufriedenheit etc.) plastisch beschrieben, die durch ihre Zuordnung zu den Stufen als notwendig, jedoch temporär und überwindbar erscheinen, insbesondere durch die am Ende jeder Stufe angegebenen Aufgaben „to move to the next stage" (ebd.: 14). Somit suggeriert das Leitermodell zwar ein Aufsteigen, ein Fortschreiten nach oben, jedoch sind plötzliche tiefe Rückschritte jederzeit möglich:

> „It is not linear in that we can move through to ‚higher' stages and then minutes later drop back to a ‚lower' stage as a result of a challenging interaction." (Okun 2006: 3)

Das Ziel besteht daher nicht darin, schlicht die oberste Stufe der Leiter zu erreichen, sondern berücksichtigt, dass dies keinen dauerhaften Endzustand darstellt:

> „Our goal, as we develop practice as anti-racist white activists, is that we stay for shorter periods at the lower stages and for longer periods at the higher stages." (Okun 2006: 3)

Diese Unabschließbarkeit ist kein äußerliches Charakteristikum der Arbeit an dieser ethischen Substanz, sondern sie hängt mit der Reflexion eng zusammen. Die Reflexion, die Arbeit am Selbstbewusstsein als privilegiert, ist schließlich gerade deshalb notwendig, weil die Privilegierten aufgrund ihrer Privilegiertheit epistemologisch im Nachteil sind, insbesondere in Bezug auf die Erkenntnis von ihrer Privilegiertheit und deren Folgen. Dieser epistemologische Nachteil besteht fort im Prozess der Reflexion: Nicht nur bleiben die Erkenntnisse „elusive and fugitive" (McIntosh 2009: 19), so dass ihre Fixierung in Gedächtnisstützen angebracht ist, sondern auch der eigenen Einschätzung des Prozesses der Reflexion ist nicht zu trauen. Es ist für die reflektierenden Privilegierten kaum auszumachen, ob ein Gefühl der Zielerreichung, der Zufriedenheit mit dem erreichten Stand der Reflexion, angemessen ist oder nicht vielmehr das Verfehlen der tatsächlichen Reflexion bedeutet: eine Abkehr vom schwierigen, aber umso richtigeren Prozess, einen Rückfall in die „leichtere" vorherige Situation, ein Nachgeben in das Interesse, die eigenen Privilegien nicht bewusst zu halten.[43] Was jedoch fest steht: Gerade dieses Gefühl der Zielerreichung erfordert – als Anlass wie als Gegenstand – weitere Reflexion. Im Rückblick beschreibt die Aktivistin

---

43 Diese Rückfallgefahr beschreibt Stoltenberg auf eine Art, die tatsächlich an die Warnung an Süchtige angesichts omnipräsenter Suchtmittel – in diesem Fall: der Interaktion mit anderen (unreflektierten) Privilegierten – erinnert:

> „Yet the fact is that each of us is just one man away from selling out our antisexism. All it takes is one situation with another man [...]" (Stoltenberg 1990: 187)

Im Material zieht beispielsweise Bishop eine „parallel [...] with the principles of the twelve-step addiction recovery process" (Bishop 2002: 115). Auch empirisch werden Vergleiche mit Suchtselbsthilfe berichtet, hier von Teilnehmerinnen einer universitären *weißen* Antirassismus-Gruppe:

> „Two participants independently compared White anti-racism to membership in Alcoholics Anonymous, a model that requires a commitment to recovery for life. Within this metaphor, Whites are addicted to racism and must commit to an ongoing process of unlearning racism. A White anti-racist may feel ‚cured' only to uncover another lingering racist assumption." (Case 2012: 91)

Michelle O'Brien, wie ihre eigene unabschließbare Reflexion „obsessive" Tendenzen hatte (vgl. O'Brien 2003).

Die Arbeit an der Reflexion, die individuelle Selbstprüfung ist deswegen zentral, weil das Individuum in seiner Verantwortlichkeit und seiner Handlungsfähigkeit im Zentrum des Privilegiendiskurses steht; dazu im Folgenden mehr.

5.2 „Be the Change" – Das verantwortliche Individuum

Was ist der „Subjektivierungsmodus" des Privilegiendiskurses, die „Art und Weise, wie das Individuum sein Verhältnis zur Regel einrichtet und sich für verpflichtet hält, sie ins Werk zu setzen" (Foucault 1986: 38), oder einfacher: was ist die Quelle der Regeln der moralischen Selbstbearbeitung, die der Privilegiendiskurs enthält? Im Privilegiendiskurs besteht diese Quelle in liberalen Subjektvorstellungen. Dies wird im Folgenden anhand der Verhandlung von Ungerechtigkeit, Eigeninteressen und Moral sowie Handlungsfähigkeit genauer betrachtet.

Das besitzende Subjekt in der Meritokratie

Wie schon wiederholt angemerkt, werden Privilegien im Privilegiendiskurs nach dem Modell individueller Besitztümer verstanden. Besonders deutlich wird dies bereits in McIntoshs den Privilegiendiskurs prägenden Metapher des Rucksacks. Sie legt ein „Verständnis von Privilegien als Ressourcen in persönlicher Verfügungsgewalt" (Kerner 2013: 291) nahe, als „possessive phenomenon" (Shih 2014). Ungleichheit und Ungerechtigkeit bestehe dann in der Güterausstattung von Individuen und Gruppen von Individuen.

Auch der auf die ursprünglichen Bedeutungen von Privileg zurückgehende Aspekt der individuellen Rechte, insbesondere individueller Vorrechte oder dem Ausnahmerecht, von einer Abgabe befreit zu sein (vgl. Lorey 2007), kann als Besitz verstanden werden; das Privileg als „persönliches Recht ist [,] gebunden an das Subjekt als Rechtsinhaberin" (Lorey 2007). Diese Besitztümer – auch dies ist schon wiederholt angemerkt worden – werden häufig als „unverdienter" Besitz beschrieben, als „unearned privilege" (z. B. McIntosh 2009: 14, vgl. auch „Unearned Advantage in a Divided World" im Buchtitel Pease 2010). Dies ruft eine Rahmung von Meritokratie auf: Eine Gerechtigkeitsvorstellung, die Besitz und Status an Leistung knüpft. Diese Verbindung wird auch im Diskurs selbst gezogen. So schreibt McIntosh, *Weiße* mieden die Auseinandersetzung mit *weißen* Privilegien auch deshalb, weil sie sonst den „Mythos der Meritokratie" aufgeben müssten – also den Mythos, dass die eigene Position auf die eigene Leistung zurückgehe (vgl. McIntosh 2009: 19). Ihre Kritik bleibt dabei jedoch im Rahmen der meritokratischen Logik, und kritisiert am Status quo primär eine unvollständige Realisierung von Meritokratie. Dies wird deutlich in der Rede von „unearned privilege". Diese „immer wieder benutzte Bezeichnung geht folglich implizit davon aus, Ungleichheiten seien nicht generell problematisch, vielmehr nur dann, wenn sie durch unverdiente Privilegien entstehen" (Lorey 2007). Den Bezug auf Meritokratie explizieren auch Kimmel/ Ferber im Einleitungsbeitrag zu ihrem bereits erwähnten Reader – als kritische Diagnose ihrer unvollkommenen Realisierung und flammendes Plädoyer für ihre Vervollkommnung:

> „We live in a nation where – despite all ideological assertions about meritocracy, about how individuals are free to rise as high as they can, based solely on their individual achievements – race, class, and gender are the best predictors of what we social scientists call ‚life chances' – your level of wealth, your occupation, health, even marital happiness. [...] we actually do want to live in a nation in which those ideals of individual achievement are actually realized, where talent, motivation, ambition, and hard work actually do pay off, where race, class, sexuality and gender predict very little about your economic and social life." (Kimmel/Ferber 2009: xiv f.)

Das Subjekt, das über Besitz verfügt und innerhalb einer meritokratischen Ordnung individuelle Leistung erbringt handelt, ist das klassische souveräne, liberale Subjekt, wie Isabell Lorey in ihrer Kritik ausführt:

> „Was damit nicht gesehen wird, ist, auf welche Weisen diese Idee des Subjekts selbst Effekt und vor allem Instrument von Macht- und Herrschaftsverhältnissen ist." (Lorey 2007)

Die Quelle der Subjektivierungsweise des Privilegiendiskurses sind jene liberalen Subjektvorstellungen. Dreh- und Angelpunkt dieser Subjektvorstellungen ist das im Folgenden genauer betrachtete Eigeninteresse und damit verknüpfte Vorstellungen von moralischem Handeln.

Das interessierte Subjekt – Eigeninteresse als Rekrutierungsargument und Moralitätskriterium

Zum Subjekt des Liberalismus gehört zentral das Verfolgen von Eigeninteressen; besonders expliziert wird dies im Modell des „homo oeconomicus" als rationalem Nutzenmaximierer. Gleichzeitig färbt die Fokussierung auf Eigeninteressen auch die ethischen Vorstellungen in der liberalen Traditionslinie und strukturiert Moral durch das Gegensatzpaar Egoismus/Altruismus. Der Privilegiendiskurs nutzt Argumente des Eigeninteresses auf zwei verschiedene Weisen: Zum einen wird Eigeninteresse als Rekrutierungsargument genutzt; zum anderen wird das Eigeninteresse – ex negativo – als ein Moralitätskriterium herangezogen.

Ein geläufiges Argument im Privilegiendiskurs ist der Nachweis, dass dem Diskurs zu folgen im eigenen Interesse der Privilegierten liegt. Dieser Nachweis dient der Überzeugung für den Diskurs, als Antwort auf die imaginierte skeptische Nachfrage rationaler Nutzenmaximierer(*innen), was dabei für sie „drin ist":

> „What's In It for Us? Why We Would Explore What It Means to Be White" (Kapitelüberschrift, Kendall 2013: 19)

Kendall expliziert die dahinter liegende Annahme im agitatorischen letzten Absatz ihres Buchs:

> „I am convinced [...] that, if we believe something is in our best interest, we will do whatever is necessary to achieve it." (Kendall 2013: 191)

Diese Annahme beschreibt deutlich das souveräne nutzenmaximierende Subjekt des Liberalismus: Ein Subjekt erkennt sein Eigeninteresse und verfolgt es durch individuelle Handlungen. Die strategische Ebene des „showing what is to gain" (Roediger in Jensen 2005: Klappe) als Rekrutierungsargument benennt Jensen:

> „We can observe that privileged people's commitment to social change tends to be stronger and more reliable when it is grounded in an acknowledgement of their own interests. So, in addition to arguments from justice we also should pursue arguments from self-interest." (Jensen 2005: xix)

Nun besteht ein Kernbestandteil des Privilegiendiskurses darin, eben die Privilegien der Privilegierten zu benennen – jene Vorteile, die ihnen aus einem Machtverhältnis erwachsen, und mithin per Definition Aspekte, in denen jenes Machtverhältnis und seine Aufrechterhaltung in ihrem Eigeninteresse liegt. Da somit der Privilegiendiskurs zentral vom Eigeninteresse am Privilegen*erhalt* ausgeht, muss der Nachweis des Eigeninteresses am Privilegien*abbau* gewichtigere, überzeugendere Eigeninteressen anführen. Dies geschieht meist, indem eine psychologische oder affektive Ebene eröffnet wird, und beispielsweise Freude versprochen wird:

> „A new chapter, ‚The Joy of Unlearning Privilege/Oppression,' highlights specific ways people from privileged groups benefit from unlearning privilege/oppression and from creating greater equity." (Goodman 2011: Klappentext)

Der Eigeninteresse-Begriff erweitert sich dadurch über einen schlichten Vorteil materieller Art hinaus zu etwas, das ich wohlverstandenes Eigeninteresse nennen möchte: Beim Eigeninteresse gehe es nicht nur um einen „narrow material sense", sondern darum, was „in the interest of our best selves" sei (Jensen 2005: xx).

Privilegien werden zu etwas, das den Privilegierten schadet – sei es psychisch, emotional, in ihrem Selbstbild, oder in ihrer Menschlichkeit. Manche Privilegien „distort the humanity" der Privilegierten, wie es McIntosh (2009: 22) ausdrückt, „overrewarding us and yet also paradoxically damaging us" (2009: 15). In diesem Sinne besteht bei der das wohlverstandene Eigeninteresse der Privilegierten betonenden Argumentation von Ungleichheit als „harmful to all" (Ferber 2009: 252) die Gefahr, die zentralen Unterschiede der Positioniertheit zu nivellieren. Darauf weist beispielsweise Alcoff hin; sie vermisst darin das Reden über Ausbeutung und Umverteilung – und beharrt als Gegenmittel auf einer Analyse der Eigeninteressen:

> „Although racism no doubt is debilitating for whites in a number of ways, unless we analyze who benefits from and promotes racism, we cannot see clearly what needs to be done to counter it." (Alcoff 2005: 212)

Diese widersprüchlichen Aspekte des Eigeninteresses ergeben – aus Sicht des (privilegierten) Subjekts – eine „Ambivalenz", wie sie seit langem im Kontext antisexistischer Männer und Kritischer Männerforschung beschrieben wird (vgl. beispielsweise Brzoska/Hafner 1988: 89 oder im antisexistischen *Männerrundbrief* Diatryma 1999: 46).

Angestrebt wird die Aufhebung der Machtverhältnisse, der Abbau von Privilegien, die Zurückweisung dieser Eigeninteressen Privilegierter. Wenn dieses Verhalten als das moralisch anstrebenswerte gerahmt wird, über das die Subjekte Persönlichkeitswachstum bis hin zu einer moralischen Heilung erfahren können, wird die Negation von Eigeninteressen zum Moralitätskriterium. Die Komplikationsmöglichkeiten dieses Moralitätskriteriums sind unendlich – so kann die Negation von Eigeninteressen auf einer anderen Ebene durchaus von Eigeninteressen motiviert sein. Diese anderen, subtileren, psychologischen Eigeninteressen können beispielsweise in einem Selbstbild moralischer Überlegenheit bestehen gegenüber den „anderen", „unreflektierten" Privilegierten. Eine moralische Überlegenheit kann – gerade aufgrund jener Distanzierung vom Eigeninteresse – nicht nur gegenüber den „unreflektierten Privilegierten" empfunden werden, sondern ebenfalls gegenüber den Marginalisierten:

> „Wenn es stimmt, dass Weiße von Rassismus profitieren, dann sägen Weiße AntirassistInnen gewissermaßen an dem Ast, auf dem sie sitzen. Das bedeutet, in dieser Denkfigur erfolgt das Engagement Weißer gegen Rassismus nicht aus Eigennutz, sondern wurzelt in moralischen Werten. Somit wären Weiße Antirassistinnen Menschen of Color überlegen, denn letztere engagieren sich vornehmlich aus Eigennutz gegen Rassismus, Weiße hingegen rein aus uneigennützigen ethischen Motiven. Diese Illusion der ‚besseren Weißen' setzt das noble Motiv des Eintretens für Gerechtigkeit als selbstverständlich voraus, dabei ist dieses oft – wenn auch unausgesprochen – nicht das vorrangige (oder sogar überhaupt nicht vorhanden.)" (Wollrad 2007: 51 f.)

Das Verhältnis zwischen den beiden Funktionen des Eigeninteresses als Rekrutierungsargument und Moralitätskriterium kann somit in verschiedene Richtungen befragt werden. Tarnt sich möglicherweise das Eigeninteresse als moralische, „altruistische" Intention? „Trumpft" das wohlverstandene Eigeninteresse die schnöden materiellen Eigeninteressen am Privilegienerhalt? Und wenn dies der Fall ist, also wenn sich etwas Privilegien-Zurückweisendes doch auf irgendeiner Ebene als von Eigeninteresse (beispielsweise an einer spezifischen Form von Anerkennung) motiviert herausstellt – verfällt es damit der moralischen Kritik, weil es das Moralitätskriterium der Negierung von Eigeninteressen verletzt? Wie kann dann das wohlverstandene Eigeninteresse ein legitimes Rekrutierungsargument darstellen? Diese um das Eigeninteresse kreisenden Fragen bieten einen unendlichen Anreiz der Reflexion von „Ambivalenzen" (siehe oben). Das Eigeninteresse nimmt so eine zentrale Stellung im Privilegiendiskurs ein.

Diese Abwägung von subjektiven Vor- und Nachteilen bewegt sich auf dem Feld der Eigeninteressen und in der Tradition liberaler Subjekttheorie; ja auch das Nachdenken über das Verhältnis des Verfolgens von Eigeninteresse und des moralischen Zurückweisens von Eigeninteressen steht innerhalb dieser Tradition: der Annahme eines souveränen, monadischen Subjekts, das unter Einsatz seines Willens und entsprechender Mittel rational seine Eigeninteressen verfolgt. Die Betrachtung sozialer Zusammenhänge erfolgt hier durch die Brille des rationalen Nutzenmaximierers – mal vielleicht strategisch herangezogen, jedoch zugleich als analytisches Element zentral. Insofern gilt auch für den Privilegiendiskurs, was Hark pointiert zusammenfasst:

> „Die einzige Kategorie, die im liberalen Denken daher nicht befragt werden muss, die letztlich nicht befragt werden kann und vielleicht auch nicht befragt werden darf, ist das Individuum und sein Wollen. Das Individuum, so der stetig genährte Glaube, ist schlicht da." (Hark 2017: 36)

Das Subjekt ist in der liberalen Tradition „mit einem letztlich nicht begründbaren, aber auch nicht begründungsbedürftigen Eigeninteresse" ausgestattet (Hark 2017: 37). Wenn die Gründe der Selbstbearbeitung auf dem Gebiet der Eigeninteressen gesucht werden, in den komplexen Verhältnissen der Zurückweisung von Eigeninteressen sowie dem Verfolgen *wohlverstandener* Eigeninteressen, in der widersprüchlichen Gleichzeitigkeit von Moralitätskriterium und Rekrutierungsargument, können als Quelle der Regeln jener Selbstbearbeitung im Privilegiendiskurs liberale Subjektvorstellungen benannt werden.

In bewegungspraktischer Hinsicht bedeutet diese Quelle, dass privilegierte Bewegungsmitglieder erst einmal ausgiebig damit beschäftigt sind, diese Fragen ihres Eigeninteresses zu ergründen, die „absolute purity of my own motivation", wie es Bulkin (1988: 189) kritisch nennt: Engagiere ich mich aus Eigeninteresse oder entgegen meinen Interessen? Lässt ersteres mein Engagement un-moralisch werden? Macht letzteres mein Engagement unauthentisch, und stellt mich in ein karitatives, womöglich herabwürdigendes

Verhältnis zu Marginalisierten? Belege ich die moralische Richtigkeit dadurch, dass mich mein Privilegienabbau etwas „kostet“? In diesem um das interessierte Subjekt kreisenden Strudel geraten politische Ziele, politische Effektivität, gemeinsame Strategien aus dem Blick. Die Betrachtung durch die Brille einer Kosten-Nutzen-Rechnung trennt das Subjekt als monadische Wirtschaftseinheit analytisch von der jeweiligen Bewegung, ja stellt es ihr gegenüber. In bewegungspraktischer Hinsicht wäre zu bezweifeln, dass die Frage des Eigeninteresses zu klären tatsächlich derart zentral ist (mehr dazu in Kapitel 6), und ob sie – nicht nur angesichts der geschilderten Komplikationen – überhaupt sinnvoll beantwortet werden kann. Denn bewegungspraktisch-empirisch gedacht steckt gerade in der homo-oeconomicus-haften Vorstellung, mit individuellem Aktivismus (oder seinem Unterlassen) unmittelbar auf die eigene Situation einzuwirken, also Effekte eines Ausmaßes zu produzieren, das sich auf die Verwirklichung der Eigeninteressen auswirkt, eine unrealistisch starke Kausalitätsannahme,[44] und bezogen auf das Subjekt die Vorstellung einer sehr starken Handlungsfähigkeit.

Das verantwortliche Subjekt – Wille und Handlungsfähigkeit

Wenn Foucault nach der „Art und Weise, wie das Individuum sein Verhältnis zur Regel einrichtet und sich für verpflichtet hält, sie ins Werk zu setzen“ (Foucault 1986: 38) fragt, dann kann für die Subjektivierungsweise des Privilegiendiskurses festgehalten werden: Das Inviduum fühlt sich verpflichtet, weil es verantwortlich ist, weil es „Teil des Problems“ ist, und weil es – durch seinen eigenen Willen und durch seine eigenen Handlungen – dieses Problem lösen, abschwächen, bearbeiten kann, ja „Teil der Lösung“ werden kann. Allan Johnson formuliert diese Verantwortung so:

> „As long as we participate in social systems, we don’t get to choose whether to be involved in the consequences they produce. We’re involved through the fact that we’re here. As such, we can only

44 So weist Johnson Reagon pointiert auf den zeitlichen Horizont von Aktivismus hin, der deutlich die Erwartung relativiert, durch Aktivismus unmittelbar Eigeninteressen verwirklichen zu können:

> „If you analyze the situation properly, you will know that there might be a few things you can do in your personal, individual interest so that you can experience and enjoy the change. But most of the things that you do, if you do them right, are for people who live long after you are long forgotten.“ (Johnson Reagon 2015: 121)

choose how to be involved, whether to be just part of the problem or also to be part of the solution. That's where our power lies, and also our responsibility." (Johnson 2009: 86)

Ähnlich, etwas dringlicher, formulieren Ignite!:

"[Allies] believe that to do nothing is to reinforce the status quo; not to decide is to decide; if you are not part of the solution, you are part of the problem." (Ignite! 2013)[45]

Es handelt sich um die Verantwortung für den „eigenen Teil", der aus den eigenen alltäglichen Entscheidungen besteht (vgl. Kivel 1996: 35).

Das verantwortliche Subjekt des Privilegiendiskurses besitzt einen Willen zum Handeln im Sinne emanzipatorischer Intentionen, die Bereitschaft, selbst „einen Unterschied zu machen":

„[Unmasking male privilege] means being willing to take a stand about what each of us will do to make a difference." (Tarrant 2009: 115)

Der Appell „to take a stand"[46] taucht häufiger auf, mitsamt seinem heroischen Unterton, bereit zu sein auch gegen Widerstände zu kämpfen:

„Speak out! Take a stand against injustice. Take risks and be willing to act in spite of your own fear and the resistance you face from others." (Ferber 2009: 254)

Im Kontext von Männern und Feminismus werden die latent maskulinen Konnotationen dieses Heroismus' teils expliziert, indem sie zur Zielgruppenansprache benutzt werden. So appelliert die Überschrift des

45 Diese Formulierungen sind möglicherweise beeinflusst von der Nutzung durch Black Panther-Mitglied Eldridge Cleaver (vgl. beispielsweise „Wer nicht Teil einer Lösung ist, der ist Teil des Problems", Cleaver zitiert nach Meulenbelt 1988: 32), was als weiteres Indiz für Burgins These gelten kann, dass mit antirassistischen Workshops für *Weiße* auf den „Black Power imperative" geantwortet wurde. Allerdings wird in den hier zitierten Texten kein Bezug auf Cleaver genommen, und der Satz scheint bereits vor der Nutzung durch Cleaver verbreitet gewesen zu sein.

46 Auf Deutsch etwa „Stellung beziehen", vermutlich in beiden Sprachen gleichermaßen militärisch konnotiert.

handlungsanleitenden letzten Kapitels von Shira Tarrants Buch *Man and Feminism* an die Männlichkeit jener willensstarken Handlungsbereitschaft:

> „Man Up: Getting Involved in Feminist Action“ (Tarrant 2009: 119)[47]

In den Appell an das Subjekt und seine Bereitschaft zur Handlung gehen bestimmte Vorstellungen von Handlungsfähigkeit ein. Sowohl „Teils des Problems“ als auch „Teil der Lösung“ zu sein bzw. sein zu können, schreibt dem Subjekt eine große Handlungsfähigkeit zu.

Im Kontext von *Weißen* und Antirassismus klingt die kolonialistische, *weiße* Vorherrschaft bestätigende Tradition dieser Handlungsfähigkeits-Fantasien an in der irritierenden Formulierung der Verantwortung von *Weißen* zur antirassistischen Arbeit als neue „White People's Burden“ (Jensen 2005: 93). Kritisch benennt O'Brien, dass *Weiße* gerade aufgrund von „white guilt“ zu einer Überbewertung der Effekte der Handlungen individueller *weißer* Personen neigen, „believing a great deal hinges on every action“ (O'Brien 2003). Wie groß die Handlungsfähigkeit ist, die dem Subjekt selbst zugeschrieben wird, verdichtet sich in der Überschrift des letzten Buchteils im *Matrix-Reader*, die dem Abschnitt als Zitat bereits vorangestellt wurde: „Be the Change“ (Ferber et al. 2008: 517)[48]. Das Subjekt soll nicht nur einen Wandel bewirken, sondern das Subjekt selbst soll der Wandel sein. Damit schrumpft entweder die Welt zu dem, was im Einflussbereich eines einzelnen Subjekts liegt, oder aber das Subjekt wird zu grandioser Allmacht aufgeblasen.

Die individuelle Handlungsfähigkeit und der Willen, sie einzusetzen, der darüber entscheidet, ob Individuen Teil des Problems oder Teil der Lösung sind, ist insbesondere in der alltäglichen Lebenswelt verortet, dort, wo die

47 Auf Deutsch in etwa „Steh Deinen Mann: Sich engagieren in feministischer Aktion“.

48 Dort im *Matrix-Reader* wird für „be the change“ keine Quelle angegeben. Es stellt eine Kurzversion dar des verbreiteten Bonmots „Be the change you want to see [in the world]“, das oft Gandhi zugeschrieben wird, auch in den Bewegungen. Jedoch gibt es begründete Zweifel an dieser Zuschreibung (vgl. Quote Investigator 2017) und Hinweise für die Entstehung vielmehr in einem therapeutischen Selbsthilfeprojekt: dem „Love Project“ von Lehrerin und Persönlichkeitswachstums-Coach Arleen Lorrance Anfang der 1970er in New York City. Dort stellt „Be the change you want to see happen, instead of trying to change anyone else“ eines von sechs „Love Principles“ dar (vgl. Homepage des von Lorrance gegründeteten Teleos Institute o. J.) Ein anderes der Prinzipien lautet schlicht: „Problems are opportunities.“ (ebd.) Das Bonmot scheint also weniger antikolonialen Bewegungen zu entstammen, sondern dem Persönlichkeitswachstums-Kontext mit Elementen des Versprechens positiven Denkens und spiritueller Einsichten (vgl. ebd.).

„daily choices“ getroffen werden (Kivel 1996: 35). Die Arena dieser Handlungsfähigkeit sind die sozialen Verbindungen, in denen sich das Individuum ohnehin befindet, einschließlich der Institutionen, mit denen das Individuum ohnehin verbunden ist:

> „We can make a difference because each of us is already part of the community where racism exists and thrives. We are connected to neighborhoods, workplaces, schools and religions organizations. Our connections, our relationships, our positions in these organizations give us some leverage to make a difference.“ (Kivel 1996: 228)

Das Individuum agiert als Teil seiner alltäglichen sozialen Zusammenhänge, und in diesem Rahmen ist seine Verantwortlichkeit verortet. Bezogen auf die Institution des Staates bedeutet dies, dass das Individuum als aktive*r Bürger*in angerufen ist:

> „As informed and active citizens we can influence the nature of public policy discussion and decisions." (Kivel 1996: 163)

Paul Kivel ist sich bewusst, dass derartige Institutionen den individuellen Veränderungsversuchen enge Grenzen setzen, und wendet sich gegen Ende seines Buches einer Institution zu, für die dies nicht gelte:

> „There is one institution over which we have a lot of control. It is a place where we can work to make changes with the people who are closest to us. This is a place where we can practice the skills we want to develop and model the kind of society we want to build. This is a place which can nurture and sustain our struggles against social injustices ‚out there‘. This place is at home with our family.“ (Kivel 1996: 219)

Dort, zu Hause in der Familie, könne beispielsweise anlässlich von gemeinsam geschauten Filmen oder Nachrichtensendungen über Rassismus gesprochen werden, und dort können den eigenen Kindern diesbezüglich kritische Denkwerkzeuge gegeben werden, so dass sie vorbereitet werden „to become champions for racial justice“ (Kivel 1996: 223). Ungeachtet der Frage, inwiefern die Familie tatsächlich eine „kontrollierbare“ Institution ist, wird hier deutlich, wie die Verantwortlichkeit des Individuums konkretisiert wird: im sozialen Nahbereich, im Interpersonalen, im alltäglichen Agieren in

Institutionen. Je konkreter die alltäglichen „small, personal steps" (Kivel 1996: 223) ausgemalt werden, desto seltsamer wirkt der Kontrast zu den heroischen Handlungsfähigkeits-Appellen des „make a difference". Der Einfluss der alltäglichen Handlungen individueller Privilegierter wird (über-)betont: als derartig groß, dass auf diesem Weg z. B. Rassismus „entwurzelt" werden könne, wie es Kivels Buchtitel *Uprooting Racism* verspricht. „Außeralltäglicher" Aktivismus – also das, was üblicherweise unter Aktivismus verstanden wird – bleibt dabei als Thema und mit seinen spezifischen Herausforderungen konzeptionell außen vor.

Die skizzierten Vorstellungen von Wille und Handlungsfähigkeit können individualistisch genannt werden. Hintergrund dieses Individualismus ist meist eine Gesellschaftsanalyse, die durchaus – oft kraftvoll und faktenreich – Überindividuelles, Historisches, ja Strukturelles betont, dies fließt jedoch nicht in den Subjektivierungsmodus ein. Oder anders: Es fließt nur insofern in den Subjektivierungsmodus ein, als es die Hintergrunddiagnose fortdauernder schreiender Ungerechtigkeiten bildet, die die dringende Handlungsnotwendigkeit unterstreicht: ein Appell an Individuen, an ihre Verantwortung, ihren Willen und ihre Handlungsfähigkeit.

Die Benennung als individualistisch kann noch weiter spezifiziert werden. Die dichotome Frage an das Individuum, ob es Teil des Problems oder Teil der Lösung sein will, konfrontiert Individuum und Machtverhältnis nach Art des juridischen Paradigmas: „Das Spannungsverhältnis ist das zwischen dem einzelnen Subjekt und dem Gesetz/der Norm" (Lorey 2007). Dabei wird ein klassisch souveränes Subjekt vorausgesetzt:

> „Solche souveränen Subjektvorstellungen sollen zwar die Grundlage von kritischer, befreiender und entschuldender Handlungsfähigkeit sein. Auf diese Weise wird jedoch gerade die traditionelle männlich weiße Souveränitätsidee beständig inthronisiert, statt sie auch nur annähernd zu erschüttern. Die Vorstellung eines souveränen Subjekts, das seinem Willen oder auch seinem richtigen Bewusstsein gemäß die Welt umgestaltet, darum Privilegien erkennen und am Ende sogar ablegen kann, wird reproduziert, und damit einer der zentralen Stützpfeiler von Überlegenheits- und Weißseinskonstruktionen." (Lorey 2007)

Der Privilegiendiskurs knüpft an die souveränen liberalen Subjektvorstellungen an. Betont werden sollte an dieser Stelle vielleicht, dass es natürlich das zentrale, explizite Anliegen des Privilegiendiskurs ist, das im

Liberalismus klassischerweise genauso unmarkierte wie privilegierte Subjekt um seine Positioniertheit zu ergänzen – er tut dies jedoch, indem er weiterhin im Rahmen liberaler Subjektvorstellungen verbleibt. Der Privilegiendiskurs steht insofern als „‚illegitimate offspring' of liberal, capitalist, disciplinary discourses" in jenem „discursive political context" und ist somit „comprised of and not only opposing these very modalities of political power" (Brown 1995: 62). Die von Brown untersuchte Identitätspolitik wie auch der Privilegiendiskurs

> „does not subject to critique the sovereign subject of accountability that liberal individualism presupposes, nor the economy of inclusion or exclusion that liberal universalism establishes" (ebd.: 70).

Da das Leben in der neoliberalen Gegenwart mit einer komplexen und durchdringenden Beherrschung durch Kapital und Staat einhergehe, intensivieren sich laut Brown Erfahrungen von Machtlosigkeit und Abhängigkeit. Durch die Säkularisierung stehe Religion weniger zur Verfügung, um diese Erfahrungen zu bearbeiten oder Vergebung gespendet zu bekommen, und durch die Kommodifizierung immer weiterer Lebensbereiche werden soziale Verbindungen fragmentiert; dem Individuum werde so die „Schutzschicht" vor seinem – am Maßstab der liberalen Subjektvorstellungen – zwangsläufigen Scheitern genommen (vgl. ebd.: 69). Das liberale Subjekt sei zugleich „[s]tarkly accountable yet dramatically impotent" (ebd).

Der Privilegiendiskurs als Subjektivierungsweise bietet für diese Konstellation unterschiedliche Auswege oder besser Umgangsweisen (die sich teils unterscheiden von Browns Analyse der „politicized identity"): Eine erste Umgangsweise wäre es, die Machtlosigkeit klein- und stattdessen die eigene Handlungsfähigkeit großzureden. Im Privilegiendiskurs sind dies das beschriebene Versprechen des „you can make a difference" und die Kausalitätsvorstellungen der Eigeninteresse-Argumentationen angesichts der historisch verankerten, gegenwärtig wirksamen und Sozialstatus wie Identität determinierenden Machtverhältnisse.

Eine zweite Umgangsweise bestände darin, die „dramatische Machtlosigkeit" implizit anzuerkennen, der Konfrontation mit ihr jedoch aus dem Weg zu gehen, indem bloß jene Handlungsbereiche gedacht werden, in denen das Individuum tatsächlich Handlungsfähigkeit besitzt: eben jene „daily choices" in den Arenen des Alltags, dem Interpersonalen, den lebensweltlichen Institutionen, gerade jene „over which we have a lot of control" (Kivel 1996: 219, siehe oben), die eigene Familie oder das „home". Dies wäre ein Rückzug ins Private, wenngleich ein Privates, das als politisch gedacht wird und politisch zu gestalten ist. Auf diese Art beeinflusst die neoliberale Hegemonie sogar die Vorstellung politischer Arbeit selbst, wie Jodi Dean unter Anknüpfung an Brown pointiert zusammenfasst.[49] Die Fokussierung auf diese überschaubar(er)en, unmittelbar(er) beeinflussbaren Interventionsbereiche kann verschieden bewertet werden – es geht hier primär erst einmal darum, diese Strategie als eine spezifische zu benennen.

Eine dritte Umgangsweise besteht darin, die Spannung zwischen Machtlosigkeit und Verantwortlichkeit über Ressentiment zu lösen, also eine Feindseligkeit gegenüber denjenigen, die als Quelle des eigenen Leidens oder der eigenen Frustration ausgemacht werden (vgl. Brown 1995: 67). Das Ressentiment produziert einen Affekt wie beispielsweise Wut oder Selbstgerechtigkeit, der das Leiden übertönt, es produziert einen Schuldigen für das Leiden, und eine Gelegenheit zur Rache, bei der jemand anderem das Leid zugefügt wird, das man selbst nicht mehr spüren möchte (vgl. ebd.: 214). Im Privilegiendiskurs besteht die Frustration darin, in der Reflexion zu erkennen zu müssen, „das Problem" zu sein, bis hin zur epistemologischen Meta-Variante, der Unfähigkeit zu angemessener Reflexion. Dies geht mit Schuldgefühlen und anderen negativen Gefühlen sich selbst gegenüber einhergeht. Um jene Frustration möglichst bald loszuwerden, kann das Ressentiment gegen andere Privilegierte gerichtet werden, die nicht oder weniger „reflektiert" sind als man selbst, die auf der Leiter, ein*e Verbündete*r zu werden, weiter unten stehen. Wenn die „Reflektierten" es schaffen können, „Teil der Lösung" zu werden, werden die „Teile des Problems" besonders zum Objekt der Kritik – sei es durch Distinktionsproduktion aus der sicheren Distanz oder durch missionarische Ansprache bis hin zur autoritären Aggression.[50] Die Frustration, die beispielsweise derartig über Ressentiment

49 „Unter Bedingungen, in denen politischer Wandel als völlig unrealistisch erscheint, stellen wir uns politische Arbeit mitunter als Selbsttransformation vor: Zumindest an uns selbst können wir arbeiten." (Dean 2020: 14)

50 Vielleicht führt dieses affektive Kontinuum vor dem Hintergrund jenes Ressentiments auch dazu, dass die Tonfälle der Anrufungen des Privilegiendiskurses teils so verwirrend oszillieren: zwischen werbendem Tonfall um Mitmachen und Urteil über Fehler Begehende, oder zwischen pädagogisch-aufklärendem Dienstleistungsangebot und der Markierung als politische(*r) Gegner(*in), von dem(*der) deutlich eingefordert wird das Angebot anzunehmen, oder pointiert: von Reflexion als Imperativ. Dann wird faktisch nicht Reflexion als solche gefordert, sondern *compliance*. Diese Mogelpackung dürfte psychologisch primär dazu dienen, dass die Fordernden sich über die Imperativität des eigenen Anspruchs hinwegtäuschen können. Das Explizieren der eigenen – meist aus Gründen durchaus autoritativen, nicht verhandelbaren – Ansprüche würde jedoch zu größerer politischer Klarheit beitragen. Wenn beispielsweise

ausagiert wird (wie auch die absehbare Frustration jener, die zum Objekt jenes Ressentiments werden), sowie die Angst davor, bei Versagen selbst Ziel jener Ressentiments zu werden, bestärkt den Wunsch, nicht mehr zu jenen „unreflektierten" Privilegierten zu gehören, sondern einen Statuswechsel vorzunehmen (dazu mehr in Abschnitt 5.4).

Festgehalten werden kann, dass die Quelle der Regeln der moralischen Selbstbearbeitung im Privilegiendiskurs in liberalen Subjektvorstellungen zu finden sind: Sie basieren auf einem besitzenden Subjekt innerhalb meritokratischer Gerechtigkeitsvorstellungen, auf dem nutzenmaximierenden eigeninteressierten Subjekt, sowie dem verantwortlichen Subjekt, das dem eigenen Willen gemäß und mithilfe einer ihm zugeschriebenen starke Handlungsfähigkeit auf die Welt einwirkt.

Da das verantwortliche Subjekt durch seine Privilegiertheit epistemologisch im Nachteil ist, kann es trotz der schwierigen und unabschließbaren Reflexion nicht definitiv wissen, wie die eigene Handlungsfähigkeit emanzipatorisch sinnvoll zu gebrauchen wäre (oder glaubt zumindest selbst, dies nicht ausreichend definitiv wissen zu können). Daher findet es Handlungsanleitungen attraktiv. Dieser Aspekt der Subjektivierungsweise des Privilegiendiskurses wird im nächsten Abschnitt betrachtet.

5.3 „Lists of ‚Things to do'" – Bekenntnisse und Handlungsanleitungen

Was ist die „Praxis des Selbst", zu der der Privilegiendiskurses anregt? Die Selbsttechnologien im Privilegiendiskurs sind zum einen das Ablegen von Bekenntnissen, zum anderen das Befolgen von Handlungsanleitungen, die in Form von Listen zu Tätigkeiten („to do", „how to") und Unterlassungen („not to do") anleiten.

bezogen auf eine Aktion oder eine Veranstaltung verkündet wird „hier darf nicht dieses und jenes geschehen", geht es um das Verhindern bestimmter Handlungen in einem bestimmten Kontext. Dann kann über die Ziele gesprochen werden, denn es geht letztlich weniger um die Reflektiertheit als solche, sondern beispielsweise um das Ausbleiben bestimmter Handlungen aus bestimmten Gründen. Eine derartige Zielorientierung wird der Ausblick (Kapitel 6.3) versuchen etwas greifbarer zu machen.

Bekenntnisse als Selbstauskunft und/oder Geständnis

Die Bekenntnisse stellen den ersten Schritt der Handlungsanleitungen dar, und damit die Voraussetzung, sich hinsichtlich der weiteren Schritte der Handlungsanleitungen gemeint zu fühlen, sich als das Subjekt zu präsentieren, an das sich die Handlungsanleitungen richten.

Bekenntnis zu einer Position: Selbstauskunft und (Selbst-)Positionierung

Die erste Bedeutung von „Bekenntnis" bezieht sich auf eine Selbstauskunft vor Anderen. Diese Bedeutung ist insbesondere religiös konnotiert. Beispiele für diese Begriffsverwendung sind die Ausdrücke „einem Bekenntnis angehören" im Sinne einer Konfession (sic!), also einer Gruppe, die sich durch ein gemeinsames Bekenntnis auszeichnet, oder „Glaubensbekenntnis" im Sinne des (ritualisierten) Aktes, ein Bekenntnis kundzutun. Im Kontext des Privilegiendiskurses zielt diese Bedeutungsebene der Selbstauskunft vor Anderen, der „Kundmachung persönlicher Tatbestände" (s. o.), auf die Position in einem Machtverhältnis, und damit auf den sozialen „Ort", von dem aus jemand spricht. Dieser Akt des Bekenntnisses zu einer Position ist die (Selbst-)Positionierung. Diese (Selbst-)Positionierung hat in den Bewegungen verschiedene Namen erhalten, neben „Positionierung" beispielsweise „Markierung" oder „Verortung". Die Praxis wie auch die Debatte darum ist bereits einige Jahrzehnte alt, wie ein Rückblick auf intersektionale Konflikte in der Lesbenbewegung in den 1980er Jahren zeigt (vgl. Dennert et al. 2007b: 134; Roßhart 2016: 434 , auch Kapitel 3.2).
Kritische Diagnosen betonen – da den anderen durch das Bekenntnis üblicherweise keine neue Information mitgeteilt werde – die Ritualhaftigkeit und insbesondere die Folgenlosigkeit dieses Bekenntnisses, d. h. die Folgenlosigkeit über das Bekenntnis selbst hinaus, sowie noch weitergehend die Ersetzung möglicher politischer Projekte durch das Bekenntnis selbst. Pädagogische Methoden wie der Privilegientest seien „ritual confessions" (Lensmire et al. 2013: 420). Eine derartige Fokussierung auf individuelle Bekenntnisse wird vielfach beobachtet und kritisiert.

> „Allzu häufig kommt es vor, dass Diskussionen um Whiteness sich ausschließlich auf der Ebene der Selbsterkenntnis bewegen. Die Weißen Teilnehmenden gelangen zur Einsicht, dass sie Weiß sind,

> dass damit Privilegien verbunden sind und dass sie sich mit dieser Thematik mehr auseinandersetzen sollten. Das wohlige Gefühl der Reflexion hält an, solange das Thema neue intellektuelle Anreize bieten kann, dann wendet man sich anderem zu – anti-rassistische Politik wird auf dieser Ebene nicht gemacht. Ohne die Auseinandersetzung mit der eigenen Herrschaftsposition geringschätzen zu wollen, kann sie doch nur einer emanzipativen Politik dienen, wenn der Selbstreflexion auch konkrete Taten folgen." (Röggla 2012: 8)

Einige Folgenlosigkeits-Kritiken verbleiben im Rahmen einer Praxis des Selbst, wenn die auf die Bekenntnisse folgenden „konkreten Taten" im Bereich der individuellen Handlungen gesucht werden. Diesen Rahmen einer Praxis des Selbst zu untersuchen bedeutet insofern über die Folgenlosigkeits-Kritik hinauszugehen, dass gerade die Folgen der Bekenntnisse betrachtet werden.[51] Diese finden sich in ihren performativen Aspekten. Denn das Bekenntnis zu einer bestimmten Position ist zugleich ein Bekenntnis zu bestimmten epistemologischen Annahmen als Bestandteil des

---

51 Einen anderen Strang der Kritik am Bekenntnis in Form der (Selbst-)Positionierung möchte ich als „Reifizierungskritik" zusammenfassen. Die Reifizierungskritik kritisiert weniger eine Folgenlosigkeit des Bekenntnisses, sondern vielmehr eine für das anvisierte emanzipatorische Projekt problematische Folge, eben die Reifizierung. Sie soll hier hauptsächlich ihrer Verbreitung halber erwähnt werden, insbesondere in Debatten unter der Überschrift „Critical Whiteness". Der Reifizierungskritik zufolge erfordere das Bekenntnis identitäre Einordnungen, es handle sich um eine „[i]dentitäre Benennung im Namen von Antisexismus und Antirassismus" (Busche 2016: 234). Darin komme es durch die Nutzung identitärer Kategorien zu ihrer Reifizierung. Dies bedeute, „politische Subjekte [...] nach ihrer Herkunft oder Hautfarbe einzuteilen" (Karakayali et al. 2012); stattdessen sei es für Antirassismus „essenziell, dass die Kategorisierungen und Zuschreibungen, die alle Menschen – mit unterschiedlichen Effekten und in unterschiedlichen Dimensionen – betreffen, von diesen zurückgewiesen werden können" (ebd.).

Mit dieser Position gegen die Selbstpositionierung und die damit einhergehende Kategoriennutzung wird eine Seite des Identitätsparadoxes starkgemacht: die Problematik von (Identitäts-) Kategorien. In dieser Vereindeutigung geht die grundsätzlich dilemmatische Struktur jedoch verloren – eben dass für die Benennung hegemonialer Verhältnisse auch die Referenz auf machtvolle Kategorien notwendig ist, um sie politisch adressieren zu können. In diesem Sinne wird der Reifizierungskritik vorgeworfen, soziale Positionen zu entnennen, im Fall von Rassismus ganz im Sinne liberaler „Farbenblindheit":

> „Farbenblindheit ist auch keine Lösung." (Dugalski et al. 2013)

Den Strang der Reifizierungskritik (und wiederum ihrer Kritik) möchte ich hier nicht weiterverfolgen, weil mir mit dem Grundgedanken des Identitätsparadoxes dazu prinzipiell das Meiste gesagt zu sein scheint (zumindest auf jener allgemeinen Ebene, die hier relevant ist; nicht für konkrete Situationen und Konflikte), und weil die Analyse als Subjektivierungsweise in eine andere Richtung führt und andere Effekte betrachtet.

Privilegiendiskurses, und in diesem Bekenntnis formt sich ein spezifisches privilegiertes Subjekt. Jenseits der Selbstauskunft über den sozialen Ort der Sprecher*in positioniert sich die Sprecher*in zugleich auf eine zweite Art: als „gute“ reflektierte Privilegierte.

> „Wenn die Reflexion über Privilegien nicht mit politischen Aktionen verbunden ist, ist das Ziel nicht mehr soziale Veränderung, sondern die Bildung und Aufrechterhaltung von ‚guten‘ Subjekten, die miteinander um den Status des_der ‚Reinsten‘ und von Herrschaft ‚Befreitesten‘ konkurrieren. Dabei wird der Fokus von sozialen Strukturen auf Individuen, von transformativer auf moralische Politik verlegt.“ (bee 2013)

In dieser Hinsicht ist das Bekenntnis keineswegs „folgenlos“: Gerade das Freisprechen (vgl. Dennert et al. 2007b: 134) ist die performative Folge des Rituals, auf die die Sich-Positionierenden hoffen können.

Bekenntnis zu einer Verfehlung: Geständnis und Beichte

Die zweite Bedeutung von Bekenntnis – neben der ersten als „Selbstauskunft“ vor anderen – ist „Geständnis“ oder „Eingeständnis“, also das Bekenntnis zu einer Schuld oder zu einem Fehler. Im Kontext antirassistischer und feministischer sozialer Bewegungen bedeutet ein Fehler konkret eine rassistische oder sexistische Handlung (im weitesten Sinne). Der Akt, der einen Wechsel von der Gruppe der von Schuld Geplagten zur Gruppe der von ihrer Schuld Freigesprochenen ermöglicht, ist die Beichte:

> „Many antiracist workshops pivot around declarations of guilt. Such declarations are known of course, in the fields of law and catholic theology, as confessions. Explicitly stating oneself as guilty of racism can constitute its own form of evasion. I can readily assert that I am racist; with minimal prompting I can expound on lengthy, detailed, highly-nuanced analyses of the ins and outs of my own colonization.“ (O'Brien 2003)

Im Kontext dieser Schuld-Bekenntnisse stellt die Reflexion die selbstbefragende Gewissensprüfung dar, ob man einen derartigen Fehler begangen hat. Dabei kommt den Privilegien-„Checklisten“ die Funktion eines Beichtspiegels zu, mit dessen Hilfe die eigenen Handlungen und Vorstellungen oder – um die Formulierung des katholischen Schuldbekenntnisses zu zitieren – „Gedanken, Worte und Werke“ befragt werden. Dies erfordert, ernsthaft verfolgt, viel Energie (vgl. O’Brien 2003). Als Effekt der Beichte kann das Geständnis von – beispielsweise – rassistischen Vorurteilen in „unlearning racism workshops“ eine kathartische Funktion haben, worauf (wie in Abschnitt 4.1 erläutert) das *Re-evaluation Counseling* explizit abzielt:

> „These workshops are important, yet they tend to focus primarily on cathartic, individual psychological acknowledgement of personal prejudice without stressing the need for corresponding change in political commitment and action.“ (hooks 2000: 55 f.)

Die Katharsis liegt darin, dass das Geständnis Buße signalisiert, die den Weg zur Vergebung öffnet, zur Zugehörigkeit zu den Nicht-(mehr)-Schuldigen, „den Guten“ (Busche 2016: 241 f.). Der Effekt der Vergebung wird erreicht durch die Rollenteilung: Als Subjektpositionen stehen sich Sünder*innen/Büßer*innen einerseits und die die Beichte abnehmende sowie vergebende Instanz andererseits gegenüber. Diese Instanz wird insbesondere in (imaginären oder realen) Nicht-Privilegierten gesehen, denen damit in dieser Situation die Macht zu vergeben zugeschrieben wird.

In der Broschüre des *Internationalen Frauenplenums* wurde „eine mißachtende und beleidigende Bekenntniswut gegenüber schwarzen Frauen“ (Internationales Frauenplenum 1995: 86) kritisiert. Aus Perspektive des jüdisch-feministischen Schabbeskreises blickt Maria Baader auf die Konflikte um Antisemitismus in der FrauenLesben-Bewegung zurück, und resümiert, wie die christlich sozialisierten Frauen von ihnen erwarteten, „daß wir unsere Macht nutzen, um sie freizusprechen“ (Baader 1993: 86). Als Reaktion auf die Unzufriedenheit mit dieser Erwartung verweigerten sie das Freisprechen schließlich und agierten konfrontativ (vgl. ebd.: 90, bereits zitiert in Kapitel 3.2).

Sara Ahmed betrachtet in ihrem Text „Declarations of Whiteness: the Non-Performativity of Anti-Racism“ die Schuldbekenntnisse ohne die Analogie zur Beichte, jedoch in der Analyse der performativen Funktionsweisen umso genauer. Insbesondere da Rassismus als unbewusstes Vorurteil verstanden werde, sei das Bekenntnis, rassistisch zu sein, zugleich – paradoxerweise – die Behauptung, nicht rassistisch zu sein, oder zumindest nicht auf dieselbe Weise rassistisch zu sein (vgl. Ahmed 2004: 20, Ahmed 2012: 46).

Das Bekenntnis zu einem „bad feeling“ (Ahmed 2004: 23) wie beispielsweise Scham wird zu einem Baustein eines kathartischen Effekts. Somit wird das bekennende Subjekt auch vom schlechten Gefühl „freigesprochen“:

> „The very claim to feel bad (about this or that) also involves a self-perception of ‚being good‘.“ (ebd.: 28)

Die schlechten Gefühle belegen die Ernsthaftigkeit des bekennenden Subjekts und verweisen damit auf das Kriterium der Schwierigkeit. Ihre vollständige Überwindung stände unter dem Verdacht der vorschnellen Entlastung – dieser wäre durch weitere Reflexion zu überprüfen, was den Mechanismus des Bekenntnisses am Laufen halten kann. Auch wenn Ahmed nicht das Modell der Beichte aufgreift, kann die Beichte mit ihrer Analyse genauer betrachtet werden als ein Akt, der auf die von ihr beschriebene Weise performativ ist: Nicht nur präsentiert sich jemand im Akt der Beichte als Sünder*in, sondern darüber hinaus als reuige*r Sünder*in – was eben die performative Wirkung hat, sich von der Sünde zu distanzieren, zu*m „gute*n Sünder*in“, ja zu*r guten „Ex-Sünder*in“ zu werden.

Der Fokus auf das Bekenntnis zieht die Aufmerksamkeit ab von Handlungen, oder noch mehr: vom Umgang mit den Folgen von (problematischen) Handlungen, und dem zukünftigen Vermeiden von derartigen Folgen. Die Aufmerksamkeit verschiebt sich auf das Feld der Subjektivierungsweise. Das vom hier fraglichen Bekenntnis produzierte Subjekt wäre nicht mehr einfach das „privilegierte“ Subjekt, sondern „reflektiert“ privilegiert, es wird – wenn die performative Produktion zu einem erfolgreichen Wechsel auf der Ebene der Ontologie wird – zu*r „Verbündeten“ (dazu später mehr in 5.4).

Die hermetische Vermischung beider Bedeutungen und ihre Attraktivität

Die Bekenntnisse sind der (semi-)öffentliche Ausdruck der Reflexion. Sie nehmen aufgrund der beiden Bedeutungen von Bekenntnissen zwei unterschiedliche Formen an: Einerseits das Bekenntnis zu einer Position, also die Selbstauskunft, und andererseits das Bekenntnis zu einer Verfehlung, also das Geständnis.

Selbstauskunft und Geständnis fließen umso stärker ineinander über, je hermetischer der Diskurs hinsichtlich seiner epistemologischen Annahmen funktioniert – also wenn eine Person qua Position „Teil des Problems“ ist, bis hin zu einem „positionalen Fundamentalismus“, wie es Paula-Irene Villa nennt (vgl. z. B. Villa/Speck 2020). Die Hermetik scheint einen bestimmten Reiz auszuüben; die damit einhergehende Determiniertheit scheint attraktiv zu sein. So beobachtet Kalender (2003) im Kontext linker Sexismus-Debatten eine Fokussierung auf die eigene Determiniertheit, in diesem Fall durch vergeschlechtlichende Sozialisation. Zudem habe die Determiniertheit für Marginalisierte eine andere Bedeutung hat als für Privilegierte:

> „Frauen äußern diese Argumente auch. Meine persönliche Einschätzung ist jedoch, dass Frauen aufgrund eines anderen Erfahrungshintergrundes und ihrer Verortung in der Hierarchie eher die Veränderbarkeit und Prozesshaftigkeit von Selbstverhältnissen betonen.“ (Kalender 2003)

Dies führt zur Frage, wie sich ein derartiges affektiv besetztes Herausstellen der eigenen Determiniertheit erklären lässt – und dass die Antworten darauf je nach Positioniertheit unterschiedlich ausfallen können. Wie ist ein Verhaftetsein an eine Identität (vgl. Butler 2003: 62, Brown 1995) zu erklären, die zu bekennen eben nicht das Versprechen einer Position authentischen Widerstands trägt, sondern vielmehr – wenn auch bedauernd – die eigene (Widerstands-)Unfähigkeit herausstellt, die eigene Eigenschaft, ein „Problem“, ein Bremsklotz, ja ein Widerstand für den Widerstand zu sein? Was ist an diesem spezifischen Verhaftetsein, oder genauer: am öffentlichen Bekenntnis dieses Verhaftetseins, attraktiv?

Für Privilegierte bedeutet dieses Bekennen zur eigenen Determiniertheit einen Bonus an Heroismus: Je determinierender die eigene Positioniertheit ist, desto heroischer wird die Geste, sich zu ihr zu bekennen. Tendenziell wird das Bekenntnis – je hermetischer das Argument gefärbt ist – zum performativen Selbstwiderspruch, der aber gerade dadurch besonders heroisch wirkt: ein Bruch mit eben jener Determiniertheit, wie ein Durchschlagen eines gordischen Knotens qua Entschlossenheit und Willenskraft. Und gerade das Wissen um den Selbstwiderspruch und die Aporien sind der Stoff, der die Reflexion in Permanenz füttert, und damit unendlich Stoff für Bekenntnisäußerungen bietet. Ähnlich funktioniert der Gedanke, dass das Bekenntnis zur eigenen Determiniertheit handlungsentlastend sein kann, ja Untätigkeit legitimieren kann (was z. B. in der verbreiteten Folgenlosigkeits-Kritik zum Ausdruck kommt): Ich bekenne, dass es mir qua Position nicht möglich ist zu handeln – und zugleich betone ich die große Dringlichkeit und Handlungsnotwendigkeit, was sich ebenfalls nur durch Willenskraft und weitere Reflexion auflösen lässt. Das Bekenntnis verspricht Radikalität – je hermetischer, desto stärker. Es verschafft *street credibility* auf Seiten der Marginalisierten (oder lässt zumindest hoffen auf *street credibility* auf Seiten imaginierter Marginalisierter). Eine Art konvertitischer Eifer kann zu hermetischen Versionen greifen lassen, die besondere Radikalität versprechen, insbesondere separatistischen Positionen.

Auch wenn dies hier aufgrund des Fokus auf die Subjektivierungsweise der Verbündeten nicht im Zentrum steht, soll noch kurz über die Attraktivität hermetischer Versionen des Privilegiendiskurses für Marginalisierte nachgedacht werden. Vielleicht gibt es die Hoffnung, damit ein radikales Werkzeug in den Händen zu halten; beispielsweise aufgrund der empirischen Beobachtung, dass derartige Anrufungen auf Seiten der Privilegierten Handlungseffekte hervorbringen – und sei es bloß der Effekt, dass sich ein Teil von ihnen in Bekenntnissen übt, während ein anderer Teil sich gegen die Anforderung verwehrt, womit eine Filterfunktion in „Teil der Lösung" und „Teil des Problems" erfüllt wäre. Damit wäre eine Orientierung geschaffen: ein konkretes greifbares Ziel (nämlich die Verbreitung einer bestimmten Praxis) und konkret greifbare politische Gegner*innen (nämlich jene, die sich verweigern). Diese Orientierung kann attraktiv sein aufgrund des Wunsches nach Handlungsfähigkeit in einer Situation der Konfrontation mit einer allgegenwärtigen, die Subjekte durchdringenden Struktur, und aufgrund eines Erfahrungshintergrunds von immer wieder reproduzierten Verletzungen aufgrund dieser Struktur. Im Vergleich dazu kann die beschriebene temporäre Machtfunktion der Vergebung Spendenden attraktiv sein. Die Orientierung an epistemologischer Hermetik und Determiniertheit mag von Seiten der Marginalisierten auch aus anderen Gründen attraktiv sein, beispielsweise als theoretischer Ausdruck separatistischer Strategien in bestimmten politischen Kontexten. Dass diese Determiniertheit, deren Pointe darin besteht, die Privilegierten eben nicht in die eigene Organisierung einzubinden, eine weitere Ebene des performativen Selbstwiderspruchs bekommt, wenn sich Privilegierte auf diese Positionen berufen, mag dann als Problem jenen Privilegierten überlassen bleiben.

An dieser Stelle seien auch jene Privilegierten erwähnt, die sich gegen den Privilegiendiskurs und z. B. dagegen verwehren, Bekenntnisse abzulegen. Ihnen kommt eine Hermetik insofern zupass, weil die Abwehr derartiger Extremversionen – beispielsweise autoritären Praktiken mit Legitimation über positionalen Fundamentalismus – leichter plausibel gemacht werden kann. Eine selektive Rezeption der hermetischen Varianten, ein Wille zu ihrer lautstarken Skandalisierung – bei zugleich weniger Interesse an oder

Ignoranz gegenüber den eben nicht hermetischen Varianten – kann zum Anlass genommen werden, sich gegen jegliche antirassistischen und feministischen Forderungen zu wenden. Insofern können hermetische Versionen beiden skizzierten Fraktionen der Privilegierten willkommen sein: den einen verleihen sie heroische Qualitäten (und geliehene *credibility* und Radikalität), den anderen Gründe, im Paket mit autoritären Antworten zugleich die aufgeworfenen unbequemen Fragen abwehren zu können. Diese Mechanismen dürften zu einer relativ stärkeren Verbreitung hermetischer Varianten des Privilegiendiskurses und damit zur Polarisierung der Debatte beigetragen haben.

An dieser Stelle jedoch zurück zur Subjektivierungsweise, also der immanenten Perspektive bezogen auf das Subjekt des Privilegiendiskurses: Je hermetischer der Diskurs, desto notwendiger ist eine Handlungsanleitung.

Handlungsanleitungen: niedrigschwellig und nachgefragt

Handlungsanleitungen für Privilegierte sind ein typisches Element des Privilegiendiskurs. Dies betont beispielsweise Anne Bishop – affirmativ – in ihrem Buch „Becoming an Ally“ :

> „No course, workshop, or conference aimed at educating allies is complete without a plan for action.“ (Bishop 2002: 139)

Das Befolgen von Handlungsanleitungen kann neben dem Ablegen eines Bekenntnisses als zweite zentrale Selbsttechnologie zum Erreichen der *allyship* verstanden werden. Im Folgenden werden die typische Form der Handlungsanleitungen im Privilegiendiskurs, ihr inhaltlicher Horizont sowie die Nachfrage nach ihnen betrachtet.

To-do-Listen und Not-to-do-Listen

Neben der bereits erwähnten „Checkliste“ oder „Privilegienliste“ (vgl. 5.1) als genuiner Textform des Privilegiendiskurses findet sich im Privilegiendiskurs häufig eine weitere Form der Liste, die ich als „To-do-Liste“ beschreiben möchte. Dies sind Handlungsanleitungen in Listenform; oft haben sie als „how-to guides“ ein Ratgeberformat. Während die Checkliste ein Bewusstmachungs-Werkzeug darstellt, eine Gedächtnisstütze zur Reflexion, ist die To-do-Liste ein Handlungsanleitungs-Werkzeug. Die listenförmige

Handlungsanleitung trifft dabei offenbar auf großes Interesse, eine starke Nachfrage. Listen versprechen eine unkomplizierte Rezeption: sie sind eine Kompilation von Einzelpunkten, die logisch auf der selben Ebene liegen; ohne komplexe (Text-)Strukturen, übergreifende Argumentationsbögen, ambivalente Abwägungen oder dergleichen, zudem tendenziell kürzer als Fließtext. Handlungsanleitende Listen versprechen eine Orientierungswirkung, indem sie zum Abarbeiten ihrer Punkte anleiten, beispielsweise „35 Practical Steps Men Can Take to Support Feminism" (Clark 2014, vielfach wiederveröffentlicht und in mindestens fünf Sprachen übersetzt). So versprechen zahlreiche Bücher bereits im Titel, Handlungsanleitung für privilegierte Leser*innen zu bieten: beispielsweise *Becoming an Ally – Breaking the Cycle of Oppression in People* (Bishop 2002) oder *Uprooting Racism: How White People can Work for Racial Justice* (Kivel 1996). Letzteres versteht sich als „supportive how-to book for white people who are willing to work to end racism" (ebd.: Klappentext). Es enthält „Lists, Exercises and Assessments": neben Privilegien-Listen auch Handlungsanleitungen wie „Becoming Allies – Basic Tactics" (ebd.: 103 f.). Diese Liste beispielsweise versammelt „some general guidelines":

> „1. Assume racism is everywhere, everyday. […]
> 2. Notice who is the center of attention and who is the center of power […]
> 3. Notice how racism is denied, minimized and justified.
> 4. Understand and learn from the history of whiteness and racism. […]
> 5. Understand the connections between racism, economic issues, sexism and other forms of injustice.
> 6. Take a stand against injustice. […]
> 7. Be strategic. [...]
> 8. Don't confuse a battle with the war. […]
> 9. Don't call names or be personally abusive. […]
> 10. Support the leadership of people of color. [...]
> 11. Don't do it alone. […]
> 12. Talk with your children and other young people about racism." (Kivel 1996: 103 f.)

Auf den meisten Listen tauchen sowohl negative als auch positive Formulierungen auf: So beschreibt z. B. in der zitierten Liste der Punkt 9 eine zu vermeidende Handlung. Teils sind die Handlungsanleitungen derart, dass eine Negation unmittelbar impliziert ist, so beispielsweise der zitierte Punkt 6 „take a stand against injustice“: Diese Anleitung transportiert in ihrer Allgemeinheit das Gegenteil – Untätigkeit angesichts von Ungerechtigkeit – in der Abgrenzung mit.[52] Neben derartigen To-do-Listen mit explizit oder implizit negativen Punkten existieren auch „Not-to-do-Listen“ mit vollständig explizit negativer Handlungsanleitung, also Listen von zu vermeidenden Handlungen: beispielsweise „8 Ways Not To Be An ‚Ally‘: A Non-Comprehensive List“ (McKenzie 2013).

Der Horizont der Interpersonalität

Die Handlungsanleitungen operieren überwiegend innerhalb eines Denk- und Handlungshorizonts der Interpersonalität: sie leiten an für Handlungen in der interpersonalen Interaktion, der zwischenmenschlichen Begegnung. Zum einen geht es zentral um die Konstellation zwischen privilegierten und nicht-privilegierten Person:

> „Beim Verbündet-Sein geht es immer um das Verhältnis zwischen Menschen mit Privilegien in einem bestimmten Kontext und Menschen, die in diesem Kontext keine Privilegien besitzen.“ (Perko/Czollek 2014: 159)

Zum anderen wird immer wieder die Konstellation zwischen „reflektierten“ Privilegierten und „unreflektierten“ Privilegierten bearbeitet. Die politische Aufgabe, zu der die Handlungsanleitungen dabei anleiten, ist die interpersonale Überzeugungsarbeit innerhalb der Eigengruppe. Beispielsweise:

> „Have integrity with your male friends. (i.e., Don’t be a ‚bro‘): When a male friend is doing something sexist (being a deadbeat dad, downtalking women, ogling women, secretly spending shared money, lying to their partner, etc.) have integrity and say something to your friend. It’s not enough to think it’s wrong; let them know you think it’s wrong.“ (Clark 2014: 4)

52 Ähnlich propagiert der Klappentext von *Men Speak Out* (Tarrant 2007) daran zu arbeiten, „active allies“ zu werden – „especially if the alternative is to tune out and continue actively complying with domination.“ (Tarrant 2007, Klappe) – also einen reichlich unspezifischen Appell, der nur über die Negation von aktiv affirmativem Verhalten beschrieben wird.

Je konkreter die Handlungsanleitungen sind, desto klarer tritt der Horizont der Interpersonalität zutage, beispielsweise „teach your children about racism", „interrupt jokes and comments", „talk to other white people" (Kivel 1996: 102). Insbesondere im Begriff „teach" wird zudem offensichtlich, dass innerhalb des Horizonts der Interpersonalität eine pädagogische Aufgabe liegt. Alltäglich bieten sich Gelegenheiten „for educating yourselves and others and working for change" (Ferber 2009: 255).

Der interpersonale Horizont geht auf bestimmte teils hegemoniale Wissenstraditionen zurück. Bezogen auf Geschlechterverhältnisse fällt insbesondere eine Rahmung über eine heterosexuelle Partnerschaftlichkeit auf. So bezeichnet beispielsweise die bereits zitierte Definition von „Men as allies of women" von Kaufman/Kimmel (2011: 10) dies als „an act of collective love for the women in our lives", und ruft damit ein Register der Liebe von Männern zu konkreten Frauen und der Beziehungsqualität zu ihnen auf. Das Selbstverständnis als *ally* und die Hinwendung von Männern zum Feminismus, die damit einhergeht, könne auf Loyalität zu konkreten Frauen beruhen:

> „These men have made a vow to stand beside her and not abandon her, to wholeheartedly be her ally." (Stoltenberg 1990: 11)

Gerade die radikalfeministische Traditionslinie des männlichen Profeminismus, in der Stoltenberg verortet ist, stellt interpersonale, insbesondere sexualisierte Gewalt durch Männer gegen Frauen ins Zentrum ihrer Gesellschaftsanalyse. Doch nicht nur dort bezieht sich *allyship* teils auf die Unterstützung konkreter Frauen (und Männer) nach Gewaltwiderfahrnissen, und insbesondere die Unterstützung innerhalb einer Liebesbeziehung. Auch eine Traditionslinie der Anti-Gewalt-Arbeit fließt mit dieser Konturierung in den Verbündeten-Begriff und diesbezügliche Handlungsanleitungen ein, und platziert ihn über diese spezifische Personenkonstellation innerhalb des Horizonts der Interpersonalität, konkret einer Partner*innenschaft. Dies fasst beispielsweise der Titel des Handbuchs *Verbündete – Ein Handbuch für Partnerinnen und Partner sexuell mißbrauchter Frauen und Männer* (Davis 1995)[53] zusammen.

Bezogen auf Rassismus ist der Horizont der Interpersonalität insbesondere durch das Modell der „interkulturellen Begegnung" geprägt. Dieses

53 Englischsprachige Erstveröffentlichung als *Allies in Healing: When the Person You Love Was Sexually Abused as a Child* (1991).

Modell, in dem Rassismus primär als Verhältnis zwischen unterschiedlichen Kulturen gedacht wird, existiert sowohl in Bewegungen wie auch in Institutionen – wenngleich typischerweise mit unterschiedlich starker Betonung von Macht und Machtdifferenzen zwischen jenen Kulturen, und unterschiedlich kritischem Kultur-Begriff. Ob „schlechtem kulturellen Benehmen" mit einer „kulturellen Etikette" (vgl. Kapitel 3.2) oder einem Training (vgl. Kapitel 4.2) begegnet wird: Die interpersonale Begegnung erfordert für ihr Gelingen (inter-)kulturelle Kompetenzen:

> „Cultural competency is the ability to understand another culture well enough to be able to communicate and work with people from that culture." (Kivel 1996: 207)

Ziele dieser Kompetenzen sind „increased understanding, respectful communication and full inclusion of all people" (ebd.), die auf interpersonalem Weg erreicht werden. Zwischen diesen feministischen und antirassistischen Traditionslinien des interpersonellen Horizonts existieren konzeptionelle und personelle Verbindungen.

Wenn es die Aufgabe der Handlungsanleitungen ist, innerhalb des Horizonts der Interpersonalität „schlechte Beziehungen" zu verbessern – auf welche Art versuchen sie dies?

Kompilationen zwischenmenschlicher Mindeststandards

Die Handlungsanleitungen versuchen Beziehungen zu verbessern, indem sie Mindeststandards zusammenstellen. Beispielhaft sei erinnert an die Broschüre *Kulturelle Etikette* (Three Rivers 1994), die vor dem individuellen Hineintappen in „Fallen von unabsichtlichem Rassismus und Antisemitismus" (ebd. 13) bewahren will, und dafür beispielsweise zu vermeidende Handlungen und Sprachakte unter der Überschrift „Tu das einfach nicht. O.K.?" (ebd.: 27) zusammenstellt. Kurz, aus einer anderen Handlungsanleitungs-Liste:

> „Treat Us Like Humans, Not ‚The Other'" (tekanji 2006)

Bereits 1942/1943 hat die *weiße* Autorin Lillian Smith einen Handlungsanleitungs-Text geschrieben, der sich an *Weiße* im US-amerikanischen Süden richtete, die etwas gegen Rassismus unternehmen wollten (Smith 1972, vgl.

dazu beispielsweise Röggla 2012: 117). Darin beschreibt sie individuelle Handlungen gruppiert anhand des Maßes an Mut, Energie, Vorstellungskraft, Tapferkeit, Opferbereitschaft und Fähigkeiten, das sie erfordern: von „The Simple, Undramatic Things We All Can Do“ (Smith 1972: 118) über „There Are Other Things To Be Done“ (ebd.: 123) bis „For the Few“ (ebd.: 127). In allen drei Kategorien finden sich Handlungen, die sich auf respektvolles interpersonales Verhalten beziehen: bei den „einfachen“ Handlungen beispielsweise der Verzicht auf rassistische Begriffe und Witze oder die respektvolle Anrede von Schwarzen; bei den Handlungen für die wagemutigeren Wenigen beispielsweise nicht von den Normen der Segregation beeindruckte Alltags-Interaktionen. Konkret fordert Smith *Weiße* dazu auf mit Schwarzen gemeinsam zu essen, mit ihnen auf öffentlichen Plätzen zusammenzusitzen, sie nach Hause einzuladen (vgl. ebd.: 127). Dies verweist auf den historischen Kontext der Segregation, und darauf, dass in einem derartigen Kontext das Einhalten zwischenmenschlicher Mindeststandards als explizite Widerstandshandlung wirken kann. Doch selbst in diesem Kontext dürfte der konkrete Inhalt dieser Handlungsanleitung für die Rezipient*innen nicht überraschend sein. Dennoch werden derartige Handlungsanleitungen nachgefragt, beispielsweise in einem Leserbrief an Smith, die darauf mit einer weiteren Handlungsanleitungs-Liste antwortete. Minnie Bruce Pratt fasst mit Bezug auf Smith zusammen:

> „There are lists of ‚Things to do‘; Smith published one herself in 1943. We can learn something from such a list, but most of it is commonsense: we already know that work against anti-Semitism and racism can range from stopping offensive jokes, to letters to the editor, to educational workshops, to changing the law, to writing poetry, to demonstrations in the street, to restructuring of the economy.“ (Pratt 1988: 46 f.)

Anekdotisch bringt der wütende Social Media-Post eine*s Trans*-Freund*es anlässlich einer gegenwärtig kursierenden Handlungsanleitungs-Liste für cis-*allies* die konzeptionelle Fokussierung auf zwischenmenschliche Mindeststandards auf den Punkt:

> „I am way beyond tired of writings about trans ‚allyship‘ (or solidarity, or whatever the new buzz word is) that don't go anywhere beyond basically ‚how not to be a massive fucking asshole.‘ I mean seriously. This shit is not a guide to how to be my ally; it's a guide to

> how to avoid making me want to kick your cisgender ass." (Facebook-Post, Charlie B. Barkin, 23.08.2011)

Wäre entsprechend derartigen Handlungsanleitungen „ally" schlicht ein Synonym für „not a massive fucking asshole"? Dies wäre ein reichlich niedriger Anspruch, eine seltsame Inkongruenz von transformativem Versprechen und tatsächlichem Gehalt.

Handlungsanleitungs-Listen, die zu vermeidende Fehler und Wege der Fehlervermeidung versammeln, füllen „Antirassismus als Vermeidung offener Rassismen" (Weiß 2009), wie es Anja Weiß in deutschen, überwiegend *weißen* antirassistischen Gruppen in der zweiten Hälfte der 90er Jahre empirisch untersucht hat (Weiß 1999b, 2001, 2009). Die hier betrachteten Handlungsanleitungen wären insofern schriftliche Zusammenstellungen von feineren Strategien der Vermeidung. Das Einhalten zwischenmenschlicher Mindeststandards wirkt als Strategie erstmal wenig nach vorn schauend und im Anspruch bescheiden. Aber seine Auswirkungen sprechen dafür: Es verändert potenziell den (bewegungs-)öffentlichen Raum (vgl. Weiß 2001: 211). Damit wäre es bewegungsstrategisch gedacht ein Beitrag zu einer offenen, inklusiven, vertrauensvollen Bewegungs(organisations)kultur – wenn auch vermutlich kein hinreichender Beitrag dazu, wenn es ausschließlich bei diesen individuellen Vermeidungspraktiken bleibt, und beispielsweise strukturell ansetzende Maßnahmen wie Redequotierungen o. ä. unterbleiben (wie im Fall der von Weiß untersuchten Gruppen, vgl. Weiß 2001: 339 ff., 355). Subjektiv aus Perspektive der Privilegierten spricht insbesondere die relativ leichte Umsetzbarkeit für diese Strategie der individuellen Vermeidung. Sie verspricht Handhabbarkeit und Handlungsfähigkeit:

> „Das eigene Handeln lässt sich leichter kontrollieren, wenn es die Dinge in den Blick nimmt, die die Handelnden – scheinbar – unter Kontrolle haben: Die nicht rassistische Begegnung mit rassistisch dominierten FreundInnen und PartnerInnen oder die Gestaltung einer angenehmen Gruppenatmosphäre. Dass die Gruppen auf individualisierte Deutungen rekurrieren, wenn sie nicht mehr weiterwissen, ist sicher nicht nur ihrem Mittelschichtshabitus geschuldet, sondern auch der vordergründigen Praktikabilität und Handhabbarkeit individualisierender Paradigmen." (Weiß 2001: 346)

Auch dieser subjektive Vorteil macht derartige Handlungsanleitungen attraktiv und trägt zur Nachfrage nach ihnen bei.

Nachfrage nach Handlungsanleitung: „Was soll ich tun?"

Nicht nur kursieren zahlreiche Handlungsanleitungen, was bereits auf eine hohe Nachfrage hinweist, sondern zudem betonen viele der Texte selbst die Nachfrage nach Handlungsanleitung. Dabei wird häufig die Mangeldiagnose aufgestellt, es gebe bislang nichts Entsprechendes. So beispielsweise bei Paul Kivel:

> „In the workshops my co-workers and I were facilitating participants were eager to talk about these issues and anxious to become involved. Somehow, few of them were able to translate their understanding of the issues and their commitment to ending racism into concrete community action. When they asked me for resources there were no guides for critical thinking and social action i could point them to. What was available about racism or white people was theoretical – interesting but not practical." (Kivel 1996: xi)

Bücher richten sich an jene Privilegierten, die sich nach Anleitung sehnen:

> „For any person who yearns for guidance in how to be a reliable and effective ally in the struggle against racism, Kendall serves as an authentic and experienced role model." (Testimonial von Lee Ann Bell in Kendall 2013: ix)

Marginalisierte werden von Privilegierten immer wieder um Handlungsanleitungen gebeten (vgl. z. B. O'Brien 2003, Xhopakelxhit 2014). Gerade angesichts der weiter oben erwähnten Handlungsanleitung von bereits 1942/1943 und der schon in jenem Kontext geschilderten Schleife einer Nachfrage nach *genauerer* Handlungsanleitung, die dann geliefert wurde, erscheint die Verbreitung der Mangeldiagnose überraschend. Sie scheint jedoch immer wieder bemüht zu werden, über das zu erwartende Maß des Abbrechens und Verschüttgehens von Bewegungswissen hinaus. Die – von Privilegierten – unablässig gestellte und offenbar nie ausreichend beantwortete Frage ist „Was soll ich tun?". Sie ist die Frage, auf die die Handlungsanleitung eine Antwort geben soll, und die zugleich den Rahmen bietet, innerhalb dessen eine Handlungsanleitung eine plausible Antwort darstellt. In einem selbstreflexiven Rückblick auf ihre Fragestellung bilanziert die *weiße* Autorin Katharina Röggla in ihrem Einführungsbuch zu Critical Whiteness Studies (2012):

„[D]ie Frage nach den politischen Handlungsmöglichkeiten für Weiße AntirassistInnen ist letztlich die Frage danach, was ich tun soll.“ (Röggla 2012: 124)

Die Frage ist so verbreitet, dass Linda Martín Alcoff sie als „the white question“ oder „the whiteness question“ (Alcoff 2005: 205 ff.) benennt. Die Frage kann vielfältige Bedeutungen haben, wie Sara Ahmed herausstellt. Sie zielt dabei insbesondere auf einen Kontext ab, in dem gerade Rassismus thematisiert worden ist, und liest diese Frage als *weiße* Reaktion auf die dabei aufgerufenen Gefühle:

„I always remember being in an audience to a paper on the stolen generation and the first question asked was: ‚but what can we do‘. The impulse towards action is understandable and complicated; it can be both a defense against the ‚shock‘ of hearing about racism (and the shock of the complicity revealed by the very ‚shock‘ that ‚this‘ was a ‚shock‘); it can be an impulse to reconciliation as a ‚re-covering‘ of the past (the desire to feel better); it can be about making public one's judgment (‚what happened was wrong‘); or it can be an expression of solidarity (‚I am with you‘); or it can simply [express] an orientation towards the openness of the future (rephrased as: ‚what can be done?‘). But the question, in all of these modes of utterance, can work to block hearing; in moving on from the present towards the future, it can also move away from the object of critique, or place the white subject ‚outside‘ that critique in the present of the hearing. In other words, the desire to act, to move, or even to move on, can stop the message ‚getting through‘.“ (Ahmed 2004: 56)

Diese Frage zu stellen und damit einen Handlungswunsch zu artikulieren, kann also eine möglicherweise vorschnelle Geste der Distanzierung von Rassismus sein (vgl. auch Ahmed 2004: 57). Ahmed scharfsinnige Beschreibung sensibilisiert für die Bedeutungsebenen, die die schnell griffbereite, omnipräsente Frage nach der Handlungsanleitung haben kann. Anknüpfend an ihre erläuternden Umformulierungen soll hier den Bedeutungen in bewegungsstrategischer Hinsicht weiter nachgegangen werden. Was bedeutet es, wenn die Frage „Was kann ich tun?“ gestellt wird als „Was soll ich tun?“? Und wie kann es sein, dass die Frage – vor dem Hintergrund, dass es dazu bislang vermeintlich nichts gab – mit großer Ratlosigkeit gestellt wird, wenn die Antworten zugleich „commonsense" sind?[54] Warum ist dann eine Handlungsanleitung notwendig?

In der Frage nach dem „sollen" wird die Anrufung einer Autorität, die Handlungsanleitung liefern möge und die in der Lage ist zu sagen, was getan werden muss, besonders augenscheinlich. Der Effekt der Produktion und Rezeption von Handlungsanleitung liegt vielleicht weniger in den konkreten Inhalten der Handlungsanleitung (denn „most of it is commonsense" – nämlich u. a. „not to be a fucking massive asshole"), sondern in der Legitimität, die die Handlungsanleitung verleiht bzw. die das Berufen auf eine Handlungsanleitung der eigenen Handlung verleihen soll. Diese Legitimität beruht auf der Autorität der Person, die die Handlungsanleitung erstellt. Die Orientierung auf eine Autorität wird notwendig durch die in die Frage eingehende epistemologisch begründeten Annahme, als Privilegierte*r nicht selbst wissen zu können, was zu tun möglich oder sinnvoll wäre, und daher jemanden zu brauchen, der*die mir sagen kann, was ich tun kann.[55] Die Autorität kann also zum einen beruhen auf der Positioniertheit als Marginalisierte aufgrund der ihnen zugeschriebenen epistemologischen Autorität.[56]

---

54 Mit dem Fokus auf die individuelle Handlungsfähigkeit geht eine verblüffende Abstinenz von im Bewegungskontext „commonsensical" Handlungen einher. Dies fällt auf, wenn die Frage konkretisiert würde als „Was wäre in dieser Situation sinnvoll zu tun?", oder „Wie könnte ich zu dem beitragen, das ihr bereits tut?". Dies könnte beispielsweise sein: „Womit kann ich die Kampagne unterstützen?", „Wo finde ich eure Spendenkontonummer?", „Kann ich zu eurem nächsten Treffen kommen, wann und wo findet das statt?" oder „Was muss noch getan werden für die Demo in zwei Wochen?". Diese konkreten – und in ihrer Konkretion „commonsensical" banalen – Formulierungen können den Unterschied zu heroischen oder selbstbezogenen Varianten augenfällig machen. Sie lassen sich auf konkrete Handlungserfordernisse ein, statt es bei der sich selbst passivierenden Bitte nach Handlungsanleitung zu belassen. Darin zeigte sich mit Ahmeds Ausdruck eine spezifische „orientation towards the openness of the future": eine Offenheit zu einem spezifischen Kampf beizutragen, der die Zukunft zu gestalten versucht. Auch diese reformulierten Fragen sind dabei mitnichten gefeit vor den möglichen Bedeutungen, die Ahmed herausarbeitet; sie führen aber näher an die bewegungsstrategische Ebene, die in der „What can I do"-Formulierung untergeht.

55 Diese Nachfrage nach Handlungsanleitung kann bodenlos sein: Reicht z. B. die Anregung, einen Leser*innenbrief zu verfassen (vgl z. B. Three Rivers 1994: 40 oder Smith 1972: 119)? Braucht es nicht noch eine Anleitung, *was* darin zu schreiben wäre...?

56 Eine anekdotische Beobachtung illustriert dies: Beim Publikumsgespräch nach einer Aufführung des dokumentarischen Theaterstücks „NSU-Monologe" 2017 stellte eine junge *weiße* Zuschauerin jene typische Frage, und Tahir Della, langjähriger Aktivist der *Initiative Schwarze Menschen in Deutschland (ISD)*, antwortete – meines Erachtens zugleich genervt wie geduldig, verblüfft wie routiniert angesichts der offenbar unvermeidbar auftauchenden Frage – mit der launigen Entgegnung, das habe ihm damals auch niemand gesagt, als er angefangen habe Politik zu machen, nur um direkt hinzuzufügen: „Das war die freche Antwort, jetzt kommt die

Die Autorität von Handlungsanleitungen erstellenden privilegierten Personen, zum anderen, ist komplizierter. Sie können der „epistemologischen Schlüpfrigkeit“ (Wollrad 2007: 53) nicht entkommen, aber als *ally* einen abgeleiteten Status der Autorität bekommen. Dazu dient der fachliche Status beispielsweise als „Profi“ (ebd.: 51), noch stärker jedoch der persönliche Status als „authentic and experienced role model“ (Testimonial von Lee Ann Bell in Kendall 2013: ix). Idealerweise ist beides miteinander verbunden: als ein Profi-Status, der aus Authentizität und Vorbildhaftigkeit (zur Vorbildfunktion später mehr) erwächst. So zumindest Selbstbild und/oder Außendarstellung in jenen Texten, die zugleich als Werbetext für die eigenen (Trainings-)Dienstleistungen, Vorträge oder Bücher fungieren. Tendenziell erwächst der Status performativ durch das Schreiben einer Handlungsanleitung: Wer eine To-do-Liste aufstellt, weiß was zu tun ist; und wenn dies in der Liste selbstreflexiv als nicht so leicht beschrieben wird, unterstreicht diese Selbstreflexion noch einmal zusätzlich den Vorbild-Status. Mit dem *ally*-Status geht die Vorstellung von „besseren“ Privilegierten einher, eben beispielsweise „good white anti-racist subject“ (Ahmed 2004: 57). Die Zielgruppe der Handlungsanleitungen sieht diese Vorbilder ambivalent: Sie wird in dieser Vergleichskonstellation implizit herabgesetzt, aber bekommt mit der Handlungsanleitung zugleich ein Instrument an die Hand, selbst den Status der *allies* zu erreichen. Für die antirassistische pädagogische Arbeit beschreibt Wollrad, dass die Rolle der *weißen* Leiterin von den *weißen* Teilnehmenden „gleichermaßen gewünscht wie verabscheut“ (Wollrad 2007: 51) werde:

> „Die Abscheu äußert sich in Bemerkungen wie ‚Die hält sich wohl für was Besseres‘. Dennoch ist der Wunsch nach einem sogenannten Profi bei Weißen durchaus vorhanden: ‚Die kennt die Rezepte, die mir Sicherheit geben. Sie hat die Listen mit den No-No-Wörtern und Handlungsanweisungen‘.“ (Wollrad 2007: 51)

---

weniger freche Antwort“, um dann einige der üblichen handlungsanleitenden Vorschläge aufzulisten (z. B. auf eine Kundgebung zu gehen).

Mit seiner ersten Antwort ließ Della die Erwartung einer epistemologischen Differenz zwischen *weißem* Nicht-Wissen-Können und Schwarzem Handlungsanleitungen-Liefern-Können (oder gar -Müssen) ins Leere laufen, betonte stattdessen die Gemeinsamkeit als Politikmachende Aktivist*innen, und ließ dabei allenfalls eine Alters- und Erfahrungsdifferenz anklingen. Mit der zweiten Antwort beugte er sich dann der Anrufung als Autorität, möglicherweise erfahrungsgesättigt mit unterschiedlichen Arten des Antwortens und ihrer Zielerreichung. (Im Übrigen schien in diesem Fall die handlungsanleitende Antwort erfolgreich gewesen zu sein: Ich meine die Fragestellerin kurze Zeit darauf bei einer einschlägigen Demonstration gesehen zu haben. Ob der handlungsanleitende Hinweis dafür notwendig oder zumindest ausschlaggebend war?) .

Mit dieser Position der angerufenen Autorität geht einher, dass vom Befolgen der Handlungsanleitungen erwartet wird, nicht (mehr) der Kritik dieser Autoritäten ausgesetzt zu sein. So basiert die Frage nicht nur auf (epistemologisch begründetem) Unwissen oder auf dem Wunsch, sich dem eigenen Anspruch gemäß zu verhalten (und dafür Hilfestellung zu benötigen), sondern auch auf dem Wunsch, die unangenehme Situation des Kritisiert-Werdens durch jene Autoritäten zu vermeiden, also beispielsweise nicht mit – im „ungünstigsten" Fall berechtigter – Wut von Marginalisierten konfrontiert zu sein. Davor haben Privilegierte häufig Angst:

> „Fear of offending members of oppressed groups and fear of their anger." (Thompson 2000b: 479)

Diese Angst kann nicht nur Inaktivität und Ignoranz gegenüber Unterdrückung hervorbringen, wie Cooper Thompson ausführt, sondern ebenso den Wunsch nach Fehlervermeidung. Dafür spricht der oben beschriebene Fokus der Handlungsanleitungen auf Vermeidungs-Wissen. So steht bei der Nachfrage nach Handlungsanleitung vielleicht weniger der Wunsch einen Fehler zu vermeiden im Zentrum, als der Wunsch zu vermeiden für einen Fehler kritisiert zu werden.

Wenn Audre Lorde schreibt, dass aus der Angst vor der Wut nichts zu lernen sei,[57] und stattdessen die „hard work of excavating honesty" (Lorde 1984: 124) notwendig sei – wie steht diese Arbeit im Verhältnis zu Handlungsanleitungen und der Nachfrage nach Handlungsanleitungen? Ist das Fragen nach Handlungsanleitung ein Beleg von Ehrlichkeit und ehrlichen Absichten? Was bedeutet es, wenn die Handlungsanleitung selbst dazu auffordert, ehrlich zu sein? Hier zeigt sich ein Spannungsverhältnis zwischen der Form der Handlungsanleitung und der Reflexionsanforderung. Reflexion benötigt eine intrinsische Motivation, eine Ergebnisoffenheit und das Entwickeln einer eigenen Haltung – was umso stärker in Widerspruch zu Handlungsanleitungen gerät, je konkreter diese ausgestaltet sind. Denn das Befolgen einer Anleitung ist eben keine Reflexion. Und wenn – andersherum – die Handlungsanleitung primär aus dem Imperativ zu reflektieren besteht oder sich auf Bewusstseinsbildung beschränkt, verfehlt sie ihr Versprechen eine Handlungsanleitung zu sein. Die epistemologischen Vorannahmen machen die Handlungsanleitung konzeptionell notwendig

---

57 „My fear of anger taught me nothing. Your fear of that anger will teach you nothing, also." (Lorde 1984: 124)

– und zwar gerade in dieser widersprüchlichen Form. Individuelle Handlungen werden als primäres oder gar einziges Mittel politischer Veränderungen gedacht; damit wird Subjekten eine starke Handlungsfähigkeit zugeschrieben. Zugleich geht mit den epistemologischen Grundannahmen eine starke Handlungs*un*fähigkeit des privilegierten Subjekts einher. Die Handlungsanleitung stellt die notwendige Brücke über die Kluft zwischen diesen beiden Polen von Handlungsfähigkeit und Handlungsunfähigkeit dar. Oder weniger statisch: Das Spannungsverhältnis, das diese Pole von Handlungsfähigkeit und Handlungsunfähigkeit in Bewegung hält, bildet sich auch in den Handlungsanleitungen selbst ab. Denn Ausdruck dieses Spannungsverhältnisses sind doppelte Botschaften: einerseits individuelle Handlungen, initiativ werden, mit Tendenz ins Heroische – andererseits ein Selbstzurücknehmen, eine Aufladung gerade des Selbstzurücknehmens als politische Handlung. Beispiele wären die Gleichzeitigkeit eines generalisierten Handlungsappells wie „Sei eine aktive Verbündete mit allen unterdrückten Menschen" (Three Rivers 1994: 39) und eines generalisierten Vorsichtsappells wie „Wenn du dir unsicher bist, sei lieber übervorsichtig" (Three Rivers 1994: 27), oder die Gleichzeitigkeit der Handlungsanleitungen, zu intervenieren ohne aufgefordert werden zu müssen, und *nicht* zu intervenieren ohne aufgefordert zu werden (vgl. z. B. Ignite! 2013). Dass die konzeptionell notwendigen doppelten Botschaften (jenseits der niedrigschwelligen zwischenmenschlichen Mindeststandards) umso stärker auftauchen dürften, je konkreter die Handlungsanleitung wird, dürfte dazu beitragen, lieber im Allgemeinen und insbesondere im Bewusstseinsbildungs-Allgemeinen zu verbleiben.[58] Kurz: Diese Handlungsanleitungen sind komplizierter, als es die Form der Liste suggeriert, und sie können die Nachfrage nach ihnen prinzipiell nicht befriedigen.

Auch wenn die Handlungsanleitungen kaum für die Orientierung der (bewegungs-)politischen Praxis helfen, kann ihr Befolgen andere Ziele erreichen, nämlich wenn es als Praxis des Selbst verstanden wird. Diese Teleologie ist Thema des folgenden Abschnitts.

---

58 Ein Effekt dieser Allgemeinheit ist dann die Unzufriedenheit über die fehlende Konkretion der Handlungsanleitungen und damit die erneute Diagnose, es gebe bislang nichts Brauchbares (siehe oben), die dann Motivation zum Verfassen neuer Handlungsanleitungen bietet etc.

5.4 „Becoming an ally“ – Der Statuswechsel zur*zum Verbündeten

> „What this issue really comes down to, I think, is an issue of who we choose to become.“ (Stoltenberg 1990: 192)

Als vierten Aspekt der Betrachtung des Privilegiendiskurses als Subjektivierungsweise komme ich nun auf die moralische Teleologie zu sprechen. Das bedeutet, dass Subjektivierungsweisen „ein bestimmtes Verhältnis zu sich“ implizieren, eine „Konstitution seiner selbst als ‚Moralsubjekt‘“, „in der es sich eine bestimmte Seinsweise fixiert, die als moralische Erfüllung seiner selber gelten soll“ (Foucault 1986: 40). Die Teleologie beschreibt also die Zielebene, das Ideal, auf das die Selbsttechnologien abzielen, das zu erreichen oder dem sich anzunähern sie versprechen. Diese Seinsweise ist im Privilegiendiskurs der Status als Verbündete*r. Bezogen auf Feminismus zeichnen sich Verbündete dadurch aus, dass sie das Ziel der Geschlechtergerechtigkeit aktiv unterstützen und einer grundsätzlichen Diagnose zustimmen, die auch die Privilegiertheit von Männern umfasst:

> „[...] men who are allies actively support gender justice. They ‚believe that women as a group suffer inequalities and injustices in society while men as a group receive various forms of power and institutional privilege.‘, writes Australian Scholar Michael Flood in his pro-feminist FAQ.“ (Tarrant 2009: 24)

Allgemeiner werden Verbündete dadurch definiert, dass sie selbst einer privilegierten Gruppe angehören, sich jedoch dadurch von anderen Privilegierten unterscheiden, dass sie gegen diese Privilegien arbeiten und die Arbeit marginalisierter Gruppen unterstützen – und dass sie Reflexion und Bekenntnis als ersten Punkt des Verbündete-Seins verstehen (vgl. Ignite! 2013, bereits in Kapitel 1 zitiert).

Privilegierte können wie dargestellt durch die Selbsttechnologien des Bekenntnisses und des Befolgens von Handlungsanleitungen zu Verbündeten werden, ja die Handlungsanleitungen versprechen explizit zu jenem Statuswechsel in die *allyship* anzuleiten: „How to Be an Ally if You Are a Person with Privilege“ (Kendall 2003: Titel). „Ally“/„Verbündete*r“ wirkt wie in akademischer Grad, der nach Absolvieren der entsprechenden pädagogischen Programme verliehen wird. Zugleich sind – wie gesehen – weder die Bekenntnisse unkompliziert, noch die Handlungsanleitungen tatsächlich handlungsanleitend in einem ambitionierten Sinne, jedoch haben beide noch eine performative Dimension: Gerade der Akt eine Handlungsanleitung zu befolgen macht zum Verbündeten, und nochmals stärker der Akt, selbst eine Handlungsanleitung aufzustellen, dabei jedoch das Primat der Reflexion nicht zu vernachlässigen. In dieser Reflexion werden die Gemeinsamkeiten mit der privilegierten Zielgruppe betont, um dann performativ den Status zu wechseln (vgl. beispielsweise Kivel 1996: vii f.).

Vorbilder und Nachfolger*innen

Verbündete stellen im Privilegiendiskurs im diskursanalytischen Vokabular die „Sprecherposition" dar, die die „Erwartungen und Angebote an mögliche Sprecher […] z. B. durch Voraussetzungen spezifischer Qualifikationen" (Keller 2004: 65) beschreibt. Die Sprecher*innenposition der Verbündeten ist die Antwort auf die Frage nach den Sagbarkeiten, wer legitimerweise wo sprechen darf, und was wie gesagt werden kann und darf (vgl. Keller 2004: 62, siehe auch Kapitel 2). Diejenigen Privilegierten, die im Privilegiendiskurs eine besonders sichtbare Sprecher*innenposition einnehmen, sind jene, die beispielsweise Bücher über Privilegien verfassen oder Workshops anbieten, und durch diese Tätigkeiten den Status von Verbündeten zugesprochen bekommen. Zugleich richtet sich das Konzept der Verbündeten jedoch auch an die „Adressaten" des Diskurses – also beispielsweise Leser(*innen) jener Bücher und Teilnehmer(*innen) jener Workshops. Im Privilegiendiskurs fallen also legitime Sprecher*innenposition und Angebot für die Adressat*innen zusammen. Damit funktioniert der Privilegiendiskurs nach dem Modell von Vorbildern. Die im Kontext der Workshop-Kultur bereits zitierte kritische Diagnose von Catherine Jones, dass Aktivist*innen „don't have any role models to look toward except the people putting on the workshops" (Jones 1997), umschreibt diesen Umstand bewegungspraktisch. Die Nachfrage nach Handlungsanleitungen ist insofern auch eine Nachfrage nach Vorbildern, denen nachgefolgt werden kann. Die Vorbilder sind gerade dadurch Vorbilder, dass sie selbstreflexiv den Vorbildstatus nivellieren: Gerade aufgrund ihrer (ehemaligen) Identität mit der Zielgruppe versprechen sie durch ihr Beispiel, dass ein Statuswechsel gelingen kann, ja dass die Distinktion zu den „unreflektierten" Privilegierten die Qualität einer ontologischen Veränderung annehmen kann, mithilfe derer sie der Determiniertheit der Privilegierten (wie prekär auch immer) entkommen können. Ahmed beschreibt diese „fantasy of transcendence“ am Beispiel von Weißsein:

> „[T]he argument that we must see whiteness because whiteness is unseen can convert into a declaration of not being subject to whiteness or even a white subject (‚if I see whiteness, then I am not white, as whites don't see their whiteness‘).“ (Ahmed 2004: 16)

Die Handlung – hier das selbstreflexive „Sehen“ – belegt ein anderes Sein, was möglich ist auf Grundlage bestimmter deterministischer Annahmen hier insbesondere epistomologischer Art. Ein Statuswechsel ist aufgrund dieser Annahmen eigentlich kaum möglich, aber gerade das macht ihn besonders attraktiv. Das Reflektieren über die Unmöglichkeit ist der Weg, die Position eben doch möglich zu machen – eine Zurückwendung auf das Selbst, die einem logischen Knoten gleicht, und im Effekt eine permanente Selbstbezüglichkeit höherer Ordnung beinhaltet. So geht das Ergreifen der Sprecher*innenposition, die dazu legitimiert Handlungsanleitungen aufzustellen (oder tendenziell sogar dazu verpflichtet), einher mit der Betonung der eigenen Fehlbarkeit, beispielsweise im Buch von Paul Kivel:

> „Yes, it's scary. Yes, I will make mistakes. But a book like this needs to be written, and I'm in a position to write it.“ (Kivel 1996: xii)

Teleologie: Moralische Qualität und Heilung

Was ist das Versprechen der Vorbilder, das auf dem Weg der Nachfolge und des Erfüllens ihrer Handlungsanleitungen einzulösen ist? Was ist der Seinszustand, der durch den Statuswechsel erreicht werden kann? Mit anderen Worten: Was ist die Teleologie der Subjektivierungsweise des Privilegiendiskurses? Das versprochene Ziel ist eine moralische Verbesserung, die bis zu einer Heilung gesteigert werden kann.

Eröffnet wird eine moralische Rahmung mit den Bestandsaufnahmen, die unterstreichen, dass (auch/sogar) die Privilegierten moralisch gute Personen sind, oder zumindest potenziell sein können. So beinhaltet Kaufman/Kimmels am Beginn des Kapitels zitierte Erläuterung von „ally“ den Punkt „because we believe in the goodness of men“ (Kaufman/Kimmel 2011: 10) – in der kausalen Formulierung vermutlich als Grund, warum „men as allies of women" möglich, denkbar oder anstrebenswert seien. Diese Diagnosen der moralischen Qualität von Privilegierten reagieren auf die hegemonial verbreitete moralische Rahmung, das z. B. rassistisches Verhalten als Ausdruck von „schlecht/böse sein" versteht. Sie wirken somit wie eine implizite Entgegnung auf die Frage, die die *weiße* Feministin Marilyn Frye als Reaktion auf ihre erste Konfrontation mit Rassismusvorwürfen selbstreflexiv beschreibt:

> „Does being white make it impossible for me to be a good person?" (Frye 1983: 113, vgl. auch Röggla 2012: 40)

Das Beharren auf der moralischen Güte versucht innerhalb dieser Rahmung eine niedrigschwellige Agitationsstrategie: Du, angesprochene privilegierte Person, bist „gut", und gerade daher ist es dir möglich, auf den Vorwurf beispielsweise rassistischen Verhaltens in nicht-abwehrender Weise zu reagieren, und dich proaktiv antirassistisch zu engagieren.

Im Folgenden wird anhand einiger Beispiele aus dem Material die in Aussicht gestellte moralische Verbesserung genauer beschrieben. Die *weiße* Feministin Shira Tarrant stellt eine moralische Verbesserung in Aussicht durch die gemeinsame – in der identifikatorischen ersten Person Plural – Auseinandersetzung über Privilegien:

> „[...] so much is to be gained by continuing our conversations about men, masculinity, masculine privilege, and feminism. That's because I believe most men – most people – are good. And together we can become even better." (Tarrant 2009: viii)

Die Unterscheidung zwischen den „meisten" guten Männern/Privilegierten und den implizit wenigen „nicht guten" bringt eine weitere Unterscheidung mit sich: die zwischen einem Persönlichkeitskern, der in Begriffen der moralischen Qualität beschrieben werden kann, und äußeren Einflüssen in Form von gesellschaftlichen Prägungen, die auf diese moralische Qualität (negativen) Einfluss nehmen:

> „Most men are good men. All men are products of our culture." (Tarrant 2009: 142)

Diese Art von zweigeteiltem Persönlichkeitsmodell oder einer Art Kern/Schale-Modell psychischer Instanzen – einerseits moralischer Kern der

Persönlichkeit, andererseits gesellschaftlich korrumpierte Identität – weist den Weg zu jener Teleologie, die den Charakter von Heilsversprechen annimmt. Der *weiße* feministische und antirassistische Autor Robert Jensen verdichtet dies in einer Zwischenüberschrift, die „Saving ourselves" (2005: xviii) verspricht. Im Sinne der beschriebenen Zweiteilung unterscheidet Jensen zwischen „unserer vollen Menschlichkeit" und der „Deformation", die der Glaube an Unterdrückung und Privilegiertheit bewirkt:

> „To accept whiteness, to truly believe in it, is to deform oneself. The privileges and material benefits that come from being white in a white-supremacist society come at a cost to us white people. Whiteness is based on lies not only about others but lies about ourselves, and we can't lay claim to our full humanity until we find our way out of the web of denial." (Jensen 2005: xix f.)

Jene deformierten Persönlichkeitsaspekte abzulehnen sei ein Weg zu authentischer Selbstliebe (Jensen 2005: xviii). Somit müsse das Eigeninteresse nicht nur in einem „narrow material sense" verstanden werden, sondern es müsse darin einbezogen werden, was im Interesse des moralischen Persönlichkeitskerns sei, „in the interest of our best selves" (Jensen 2005: xx, vgl. auch oben Abschnitt 5.2). Jensen verweist darauf, dass diese Idee bei John Stoltenberg ausgearbeitet werde. Der *weiße* radikalfeministische Autor Stoltenberg beschreibt – im Kontext von Männlichkeit und Geschlechterverhältnissen – einen „war inside us" zwischen zwei Identitätskonstruktionen, der „moral identity" und der patriarchal bestimmten „sex-class identity" (Stoltenberg 1990: 191). Er formuliert die teleologische Perspektive als eine „personal transformation in the struggle to keep and grow your moral identity" (ebd.: 193).

> „We must be transformers of selfhood – our own and others'. If we are not, we will have betrayed women's lives utterly, and we will have lost a part of ourselves that is precious and rare on this earth." (ebd.: 193)

Ganz im Sinne des Kern/Schale-Modells und einer daran aufbauenden Teleologie von Befreiung und Ganzheit argumentiert ein Testimonial von Gloria Steinem im Klappentext seines Buchs:

> „[Stoltenberg] knows that inside every male human being, there is a whole person wanting to be free." (ebd.: Klappe)

Diese moralische Verbesserung ist möglich durch das Befolgen der Handlungsanleitungen, wie Fidelma Ashe Stoltenbergs Programmatik zusammenfasst (vgl. Ashe 2011: 98).

Ein ähnliches Versprechen expliziert Diane J. Goodman. Dazu greift sie illustrierend auf Zitate von Teilnehmer*innen ihrer Workshops zurück. Zur „Joy of Unlearning Privilege/Oppression" (Goodman 2011: 101 ff.) gehören neben eher handlungsbezogenen Zugewinnen unter der Überschrift „Empowerment, Confidence, and Competence" auch „Authenticity and Greater Humanity" und letztlich – das teleologische Versprechen explizierend – „Liberation and Healing":

> „In the broadest sense, unlearning privilege/oppression is liberating and healing for people from privileged groups. It is a transformative process that infuses their whole being and permeates their entire life. ‚Generally, I'm a better person – happier, with a more interesting life, better mental health, and smarter.'" (ebd.: 112)

Teil dieser moralischen Verbesserung ist im Übrigen die Genugtuung, nun – wie beschrieben – als Vorbild fungieren zu können (vgl. ebd.).

Das teleologische Versprechen des Privilegiendiskurses ist also eine moralische Verbesserung und eine vollkommenere Menschlichkeit. Wenn die Frage der moralischen Qualität mithilfe einer Instanzenlehre von moralischem Kern und gesellschaftlich korrumpierter Schale bearbeitet wird, dann besteht Verbesserung und Heilung im Aufsprengen der Schale. Durch das Externalisieren der gesellschaftlichen Einflüsse und die Annahme eines gleichsam vorgesellschaftlichen, inhärent moralischen Persönlichkeitskerns wird ein Weg eröffnet, der epistemologischen Determiniertheit zu entgehen: Durch das Befolgen der Handlungsanleitungen des Privilegiendiskurses ist ein Statuswechsel möglich, der die Schale der gesellschaftlichen Einflüsse und Determiniertheiten wenn vielleicht nicht dauerhaft absprengen, jedoch so weit öffnen kann, dass die innere, eigene moralische Qualität zum Tragen kommt. Diese moralische Verbesserung ist als säkularisiert-individualisiertes Heilsversprechen durch bestimmte Selbsttechnologien erreichbar.

Eine ontologische Rahmung politischer Praxis

Das Ziel der Subjektivierungsweise des Privilegiendiskurses ist ein Statuswechsel, der eine ontologische Veränderung darstellt, also eine Veränderung auf der Ebene des Seins. Die Nutzung einer ontologischen Rahmung kommt unterschiedlich deutlich daher: Eine „kleine“ ontologische Lösung ist der beschriebene Statuswechsel von „unreflektierten Privilegierten“ zu „reflektierten Privilegierten“, wie er im Status „Verbündete*r“programmatisch expliziert wird. Auch die Suche nach „Kritischen“ Seinsweisen stellt eine derartige „kleine“ ontologische Lösung dar, wie im Folgenden ausgeführt wird. Eine „große“ ontologische Lösung wäre der Austritt aus der privilegierten Gruppe per se, wie er im danach betrachteten Programm der „Verweigerung“ im Zentrum steht.

Auf der Suche nach Kritischen Seinsweisen

Die Suche nach kritischen Seinsweisen lässt sich an einem verbreiteten begrifflichen Phänomen festmachen: dem Wegfall des eigentlich sinngebenden Begriffsbestandteils „studies“/„-forschung“ in der Bezeichnung kritischer Forschungsrichtungen, insbesondere der hier relevanten Critical Whiteness Studies und Kritischen Männlichkeitsforschung.

Critical Whiteness Studies/Kritische Weißseinsforschung ist ein Teilgebiet der Critical Race Theory (CRT) und als Begriff in den 1990er Jahren entstanden (vgl. Röggla 2012: 30). Als abgekürzte Bezeichnung „Critical Whiteness“ hat der Begriff insbesondere im deutschsprachigen Raum enorme Verbreitung in antirassistischen Kreisen gefunden. Die in Deutschland lebende und antirassistisch aktive *weiße* US-Amerikanerin Melanie Bee nennt den Begriff sogar einen „falschen Freund“/„false friend“ (Bee 2012: Titel), einen „Scheinanglizismus“, den sie „noch nie gehört“ hatte, bevor sie nach Deutschland kam (Bee 2013: 1). Das Verhältnis von akademischer Theorie und antirassistischer Praxis wird diskutiert (vgl. Bee 2012, an.schläge/Migrazine 2013); meist wird der Anspruch an „Critical Whiteness (Studies)“ herangetragen, Orientierung für die politische Praxis zu liefern. So heißt beispielsweise ein Einführungsbuch *Critical Whiteness Studies und ihre politischen Handlungsmöglichkeiten für Weiße AntirassistInnen* (Röggla 2012), in dem die „Suche nach politischen Strategien, die von den CWS vorgeschlagen werden“ (Röggla 2012: 120) vorgestellt wird.[59]

59 Der zweite Teil des Buchs ist dann – abgekürzt – überschrieben mit „Welche Handlungsmöglichkeiten ergeben sich aus einer Perspektive der Critical Whiteness [sic] für Weißen Antirassismus?“ (Röggla 2012: 73).

Ein analoges Phänomen ist für „Kritische Männlichkeitsforschung" zu beobachten. Publikationen der Kritischen Männerforschung/Kritischen Männlichkeitsforschung liegen schon länger vor und sind aktuell nicht (mehr) im gleichen Ausmaß Gegenstand kontroverser Debatten. Bewegungs-präsent ist jedoch der abgekürzte Begriff „kritische Männlichkeit" und zwar insbesondere im Kontext von Workshops (so beispielsweise queer_topia* o. J., Naturfreundejugend Berlin o. J., [perspektive:feminismus] 2016), oder in Texten aus Bewegungen, z.B: „Mann tut was Mann kann – Kritische Männlichkeit" (Theorie, Kritik, Aktion 2017).[60] „Kritische Männlichkeit" wird verstanden als eine im Alltag von Männern anzustrebende Seinsweise. Diese Seinsweise ist die politische Praxis, auf die abgezielt wird. Die Konzentration auf die pädagogische Arena Workshop sowie das große Interesse am „Schlagwort kritische Männlichkeit" beschreibt auch Textor (2017: 1), der selbst Workshops zu kritischer Männlichkeit anbietet. Er vermisst ganz im Sinne der bereits angesprochenen Mangeldiagnose Forschung zur „kritischen Männlichkeit" (vgl. ebd.). Der Kritischen Männlichkeitsforschung wird – ähnlich der dargestellten Kritik an der Critical Whiteness Studies – vorgehalten, (zu) theoretisch zu sein. Es wird bedauert, dass sie nicht (genauer) zur kritischen Männlichkeit anleitet, jedoch könne aus ihr diese „kritische Praxis" (Textor 2017: 5) abgeleitet werden.

Bezogen auf „Critical Whiteness (Studies)" und „Kritische Männlichkeit(sforschung)" lassen sich somit dieselben Mechanismen einer Suche nach kritischen Seinsweisen in einer kritischen Wissenschaftsrichtung beobachten. In den verbreiteten verkürzten Benennungen manifestiert sich sprachlich die Erwartung, dort Handlungsanleitungen zu kritischen Seinsweisen von Privilegierten zu finden. Aus der Benennung eines Forschungsobjekts und einer Spezifizierung der Forschungsperspektive (nämlich einer kritischen) wird die Benennung einer Seinsweise, ja darüber hinaus die Anleitung zu einer Seinsweise. „(Kritisches) Weißsein" bzw. „(Kritische) Männlichkeit" wird von etwas zu Untersuchendem zu etwas zu Erlernenden. Für beide gilt gleichermaßen, dass mit der Verkürzung des Begriffs eine ontologische Rahmung politischer Praxis angestimmt wird. So wurde aus etwas, das schlicht ein über ein spezifisches Forschungsobjekt definiertes Teilgebiet von Critical Race Theory bzw. Geschlechterforschung bezeichnete, ein Repertoire an Handlungsanleitungen, um einen ontologischen Statuswechsel zu vollführen – dies ist zumindest die artikulierte Erwartung. In den (privilegierten Teilen der) Bewegungen werden die kritischen

60 Prominent beispielsweise in Titel und URL des Blogs https://kritische-maennlichkeit.de

Forschungsrichtungen als Repertoire kritischer Seinsweisen rezipiert, als ein Katalog von Handlungsanleitungen mit ontologischem Ziel, dem Statuswechsel in eine Kritische Seinsweise. Die Zielformulierung eines zu erreichenden Status fällt besonders auf, wenn „Kritisch" wie bei einem feststehenden Term großgeschrieben wird – weshalb diese Schreibweise auch in der Überschrift hier gewählt wird.

Ontologische Verweigerung: Per Wille zum Austritt

Wenn der Statuswechsel von unreflektierten Privilegierten zu kritischen Privilegierten oder Verbündeten eine „kleine" ontologische Lösung darstellt, könnte der Austritt aus der Gruppe der Privilegierten per se eine „große" ontologische Lösung genannt werden.

Diese Programmatik des Austritts, die hier als ontologische Verweigerung zusammengefasst werden soll, existiert sowohl in feministischen als auch in antirassistischen Varianten. Für die (pro-)feministische Variante steht insbesondere der bereits erwähnte John Stoltenberg, US-amerikanischer Vertreter eines radikalfeministischen männlichen Profeminismus. Sein bekanntestes Buch ist das 1989 erstveröffentlichte, programmatisch betitelte *Refusing to be a man*, das Vorträge aus den 70er und 80er Jahren (1975–1987) versammelt. In der antirassistischen Variante expliziert insbesondere die US-amerikanische Zeitschrift *Race Traitor* (1993–2005) die Programmatik der ontologischen Verweigerung. Ihr Untertitel „Journal of the New Abolitionism" bezieht sich auf die historischen Kämpfe zur Abschaffung der Sklaverei – die Aufgabe der Gegenwart sei es, Weißsein als soziale Kategorie abzuschaffen. Der Weg dorthin sei Verrat am Weißsein:

> „Treason to whiteness is loyalty to humanity." (Race Traitor o. J.)

Zentrale Texte sind auch als Sammelband erschienen (Ignatiev/Garvey 1996), und insbesondere ihre Gründer und Herausgeber Noel Ignatiev und John Garvey präsentieren die Programmatik von *Race Traitor* auch nach dem Einstellen der Zeitschrift in anderen Medien und Veranstaltungen. Die Positionen von *Refusing to be a man* und *Race Traitor* sind in ihren jeweiligen Feldern breit rezipiert worden.

Beide Positionen sind nicht in allen Aspekten typisch für den Privilegiendiskurs – im Fall von *Race Traitor* allein schon aufgrund der Bandbreite einer gesamten Zeitschrift. Hier im Kontext der Subjektivierungsweise geht es jedoch um die Denkfigur der ontologischen Verweigerung, für die *Race Traitor* und *Refusing to be a man* besonders deutliche Beispiele darstellen. Stoltenberg setzt die „Verweigerung" bereits in den Titel seines Buchs. *Race Traitor* stellt mit dem zentralen Begriff des „Verrats" eine Variante der Verweigerung mit etwas anderen Konnotationen ins Zentrum: weniger die eines individuellen Gewissensaktes, sondern eines kriminellen Aktes innerhalb eines größeren, kollektiven Konflikts. Jedoch sind dies eher Benennungs-, weniger konzeptionelle Unterschiede. Dieses Programm der ontologischen Verweigerung ist – bezogen auf die Subjektivierungsweise – über drei argumentative Elemente beschreibbar.

Erstens wird die jeweils fragliche privilegierte Identität – ausschließlich – als Ausdruck der aktiven Unterstützung von Unterdrückung verstanden. Weißsein ist somit

> „[…] nothing but a reflection of privilege, and exists for no reason other than to defend it. Without the privileges attached to it, the white race would not exist, and the white skin would have no more social significance than big feet." (Ignatiev 1997: 1)

Und Stoltenberg hält analog für die Existenz des männlichen Geschlechts fest:

> „‚the male sex' requires injustice in order to exist." (Stoltenberg 1990: 13)

> „[...] in short: masculinity is immoral." (Stoltenberg in Snodgrass 1977: 80)

Die (privilegierte) Identität ist mit dem Machtverhältnis derart verflochten, dass ihre Bedeutung auf eine Affirmation des Machtverhältnisses beschränkt ist. Zugleich ist, zweitens, ein Austritt aus jener Identität nicht nur notwendig, sondern auch möglich. Dafür werden konstruktivistische Überlegungen herangezogen. Im Sinne eines konstruktivistischen Verständnisses von Identität hält Ignatiev fest:

> „whiteness is not something a person is, it is something a person does." (Ignatiev 1998)

Der Austritt ist somit möglich durch ein anderes Handeln, eben den Verrat, sich als *Weiße*r* unermüdlich *weißen* Regeln zu widersetzen (vgl. Ignatiev 1997: 6). Die politische Strategie besteht dann darin, eine kritische Masse von Verrätern aufzubauen. Eine „determined minority" (Ignatiev in Delgado 1997: 611) soll verunmöglichen, aus Weißsein weiterhin Verhalten abzuleiten, und die Kategorie damit kollabieren lassen (vgl. Race Traitor o. J.). Stoltenberg greift gleichermaßen auf ein konstruktivistisches Verständnis von Identität und daraus entstehende Handlungsmöglichkeiten zurück:

> „But precisely because that personal and social identity is constructed, we can refuse it, we can act against it – we can change. The core of our being can choose allegiance to justice instead." (Stoltenberg 1990: 14)

Das Versprechen, durch Entscheidung zu bestimmtem Handeln die eigene Identität bestimmen zu können, das Verständnis als „issue of who we choose to become", wie es Stoltenberg (ebd.: 192) im dem Abschnitt vorangestellten Zitat rahmt, kann voluntaristisch genannt werden. Bezogen auf Weißsein und anhand von u. a. *Race Traitor* nennt Susan Arndt die These, dass „Weißsein verhandelbar, temporär und reversibel" (Arndt 2009: 348) sei und in handlungspraktischer Perspektive „reflektiert, durchschaut und auf dieser Grundlage überwunden werden könne" (ebd.: 350), „Traktabilität" (in etwa: Handhabbarkeit, leichte Behandelbarkeit). Diese Vorstellung von Traktabilität führt letztlich zu der Auffassung, dass „nur die *weiß* sind, die es auch sein wollen" (El-Tayeb 2009: 8).[61] Der Stellenwert, der dabei der Intention von Handlungen zukommt, erinnert an hegemoniale Intentions-zentrierte Rassismus- und Sexismus-Verständnisse. Eske Wollrad führt die Strategie des Verrats (ebenso wie die pädagogische Strategie der Critical Whiteness Pedagogy) auf ein „enthistorisiertes Subjektverständnis" zurück,

> „[...] welches in der Tradition der Philosophie der Aufklärung steht und dessen Fokus auf dem Subjekt als einem autonomen Selbst liegt, das vernunftbegabt und urteilsfähig ist. Für die Positionierung im Hinblick auf Weißsein bedeutet dies: Jenseits einer wie auch immer gefassten Geschichtlichkeit entscheidet die/der AbolutionistIn für sich, den Weißen Club zu verlassen, macht sich die/der kritische

61 Der Fluchtpunkt für *weiße* Individuen, die dies eben nicht sein wollen, wäre dann die Praxis des „ethnic fraud", der kontrafaktischen Behauptungen einer weißen Person über die eigene Identität als angebliche Person of Color, die beispielsweise bekannt wurde mit den Fällen von Rachel Dolezal oder Andrea Smith (vgl. dazu den Zeitungsartikel Viren 2021).

> PädagogIn daran, die eigene Identität zu reformulieren. Ebenso wie die koloniale Phantasie Weißer Allmacht in Bezug auf Antirassismus pflegen beide Richtungen die Phantasie alleiniger Definitionsmacht: Sie setzen selbstverständlich voraus, dass die Macht zu bestimmen, was Weißsein ist, ob es abzuschaffen oder zu reartikulieren ist, ausschließlich bei ihnen liegt." (Wollrad 2005: 42)

In einigen gewichtigen Punkten unterscheiden sich die Strategien von Stoltenberg und *Race Traitor:* So ist zum einen bei *Race Traitor* immer eine kollektive Dimension (einer avantgardistischen kritischen Masse) präsent, während Stoltenberg eher innerhalb eines Horizonts individueller moralischer Verbesserung argumentiert. Zum anderen führt der Austritt aus der privilegierten Identität bei Stoltenberg zu einem individuell ethischen Leben im Einklang mit den eigenen Überzeugungen, bei *Race Traitor* hingegen zu einem Bewusstwerdungseffekt, der – gemäß der Zentralität ihrer Kapitalismusanalyse – die („ehemals") *Weißen* ihre eigentlichen Interessen erkennen lässt, und insofern nur einen Schritt innerhalb eines weiteren, übergeordneten (Klassen-)Kampfes darstellt. Beide Unterschiede sind angesichts der jeweiligen theoretischen Hintergründe wenig überraschend.[62] An dieser Stelle wichtiger ist jedoch die Gemeinsamkeit: Der Fokus auf den „Austritt" aus einer Identität über Verweigerung, durch den beide politischen Programme eine ontologische Rahmung vornehmen. Das dabei benutzte Verständnis von Identität enthält ein Spannungsverhältnis zwischen einerseits der deterministischen Argumentation, die privilegierte Identität ausschließlich als Affirmation versteht, und andererseits der voluntaristischen Argumentation, die Identität der eigenen Handlungsfähigkeit überantwortet als individuelle Willensentscheidung darüber, wer wir sind und werden wollen. Gerade indem Identität einerseits derart deterministisch-eng definiert wird, können ihr andererseits alle nicht in der puren Affirmation aufgehenden Aspekte auf voluntaristische Art entgegengesetzt werden. Die im Privilegiendiskurs angenommene Handlungsfähigkeit wird dabei

---

62 Stoltenberg ist Absolvent eines Theologie-Studiums (vgl. Stoltenberg 1990: Vorblatt o. P.); Ignatiev ist marxistischer Historiker und war Mitglied verschiedener (leninistisch-/maoistisch-) kommunistischer Gruppen und Parteien (mehr zum ideologischen Hintergrund und zur bewegungshistorischen Kontextualisierung von *Race Traitor* bei Preston/Chadderton 2012: 86-91). Letztlich operieren beide über einen – jeweils unterschiedlichen – Hauptwiderspruch: Stoltenberg als Radikalfeminist setzt Geschlecht zentral und „tends to sideline issues of race, class, and [...] sexuality" (Ashe 2011: 107). *Race Traitor* als „libertarian anarchist" mit einer „strong working-class political perspective" „tends toward class reductionism which sidelines other kinds of struggles as diversionary or ‚really' about class" (Alcoff 2005: 213).

auf ein Maximum gesetzt. Unabhängig von der Frage, wo der Ursprung dieser Handlungsfähigkeit liegt – ob in einem vorgesellschaftlichen „unverdorbenen" moralischen Persönlichkeitskern, oder in der Erkenntnis der „eigentlichen", konzeptionell unproblematischen Klasseninteressen – ist sie groß genug, um die privilegierte Identität selbst zu verlassen.

Daran anknüpfend lässt sich als drittes argumentives Element der ontologischen Verweigerung eine Vereindeutigung des Identitätsparadoxes in Richtung des Nicht-Benennens konstatieren. Wenn das Identitätsparadox den Gedanken beschreibt, dass gerade für die Kritik von Identitätskategorien und den Abbau der mit ihnen einhergehenden Ungerechtigkeiten ihre Nutzung notwendig ist, vereindeutigt der Vorschlag, die privilegierte Identität abzulegen, das Paradox auf eine Seite. Im Effekt macht dies Positioniertheit unartikulierbar und damit kritisch-deskriptives Sprechen über (privilegierte) Identität unmöglich. Der Verrat ist „auffällig unpositioniert" (Haritaworn 2009: 165). Das Programm der ontologischen Verweigerung rückt Identität ins Zentrum des zu bearbeitenden politischen Problems, und zielt dennoch (oder deswegen) ab auf die Entnennung von Identität, auf ein Nicht-mehr-benennen oder ein Nicht-mehr-darauf-beziehen. Die ontologische Verweigerung nähert sich damit längst problematisierten Strategien an, beispielsweise der Haltung der „colorblindness" (Alcoff 2005: 215). Und vor dem Hintergrund einer Geschichte kolonialisierender Aneignung im Zusammenhang eines *weißen* „desire to crossover" stehe die Frage im Raum, wann aus einer „transcendence of cultural chauvinism" altbekannte kulturelle Aneignung werde (ebd.: 217). Haritaworn sieht bei *Race Traitor* eine „Fetischisierung" von Schwarzen am Werk und eine gesteigerte Machtnegierung, indem das Programm sich „nicht nur Schwarze Kultur, sondern auch Körperlichkeit" aneigne (Haritaworn 2009: 165). Und Becky Thompson erinnert an die Hartnäckigkeit der Leugnung der Selbstwahrnehmung als *weiß*, der „Weißseins-Verleugnung" (Arndt 2009: 346 ff.), die durch die Entnennung unterstützt werden könnte:

> „I am drawn to the radical connotations of the term ‚traitor'. […] On the other hand, I still find myself wary about this notion that whiteness has to be annihilated, in part because it took me so many years to stop denying my whiteness." (Thompson 2009: 225)

Ungeachtet der unterschiedlichen Traditionslinien von Stoltenberg und *Race Traitor* präsentieren beide handlungsanleitende Programme, die jeweils das Versprechen eines ontologischen Statuswechsels explizieren, und dies zum Titel eines Buchs bzw. einer Zeitschrift machen. Eine ontologische Rahmung politischer Praxis ist dies insofern, dass die ontologische Frage nach der Identität im Zentrum sowohl der politischen Analyse – als Affirmation und Reproduktionshebel der jeweiligen Machtverhältnisse – als auch der vorgeschlagenen politischen Strategie – dem Austritt – steht. Ersteres Element teilt das Programm der Verweigerung tendenziell mit dem Privilegiendiskurs, letzteres wird in dieser Verabsolutierung innerhalb des Privilegiendiskurs eher abgelehnt. So weisen beispielsweise Kimmel/Ferber das Versprechen der „großen" ontologischen Lösung, aus einer privilegierten Identität austreten zu können, zurück:

> „While noble in intention, however, this posture of guilty self-negation cannot be our final destination as we come to understand how we are privileged by race, class, gender, and sexuality. Refusing to be men, white, or straight does neither the privileged nor the unprivileged much good. One can no more renounce privilege than one can stop breathing." (Kimmel/Ferber 2009: 9)

Im Zusammenblick über die vier Aspekte von ethischer Substanz, Subjektivierungsmodus, Praxis des Selbst und Teleologie entfaltete dieses Kapitel anhand der Frage, welche Subjektivierungsweise der Privilegiendiskurs enthält, nicht nur die These, dass der Privilegiendiskurs auf seine enthaltene Subjektivierungsweise hin betrachtbar ist, sondern dass der Privilegiendiskurs in Form der *allyship* eine explizit benannte Subjektivierungsweise enthält, ja in seinem Kern auf eine Subjektivierungsweise hinausläuft. Im *3:1-Papier* wurde die Frage aufgeworfen

> „inwieweit Männer bzw. Weiße fähig und berechtigt sind, Themen mitzudiskutieren, die Frauen bzw. Schwarze in erster Linie betreffen" (Viehmann et al. 1991: 62).

In Kapitel 3.1 wurde gesagt, dass diese Dopplung „fähig und berechtigt" zwischen einer empirischen Frage von Kompetenzen („fähig") und einer normativen Frage von Legitimität („berechtigt") oszilliert. Im Rückgriff auf diese Unterscheidung könnte man sagen: Innerhalb der in diesem Kapitel betrachteten Subjektivierungsweise und ihrer ontologischen Rahmung wird „Fähigkeit" nicht als empirische Frage der Kompetenz behandelt, sondern als prinzipiell zu entscheidende Frage anhand der Positioniertheit, als eine normative Frage der Legitimität. Was würde es bedeuten, diese Frage jenseits einer ontologischen Rahmung in einer Kompetenz-orientierten Perspektive – die einen Rahmen von gelingender Zielerreichung, von Effektivität aufruft – weiterzudenken und zu bearbeiten, ohne dabei unterschiedliche Positioniertheiten zu übergehen? Was ist für eine solche Perspektive in Bewegungen notwendig, zumal wenn die Praxis über „mitdiskutieren" hinausgehen sollte? In diese Richtung soll in Kapitel 6 weitergedacht werden.

6. Zusammenfassung und Ausblick

> „Ich hoffe, daß klar geworden ist, daß ich es sowohl schwerer als auch leichter machen will, männliche Feministen, weiße AntirassistInnen usw. zu werden.“ (Harding 1994: 309)

In diesem Schlusskapitel wird eingangs der Argumentationsgang der Arbeit zusammengefasst dargestellt und ein Fazit der Genealogie des *allyship* gezogen. Anschließend folgen zwei Ausblicke aus unterschiedlichen Perspektiven: zum einen ein konzeptioneller Ausblick, in dem theoretische Anknüpfungspunkte skizziert werden, die dabei helfen können, in der Analyse herausgearbeitete Blickverengungen des Privilegiendiskurses zu überwinden. Zum anderen folgt ein bewegungspraktischer Ausblick, der typische Bewegungsaufgaben und mögliche Beiträge des Privilegiendiskurses zu ihrer Lösung skizziert, und abschließend auf die Frage der Persönlichkeitsentwicklung zurückkommt, nun in einem Rahmen kollektiver Aktivität und Kämpfe.

Fazit der Genealogie: Eine liberale Kritik des Liberalismus - Bewegungskämpfe um und mit hegemonialen Diskursen

Im Verlauf der vorgelegten Diskursanalyse tauchten Elemente kritischer Einschätzungen aus dem Privilegiendiskurs und aus Debatten um den Privilegiendiskurs auf, die hier noch einmal kurz zusammengestellt werden sollen. Eine erste Kritik – die sich recht umstandslos dem Material entnehmen lässt – bezieht sich auf den *begrenzten normativen Rahmen* des Privilegiendiskurses: Normativ steht das Konzept der Diskriminierung im Zentrum, und der Zielhorizont kann als Diskriminierungsfreiheit benannt werden. Denn der „Diskriminierung“ wird das spiegelbildliche Korrelat „Privilegierung“ zur Seite gestellt – was in der Blickrichtung auf konkrete Erscheinungsformen diskriminierender/privilegierender Verhältnisse eine Ergänzung darstellt, in normativer Hinsicht auf das Ziel jedoch nicht. Eine weitere Kritik stellt die *Kommodifizierungskritik* im Rahmen von Professionalisierungstendenzen des Privilegiendiskurses dar. Artikuliert wird auch eine *pädagogische Effektivitätskritik*, die die Nützlichkeit des Privilegiendiskurses (oder einzelner seiner Elemente) anzweifelt, und die bezogen auf verschiedene pädagogische Arenen artikuliert wird: sei es in Bezug auf die Lernerfolge der *students* im Classroom, auf die beschränkte Transformativität von persönlichkeitsorientierten Trainings insbesondere aus dem Diversity-Management-Kontext, oder auf die Workshops in Bewegungskontexten als sich selbst reproduzierende Praxisform, deren Lerneffekte primär in einem „Code" liegen, einer bestimmten Analyse und Sprache. Ähnlich, jedoch jenseits des Rahmens pädagogischer Effektivität, argumentierte die *Folgenlosigkeitskritik*, die Konsequenzen insbesondere aus der Praxis des Bekenntnisses vermisst. Hyberbolisch formuliert führt der Privilegiendiskurs zu einer Wende nach Innen in Form einer stärkeren Selbstbezüglichkeit individueller Privilegierter. Dies kann durchaus Begrüßenswertes wie ein geschärftes politisches Bewusstsein über die eigene Positioniertheit und damit verbundene Aspekte beinhalten; stellt jedoch dennoch eine Abkehr vom Fokus nach außen gerichteter und auf kollektives Handeln setzender politischer Praxis dar. Die Kritik an dieser Selbstbezüglichkeit wurde spezifiziert als eine ontologische Rahmung politischer Praxis.

In genealogischer Perspektive wurde betont, wie verschiedene Aspekte dieser Kritikelemente auf liberale Traditionslinien zurückgehen, was an dieser Stelle noch einmal bilanziert werden soll. Dies umfasst – am offensichtlichsten – den normativen Rahmen der Diskriminierungskritik. Positiv formuliert liegt ihm eine meritokratische Zielvorstellung zugrunde. Prägend für den Privilegiendiskurs sind zudem liberale Subjektvorstellungen, insbesondere bezogen auf die Vorstellungen individueller Erkenntnisfähigkeit, Handlungsfähigkeit – ein Subjekt, das dem eigenen Willen gemäß und mithilfe einer ihm zugeschriebenen starke Handlungsfähigkeit auf die Welt einwirkt – und damit einhergehender individueller Verantwortlichkeit sowie der zentralen (und schillernden) Rolle des Eigeninteresses und seines Kontexts rationaler Nutzenmaximierung. Zugleich problematisiert der Privilegiendiskurs jedoch offensichtlich das historisch-empirische liberale Subjekt in seiner Positioniertheit als männlich und *weiß* (und bürgerlich und nichtbehindert und heterosexuell etc...). Gerade die damit einhergehenden Ausschlüsse skandalisiert der Privilegiendiskurs. Dies umfasst insbesondere darauf hinzuweisen, dass jenes liberale Subjekt eben mitnichten „universell" oder „neutral" ist, wie es selbst konzeptionell zu sein vorgibt und subjektiv zu sein glaubt. Der Kern des Privilegiendiskurses besteht also darin, eine zentrale Illusion des liberalen Subjekts zu erschüttern – und stattdessen auf seine Positioniertheit hinzuweisen und von ihm zu fordern, die eigene

Positioniertheit zu benennen. Der Privilegiendiskurs fordert damit, die Ansprüche des Liberalismus einzulösen auch für jene, denen sie – im Namen des Liberalismus – bislang verwehrt wurden. Dies entspricht dem Programm, das Susemichel/Kastner generell herausstellen für das, was sie „emanzipatorische Identitätspolitik" nennen:

> „Auch vermeintlich universelle Interessen sind letztlich Partikularinteressen – nur werden sie eben aus einer mächtigeren Position heraus formuliert. Emanzipatorische Identitätspolitik hat hingegen zumeist durchaus universalistische Ansprüche, indem sie verlangt, dass gleiche Rechte tatsächlich für alle Menschen gelten sollen." (Susemichel/Kastner 2018: 25)

Der Privilegiendiskurs leistet also eine Kritik am Liberalismus, indem es das liberale Subjekt um seine Positioniertheit ergänzt – und stützt sich in der Art der Kritik zugleich auf den Liberalismus.

Aus dieser Konstellation einer liberalen Kritik des Liberalismus, die der Privilegiendiskurs leistet, ergeben sich zwei Fragekomplexe, die zum einen inhaltlich, zum anderen diskursstrategisch genannt werden können. In inhaltlicher Hinsicht sei an Wendy Brown's Analyse von „politicized identities" erinnert, deren Ausgangspunkt Brown beschreibt als „Foucault's relatively simple insight that political ‚resistance' is figured by and within rather than externally to the regimes of power it contest" (Brown 1995: 3). Die von ihr herausgearbeiteten Paradoxe des Liberalismus (ebd.: 64 ff.) haben Auswirkungen auf den Privilegiendiskurs und die Umgangsweisen, die er dem „[s]tarkly accountable yet dramatically impotent" (ebd.: 69) liberalen Subjekt vorschlägt: ein Großreden der eigenen Handlungsfähigkeit, ein enttäuschungspräventives Einschränken des eigenen Handlungsbereichs (insbesondere auf das Interpersonale) und ein Ressentiment gegen jene Privilegierten, die weiterhin „Teil des Problems" sind und damit Objekt der – in pädagogische Methoden gewandeten – Kritik. Es ergeben sich daraus jene Spannungsverhältnisse, die im Laufe der Analyse angesprochen wurden: Die Notwendigkeit einer Handlungsanleitung, um die Kluft zwischen den Polen von Handlungsfähigkeit und Handlungsunfähigkeit zu überbrücken; die doppelten Botschaften innerhalb dieser Handlungsanleitungen zwischen tendenziell heroischen individuellen Handlungen und dem Appell des Selbstzurücknehmens; und das Spannungsverhältnis zwischen Handlungsanleitungs-Form und Reflexionsanforderung. Im Privilegiendiskurs steht dann neben der starken individuellen Handlungsfähigkeit und

Willenskraft in liberaler Tradition eine Determiniertheit der Privilegierten durch die Machtverhältnisse und ihrer Position darin, insbesondere bezogen auf ihre Erkenntnismöglichkeiten und ihre – aus emanzipatorischer Sicht sinnvoller- und legitimerweise – ausführbaren Handlungen. Je hermetischer dies gedacht wird, desto weniger sind Widerstandshandlungen Privilegierter denkbar, es sei denn als ontologische Geste, als Heraustreten aus der determinierenden ontologischen Position durch Verweigerung und Verrat: *Refusing to be a man*, *Race Traitor* etc. Dies treibt die zugrunde liegende Paradoxie auf die Spitze: Wenn das positionierte Sein derart determinierend ist, wie kann dann individuell aus ihm herausgetreten werden? Oder andersherum: wenn das Sein als beispielsweise Mann oder *Weiße*r* durch individuelle Willenskraft und Handlungsfähigkeit ablegbar ist – was bleibt dann von der determinierenden Kraft der Position übrig, die die Grundlage der Analyse bildete, aus der überhaupt erst der Wunsch nach dem ontologischen Heraustreten erwuchs? Es entsteht eine paradoxe Gleichzeitigkeit von Traktabilität (Arndt 2009: 348) und Determiniertheit. Auf der einen Seite umfasst die individuelle Handlungsfähigkeit sogar die Verfügung über die eigene Identität. Auf der anderen Seite steht eine Liberalismuskritik, die auf der geliehenen Radikalität separatistischer Positionen beruht, insbesondere auf deren epistemologischen Elemente (während dem Separatismus per definitionem eigentlich kaum etwas fernerliegt als sich über die Handlungsmöglichkeiten Privilegierter den Kopf zu zerbrechen). Um diesen Knoten zu durchschlagen, muss offenbar ein konzeptionell nicht vorgesehenes Element, ein *deus ex machina* herangezogen werden, beispielsweise ein vorgesellschaftlicher moralischer Persönlichkeitskern.

In diesen zahlreichen diskursiven Kontinuitäten in die liberale Tradition unterstreicht die Genealogie des Privilegiendiskurses, dass der Liberalismus als eine „der Bedingungen gegenwärtigen Wissens" (Bublitz 2001: 257) verstanden werden muss, als eine prägende Bedingung des diskursiven Kontexts. Daher gilt in politischer Hinsicht ganz grundsätzlich:

> „Wir können, wie Gayatri Spivak notierte, den Liberalismus nicht nicht wollen." (Hark 2017: 38)

Damit nun zum diskursstrategischen Fragekomplex, der sich aus der Konstellation einer liberalen Kritik am Liberalismus ergibt. Eine Kontinuität zwischen Diskursen sozialer Bewegungen und dem diskursiven Kontext hegemonialer Diskurse geht einher mit einer spezifischen Intelligibilität von Bewegungsforderungen und Bewegungssubjekten – sowohl von außen als auch innerhalb der Bewegungen selbst. Dies zeigt sich in konkreten Formen wie unmittelbarer Eingängigkeit, reibungsfreier Anknüpfungsfähigkeit oder „Griffbereitheit“ von Argumenten. Wie ist eine derartige Kontinuität diskursstrategisch zu bewerten? Sie kann einerseits als Unterwerfung der Bewegungen unter eine hegemoniale Rahmung verstanden werden, als „Kontamination“ mit Hegemonialem – und andererseits als ihre Erfolgsbedingung im Sinne von Resonanzfähigkeit. Diese Dopplung ist für soziale Bewegungen keineswegs ungewöhnlich. Im Gegenteil ist es ein verbreitetes und historisch vielfach genutztes Mittel, Ausschlüsse zu skandalisieren mithilfe herrschender Ansprüche, also dass man den Verhältnissen „ihre eigne Melodie vorsingt“ (Marx 1981[1844]: 381). Hier bedeutet dies konkret, den historisch auf das männliche, *weiße* (etc.) Subjekt beschränkten Geltungsbereich von Rechten kontinuierlich auszudehnen, um damit den Universalitätsanspruch erst tatsächlich zu verwirklichen. Im gegenwärtigen politischen Diskurs entspricht dies dem Konzept der Diskriminierung, die es zu skandalisieren und durch Antidiskriminierungspolitik zu verhindern gilt, und zu dem spiegelbildlich der Begriff Privilegierung hinzutritt. Insofern geht es hier nicht darum, in einer derartigen liberalen Kritik am Liberalismus einen problematischen Widerspruch als solchen zu sehen oder ein abschätziges „Reformismus“-Urteil zu fällen. Vielmehr soll die Genealogie „ihren ureigenen Zweck, Selbstbewußtsein eines Prozesses der Aufklärung und Emanzipation zu sein“ (Owen 2003: 137), erfüllen. Das Kriterium ist, ob die fragliche Perspektive schädlich ist, indem sie „uns in den für uns wichtigen Hinsichten daran hindert, uns als Subjekte oder Akteure zu begreifen“ (ebd.: 133), oder ob sie nützlich ist, indem „sie unser Nachdenken dazu [gut] anzuleiten vermag, daß wir uns in jenen Hinsichten, die uns wichtig sind, selbst verstehen können“ (ebd.: 126).

Die Nützlichkeit des Privilegiendiskurses besteht sicherlich darin, eine erste Sensibilisierung für Machtverhältnisse und die Positioniertheit darin zu leisten bzw. – agonaler formuliert – diesbezügliche Konflikte auf den Tisch zu bringen und damit einer Bearbeitung zugänglich zu machen. Nützlich ist er bei der Problematisierung von Diskriminierung, was in feministischen und antirassistischen sozialen Bewegungen zu den „uns wichtigen Hinsichten“ gezählt werden kann. Aus Bewegungssicht schädlich ist der Privilegiendiskurs, wenn er – wie empirisch oft beklagt – zu Schweigen und Stillstand aus Angst vor Fehlern und/oder Angst vor Kritik führt. In der Rückwendung auf die Individuen ist er schädlich dafür, „uns als Subjekte oder Akteure zu begreifen“ in Hinsicht auf den kollektiven Charakter der Handlungsfähigkeit als Bewegung. „Schädlich“ könnte auch bewertet werden, dass er

Missverständnisse über die eigene Radikalität („radikal" verstanden als „an die Wurzel gehend") nährt, wenn beispielsweise *Uprooting racism* (Kivel 1996) versprochen wird, aber dies sich auf dem Weg der Bewusstseinsbildung und die interpersonale Dimension beschränkt. Bleiben antirassistische und feministische Bewegungen „gefangen" in der Perspektive des Liberalismus, gerät wichtiges Bewegungsspezifisches – insbesondere ein kollektiver Handlungshorizont, und normativ über den Liberalismus Hinausgehendes – aus dem Blickfeld. So ist die Erfolgsbedingung der Resonanzfähigkeit im diskursiven Kontext gleichermaßen ein Faktor der Begrenzung der Bewegungsspezifik und einer Blickverengung in – individualisierender – Analyse wie – pädagogischer – Strategie.

Teil der Ausgangsbeobachtung war, dass der Privilegiendiskurs auch über Bewegungskontexte hinaus in einer breiteren gesellschaftlichen Öffentlichkeit angekommen ist. Dies spricht für die These seiner Resonanzfähigkeit mit hegemonialen Vorstellungen. Wenn es aufgrund dieser Kompatibilität zur Rezeption, Verbreitung und Akzeptanz antirassistischen und feministischen Wissens kommt, liegt darin erstmal ein politischer Erfolg. Diese Bewertung gilt auch, wenn der Kompromisscharakter, den Interventionen in hegemoniale Diskurse – ob beabsichtigt oder nicht – regelmäßig annehmen, in Rechnung gestellt wird. Zugleich liegt darin, wie nachgezeichnet worden ist, eine Schließung, nämlich ein Nachdenken über Machtverhältnisse in bestimmten Bahnen und in damit einhergehenden Grenzen. Dass die dem Privilegiendiskurs gelungene gesellschaftliche Verbreitung kritischen antirassistischen und feministischen Wissens, beispielsweise das Einfließen in Curricula, als politischer Erfolg und Fortschritt einzuschätzen ist, steht nicht im Widerspruch zur Diagnose jener „schädlichen" Aspekte für soziale Bewegungen. Denn es ist politisch wichtig zu differenzieren zwischen jenen breiteren gesellschaftlichen Öffentlichkeiten und den Bewegungen. Darin liegt kein Elitismus, sondern schlicht ein Ernstnehmen des eigenen Anspruchs der Bewegungen. Was in einer hegemonialen Öffentlichkeit oder in Institutionen einen Fortschritt, einen Landgewinn kritischen Wissens darstellt, mag für die Arbeit kritischer Bewegungen anders bewertet werden. So ist es kein Widerspruch, zugleich die bewusstseinsbildenden Effekte des Privilegiendiskurses in einer breiten Öffentlichkeit anzuerkennen, jedoch in Bewegungskontexten dessen Grenzen in den Vordergrund zu rücken und zu fordern, über sie hinauszugehen. Oder schlicht: Was für Personen ohne Vorwissen eine „erste Sensibilisierung" leisten kann, ist für feministische und antirassistische soziale Bewegungen und die sie ausmachende Aktivist*innen nicht hinreichend. Dabei ist unbenommen, dass innerhalb des Tuns jener sozialen Bewegungen immer wieder auch erste Sensibilisierungen notwendig sind, da alle Bewegungsmitglieder zugleich Gesellschaftsmitglieder sind, und ein ausgeprägtes Bewusstsein über bestimmte Machtverhältnisse nicht zwingend mit Bewusstsein weiterer Machtverhältnisse einhergeht. Dies kann mit der Formel von „(womöglich) notwendig, jedoch nicht hinreichend" abgebildet werden. Zugleich soll der „schädliche" Aspekt betont werden, dass der Privilegiendiskurs nach Art einer diskursiven Pfadabhängigkeit das Nachdenken über die weiteren Aufgaben erschwert. Denn gerade aufgrund der aktuellen Verbreitung und Anknüpfungsfähigkeit des Privilegiendiskurses scheint weniger die Gefahr zu bestehen, die Aufgabe der „ersten Sensibilisierung" zu übersehen, als vielmehr, die darüber hinausgehenden Aufgaben zu übersehen.

An dieser Stelle soll nicht dafür plädiert werden, sich absolut zu entscheiden für entweder die Verurteilung der Kontamination von Bewegungsdiskursen mit hegemonialen Diskursen, oder für das strategische Sachzwang-Argument für die Nutzung hegemonialer Diskurse, um außerhalb der eigenen Bewegung resonanzfähig zu sein. Es gilt vielmehr, dieses Spannungsverhältnis zu kennen, und damit in konkreten Aufgaben und Situationen einen Umgang zu finden. Das Plädoyer, in diesem Spannungsverhältnis bewusst zu navigieren, beinhaltet einen bewussten Umgang mit unterschiedlichen strategischen Teilaufgaben. Beispielsweise sollte die Teilaufgabe der politischen Analyse nicht durch den automatischen Rückgriff auf hegemonial „Selbstverständliches" (wie beispielsweise einen normativen Horizont von Diskriminierung und Meritokratie) begrenzt werden; während die Teilaufgabe der Aufklärungsarbeit nicht durch einen Abschied vom Anspruch der Verständlichkeit und Anknüpfungsfähigkeit unterminiert werden sollte. Für den Privilegiendiskurs bedeutet dies, sich zuerst einmal der liberalen Traditionslinie bewusst zu werden, anschließend ihre „Nützlichkeit" für verschiedene Teilaufgaben genau zu betrachten, und – wo notwendig – auf über sie hinausgehende Diskurse insbesondere aus Bewegungswissen und Bewegungserfahrungen zurückzugreifen.

Über Verengungen hinaus – Konzeptioneller Ausblick

Bevor sich der Ausblick der Bewegungspraxis widmet, sollen einige Anknüpfungspunkte skizziert werden, die beim Überwinden der beschriebenen Blickverengungen des Privilegiendiskurses helfen könnten oder in Richtungen zu ihrer Überschreitung weisen. Welche Aspekte bringt der

Privilegiendiskurs ins Spiel – und in welche Richtungen können sie jeweils weitergedacht werden? Als Strukturierung greife ich dafür noch einmal auf die der Elemente der Arbeitsdefinition zurück.

Epistemologie: Standpunkttheorie revisited

Das Erkennen der eigenen Privilegiertheit und die Frage, wie dies trotz der positionsbedingten epistemologischen Unfähigkeit gelingen kann, spielen im Privilegiendiskurs eine zentrale Rolle. Je hermetischer die epistemologischen Grundannahmen ausgestaltet sind, desto größer werden die Folgeproblematiken, wenn sie – im Unterschied zur Begründung (marginalisierter) separatistischer Praxen, was in sich schlüssig wäre – auf die Aktivitäten Privilegierter angewendet werden. Wenn mit epistemologischen Argumenten ein Urgrund für Handlungsunfähigkeit gelegt wird, bleibt bloß Reflexion als Handlungsoption übrig. Konzeptionell ist die epistemologische Frage der Beziehung zwischen Erfahrung und Erkenntnis spannend. Aber, und das wäre die These hier, zum einen stellt sie nicht die zentrale Frage dar, die für gelingende Bewegungspraxis beantwortet werden müsste. Die im Privilegiendiskurs auffindbare Konzentration auf die epistemologischen Fragen suggeriert, dass in ihrer Bearbeitung der Hebel zur Lösung anderer Fragen und Aufgaben der Bewegungspraxis liegt – stattdessen lohnt es sich meines Erachtens, spezifischer über diese anderen Fragen und Aufgaben nachzudenken (mehr dazu später in Abschnitt 6.3). Zum anderen müsste die epistemologische Frage – wenn sie tatsächlich für zentral gehalten wird – konzeptionell ernster genommen werden. Das heißt insbesondere, dass die diesbezüglichen Wissensbestände und Debatten stärker als bislang berücksichtigt werden sollten, die es gerade an der Schnittstelle von Bewegungen und kritischer Wissenschaft gab und gibt, und die inhaltlich deutlich über das hinausgehen, was als verkürzte *street versions* im Privilegiendiskurs Verbreitung gefunden hat. Namentlich sind dies Debatten der Standpunkttheorie(n). Vielleicht sind diese Debatten nicht (mehr) ausreichend präsent, und die dadurch entstandene Lücke wird gefüllt mit jenen einfachen Versionen. Diese Versionen versprechen für die Bewegungskonflikte besondere Schlagkraft, Eindeutigkeit und Lösbarkeit, und sind – aus unterschiedlicher Perspektive sowohl für Privilegierte wie auch Marginalisierte – affektiv attraktiv. Es handelt sich hier nicht um eine epistemologische Arbeit; jedoch scheint mir, dass ein derartiges „zurück zu den Quellen“ ein deutlich weniger hermetisches Bild ergeben würde. So wird in den

Standpunkttheorien – in der Formulierung von Sandra Harding – deutlich daran gearbeitet, zugleich

> „über die Scylla der ‚Perspektive aus dem Nirgendwo' und die Charybdis eines Erfahrungsfundamentalismus hinauszugelangen" (Harding 1994: 311).

Viele standpunkttheoretische Überlegungen weisen in Richtung einer „dialogischen Standpunkttheorie" (Singer 2003: 235). Sie verbinden sich damit mit dem Nachdenken über Bündnisse, das ein eher politisch-praktisches Vokabular aufruft von Verständigung, Kommunikation, Dissens, Kontakt, Konflikt, Zielen, Kompromissen, Vertrauensaufbau..., kurz: von

> „[...] shared activity in a shared context. Thus do we achieve knowledge." (Alcoff 2000: 335, mit Bezug auf Satya P. Mohanty)

Diese gemeinsame Aktivität als „Vorbedingung für Erkenntnis" ist im Bewegungskontext das politische Kämpfen (Harding 1994: 309)

Das bedeutet im Übrigen auch, dass selbst wenn die epistemologische Denkrichtung eingeschlagen wird, dies keineswegs mit einer Priorisierung von Pädagogik als präferiertem, ja spezialisiertem Ort der Vermittlung von Erkenntnis einhergehen muss, sondern dass auch und gerade gemeinsame politische Praxis zur Erkenntnisproduktion beiträgt. Im Ergebnis plädieren standpunkttheoretisch vorgehende Arbeiten als eine vielleicht „überraschende Konsequenz [...] der Standpunkt-Logik" (Harding 1994: 301) für den Einbezug Privilegierter in die jeweiligen Kämpfe. So argumentiert Harding bezogen auf die – wiederum sehr bewegungspraktische – Frage, wie Privilegierte für Bewegungen gewonnen werden können:

> „Viele von uns möchten Frauen und Männer für feministische und andere gegenkulturelle Studien und Politik rekrutieren. Menschen beteiligen sich aber nicht gerade begeistert an solchen Bemühungen, wenn ihnen fortgesetzt mitgeteilt wird, daß sie die falsche Sorte Personen sind, um in dieser Gruppe zu sprechen, und daß folglich ihr Lernen nur passiv sein kann – dasjenige wiederholend, was andere sich für sie ausgedacht haben. Wir müssen Handlungsprogramme für all die sozialen Identitäten und Orte ausarbeiten, die unsere potentiellen Mitglieder mitbringen." (Harding 1994: 311)

Diese Handlungsprogramme (im englischen Original: „agendas“) zu spezifizieren soll es „einfacher [machen], sie zu erreichen“ (Harding 1994: 310 f.). Rahmen dessen sei „ein Antirassismus bzw. ein männlicher Feminismus, der auf Kompetenz basiert“ (Harding 1994: 310). Harding unterscheidet dabei zwischen pädagogischen und politischen Perspektiven. Erstere bezieht sie insbesondere auf Lehrende an (Hoch-)Schulen; letztere beschreibt sie (knapp) wie folgt:

> „Und politisch können wir – respektvoll, vorläufig, aber bestimmt – versuchen, zwischen unseren vielfältigen sozialen Befreiungsbewegungen Kontinuitäten zu schaffen und progressive Beziehungen zwischen ihnen zu fördern. Der Punkt ist nicht, daß Frauen sich mit individuellen Männern, People of Color sich mit individuellen Weißen ‚verbünden‘ und so weiter, sondern vielmehr, daß unsere wissenschaftlichen und politischen Bewegungen die Grundlagen für ‚Solidarität‘ etablieren sollen. Die Entwicklung von möglicherweise umsetzbaren Handlungsprogrammen ist keine vollständige Lösung für die Herausforderung, solche Solidaritäten zu schaffen, sie kann zu diesem Projekt aber Ressourcen beitragen.“ (Harding 1994: 312, Übersetzung modifiziert SSch)

Dies leitet über zum zweiten Element der Arbeitsdefinition, dem Individualismus.

Individualismus: Subjekte oder Akteur*innen in Bewegungen?

David Owen schreibt im bereits herangezogenen Zitat zum genealogischen Nachzeichnen des Gefangenseins in einer Perspektive,

> „[...] daß diese Gefangenschaft uns in den für uns wichtigen Hinsichten daran hindert, uns als Subjekte oder Akteure zu begreifen.“ (Owen 2003: 133)

An dieser Stelle, nach dem Durchgang durch die empirische Analyse sei das Zitat – etwas zweckentfremdend – kontrastierend gelesen: Inwiefern trägt der Privilegiendiskurs dazu bei, uns als Subjekte *oder* Akteur*innen zu begreifen? Die These aus der empirischen Analyse wäre, dass der Privilegiendiskurs in der Traditionslinie liberaler Subjektvorstellungen dazu beiträgt, sich als (reflektierendes, interessiertes, verantwortliches, handlungsfähiges, moralisches) Subjekt zu begreifen und eben nicht als (Bewegungs-)Akteur*in. Das Individuum, an das gedacht wird, ist eher eines ohne Vorwissen, dem niedrigschwellig ein erster Zugang zum Thema eröffnet werden muss, oder eines, das sich in der alltäglichen Lebenswelt (insbesondere im Interpersonalen) auf eine bestimmte Art verhält, oder ein „active citizen" (Kivel 1996: 163) – all dies ist jedoch nicht deckungsgleich mit Individuen, die Akteur*innen oder Aktivist*innen in Bewegungen sind. In Frage steht das Verhältnis von Individuen und Bewegungen. Bewegungen mehr als eine Addition von Individuen, etwas qualitativ Anderes, und die individuellen Bewegungsmitglieder sind nicht einfach atomisierte Individuen, sondern eben (zumindest zugleich) Bewegungs-Akteur*in. In diesem Sinne wird hier dafür plädiert, konzeptionell ins Zentrum des Nachdenkens nicht Subjekte zu stellen, sondern Bewegungen und Akteur*innen in Bewegungen. Dadurch verschiebt sich der Fokus von der Binnenperspektive monadischer Einzelner hin zu Aufgaben, Arbeitsteilungen, Herausforderungen in kollektiven Prozessen. Diese Perspektive ist mit der Verfestigung des Privilegiendiskurses verloren gegangen, woraus eine strategische Lücke entstanden ist. Denn wenn im Privilegiendiskurs der Blick geprägt ist durch die Zweiteilung zwischen einerseits den fokussierten Individuen und andererseits der – in liberaler Tradition aus der bloßen Addition von Individuen zusammengefügten – Gesamtgesellschaft, gehen die für das Nachdenken über die hier relevanten politischen Strategien zentralen Zwischenebenen verloren: eben insbesondere die sozialen Bewegungen und ihre Organisationsformen wie beispielsweise politische Gruppen, Initiativen, Bündnisse, Verbände. Das Plädoyer wäre an dieser Stelle, mehr über Ziele und Mittel – also über Strategien – nachzudenken.

In diese Richtung geht auch der Vorschlag der Politikwissenschaftlerin Jodi Dean, statt auf „Verbündete" auf ein spezifisches traditionsreiches Konzept von Akteur*innen in linken Bewegungen zu setzen: das Konzept der Genoss*innen. Es betone das strategische Element kollektiver Organisierung und stelle damit ein „Gegenmittel" dar zum in der heutigen Linken vorherrschenden Politikverständnis als „bloß diffuses Bewusstsein in Verbindung mit persönlicher Integrität" (Dean 2020: 16). Dean kritisiert das Konzept der *allyship* dafür, „die Aufmerksamkeit von strategisch-organisatorischen und taktischen Fragen hin zu verhaltenstechnischen Lackmustests" (ebd.: 30) zu verlagern. Es lenke ab

„von der furchteinflößenden Prüfung, sich für eine Seite zu entscheiden, vom Hinnehmen der Disziplin, die mit kollektiver Arbeit einhergeht; von den Organisationsbestrebungen zur Abschaffung des rassistisch-patriarchalen Kapitalismus und eines Staates, der zu dessen Schutze konzipiert ist“ (ebd.: 29).

Stattdessen benenne das Konzept Genoss*in

„das politische Verhältnis von Menschen auf derselben Seite einer politischen Barrikade. Genoss[*inn]en sind Menschen, die sich zweckgerichtet zusammenschließen, für eine gemeinsame Sache“ (ebd.: 9).

Es umfasst also ein gemeinsames Ziel, die Handlungserwartung, sich gegenseitig vertrauen und aufeinander verlassen zu können (vgl. ebd.: 13) und ein „Verhältnis stabilen, dauerhaften Schutzes“ (ebd.: 8 f.), um zusammen einen „langwierigen Kampf“ aufzunehmen (ebd.: 10).[63] Die Beziehung zwischen Genoss*innen unterstreiche die Gleichheit (ebd.: 8), und dieses Gleichheitsversprechen (ebd.: 16) könne Freude hervorrufen und empowernd wirken:

„Die Macht des Worts ‚Genosse‘ ergibt sich daraus, dass es alte Beziehungen negiert und neue verheißt“. (ebd.: 18)

Damit habe es neben einer epistemologischen auch eine utopische Dimension: Es „bildet einen neuen Bezugspunkt für die Erkenntnis des Erkennbaren und für das Erahnen neuer Möglichkeiten“ (ebd.: 13). Im Kontrast dazu unterstreicht *allyship* eben die „alten Beziehung“ der Un-Gleichheit zwischen Privilegierten und Marginalisierten, und perpetuiere diese Ungleichheit in der gegen sie gerichteten politischen Arbeit.

Eine weitere Richtung, um konzeptionell über die dargestellten Engführungen in der Tradition liberaler Subjektvorstellungen hinauszukommen, könnte ein Anknüpfen an die Arbeiten zu einer postsouveränen Ethik darstellen. So ist das postsouveräne Subjekt weniger durch monadische

63 Nicht unterschlagen werden soll hier eine Differenz: Die konkrete Form, die Dean – im Paket mit dem Konzept der Genoss*in – zur Gewährleistung von Dauerhaftigkeit vorschlägt, ist die Partei. Demgegenüber schlägt die hier vorgelegte Kritik am Privilegiendiskurs einen Fokus auf die *Aufgaben* vor, vor denen Bewegungen und jegliche andere (emanzipatorische) politische Organisierungsform – einschließlich der Form der Partei – stehen: beispielsweise der Aufgabe demokratischer Entscheidungsfindung, oder eben der Dauerhaftigkeit ermöglichenden Aufgabe der Wissensweitergabe.

Gewissenserforschung und Handlungsanleitungsbefolgung geformt, sondern durch – in einem emphatischen Sinne – Begegnungen:

> „[...] so sind die Begegnungen, die ich durchlaufe, tatsächlich jene, durch die ich unweigerlich verändert werde. Anerkennung wird zu jenem Prozess, durch den ich ein anderer werde als der, der ich gewesen bin, wodurch ich die Fähigkeit einbüße, zu dem zurückzukehren, was ich gewesen bin.“ (Butler 2007: 41)

Diese Begegnungen sollten nicht allzu dyadisch und Innerlichkeits-fixiert vorgestellt werden, sondern insbesondere in einem Kontext von Bündnissen, was einen Bewegungskontext von Gruppen, Aktionen, Kämpfen aufruft. „Koalitionen des Überlebens“ bilden „Momente, von denen Impulse für eine Neuerfindung des Sozialen, für ein *anderes* In-der-Welt-Sein ausgehen können“ (Hark 2017: 16). Gemeinschaft wird so denkbar

> „nicht [...] als Gemeinschaft gegeneinander isolierter Einzelner, die wechselseitig ihre Autonomie und Unversehrtheit voneinander einfordern, sondern als Gemeinschaft voneinander abhängiger Wesen, die ‚in Freud und Leid immer schon [...] auf eine [...] unterstützende Umwelt angewiesen‘ sind.“ (ebd.: 41 f.)

Ein Bündnis oder eine Koalition ist dabei weniger ein Zusammenschluss von bereits existierenden Personengruppen (als ob eine hinsichtlich einer Identitätskategorie homogene Zusammensetzung kein Bündnis darstellte; gerade dies ist die Illusion, wegen der intersektionale Konflikte innerhalb eines solchen Bündnisses immer wieder so „unerwartet“ auftreten und destruktiv werden), sondern entsteht im gemeinsamen Tun. Der Privilegiendiskurs ist ein Hindernis für Begegnungen in derart verstandener gemeinsamer Praxis und Bündnissen, wenn er – epistemologisch – dazu beiträgt, dass die Privilegierten sich eine eigene Erkenntnisfähigkeit absprechen und spiegelbildlich die der Marginalisierten idealisieren; wenn er – individualisierend – alle Last des Gelingens oder Scheiterns der Begegnung vom eigenen Sein und Verhalten abhängig macht, wenn die Begegnung als kontinuierliche Bewährungsprobe gegenüber eine*r Richter*in imaginiert wird; und wenn er – handlungsanleitend – die Begegnung zum bloßen Anlass der Reproduktion von erlernten Verhaltensregeln reduziert. Doch so ergiebig ein weiteres Ausarbeiten der postsouveränen Ethik in ihrer Bewegungsdimension sicherlich wäre, so sehr ginge dies hier über den Untersuchungsrahmen hinaus. Zudem scheint es mir reizvoll, die im Privilegiendiskurs bereits stark handlungspraktisch operationalisierte Ebene nicht wieder in Richtung Abstraktion zu verlassen, sondern für den Ausblick auf dieser Ebene zu verbleiben. Denn über die pointierte Lesart der *allyship* hinaus können bestimmte Elemente des Privilegiendiskurses – die in seiner verfestigten Form jedoch meist untergeordnete Bedeutung haben – sehr wohl zum Gelingen jener Bündnisse beitragen. Ergiebig dafür ist es, im empirischen Material des Privilegiendiskurses Elemente auf dieser Ebene herauszudestillieren, die über die Beschränkungen der Subjektivierungsweise hinausweisen, sowie anzuknüpfen an bewegungspraktische Überlegungen. Die Unterscheidung zwischen Subjekt und Akteur*in im skizzierten Sinne findet beispielsweise im Kontext von Training eine Entsprechung in der Unterscheidung zwischen den Trainings-Zielgruppen „Individuen außerhalb der Organisation" und „Organisationsmitglieder", sowie inhaltlich zwischen Persönlichkeitsorientierung und organisationsinternem Kompetenzaufbau. Die Bewegungsaufgaben (besser) zu erfüllen zu lernen setzt voraus, sie als spezifische Aufgaben zu benennen, sowie idealerweise in Bewegungspraxis aktiv zu sein. Für die Ebene von Trainings benennt dies Catherine Jones in ihrem Text „The Work Is Not The Workshop", in dem sie kurzfristige, nicht an Bewegungspraxis angebundene Workshops kritisiert. Sie verbindet ihre Analyse mit dem Plädoyer, sich weniger mit der eigenen Selbstsicherheit zu beschäftigen, sondern den Blick nach außen zu wenden und sich in längst stattfindenden Kämpfen nützlich zu machen:

> „[T]here are [...] a whole lot of dedicated anti-racist white folks trying to figure out legitimate ways to participate in the struggle. I would like to challenge all of us in the white anti-racist community to spend a bit of time looking outward, instead of inward. To find out about the specific places that really do exist in the struggle where we can put our fierce and beautiful energy to use, even if it means we're a little less sure of ourselves, even if it means we may make more mistakes, even if it means challenging our abilities to be comfortable in this work." (Jones 1997)

Diese Gedanken leiten dazu über, zum dritten Element der Arbeitsdefinition zurückzukommen, der Handlungsanleitung.

Handlungsanleitung: Wunsch nach Gewissheit oder Hilfestellung für Bewegungsaufgaben?

Die im Privilegiendiskurs enthaltene Handlungsanleitung stellt die Antwort dar auf die aus privilegierter Perspektive gestellte Frage „Was soll ich tun?". In diese Frage sind bestimmte individualisierte Vorstellungen von Handlungsfähigkeit und Veränderungsmöglichkeiten eingebettet, die sich beispielsweise in der Vorstellung äußern, unabdingbar gebraucht zu werden, sowie Spannungsfelder aufgrund der epistemologischen Annahme, qua privilegierter Positionierung eigentlich ohne Handlungsanleitung nichts beitragen zu können. Ein anderes Handeln scheint nur durch ein anderes Sein möglich, und damit wird der ontologische Statuswechsel für Privilegierte zum einzig möglichen Weg hin zu legitimer emanzipatorischer Aktivität. Entsprechend attraktiv ist jener Status. Mit der ontologischen Rahmung politischer Praxis geht eine selbstzentrierte Perspektive der Privilegierten auf ihren Status einher. Die Handlungsanleitungen dienen dazu einen Status zu erreichen, der Legitimität verspricht und wenn vielleicht nicht Fehlerfreiheit, so doch Freiheit davon, für einen Fehler kritisiert zu werden. Es gilt also erstens, die Synonymisierung aufzulösen zwischen der privilegierten individualisierten Frage „Was soll ich tun?" und der Frage, wie antirassistische und feministische soziale Bewegungen eingedenk unterschiedlich positionierter Bewegungsmitglieder funktionieren können. Zweitens können dann Handlungsanleitungen bezogen auf das Funktionieren jener sozialen Bewegungen neu durchdacht werden. Dies wäre vielleicht weniger ein Nachdenken darüber, „Verbündete zu sein", sondern darüber „Bündnisse zu tun", oder besser: etwas gemeinsam in Bündnissen zu tun. Ein Nachdenken darüber, gemeinsam kollektiv zu kämpfen in Bündnissen, in denen Heterogenität in vielerlei Hinsicht als herausfordernder, aber unhintergehbarer Bestandteil emanzipatorischer politischer Arbeit verstanden wird. bell hooks schlägt vor das Tun (beispielsweise) in feministischen Kämpfen zu betonen:

> „To emphasize that engagement with feminist struggle as political commitment, we could avoid using the phrase ‚I am a feminist' (a linguistic structure designed to refer to some personal aspect of identity and self-definition) and could state, ‚I advocate feminism.'" (hooks 2000: 31)

Für die Verschiebung weg von der ontologischen Rahmung – „a shift from ontological claims to […] more expressly political ones" (Brown 1995: 76) –

ist auch Wendy Browns Analyse weiterführend. Sie schlägt vor, eine Sprache des „Seins“ zu ersetzen durch eine des „Wollens“, und so zu versuchen, weiterreichende Momente aus der Bewegungsgeschichte wiederzuentdecken und politisch nutzbar zu machen:

> „What if we sought to supplant the language of ‚I am‘ – with its defensive closure on identity, its insistence on the fixity of position, its equation of social with moral positioning – with the language of ‚I want‘?“ (ebd.: 75)

So können die politischen Ziele wieder zentraler sichtbar werden. Und in der Herausforderung, eine radikal demokratische politische Kultur zu gestalten, ist angesichts der im Privilegiendiskurs angestrebten Heilung Wachsamkeit notwendig, nicht beizutragen zu einem

> „[...] steady slide of political into therapeutic discourse, even as we acknowledge the elements of suffering and healing we might be negotiating.“ (ebd.: 75)

Brown plädiert dafür, eine „desire of futurity“ (ebd.) wieder zu eröffnen. Warum diese Zukunftsorientierung zurzeit verstellt ist, erläutert Brown durch eine historische Kontextualisierung. Eine Übertragung ihrer Analyseperspektive auf den Privilegiendiskurs soll hier als Anknüpfungsmöglichkeit skizziert werden. Brown konstatiert als typisch für das gegenwärtige spätmoderne Zeitalter einen „loss of historical direction, and with it the loss of futurity“ (ebd.: 74). Dies betreffe insbesondere die Linke:

> „[I]n the hollow core of all these losses, perhaps in the place of our political unconscious, is there also an unavowed loss – the promise that left analysis and left commitment would supply its adherents a clear and certain path toward the good, the right, and the true?“ (Brown 1999: 22)

Dieser Verlust werde nicht eingestanden, und so liege „das melancholische Moment linker Kritik in dem verworfenen und daher uneingestandenen Begehren nach emanzipatorischen Gewissheiten“, wie es Meißner in Anknüpfung an Brown formuliert (Meißner 2015: 59). Diese linke Melancholie äußere sich beispielsweise in einem nostalgischen Festhalten an einer Praxis und einer Analyse „of another epoch“ (Brown 1999: 25), die an einem (vermeintlich) eindeutigen Klassensubjekt festhält, und bringe „polemische Auseinandersetzungen mit identitätspolitischen und poststrukturalistischen Perspektiven" (Meißner 2015: 59) mit sich, wie sie eingangs geschildert wurden.

Die Anknüpfungsmöglichkeit, die hier skizziert werden soll, ist, dass mit der geschichtlichen Kontextualisierung nicht nur dessen Klassenidentitätsnostalgische Abwehr, sondern auch der Privilegiendiskurs selbst als Ausdruck linker Melancholie verstanden werden könnte. Ist es das zitierte „uneingestandene Begehren nach emanzipatorischen Gewissheiten" (Meißner 2015: 59), das den Privilegiendiskurs und die *allyship* in ihrer Imperativität für das Individuum, in der Sortierung der Sprecher*innenpositionen, im Machbarkeitsversprechen seiner Handlungsanleitungen so attraktiv macht? Jenseits der bereits beschriebenen inhaltlichen Ebene – der Kontinuität zu liberalen Denktraditionen als der gegenwärtig hegemonialen Art, über „sich und die Welt" nachzudenken – lässt sich der Privilegiendiskurs durch das Theorem der linken Melancholie hindurch somit auf eine weitere Weise geschichtlich kontextualisieren: nämlich in seiner Form der Handlungsanleitung und in der Nachfrage nach jener Form. Im Unterschied zum von Brown betrachteten nostalgischen Festhalten an „verlorenen Kritikformen und Idealen" (ebd.) entlehnt der Privilegiendiskurs Kritikform und Ideal der gegenwärtigen Hegemonie. Identisch in beiden Fällen wäre jedoch das Gegenmittel gegen die linke Melancholie: die „historische Situierung der eigenen Ideale und Hoffnungen" (ebd.) – zu der die hier entwickelte Genealogie beitragen möchte.

Wenn es in diesem Sinne Teil des Gegenmittels ist, „fundamentale Selbstkritik" zu üben (ebd.: 60), kann der Privilegiendiskurs als Versuch verstanden werden, der vom selben Impuls inspiriert ist: als Versuch, einen Umgang zu finden mit Bewegungskonflikten insbesondere intersektionaler Art, für die orthodox linke Vorstellungen keine Lösung finden konnten, ja mehr noch, die durch sie (beispielsweise mit Vorstellungen eines Hauptwiderspruchs) mit angefacht wurden. Teil der genealogischen Kritik am Privilegiendiskurs wäre darauf hinzuweisen, dass er die „Haltung fundamentaler Selbstkritik" (ebd.) letztlich als Aufgabe an die Individuen überweist – sie jedoch auf Bewegungsebene nicht bearbeitet, sondern dort vielmehr (unter Rückgriff auf Elemente des hegemonialen *common sense*) „emanzipatorische Gewissheit" durch die Illusion rezeptartiger Machbarkeit transportiert. Demgegenüber wäre

> „der Verlust von Ansprüchen [durchzuarbeiten], eine [radikal kritische] Haltung in grundlegenden Gewissheiten zu verankern" (Meißner 2015: 60).

Doch hier soll diese skizzierte Anknüpfungsrichtung zum Theorem der linken Melancholie verlassen werden, und diese zeitdiagnostische Ebene nicht weiter vertieft werden. Stattdessen sollen die Überlegungen nah an der Bewegungspraxis weitergeführt werden. Somit wird Browns „desire of futurity" (Brown 1995: 75) weniger im großen Maßstab geschichtsphilosophisch gefüllt, sondern kurzfristiger pragmatisch operationalisiert auf die Frage von Zielen und zielführenden Strategien der Bewegungen. Mit einer Formulierung von Sabine Hark sei an die oben vorgeschlagene Verschiebung weg von der ontologischen Rahmung erinnert:

> „Anders und vielleicht etwas zugespitzt gesagt, würde es bedeuten, die Frage wer wir sind zu Gunsten der Fragen wie wir tun preiszugeben." (Hark 2013: 40)

Für diese Frage ist es produktiv, praxisorientiert nachzudenken – und dort haben sicherlich auch „Handlungsanleitungen" einen sinnvollen Platz. Wenn hier nun der Impuls der Handlungsanleitung gerettet werden soll: Wie unterscheidet er sich von den eben kritisierten „emanzipatorischen Gewissheiten" (Meißner 2015: 59)?

Der Unterschied läge zum einen auf der inhaltlichen Ebene, im Sinne der beschriebenen Verschiebung hin zu Bewegungen und Akteur*innen in Bewegungen und ihren Aufgaben. Dies könnte bedeuten, die Handlungsanleitungen nicht (primär) individuell, sondern kollektiv(er) zu denken. Im Zentrum ständen dann nicht die eigenen Lernprozesse, sondern die Aufgaben von Bewegungen. Die Handlungsanleitungen würden damit bewegungs„organisations"bezogener sowie stärker auf eine nach außen gerichtete Bewegungs-Praxis bezogen. Der Unterschied zu den Handlungsanleitungen im Sinne „emanzipatorischer Gewissheiten" läge zum anderen darin, dass diese Handlungsanleitungen dabei unterstützen sollen, Strategien für die Bewegungspraxis entwickeln – und insofern kein Patentrezept bieten, das es zu befolgen gilt. Die Handlungsanleitungen wären ein möglichst klar aufbereiteter Erfahrungsschatz, der strategische Entscheidungen erleichtern soll, um möglichst erfolgreich die jeweiligen Ziele zu erreichen. Wenn beispielsweise auf die an eine Autorität gerichtete Frage „Was soll ich tun" verzichtet wird, und die Gewissheit und Handlungssicherheit suggerierenden allgemein-apodiktischen *to dos* beiseitegelassen werden, können auch die doppelten Botschaften aufgelöst werden: hin zu einer Sammlung von möglicherweise oder typischerweise auftauchenden Problemen, von Vor- und Nachteilen der dafür häufig gewählten Lösungsversuche in bestimmten Kontexten, und von Hinweisen für Kriterien zum Abwägen der jeweiligen Strategien. Wenn beispielsweise Listen Vor- und Nachteile von bestimmten Strategien und bestimmten (Bewegungs-)Aktivitäten zusammenstellen, könnte das orientieren – würde aber nicht irrigerweise Eindeutigkeit und heroische Handlungsfähigkeit versprechen oder die Illusion nähren, durch Befolgen einer autoritativen Liste jenseits der Fehlbarkeit und der Kritisierbarkeit stehen zu können. Es würde vielmehr aus Bewegungserfahrungen schöpfen, und auf die eigene, insbesondere kollektive Urteilsfähigkeit setzen. Es könnte das Bewusstsein über die kollektive Verbindung mit Vorkämpfer*innen sowie gegenwärtigen Mitstreiter*innen stärken und auf das ausdauernde gemeinsame Bohren dicker Bretter vorbereiten.

In dieser Art der Praxisnähe steckt auch ein Nachdenken über persönliche Praxis: als ein aktives Nachdenken über die eigenen Beiträge zu einem kollektiven Erreichen von Zielen. Dies ist vielleicht sogar „mehr" Nachdenken als in den individualisierenden Handlungsanleitungen des Privilegiendiskurses, die Gewissheiten über das Befolgen von Listen versprechen:

> „Ein effektiver Antirassismus braucht aktiv denkende AntirassistInnen, und nicht etwa weiße Roboter, die ‚programmiert' sind zu wiederholen, was Schwarze sagen." (Harding 1994: 307)

Würde eine derartige effektivitätsorientierte Praxis den Aktivist*innen versprechen, jemand anderes zu werden? Sie wären sicherlich mehr an gelingender Bewegungs- und Bündnisarbeit, am Erreichen von Zielen in Bewegungskämpfen, an politischen Erfolgen interessiert – sich jedoch zugleich bewusst, dass gerade dadurch die dazu beitragenden Aktivist*innen verändert werden... Diese Fragen von Werkzeugen, Zielen, Strategien sowie der Entwicklung durch Kämpfe werden nun abschließend aus bewegungsorientierter Perspektive betrachtet.

„...if you hold it right“ - Bewegungsorientierter Ausblick

> „Die wirkliche Herausforderung besteht darin, unter Berücksichtigung der intersektionalen Vergesellschaftung von Individuen, Perspektiven für emanzipatorische politische Praktiken und Bündnisse zu entwickeln.“
> (Ha 2014: xx)

Genealogien haben – wie bereits ausgeführt – „erst einmal den Effekt, „Dinge, die allzu leicht von der Hand gehen, ein wenig schwerer zu machen“ (Foucault 2005a: 221 f.) Sie stellen „kein Handlungswissen bereit“ (Saar 2007: 335), sondern durch ihre distanzierende und verzögernde Wirkung können „Sachzwänge relativiert und ein [...] Raum möglicher Handlungen sowie möglicher Wirkungen eröffnet“ werden (ebd.: 345). Vielleicht ist eine derartige „Neujustierung“ insbesondere „heilsam“ (ebd.) in einer Situation der grabenkampfartigen Polarisierung und generell in Situationen, in denen effektive politische Strategien benötigt werden. Es ist ein Effekt hegemonialer Diskurse, dass bestimmte „Werkzeuge“ besonders naheliegend und griffbereit sind, und dass die Hand wie automatisch in jene Richtung greift, in der dieses Werkzeug liegt. Diese Art des allzu Leicht-von-der-Hand-Gehens erleichtert einerseits das Handeln durch Routinisierung, reduziert jedoch andererseits die Beweglichkeit, die Aufmerksamkeit und die bewusste Wahl von Handlungsoptionen. Durch die genealogische Perspektive wurde nachgezeichnet, wie der Automatismus des Griffs zu diesem Werkzeug entstanden ist und wie der Anwendungsbereich des Werkzeugs in pädagogischen Arenen dazu beigetragen hat, nur noch jene Aufgaben in den Blick zu nehmen, die sich mit diesem Werkzeug bearbeiten lassen. Diese Analyse des Privilegiendiskurses zielt nicht darauf ab, einer kritischen Bewegung das einzige Werkzeug (hier: für die Bearbeitung intersektionaler Konflikte und bewegungsinterner Machthierarchien) aus der Hand zu nehmen – im Gegenteil. Sie soll die Werkzeuge vervielfältigen, oder genauer: auf die Vielzahl der Werkzeuge hinweisen. Der kritische Impuls besteht darin aufzuzeigen, dass es sich keineswegs um das einzige Werkzeug handelt – durch Hinweis auf verstaubte, lange nicht geöffnete Schubladen oder auf ganze Werkzeugschränke in angrenzenden Werkstätten, in denen nichts

Relevantes (mehr) vermutet wird. Die „unbestimmte Arbeit der Freiheit" (Owen 2003: 137), der die Genealogie einen Impuls geben könnte, wäre ein neugieriges Wühlen in der Werkzeugkiste, in diesem Fall insbesondere der Werkzeugkiste der Bewegungserfahrungen. Welche – möglicherweise mittlerweile weniger benutzten – Werkzeuge liegen dort und in angrenzenden Werkzeugkisten bereit?

In der Werkzeugkiste wühlen und den „Faden weiterspinnen"

> „[...] eine allgemeine Geschichtsvergessenheit [...] mit der Konsequenz, dass zahlreiche Debatten immer wieder von vorne beginnen, ohne Berücksichtigung der in der Vergangenheit bereits gemachten Fehler oder Errungenschaften. Einen solchen Stillstand bzw. Leerlauf können wir uns allerdings nicht leisten – völlig unabhängig davon, aus welchem Blickwinkel wir sprechen."
> (transact! 2014: 5)

Die Wissensweitergabe von Bewegungserfahrungen hat mit schwierigen Rahmenbedingungen zu kämpfen, und wird gerade dadurch umso notwendiger: Soziale Bewegungen sind zum einen per definitionem relativ marginalisiert, so dass ihnen nicht die Tradierungsmechanismen hegemonialen Wissens offenstehen. Zum anderen besitzen soziale Bewegungen auch intern weniger Stabilität und personelle Kontinuität als andere Organisationen (die beispielsweise über kontinuierliche finanzielle Ressourcen verfügen, hauptamtliche Mitgliedern umfassen, keinem Repressionsdruck ausgesetzt sind etc.), so dass die Bewegungsgenerationen angesichts des schnellen Wechsels teils eher den Charakter von „Mikro-Kohorten" annehmen, die sich schon nach 1-2 Jahren voneinander unterscheiden (vgl. Nancy Whittier, nach Breton et al. 2015). So meint die Geschichte der eigenen Bewegung „in den schnelllebigen neuen sozialen Bewegungen schon einen Zeitraum von vor fünf Jahren" (Hüttner et al. 2005). Die Kontinuität von Bewegungswissen wird zudem dadurch erschwert, dass das politische Selbstverständnis oft

„von Spontanität geprägt ist, geplante, strategische Politik sowie festere Organisationsformen lange Zeit ablehnte und Theorie (und damit auch Geschichte) vor allem als Legitimation der eigenen Praxis verstand“ (ebd.).

Strategiedebatten werden häufig nach dem „Feuerwehr“-Prinzip (vgl. Kalender 2003) anhand drängender Einzelkonflikte ad hoc geführt. Die Wissensweitergabe dient unter diesen Bedingungen erstens dazu, grundsätzlich den Faden der Kontinuität von Bewegungen nicht abreißen zu lassen[64]. Zweitens soll die Wissensweitergabe verhindern, dass die Debatten „immer wieder von vorne beginnen“, wie im vorangestellten Zitat von transact! (2014: 5) kritisiert wird, und stattdessen der Austausch über Erfahrungen der Vergangenheit die Bewegungsaktivitäten der Gegenwart verbessert, ja so etwas wie ein Fortschritt erreicht wird in Strategien, ihrer Effektivität und im Umgang mit Konflikten. Drittens vermittelt die Wissensweitergabe, wo sie gelingt, ein besseres Verständnis der Entwicklung von Kämpfen, ein Gefühl ihrer geschichtlichen Kontinuität und des eigenen Platzes darin, und stellt damit ein Gegengift dar zum atomisierten, sich ausschließlich selbst reflektierenden Individuum.[65] Die Selbstbezüglichkeit wird auch dadurch dezentriert, dass mehr über die politische Sozialisation von Aktiven zu anderen Bewegungszeiten erfahren wird. Daran kann erleichternd sein zu erkennen, dass nicht jede Bewegungsgeneration das Rad neu erfinden muss, aber auch, dass jede historisch konkrete Strategie (bis hinein in ihre Begriffe) relativ

64 Einige Beispiele davon, wie aufgrund der Fluktuation von Personen wie Begriffen die Verständigungsfähigkeit untereinander verloren geht, stellt Martinas in ihrem Rückblick auf den „Challenging White Supremacy“-Workshop zusammen, dessen Titel „Passing it on“ die Aufgabe der Wissensweitergabe ins Zentrum stellt. Sie betont in organisatorischer Hinsicht, es sei wichtig, die Führung einer Organisation in mehreren Bewegungsgenerationen zu verankern (vgl. Martinas 2006: 13, vgl. Kapitel 4.3).

65 Seibert verknüpft das Nachdenken über Wissensweitergabe in Bewegungen mit einer geschichtsphilosophischen Dimension, indem er mit Walter Benjamin erinnert an den Anspruch, „der von den verlorengegangenen Kämpfen der Vergangenheit an diejenigen ergeht, die sich heute der Fortdauer der Herrschaft widersetzen“ (Benjamin, zitiert nach Seibert 2006):

> „Wer historisch existiert, lebt aber nicht nur im gegebenen Augenblick, sondern im offenen Prozess der sozialen und ideologischen Kämpfe. [...] Deshalb führen wir nie allein die Kämpfe unserer Gegenwart, sondern immer auch die Kämpfe derjenigen, die uns vorausgegangen sind. Darum ist uns die Möglichkeit gegeben, in unseren Siegen die Niederlagen umzukehren, die andere gestern hinnehmen mussten. Um die Niederlagen der Vergangenheit umkehren zu können, dürfen wir uns aber gerade nicht in unserer Gegenwart einschliessen lassen, sondern müssen uns dem Anspruch öffnen, den die Vergangenheit an uns richtet.“ (Seibert 2006)

und fehlbar ist. Diese Erkenntnis kann daher den vermeintlich zwingenden Charakter gegenwärtiger Strategien relativieren und durch diese gedankliche Lockerung strategische Diskussionen erleichtern. Zugleich werden anhand von Fehlern der Vergangenheit Aspekte von Fortschritt in den Bewegungen greifbar. Die Bedingungen für derartigen Wissenstransfer und „organizational learning" von Bewegungen (Lipsitz 2011: 1464 ff.) sind besser geworden, da mittlerweile eine „incredible amount of analysis about the shortcomings of past movements and complex intersectional analyses of systems of oppression and privilege" (Crass 2013: 275) vorliegt.

Für das hier angeregte Wühlen in der Werkzeugkiste kann es zum einen sinnvoll sein, Bewegungserfahrungen „vor" dem Privilegiendiskurs auszuwerten, ebenso wie Bewegungserfahrungen „am Rand" des Privilegiendiskurses, also dort, wo er sich explizit(er) auf Bewegungspraxis und deren Aufgaben bezieht, wo er aus Bewegungsperspektive genutzt wird und dadurch weniger Gefahr läuft, die Differenz zwischen Bewegungspraxis und pädagogischer Praxis in anderen Arenen zu nivellieren. Dadurch können Elemente kollektiv-aktivistischer Handlungsanleitungen herausdestilliert werden. Dies kann auch umfassen, zu jenen Theoretiker*innen und Aktivist*innen insbesondere aus dem Schwarzen Feminismus zurückzugehen, die im Privilegiendiskurs regelmäßig herangezogen werden. Manchmal scheint dies eher der Funktion zu dienen, über die Zitate Legitimität und Radikalitätsversprechen abzusichern; manchmal wird der Faden ihres Denkens jedoch weitergesponnen auf eine Art, die die Werkzeugkiste für die Bewegungspraxis füllt (beispielsweise im deutlich vom Schwarzen Feminismus und insbesondere bell hooks inspirierten Buch Crass 2013 mit dem zentralen Konzept „collective liberation", vgl. Crass 2013: 17).

Zum anderen können auch „unerwartete" Werkzeugkisten herangezogen werden, die im Laufe der Analyse punktuell bereits auftauchten, nämlich Werkzeuge aus dem Kontext organisationaler Gleichstellungs- und Antidiskriminierungsstrategien. Manche der dort in einem anderen institutionellen Setting entwickelten Erkenntnisse und Differenzierungen können m. E. gewinnbringend für den Bewegungskontext adaptiert werden. Inspirierend können beispielsweise Werkzeuge der fachlichkeitsorientierten (Gender) Trainings herangezogen werden, in dessen Zentrum das Nachdenken über die fachlichen Aufgaben der Teilnehmenden und die notwendigen Kompetenzen für fachlich gute Arbeit steht. Die Akteur*innen einer Organisation werden damit „weniger in ihren Identitäten angesprochen als in ihren fachlichen Aufgaben und Kompetenzen" (Geppert/Scheele 2013: 137). Diese als Gegenimpuls zum Konzept der

Männerpolitik formulierte strategische Position kann auch auf den hier interessierenden Bewegungsdiskurs gefaltet werden:

> „Durch die Vorsicht vor Identität als entscheidendem Hebel ist der Anspruch weniger allumfassend, weniger vollmundig, gewissermaßen bescheidender in der Rhetorik. Gleichzeitig werden die Interventionsmöglichkeiten konkreter und zielorientierter: Weniger luftige (Geschlechter-)Dialogvisionen, mehr Zielorientierung, mehr Verbindlichkeit und konkrete Instrumente. Weniger freischwebendes Jonglieren von Themen, mehr Verständnis für und Anknüpfungsfähigkeit an die Logiken politischer Gestaltung oder organisationaler Veränderungsprozesse. Dafür gibt es unter dem Dach von Gender Mainstreaming eine enorm ausdifferenzierte Wissensproduktion, eine gut gefüllte Werkzeugkiste." (Geppert/Scheele 2013: 141)

Dabei soll Identität einschließlich der Frage der Motive der Privilegierten zwar nicht ignoriert werden, aber sie soll ihre diskursive Zentralstellung abgeben zugunsten der Ziele. Dies könnte „zielorientierte ‚realistische' Perspcktivc" (Gcppert/ Scheele 2013: 138) genannt werden. Analog argumentieren Texte aus und zu den Bewegungen, dass es nützlicher sei, sich mit Handlungen zur Zielerreichung zu befassen, als über Motivationen für diese Handlungen zu grübeln:

> „The desire for approval from any number of quarters – Jewish and non-Jewish, white and Third World – might also serve as a motivation for political work. Since I cannot even swear to the absolute purity of my own motivation, I think it is much more useful to focus on what someone does and how she does ist. Maintaining this perspective is part of the work of politics. It keeps the emphasis where it belongs – on actions intended to move toward a specific goal." (Bulkin 1988: 189)

Auch die im Kontext institutioneller Settings diskutierten Differenzierungen organisationaler Strategien können weiterhelfen, die Handlungsoptionen von und in sozialen Bewegungen zu sortieren. So wird beispielsweise in der Geschlechterpolitik zwischen den Strategien der Antidiskriminierung, der Frauenförderung und Gender Mainstreaming unterschieden. Während Antidiskriminierung eine reaktive Strategie zur Verhinderung von Ungleichbehandlungen sei (vgl. Stiegler 2005: 10) und die Strategie der

Frauenförderung als „korrigierende Programme“ eine „direkte Intervention kompensatorischer Art“ (ebd.: 11) vorsehe, stelle Gender Mainstreaming die „weitreichendste Strategie“ dar, die im Querschnitt „alle Strukturen auf ihre Auswirkungen untersucht“ und versucht, „Rahmenbedingungen zu analysieren und zu verändern, die die Geschlechtergruppen und damit auch einzelne Individuen benachteiligen“ (ebd.: 12). Eine derartige Querschnittsperspektive kann auch in sozialen Bewegungen angewendet werden, bezogen auf die unterschiedlichsten in Bewegungen relevanten Aufgaben und Handlungsfelder. Antidiskriminierung ist dabei ein Teilaspekt: Das Ziel Diskriminierungsfreiheit ist einerseits anzustreben, andererseits gilt es jedoch dort nicht stehenzubleiben. Antidiskriminierung wird meist bezogen auf die Organisation selbst betrachtet, die interne Organisationskultur (so dass entsprechend das Konzept der „Antidiskriminierungskultur“ das Ziel beschreibt). Dies ist für jede Art von Organisation relevant und kann jeweils adaptiert werden, auch für soziale Bewegungen und ihre Bestandteile. Zugleich haben Bewegungen jedoch den Anspruch, nach außen gehend politisch zu intervenieren (vgl. Leidinger 2015: 7, 33). In dieser Perspektive kann einerseits eine Organisationskultur der Antidiskriminierung als ein Faktor verstanden werden, der zum produktiven gemeinsamen Arbeiten, zum Erreichen der selbstgesteckten Ziele und zu erfolgreichen Interventionen nach außen beiträgt.[66] In diesem Sinne wird hier dafür plädiert, die Organisationskultur als Faktor der politischen Effektivität zu verstehen. Andererseits handelt es sich bei Diskriminierung um einen liberalen normativen Rahmen, der aus Sicht radikaler Ansprüche sozialer Bewegungen einen relativ genügsamen Maßstab darstellt. Diese „normative Niedrigschwelligkeit“ sollte nicht dazu führen, diesen Maßstab zu verwerfen – denn es ist wichtig und auch im Sinne besagter Effektivität notwendig, innerhalb von Bewegungen das Ziel von Diskriminierungsfreiheit anzustreben.

66 Die *Faden weiterspinnen*-Broschüre formuliert:

> „Unsere Strukturen sind so gut wie unsere Beziehungen zueinander und unsere Umgangsformen miteinander.“ (Internationales Frauenplenum 1995: 29)

Zugleich ist mit Jones' Text „The Work Is Not The Workshop“ die Unterscheidung zwischen Organisationskultur und nach außen gehender politischer Arbeit immer präsent zu halten:

> „[B]ecause a significant amount of anti-racist training is devoted (necessarily) to anti-racist behavior, I would argue that it's crucial for anti-racist trainers to make the distinction between anti-racist work and anti-racist group dynamics. The white guy who's not dominating the meeting is definitely behaving nicely, but simply by holding his tongue he is not doing anti racist work. Thinking about doing the work, and behaving well within the scope of the work, are not the same thing as actually doing the work.“ (Jones 1997)

Zugleich ist dieses liberale Ziel als normativer Horizont der Bewegungspolitik nicht hinreichend; daher gilt es, darüber hinausgehende politische Analysehorizonte zu stärken. Im Ergebnis geht es nicht darum bestimmte Diskurse als liberal zu verwerfen, sondern um Selbstaufklärung über ihre Reichweite: sie einerseits dort zu nutzen und weiter zu operationalisieren, wo sie zielorientiert sind, und andererseits nicht bei ihnen stehenzubleiben. Für die antirassistische und feministische Arbeit in Bewegungen hält gerade die Werkzeugkiste institutioneller Strategien mit einer Querschnittsperspektive Werkzeuge bereit, die nicht primär beim individuellen Verhalten oder Reflexionsanrufungen ansetzen, sondern stärker bei organisationalen Abläufen. Eine weitere nicht genuin im Bewegungskontext entstandene, im Privilegiendiskurs jedoch bereits deutlich genutzte Werkzeugkiste ist die der Pädagogik. Auch aus ihren „Methodenkoffern" können selbstverständlich Werkzeuge für die Bewegungen herangezogen werden; beispielsweise aus dem Repertoire machtkritischer Pädagogik und Sozialer Arbeit mit den Konzepten von Powersharing und Empowerment (vgl. z. B. Goel 2011, Jagusch/Chehata 2020, Breton et al. 2015).

Der von der Singer/Songwriterin Ani DiFranco (1993) bekannt gemachte und teils im Material zitierte Slogan „Every tool is a weapon if you hold it right" betont optimistisch-agitatorisch die Omnipräsenz subversiver Interventionsmöglichkeiten in Form eines *off-label use* jeglicher Werkzeuge. Der darauf anspielende, für sich stehende zweite Satzteil „if you hold it right", wie er vom kanadischen *weißen* Singer/Songwriter Ryan Newell (2009) als Albumtitel genutzt wird, betont eher die Skepsis: Er beschreibt die Bedingung, dass ein Werkzeug richtig gehalten werden muss, oder übertragen: dass die Nutzungsweise – auch beim *off-label use* – zur jeweiligen Aufgabe passen muss. Mit welcher Zielsetzung wird welches Werkzeug aus der Kiste geholt? Um darüber mehr Klarheit zu bekommen, soll nun die metaphorische Ebene wieder verlassen werden in Richtung der Ziele, Werkzeuge und Strategien sozialer Bewegungen.

„Eyes on the Prize“: Ziele, Aufgaben, Werkzeuge

> „So I come back always to strategies, to strategies and activism. I return to the questions: What to do? How to do it? And whom to do it with?“ (Bulkin 1988: 187)

Die Frage, welches Werkzeug oder weniger metaphorisch: welches Mittel eine Bewegung nutzt, lässt sich nur sinnvoll diskutieren mit Bezug auf das Ziel, das sie damit verfolgt. Daher wird vorgeschlagen, nicht den Fokus auf Ziele zu verlieren, eben die „eyes on the prize“ zu behalten. Den Einsatz eines Mittels zur Erreichung eines Ziels verstehe ich hier als Strategie. Das Nachdenken über Strategien, dessen Zentralität auch das vorangestellte Zitat von Elly Bulkin unterstreicht, kann zurückgreifen auf Überlegungen im Kontext von Bündnispolitik. Denn effektive Aktionen brauchen Bündnisse:

> „As with any kind of effective political action, feminism requires coalition building, strategizing, and talking with others who may not always share our perspectives or understand our experience first-hand.“ (Tarrant 2009: 17)

Bündnisse sind jeweils kein Selbstzweck, sondern dienen dazu, „ganz konkrete politische Ziele durchzusetzen“ (Schultz 1993a: 185), wie Schultz mit Bezug auf Bernice Johnson Reagon zusammenfasst. Sie sind, wie Johnson Reagon in ihrer berühmten Rede von 1981 ausführt, per Definition kein Rückzugsort, der Trost und Energie verspricht, sondern im Gegenteil anstrengend und gefährlich:

> „Coalition work is not work done in your home. Coalition work has to be done in the streets. And it is some of the most dangerous work you can do. And you shouldn’t look for comfort. Some people will come to a coalition and they rate the success of the coalition on whether or not they feel good when they get there. They’re not looking for a coalition; they’re looking for a home!“ (Johnson Reagon 2015: 117)

Dabei umfasst der Begriff der Bündnisse keineswegs bloß explizit identitätsgruppenübergreifende Zusammenschlüsse, sondern tendenziell die meisten

Formen politischer Zusammenarbeit (vgl. z. B. (Bulkin 1988: 191). Mit dem notwendigen Fokus auf Ziele geht die Organisationsfrage einher, die „Einbindung in reale Gruppierungen" (Koppert 1996: 118), mit denen die Ziele erreicht werden können:

> „Nach dem Aufbruch kommt der Alltag, nach dem Aufstieg folgen die ‚Mühen der Ebene', nach dem Einander-Erkennen, Sichfinden ist die immer neue Übersetzung ferner Ziele in begrenzte praktische Schritte notwendig, deren Umsetzung und Durchsetzung. Das verlangt keine identische Gruppe, sondern die Bereitschaft, zu verhandeln, auszuhandeln, sich auseinanderzusetzen, die den Zielen angemessenen Strukturen zu schaffen. Im Idealfall entsteht dabei vorübergehend ein kollektives ‚Wir'." (Koppert 1996: 118)

Auch Bee stellt fest:

> „Vieles von dem, was ich von Menschen of color, insbesondere den womanists und Feminist_innen of color über Bündnisarbeit gelernt habe, macht nur im Kontext politischer Organisierung und Mobilisierung Sinn." (Bee 2013)

In diesen Strukturen haben Solidarität und *accountability* (in etwa: Verantwortlichkeit) ihren konkreten Platz. Bündnisse müssen, wie Donna Haraway schreibt, mit Strukturen von gegenseitiger Verantwortlichkeit sowie Verantwortlichkeit gegenüber den gemeinsamen politischen Hoffnungen verbunden sein:

> „Connection and coalition are bound to sometimes painful structures of accountability to each other and to the worldly hope for freedom and justice. If they are not so bound, connection and coalition disintegrate in orgies of moralism." (Haraway 1997: 199; vgl. dazu auch Singer 2003: 234)

Bewegungspraktisch bedeutet dieses Eingebundensein die Organisation von und in verbindlichen, kontinuierlichen Strukturen der Verantwortlichkeit füreinander – im Unterschied beispielsweise zu punktuellen Zusammentreffen auf Großevents. Diesen Unterschied betont auch das *Internationale Frauenplenum*. Martinas (2006: 3) stellt verschiedene Bedeutungen von *accountability* zusammen: Sie umfassen Verlässlichkeit,

Beziehungsaufbau im interpersonalen Sinne, Loyalität zu einer Organisation und einer Bewegung Gleichgesinnter, die zugleich *community*-Charakter hat. Mit Bezug auf das *People's Institute for Survival and Beyond (PISAB)* nennt sie als zentralen Aspekt von *accountability* „commitment" (Martinas 2006: 17), also Verbindlichkeit, die sich beispielsweise in sehr konkreten Verhaltensweisen zeige:

> „Supporting and respecting the group by coming to meetings regularly, carrying out assigned tasks, bringing in new members, and working to maintain the group's integrity" (ebd.).

Diese Eigenschaften und Handlungen mögen aus aktivistischer Sicht banalhandfest klingen, stellen jedoch eine Operationalisierung für die Bewegungspraxis dar, die im Privilegiendiskurs beim Fokus auf individuelle Reflexion außen vor bleibt. In Martinas' Überlegungen zeigen sich Verbindungen zwischen den Praktiken von *accountability* und – dem in ihrer eigenen politischen Biografie zentralen politischen Begriff (vgl. ebd.: 2 ff.) – Solidarität. Auch nach bell hooks erfordert Solidarität neben einem geteilten Bezug auf Ziele „sustained, ongoing commitment" (hooks 2000: 66). Wir stärkten unsere Solidarität „[w]hen we show our concern for the collective" (ebd.: 64). Diese Sorge um die kollektive Bewegungs-Organisation zeigt sich in einer Vielzahl von verschiedenen Aufgaben. Eine zwar allgemeine, aber dennoch die Breite typischerweise anstehender Aufgaben illustrierende Auflistung stellt beispielsweise Nina Nijsten unter dem Titel „Some things we need for a feminist revolution" zusammen:

> „– individual awareness and change
> – feminist action groups
> – non-hierarchical organisation structures and democratic decision-making policies
> – networking and co-operating with other groups
> – gatherings and meetings
> – (financial) means
> – free spaces
> – education, skill-sharing and awareness-raising
> – feminist media
> – protest actions and campaigns
> – alternatives
> – rest

– fun
– database of local, regional and international feminist initiatives
– ending sexism" (Nijsten 2011: 223)

Im Folgenden sollen manche Aufgaben genauer beleuchtet werden. Welche Konsequenzen könnte die hier vorgelegte Auseinandersetzung mit dem Privilegiendiskurs für den Blick auf diese Aufgaben haben?

Zusammensetzung

Als Ausgangspunkt bietet sich die Bestandsaufnahme an: Wie ist die Gruppe oder die Bewegung personell zusammengesetzt, wer ist repräsentiert? Das beinahe schon klassisch zu nennende Erschrecken darüber, wie homogen die eigene Gruppe ist, und insbesondere wie homogen privilegiert, war beispielsweise bereits Ausgangspunkt des *3:1-Papiers*. Als Handlungsanleitung formuliert bedeutet dies erst einmal die Wahrnehmung: „practice noticing who's in the room at meetings and events" (Crass 2013: 145). Die Zusammensetzung einer Gruppe und Bewegung inklusiver zu machen ist Bestandteil der meisten im Folgenden ausgeführten detaillierteren Aufgaben. Mit Anklang an das Identitätsparadox fasst Kien Nghi Ha zur Zusammensetzung zusammen:

> „Obwohl Selbst-Repräsentation nicht alles ist, kommen wir ohne sie auch nicht aus, da die Beschränkungen und Fallstricke der Stellvertreterpolitik keine Alternative darstellen. Jeder politische und organisatorische Ansatz ist daher mit diesen strukturellen Fragen konfrontiert: Wer ist ‚in den eigenen Reihen' repräsentiert und wer fehlt; wer bleibt außen vor und wer wird einbezogen; wer ist nach außen hin sichtbar bzw. unsichtbar, welche internen Arbeitsteilungen und informellen Hierarchien haben sich eingebürgert etc.?" (Ha 2007: 446)

Die personelle Bewegungsrealität hat vermutlich auch Verbindungen zum „positionalen Fundamentalismus": Je segregierter die Zusammensetzung, je stärker die insbesondere *weiße* und männliche Überrepräsentation oder Dominanz, und damit je weniger alltäglich die gemeinsame politische Arbeit von Privilegierten und Marginalisierten ist, für desto plausibler dürfte ein deterministisches Verhältnis zwischen Positioniertheit und Erkenntnis gehalten werden. Dort wo die Bewegungsrealität weniger segregiert ist, dürften differenziertere Perspektiven naheliegen. Beispielsweise dürfte – wie beim *I.-Plenum* geschildert – in der konkreten Auseinandersetzung mit konkreten Personen deutlich werden, dass die vertretenen Positionen sich nicht zwingend aus der Identität ergeben. Zugleich unterstreichen die in den konkreten Auseinandersetzungen aufscheinenden Herausforderungen regelmäßig, wie wichtig die Beschäftigung mit der Zusammensetzung ist.

Zielfindung

Der beschriebene notwendige Fokus auf Ziele bringt mit sich, über diese Ziele zu entscheiden, und stellt daher die Frage nach den Verfahren der Entscheidungsfindung. Wie bestimmt eine Gruppe ihre zentralen strategischen Fragen – ihre Ziele, ihre Themensetzungen, ihre Prioritäten? Zur Erläuterung seien mögliche Ziele etwas aufgefächert: Was ist das inhaltliche Ziel einer Aktion? Oft ist dies eine konkrete Verhaltensänderung einer adressierten Institution, das Schaffen von Aufmerksamkeit, der Ausdruck von Nicht-Einverstandensein, das Agenda-Setting oder der Versuch Bedeutungsrahmen aufzugreifen und zu verschieben. Mit der Frage der Zielgruppe, auf die eine Aktion abzielt, hängt zusammen, wie diese adressiert werden: Als politische Gegner*innen, als zu überzeugende Adressat*innen von Aufklärung, als potenzielle Mitstreiter*innen? Besteht ein Wunsch nach Gewinnung neuer Mitglieder? Auch lohnt sich ein Nachdenken über die Binnen-Bewegungs-Ziele bestimmter Aktivitäten: Oft geht es darum, Motivation zu stärken, den Zusammenhalt zu festigen, die eigene Handlungsfähigkeit zu demonstrieren, Loyalität zu Bündnispartner*innen zum Ausdruck zu bringen, Fundraising zu betreiben...

Bei der Zielfindung können durchaus positioniertheits-bezogene Unterschiede in Einschätzungen und Prioritäten zu Tage treten – oft wird beschrieben, wie das Abzielen auf eine abstrakte Radikalität und auf Erringen konkreter Veränderungen aufeinanderprallen (vgl. z. B. Bee 2013 oder Bayer/Kopp 2014: 21). Zentral ist die gemeinsame transparente Entscheidung über die Ziele. Crass schließt zudem nach der Aktion eine Evaluation an, um kollektiv die Zielerreichung auszuwerten und für die Zukunft zu lernen (Crass 2013: 92, vgl. ausführlicher ebd.: 276). Die Evaluation expliziert den Aspekt der Effektivität: Wie gut hat ein Mittel dazu beigetragen, ein Ziel zu erreichen?

Die Zielfindung und die damit einhergehenden Diskussionen besitzen eine Nähe zur Diskussion politischer Analysen, ja stellen Gelegenheiten zur

Aktualisierung der jeweils in einer Gruppe bestehenden politischen Grundkonsense (oder -dissense) dar. Bulkin stellt einen umfassenden Fragenkatalog zur Verfügung, der u. a. auf die Nutzung durch „ongoing groups, whether or not their primary focus involves racism and/or anti-Semitism, as well as by individuals who work in such groups" (Bulkin 1988: 194) abzielt. Der Fragebogen hilft bei der Reflexion (des Fehlens) von Diskussionen der eigenen politischen Analyse und gruppeninterner Machtverhältnisse sowie der jeweiligen Effekte auf die Mitgliedschaft und die Bündnisarbeit.[67]

Arbeitsteilung und Struktur

Weitere typischerweise auftretende organisationale Aufgaben sind die Entscheidung über Arbeitsteilung und die Verteilung von Funktionen. Insbesondere geht es darum, wie diese Aufgaben bewusst gesteuert werden können, so dass sich nicht unbeabsichtigt informelle Hierarchien entwickeln. Mögliche Gegenmittel sind das Transparent- und Bewusstmachen von Funktionen und Aufgaben, ein diesbezüglicher Wissenstransfer innerhalb der Organisation, die Rotation von Funktionen, die Rückmeldung von Aufgabenerledigung an die Organisation sowie bewusste Maßnahmen der Anerkennungs-Umverteilung. Insbesondere sind jene Funktionen bewusst im Blick zu behalten, die mit öffentlicher Sichtbarkeit und Vertretung der Organisation einhergehen.

---

67 Beispielsweise:
„C. When racism and/or anti-Semitism have been discussed, to what extent have they been analyzed in relation to:
– interactions among group members?
– coalition work?
– economic factors?
– Institutions?
–international events? [...]
F. To what extent has the group achieved unity in its analysis of racism and/or anti-Semitism? [...]
– Have members who disagreed left or been discouraged from participating?
– Are shared politics stated explicitly in a position paper?
– Have you or anyone else felt pressure to adhere to these positions?
– If so, how has that been addressed?
G. How has the group's unity – or lack of unity – in its analysis of anti-Semitism and/or racism affected decisions about which groups to work with in coalition?
Are there specific analyses which the group – or individuals within it – feel must be shared by other members of a coalition?
How have these expectations affected coalition work?" (Bulkin 1988: 198)

Dies erfordert ein bewusstes Arbeiten an den Strukturen der Organisation. Gerade der Abbau von Hierarchien erfordert ganz entgegen einer häufigen Tendenz kein „Weniger" an Strukturen erfordert, sondern im Gegenteil den Aufbau klarer Strukturen. Diese Forderung wird vielfach geteilt, teils mit Bezug auf Jo Freemans auf die (*weiße*) Frauenbewegung bezogene klassische Formulierung „Tyrannei der Strukturlosigkeit" von 1972 (Freeman o. J., vgl. z. B. Schultz 1993a: 182). Ebenfalls mit Bezug auf Freeman schlagen Breton et al. (2015) Gegenmaßnahmen gegen die Entwicklung informeller Hierarchien vor.[68] Diese Maßnahmen entstammen offenkundig teils dem Privilegiendiskurs, jedoch sind sie hier gerahmt innerhalb einer konkreten Aufgabe in einer Bewegungsorganisation: als Mittel zum Erreichen eines Ziels, nämlich einer Organisation, die in ihrem Aufbau, ihrem Funktionieren und ihrer Kultur den eigenen politischen Ansprüchen genügt.

Anerkennung und Kritik

Dagmar Schultz verweist auf eine fehlende Anerkennungskultur der *weißen* deutschen Frauenbewegung (Schultz 1993a: 182). Eine fehlende Anerkennungskultur und das Fokussieren auf Fehler und Versäumnisse werden jedoch auch darüber hinaus kritisiert. So problematisiert Jones in ihrem Text „The Work Is Not The Workshop" bezogen auf *weißen* Antirassismus

68 „To counter this, some groups and networks regularly use mechanisms or tools in meetings that help people to reflect upon their social position and the behaviours that might facilitate or impede egalitarian social relations. Some of these mechanisms include:

- a power-line activity where people move forward or backward based on a list of axes of power, to help group members see their relative power and privilege;
- anti-racist workshops to build a better understanding of white supremacy and white privilege;
- trans 101 workshops to develop a deeper understanding of queer and trans identities and struggles;
- workshops on the language of domination that aim to facilitate the development of more respectful and inclusive communication skills;
- ‚check-ins' at the beginning of a meeting and ‚check-outs' at the end to name, and respect each other's emotional states and processes;
- a ‚vibe checker' who is responsible for identifying tensions and mediating if the need arises;
- speakers' list strategies that aim to ensure everyone who wants to speak gets their turn;
- task-sharing to promote skill-sharing and reduce specialization which may lead to power-over;
- and so on." (Breton et al. 2015)

> „[..] our preoccupation with perfection, specifically as it relates to behavior; our focus on thinking about and analyzing, rather than actually doing, the work; and our skewed system of honor and recognition." (Jones 1997)

Crass schreibt für die Linke allgemein von „obsessing on our shortcomings and the shortcomings of others" (Crass 2013: 278). Dies liege zum einen daran, dass die Erfahrung von Bewegungs-Niederlagen zu einer gegen sich selbst gewendeten Gewohnheit geworden sei. Als Gegenmaßnahme sei es nötig, Praktiken des Ausdrückens von Anerkennung zu entwickeln. Zum anderen sei die Kritik an Mit-Aktivist*innen und Zielgruppen der eigenen politischen Arbeit oft von individuellem Distinktionsstreben motiviert:

> „There is a common tendency for people to be overly critical of those who most clearly resemble themselves: activists who are making the same mistakes you made a year ago; [critizising] white people and men as a way of distancing yourself from them. Tearing other people down can become a way to prove, to yourself and others, that you've ‚got it figured out'." (Crass 2013: 273 f.)

In dieser Art von Kritik zeigt sich also eine Art konvertitischer Eifer. Im Gegensatz dazu sollte, worauf bell hooks hinweist, gerade das Wissen um das Gewordensein des eigenen politischen Bewusstseins zu einem mitfühlenden Ansatz gegenüber sich selbst wie gegenüber anderen führen:

> „Women must begin the work of feminist reorganization with the understanding that we have all (irrespective of our race, sex, or class) acted in complicity with the existing oppressive system. We all need to make a conscious break with the system. Some of us make this break sooner than others. The compassion we extend to ourselves, the recognition that our change in consciousness and action has been a process, must characterize our approach to those individuals who are politically unconscious." (hooks 2000: 164)

Organisationskultur und Fehlerfreundlichkeit

Diesem Fokus auf Anerkennung und Mitgefühl entspricht in organisationaler Perspektive, eine Organisationskultur der Fehlerfreundlichkeit zu entwickeln. Fehlerfreundlichkeit bedeutet in diesem Kontext nicht einfach Nachsichtigkeit oder das Begrüßen von Fehlern. Urmila Goel konzeptionalisiert den Fehlerfreundlichkeits-Begriff (angelehnt an Paul Mecheril) in hochschulpädagogischer Perspektive, was für die Bewegungspraxis noch etwas adaptiert werden müsste. Der grundsätzliche Gedanke ist jedoch direkt nutzbar:

> „Fehlerfreundlichkeit heißt nicht, dass alle Handlungen und Äußerungen als gerechtfertigt angesehen werden und ohne Konsequenzen bleiben. Das Konzept Fehlerfreundlichkeit bedeutet stattdessen, dass niemand perfekt ist und dies auch von niemandem gefordert wird. Es weist darauf hin, dass immer davon auszugehen ist, dass es zu problematischen Handlungen und Äußerungen kommen wird und dass dann mit diesen umgegangen werden muss. Es heißt auch, dass ‚Fehler' dazu genutzt werden können, den Lernprozess voran zu bringen." (Goel 2016: 42)

Hintergrund ist der Gedanke, dass es gerade in den Kontexten, die sich explizit mit Machtverhältnissen auseinandersetzen – ob primär lernend wie im kritischen Hochschulseminar oder primär intervenierend wie in der Bewegungspraxis – regelmäßig zu derartigen Reproduktionen kommt. Dies solle allen bewusst sein, ebenso dass die Reproduktion von Machtverhältnissen für bestimmte Personen Ausgrenzungs- und Gewalterfahrungen bedeuten (vgl. ebd.). Die Aufgabe besteht dann darin, jene weder damit allein zu lassen noch sie als Person ins Zentrum der Aufmerksamkeit zu stellen, sondern die Reproduktionen *als Organisation* zu bearbeiten. Dies umfasst auch ihre zukünftige Vermeidung, indem die Reproduzierenden die Problematik verstehen und andere Handlungsmöglichkeiten erkennen:

> „Das Ziel der Fehlerfreundlichkeit ist es, dass Reproduktionen von Machtverhältnissen möglichst wenig negative Konsequenzen haben und dass in der Zukunft weniger Reproduktionen erfolgen werden." (Goel 2016: 42)

Diese Aufgabe ist sicherlich anspruchsvoll. Eine Hürde stellen hegemoniale Vorstellungen in Form von individueller Schuld und Verurteilung dar. Insbesondere aus Perspektive der Privilegierten bedeutet diese Abkehr von jener strafenden, individualisierenden Vorstellung von richtigem Handeln und Gerechtigkeit eine Entlastung „von den Anforderungen, immer richtig zu handeln, perfekt sein zu müssen“ (ebd.: 43). Aus Perspektive der Marginalisierten formuliert besteht die organisationale Aufgabe darin, die Bearbeitungsmechanismus tatsächlich verlässlich zu gestalten und zu nutzen:

> „Es ist entscheidend für das Vertrauen in das Konzept, dass das Versprechen, Reproduktionen von Machtverhältnissen zu thematisieren und zu bearbeiten, eingehalten wird. Gerade jene, die sich durch diese Reproduktionen marginalisiert oder verletzt fühlen, brauchen die Gewissheit, dass Konsequenzen erfolgen werden, um selbst Fehlerfreundlichkeit entwickeln zu können.“ (ebd.)

Die regelmäßige Aufgabe, einen Umgang mit bewegungsinterner Reproduktion von Machtverhältnissen zu finden, umfasst also ganz grundsätzlich, dass für diese Aufgabe Werkzeuge bereitliegen, anstatt erst im Falle eines „Vorfalls“ deren Fehlen zu bemerken, sowie dass die Bewegungsmitglieder mit der Nutzung dieser Werkzeuge vertraut sind, anstatt im akuten Fall angesichts der eigenen Ungeübtheit ratlos zu sein. Eine Organisationskultur der Fehlerfreundlichkeit kann auf diese Art – auf den ersten Blick möglicherweise unintuitiv – zu einer Organisationskultur der Antidiskriminierung beitragen.

Zugänglichkeit

Weitere Beispiele für organisationale Antidiskriminierungsmaßnahmen insbesondere innerhalb „gemischter“ Gruppen stammen aus dem Kontext der Konflikte auf dem und um das No-Border-Camp 2012. Die Maßnahmen zielen darauf ab, „sowohl ungleiche Ausgangsvoraussetzungen zu kompensieren als auch Dominanzen zu vermeiden“ (Bernau 2014: 26):

> „Bereitstellung von Übersetzungen, sorgfältiger Umgang mit öffentlichen Sprecher_innenpositionen, Berücksichtigung davon, dass nicht alle gleichermaßen Zugang zu Internet, Telefon oder Schriftlichkeit haben, Etablierung von Mehrsprachigkeit, Förderung der Selbstorganisierung als integrales Moment der transidentitären Organisierung, kollektive Finanzierung der politischen Arbeit etc.“ (Bernau 2014: 26)

Als weitere Werkzeuge, die die Zugänglichkeit der politischen Arbeit erhöhen, nannte das *Internationale Frauenplenum* beispielsweise noch mit Lohn- sowie Care-Arbeit kompatible zeitliche Rahmenbedingungen und einen verlässlichen Informationsfluss in Form von Protokollen. Diese Maßnahmen dienen dabei neben dem demokratischen Umgang innerhalb der Gruppe auch der Zugänglichkeit der Gruppe als solcher, und auf diesem Weg auch einer inklusiveren personellen Zusammensetzung. Der Begriff der Zugänglichkeit (*accessibility*) ist bislang insbesondere im Kontext von Behinderung und diesbezüglicher „Barrierefreiheit“ geläufig, aber auch darüber hinaus konzeptionell sinnvoll.[69] Breton et al. formulieren die Zugänglichkeit als Anspruch an *allies*, sich aus der eigenen Komfortzone herauszubewegen, füllen dies jedoch deutlich mit organisationalen Aufgaben (hier bezogen auf Treffen und Veranstaltungen):

> „The position of ally or supporter implies venturing out of one's comfort zone: it means taking a step outside of the zone or space within which we live in conformity with the privileges of the social group to which we belong. This also means organizing closer to those directly concerned by meeting in their communities and neighbourhoods, and in spaces more accessible than university classrooms and ones they are used to going to – be it church basements or community-halls. As much as possible, these events are rendered accessible in other ways, depending on the group: food provided may be adapted to the traditions of the concerned community (rather than an insistence on all-vegan food, for example), translation including sign language services are provided when necessary, wheelchair accessibility is considered, and non-gendered or ‚neutral‘ toilets are made available. Resources should be available to facilitate everyone's participation, such as free child-care, transportation, or any other needs identified by the group.“ (Breton et al. 2015)

69 Und manche Fragen wie die von Übersetzungen, von Verständlichkeit (vgl. Duman 2014: 33) oder auch vom Umgang mit Rauschmitteln (vgl. Bernau 2014: 23) sind offenbar in verschiedenen Kontexten relevant, so dass auch hier bewegungsübergreifendes Denken und Austauschen wertvoll sind (vgl. für grundsätzliche sowie sehr praktische Überlegungen zu barrierefreien Veranstaltungen – einschließlich einer Checkliste – die Broschüre ak moB 2011).

Diese Auflistung macht einmal mehr deutlich, dass Aktivismus auch Aufgaben umfasst, an die vielleicht nicht typischerweise beim Begriff „Aktivismus“ gedacht wird. Aktivist*innen würden häufig in die Schublade von „bull horn blow hard and march organizer“ (Xhopakelxhit 2014) gesteckt, doch nicht alle Personen seien „warrior“ und möchten in konfrontativen Situationen mit der Polizei oder wütenden Menschen sein. Vielmehr gehe es darum, dass alle ihre Stärken einbringen können, um die Sache voranzubringen. Dieser Text aus dem Kontext indigener Kämpfe in Kanada listet dann die unterschiedlichsten Aufgaben für Verbündete auf, wie sie den Widerstand effektiv unterstützen könnten: von Auseinandersetzungen an der „frontline“, wo *Weiße* größeren Handlungsspielraum gegenüber Polizei und Justiz haben, über Kinderbetreuung, Layout-Arbeiten, das Verleihen eines Autos, das Sammeln und Spenden von „air miles“ oder das Organisieren von Unterkunftsmöglichkeiten (vgl. Xhopakelxhit 2014). Zum bereits angesprochenen Nachdenken über Arbeitsteilung und Funktionen gehört auch zu überlegen, welche Aufgaben besonders (un-)sichtbar sind, mit wie viel Anerkennung einhergehen, und diese bewusst zu verteilen (vgl. z.B. Crass 2013: 146). So können bewusst Aufgaben des „behind-the-scenes organizing“ von Privilegierten in der Bewegung übernommen werden „instead of taking on more visible, more externally validated roles like media spokesperson or outreach“ (Breton et al. 2015).[70] bell hooks fasst die von Privilegierten zu übernehmenden Aufgaben bündig zusammen als „what-ever tasks are necessary“, und formuliert programmatisch:

70 Martinas (2006: 6 ff.) beschreibt anhand des *Challenging White Supremacy Workshops* ein Beispiel, wie eine Organisation von Privilegierten erfolgreich Kinderbetreuung und logistische Arbeit für Organisationen von Marginalisierten übernahm, und die Entwicklung einer strukturierten Form dessen als „Racial Justice Volunteer Placement Program“. Vgl. auch die Auflistung einer Aktivistin, die Crass zitiert als „one ot thousands of women and gender-oppressed people who have outlined clear, concrete steps that people with gender privilege can take to challenge sexism and work for liberation“:

> „Gender-privileged people can offer to take notes in meetings, make phone calls, find meeting locations, do childcare, make copies and other less glamorous work. They can encourage women and gender-oppressed people in a group to take on roles men often dominate (e. g., strategic leadership in actions, MCing an event, media spokespeople). You can ask specific women if they want to do it, and explain why you think they would be good, as opposed to tokenizing just to get a woman to do it. Pay attention to who you listen to and check yourself on power-tripping.“ (Crass 2013: 125)

> „After hundreds of years of anti-racist struggle, more than ever before non-white people are currently calling attention to the primary role white people must play in anti-racist struggle. The same is true of the struggle to eradicate sexism – men have a primary role to play. This does not mean that they are better equipped to lead feminist movement; it does mean that they should share equally in resistance struggle. In particular, men have a tremendous contribution to make to feminist struggle in the area of exposing, confronting, opposing, and transforming the sexism of their male peers. When men show a willingness to assume equal responsibility in feminist struggle, performing whatever tasks are necessary, women should affirm their revolutionary work by acknowledging them as comrades in struggle." (hooks 2000: 83)

… einschließlich pädagogischer Aufgaben…

Diese Aufgaben tragen zu einer gemeinsamen Strategie bei, um ein Ziel zu erreichen. Nicht zuletzt in der Adressierung der „male peers" wird offensichtlich, dass Bewegungen typischerweise auch pädagogische Aufgaben haben. Über ein solches Beispiel hinaus skizzieren Motta et al. drei verschiedene Handlungsfelder von Bewegungen:

> „A long-standing, and still useful, activist distinction separates out agitation (convincing people that something is an issue to be outraged and active about), education (understanding the background or history and mechanisms of the issue), and organisation (putting together the kind of campaign that can win)." (Motta et al. 2011: 9)

Die bisher ausgeführten Aufgaben gehören in dieser Dreiteilung tendenziell in das Handlungsfeld der Organisation; die Aufgaben aus den Handlungsfeldern der Agitation und Bildung sind zentral pädagogischer Art. Dies gilt prinzipiell gleichermaßen, wenn sich Agitation und Bildung nach außen richtet, wie wenn sie sich nach innen richtet. Jedoch sind dabei jeweils unterschiedliche pädagogische Strategien, Ziele und Mittel passend. Pädagogische Teilaufgaben von Bewegungen können nach innen gerichtete Maßnahmen als Teil von Organisationsentwicklung sein, um als Organisation zu lernen und Impulse zu bekommen – beispielsweise nach dem Modell einer Fortbildung, einem Training zur Erlangung bestimmter Fähigkeiten, durch die Diskussion von Texten, durch die Einbindung von externen „Expert*innen“ (z. B. in Form eines „Ratschlags“), als Workshop, durch eine Prozessbegleitung für die Gruppe. Auch nach außen gerichtete Maßnahmen der Öffentlichkeitsarbeit haben pädagogische Aspekte. Wichtig ist Klarheit über Zielgruppe und spezifisches Ziel, von dem ausgehend eine Methode gewählt wird, und nicht andersherum die Festlegung auf eine Methode, die dann zur Blaupause jeglicher Aktivitäten wird.

Der Privilegiendiskurs kann zum ersten Schritt der Bewusstseinsbildung beitragen, die weiteren – und zudem bewegungsspezifischeren – Schritte sind darin jedoch unterbearbeitet. Im Sinne dieser Schritte besonders explizit ist das bereits aufgeführte Leiter-Modell „ladder to becoming a white antiracist ally“ (Okun 2006: 18), das erst am Ende der siebten Leitersprosse individueller Auseinandersetzung ein beginnendes Interesse „in working with other white people and people of color on issues of racism“ (Okun 2006: 16) beschreibt. Erst die achte Leitersprosse sieht „Collective Action“ (Okun 2006: 16) vor, bevor die Leiter mit einer neunten Sprosse „Community of Love and Resistance“, die eher den Charakter einer knappen Zielvision hat, bereits wieder endet. Hyperbolisch formuliert möchte ich eine Perspektive starkmachen, die nicht erst nach sieben Stufen Persönlichkeitswachstum in Betracht zieht, sich Bewegungen zuzuwenden, sondern die die Bewegungen ins Zentrum rückt, einschließlich der Individuen und ihres Lernens darin, und der Verbesserung der Bewegungen dadurch. Dies kann dadurch erreicht werden, dass Ziele der Bewusstseinsbildung definiert werden, nämlich beispielsweise eine Organisation, die den Ansprüchen von Hierarchiefreiheit und demokratischer Willensbildung genügt. Mit einer derartige Rückbindung an Ziele kann bewusst gegen die Automatismen beim Griff in die Werkzeugkiste gesteuert werden, gegen das hegemoniale Leicht-von-der-Hand-Gehen, gegen das ungewollte „Rutschen“ auf einer schiefen Ebene vom politischen in den pädagogischen oder sogar therapeutischen Diskurs (vgl. wie bereits zitiert Brown 1995: 75). Selbstreflexion kann ein „mögliche[r] *Ausgangspunkt* für umfassendere antirassistische Aktivitäten“ sein (Kerner 2013: 290), an den jedoch weitere Schritte, die jenseits der individuellen Bewusstseinsbildung liegen, anschließen müssten. Der bereits zitierte Text von Xhopakelxhit (2014) schildert u. a. die wiederholte Erfahrung, dass zwar regelmäßig Handlungsanleitungen eingefordert werden, diese jedoch folgenlos bleiben. Angesichts dessen hält er mit einer gewissen Ungeduld und einem Tonfall zwischen ironisch-genervt und optimistisch-zukunftsorientiert fest:

> „This is great you are ready to work! We all have to come to an agreement that awareness saturation point of the masses has happened, we now have to work with who is on board and work hard."
> (Xhopakelxhit 2014)

Mit der Deklaration, dass das Bewusstsein ausreichend gebildet sei, setzt der Text einen ironischen Gegenpunkt zur Unabschließbarkeit der Reflexion im Privilegiendiskurs. Der Aktivismus kann nicht warten, bis die unabschließbare Aufgabe der Reflexion abgeschlossen ist.

… einschließlich Wissensweitergabe

Eine weitere pädagogische Aufgabe, die sich im Aktivismus regelmäßig stellt, ist die bereits angesprochene Wissensweitergabe innerhalb der Bewegung. Dieser Aufgabe taucht im Privilegiendiskurs mit seinem Fokus auf die individuelle Reflexion nicht auf. Aus Bewegungserfahrungen zu lernen muss nicht heißen Texte zu lesen, sondern kann auch aktivistisch-intergenerationalen Austausch in unterschiedlich strukturierten Varianten bis hin zu Mentor*innenschaft bedeuten (vgl. Crass 2013: 274). Unterhalb der Intensität von Mentoring sind Veranstaltungen dafür oft gewählte Rahmen. So wurden im *CWS-Workshop* unter dem Motto „Legacies of Liberation" (Martinas 2006: 7) nicht nur Texte über die Geschichte antirassistischer Bewegungen gelesen, sondern auch *organizers of color* eingeladen. Ein anderes Beispiel wäre der bewegungsgeschichtliche Austausch z. B. in einer „Geschichtswerkstatt" auf den *Antisexistische Praxen*-Konferenzen (wenngleich dort im Zeitverlauf derartige bewegungsgenerations-übergreifender Anknüpfungen abnahmen). Der persönliche Austausch kann auch dazu dienen, wenn vielleicht nicht Vorbilder, so doch greifbare Beispiele politischer Lebenswege kennenzulernen – gerade wenn die politische Aktivität nicht auf eine kurze (typischerweise jugendliche) Episode beschränkt bleiben soll. Das bereits angesprochene „sustained, ongoing commitment" (hooks 2000: 66) bekommt eine biografische Dimension. Diese Funktion des bewegungsintergenerationalen Austauschs betonte Bernice Johnson Reagon in ihrer Rede vor den Besucherinnen des *West Coast Women's Music Festival*:

> „It only matters if you make a commitment to be around for another fifty more years. There are some grey haired women I see running

> around occasionally, and we have to talk to those folks about how come they didn't commit suicide forty years ago. Don't take everything they say because some of the stuff they gave up to stay around ain't worth considering. But be sure you get on your agenda some old people and try to figure out what it will be like if you are a raging radical fifty years from today. Think about yourself that way. What would you be like if you had white hair and had not given up your principles? It might be wise as you deal with coalition efforts to think about the possibilities of going for fifty years. It calls for some care."
> (Johnson Reagon 2015: 118)

Diese für eine langfristige Perspektive notwendige Sorge unterstreicht zusätzlich die Wichtigkeit der bereits angesprochenen Anerkennungskultur. Sie ist ein Gegenmittel gegen das Zynisch-Werden und die Erschöpfung, die in Bewegungen oft als Zeichen von Erfahrung und Engagement gelten (vgl. Crass 2013: 273). In der Perspektive auf Mittel, die im „process of developing as an effective, healthy, and visionary long-haul activist, organizer, and leader" (Crass 2013: 14) helfen, wird deutlich, dass es sich dabei durchaus auch um eine Persönlichkeitsentwicklung handelt. Wie passt dies zur hier entwickelten Kritik am Fokus auf Persönlichkeitsentwicklung im *allyship*? Abschließend soll vor dem Hintergrund dieser bewegungspraktischen Perspektive daher noch einmal auf die Frage der Persönlichkeitsentwicklung und des Subjekts zurückgekommen werden.

Was (soll ich) tun? Was tun! Entwicklung durch Kämpfe

> „You might not be surprised to hear that a white response to this paper has asked the question, ‚but what are white people to do'." (Ahmed 2004: 56)

> „By All Means, Keep Moving" (Crass 2013: 127)

Die Anliegen sozialer Bewegungen sind prinzipiell dringend, sonst fände sich keine Bewegung zusammen. Aus dieser Dringlichkeit speist sich nicht nur der Privilegiendiskurs selbst in seiner Imperativität und der Nachfrage nach Handlungsanleitung, sondern gleichermaßen die Ungeduld mit den selbstbezogenen Aspekten des Privilegiendiskurses:

> „I think one of the unfortunate ways in which white anti-racist culture mimics white supremacy culture is our tireless dedication to ‚figuring out' how to be the perfect anti-racist. While we are congratulating ourselves 'cause we're getting closer to understanding what accountability really means; while we debate whether it's more effective to say X or Y thing at the people-of-color-led meeting, the world is broiling outside! People are dying out there, y'all! I guess if I have one overarching thing to say to white anti-racist activists it's this: Think less. Do more." (Jones 1997)

Bewegungen stünden in der Gefahr, das Reden und Lernen über die Arbeit für wichtiger zu halten als die Arbeit selbst, so Jones. Nötig für politische Effektivität sei es, neben der Wertschätzung für das Lernen eine Wertschätzung für das Tun zu entwickeln (vgl. ebd.).

Die Überschrift des Kapitels versucht in einem etwas assoziativen Rückgriff auf Bewegungsgeschichte die hier vorgeschlagene Dezentrierung des Privilegiendiskurses zu illustrieren: Aus der im Privilegiendiskurs zentralen und – wie von Sara Ahmed beschrieben – kaum auszubremsenden Frage „Was soll ich tun?" wird die eine Autorität anrufende Individual-Anleitungs-Dimension ausgeklammert, womit die klassische Leninsche Formulierung „Was tun?" übrigbleibt (die er bekanntermaßen mit der Strategie einer Avantgarde-Kaderpartei beantwortete). Die Sponti-Replik „Was tun!" setzte dem eine generalisierte Grassroots-Handlungsaufforderung entgegen. Ohne diese Spuren hier weiter entwickeln zu können, soll es beim assoziativen Hinweis auf bewegungsgeschichtliche Diskussionen über eine Vielzahl von Strategien bleiben, die nicht bei individueller Handlungsanleitung und Persönlichkeitswachstum ansetzen. Die Vagheit eines generalisierten Handlungsappells wie „Was tun!“ oder „Do more.“ (Jones 1997) mag weniger unbefriedigend sein, wenn die jeweils konkreten Aufgaben in den Bewegungen ins Gedächtnis gerufen werden, die das eingangs zitierte „keep moving“ (Crass) ausmachen. Auch für die Bewegungs-Akteur*innen gibt es in der Bewegungsgeschichte sehr unterschiedliche Modelle: Aktivist*in, Mitglied in (Bezugs-)Gruppen, Teil von Kollektiven, Kader, nicht zuletzt das von Dean (2020) ausgearbeitete Genoss*in. Das Verhältnis dieser Modelle ist durchaus konfliktträchtig. Jedoch haben all diese Modelle gemein, dass es sich um andere Subjektpositionen handelt als um atomisierte „aktive Bürger*innen“. Eine diesbezügliche Minimalschlussfolgerung für (privilegierte) Individuen wäre, einfach ein weiteres Mitglied in einer (mit Bedacht gewählten) Bewegungsorganisation zu werden. In ihr existieren üblicherweise bereits eine bestimmte Tradition und bestimmte Organisationspraktiken, so dass schlicht ein Hinzukommen und ein „anti-exzeptionalistisches“ Mitmachen gefragt ist.[71]

Vielleicht ist der Eindruck entstanden, dass hier vorgeschlagen wird, die Bewegungen als quasi-technokratische Polit-Apparate zu gestalten, getragen von in ihren Funktionen aufgehenden Kadern, die wie Bürokrat*innen von ihrer Subjektivität und Positioniertheit abstrahieren. Vielleicht ist dies ein hyperbolischer Aspekt der Analyse. Die Ignoranz gegenüber Identität wäre sicherlich eine „technokratische Illusion“ (Geppert/Scheele 2013 im Kontext von Männern als gleichstellungspolitischen Akteuren). Und sicherlich ist individuelle und kollektive Befreiung miteinander verbunden, beispielsweise in einer

> „Dialektik individueller und kollektiver Befreiung: persönliche Entwicklungen haben Rückwirkungen auf die Bewegung und die Bewegungskämpfe auf jede* Einzelne in ihrem Emanzipationsprozess“ (Leidinger 2015: 21).

---

71 Ramón Grosfoguel verdichtet dies im Kontext dekolonialer *Weißer* als eine Haltung von „sit in the room as one more“ (vgl. Grosfoguel 2012): Eine anti-überhöhende Perspektive auf das Individuum, das schlicht Teil einer Gruppe, eines Kollektivs, eines Dialogs ist im Kontrast zum (phantasmatischen) „Individuum, das einen Unterschied macht“ (vgl. ebd.).

Dass hier primär die eine Seite stark gemacht wird, liegt neben der diskursintervenierenden Motivation eines Gegengewichts an der Überzeugung, dass ein strategisches Nachdenken über und in Bewegungen lohnt, und dass dies bedeutet, die Ziele ins Zentrum des Nachdenkens zu rücken.

Insofern gilt es, die Frage des Subjekts innerhalb dieser umsortierten Blickrichtung zu denken. Innerhalb dieses Rahmens kommt dann als Teilaspekt die Frage wieder hinein, welche Rolle das privilegierte Subjekt (das, da es sich um eine kollektive Aufgabe handelt, gern auch im Plural gedacht werden darf) in heterogen zusammengesetzten Bewegungen hat. In diesem Sinne ist es auch und gerade beim Nachdenken über Ziele und Strategien notwendig, über Positioniertheit nachzudenken. Es geht dann um das Bearbeiten von Bewegungskonflikten, insbesondere intersektionalen Konflikten. Die Relevanz der Positioniertheit spielt sich in der Konkretion der Aufgaben ab.

Doch noch einmal genauer zu den Subjekten: Sicherlich sind bei diesen Aufgaben bestimmte persönliche Fähigkeiten und Haltungen wichtig und hilfreich (oder weniger euphemistisch: wäre ihr Fehlen ein massives Problem für die Bewegungen). Und es stellt sich die Frage, wie die (privilegierten) Subjekte jene Fähigkeiten und Haltungen entwickeln – was durchaus als Persönlichkeitsentwicklung gedacht werden kann. Doch wenn Persönlichkeitswachstum notwendig ist, um die Art von Subjekt zu werden, die in heterogen zusammengesetzten Bewegungen produktiv mitarbeiten kann, ist immer noch nicht beantwortet, wie dieses Persönlichkeitswachstum geschehen kann. Der Privilegiendiskurs schlägt dafür pädagogische Settings vor, die auf Persönlichkeitswachstum abzielen – die hier vertretene Position möchte demgegenüber darauf hinweisen, dass sich die Teilnehmenden in den und durch die Bewegungskämpfe selbst verändern. bell hooks nennt dies programmatisch „development through struggle“ (hooks 2000: 159 ff., vgl. z.B. auch Ignatiev 1998, Leidinger 2015: 46).

Das Verhältnis von pädagogischen Instrumenten, Persönlichkeitsentwicklung und kollektiven politischen Kämpfen dreht sich um: Es geht nicht darum, mit pädagogischen Instrumenten die Persönlichkeitsentwicklung zu befördern, bis irgendwann – kurz vor der endgültigen Zielerreichung – die Fähigkeit zur Teilnahme an kollektiver Aktion erreicht ist, sondern in und durch die kollektiven Kämpfe entwickeln sich die teilnehmenden Persönlichkeiten, was durch pädagogische Instrumente zielgerichtet unterstützt werden kann. Crass verdichtet diesen Zusammenhang in einer pädagogischen Metapher:

„[S]truggle itself was the greatest teacher." (Crass 2013: 27)

Die Entwicklung durch und in den Bewegungskämpfen geschieht beispielsweise in einer gemeinsamen Aktion als solcher, einschließlich ihrer affektiven und leiblichen Aspekte, in der gemeinsamen Diskussion vor, während, nachher, in der Erfahrung von Stärke und Unterstützung, Enttäuschungen, Widerständen, in der Analyse von Misserfolgen und Fehlern wie im Feiern von Erfolgen. Diese Form des Lernens und der Erkenntnisproduktion soll hier keineswegs harmonisch idealisiert werden – vielmehr gilt es sie bezogen auf heterogene Bewegungen und intersektionale Konflikte zu durchdenken und Werkzeuge dafür (weiter) zu entwickeln. Wenn die Werkzeuge des Privilegiendiskurses eine Stärke in der pädagogischen Aufgabe individueller Bewusstseinsbildung haben, wäre eine vereinfachende, harmonisch-komplementäre Verhältnisbestimmung folgendermaßen: Der Privilegiendiskurs hat die individuelle Ebene bearbeitet mit mehr oder weniger starker Betonung, dass dies nur der erste Schritt ist – dann wäre es an der Zeit, den zweiten, dritten, vierten Schritt zu gehen.

Die Bewegungspraxis und ihr „organizational learning [...] in order to work more effectively" (Lipsitz 2011: 1461) produziert nicht nur neue Perspektiven, sondern auch „new people", denen sie zu psychischen Belohnungen verhilft, deren Erfahrung ihnen in ihrem sonstigen Leben verwehrt bleibt (vgl. ebd.: 1465). Kollektive politische Aktivität verändert die Individuen. Während der Privilegiendiskurs das Individuum auffordert „Be the change you want to see", formuliert die kanadische linke Zeitschrift *Upping the Anti* im Titel eines Editorials – etwas holprig, aber doch das Erreichen kollektiver Ziele betonend – die Gegenthese „Seeing the Change We Want to Be":

> „The only feasible way of finding an undistorted reflection of ourselves in the world is to produce that world in accordance with the image of our own desires. However, through this process, the producers are transformed along with the world upon which they work." (Upping the Anti Editorial Committee 2009: 42)

Wenn diese Analyse eines nicht will, dann ist es zu Inaktivität zu ermuntern oder Aktivität zu bremsen. Vielmehr ist es gerade Teil der zugrunde liegenden Diagnose, dass sowohl der verfestigte Privilegiendiskurs selbst wie auch die festgefahrene Polarisierung um ihn herum zu Inaktivität beitragen, und dazu, dass dringende Bewegungsfragen nicht bearbeitet werden. Mein

Ansatzpunkt war, die Genealogie der *allyship* nachzuzeichnen, dabei aber nicht Wasser auf die Mühlen der Abwehr zu gießen. Womöglich hyperbolisch wird vorgeschlagen den Blick in Richtung der Mühen der Ebene zu wenden, statt in gleichermaßen grandiosen wie einschüchternden Handlungsfähigkeits-Szenarien und in als „erster Schritt“ präsentierten selbstbezogenen Reflexions-Verfeinerungen zu verharren. Nichts gegen Reflexion – wünschenswert ist davon immer und überall sicherlich mehr, quantitativ ebenso wie qualitativ; gerade deshalb gilt die Kritik ihrer formelhaften Variante, die genau Reflexivität nicht leistet. Wenn also der Impuls der Analyse mit dem Vokabular der Reflexion beschrieben werden sollte, dann wäre es die Vertiefung der Reflexion auf die Form der Reflexion, die der Privilegiendiskurs bereitstellt. Die Analyse möchte zu einem freieren Umgang mit der Bewegungs-Werkzeugkiste anregen und den Impuls geben, auch jenseits der aktuell griffbereiten Werkzeuge weniger genutzte, verschütt gegangene aus der Bewegungsgeschichte wiederzuentdecken. Dieser Blick nimmt dem Privilegiendiskurs seine zwingende Anmutung, er kontextualisiert ihn und setzt ihn in Beziehung zu anderen Bewegungserfahrungen und -diskursen, die sich weniger erfolgreich verfestigt haben.

Im diesem Kapitel vorangestellten Zitat beschreibt Harding, dass sie „es sowohl schwerer als auch leichter machen will, männliche Feministen, weiße AntirassistInnen usw. zu werden.“ (Harding 1994: 309). Ich möchte dies – etwas dekontextualisierend – auf die Analyse des Privilegiendiskurses beziehen: Es wird schwerer dadurch, dass die genealogische Kritik die (Illusion von) Sicherheit zu untergräbt, die Handlungsanleitungen versprechen, die Sicherheit der „Listen mit den No-No-Wörtern und Handlungsanweisungen“ (Wollrad 2007: 51), die Sicherheit, durch Anleitungsbefolgung auf der richtigen Seite zu stehen, die Sicherheit, nicht mehr kritisiert werden zu können. *Bad news for allies: not gonna happen.* Es wird zugleich leichter dadurch, dass ein Blick auf gemeinsame Praxis aufscheinen kann jenseits hermetischer Epistemologie und ihrer Zuordnung zu entweder zu homogenen Erkenntnisquellen und vergebungsfähigen Autoritäten karikierten „Anderen“ oder einer erkenntnis- wie praxisunfähigen Seinsweise als „Problem“, jenseits heroischer Handlungsfähigkeits-Phantasmen, jenseits von Spannungsverhältnissen mit Doublebind-Charakter. Dieser Blick soll ermutigen, Begegnungen in Kämpfen einzugehen, Erfahrungen in gemeinsamer Praxis zu sammeln, in Bündnissen, die sehr handfeste Fragen von Verbindlichkeit und Dauerhaftigkeit mit sich bringen, an Organisationskulturen zu arbeiten. Für die Bewegungen bedeutet dies absehbar Konflikte, Fehler und Reibung – jedoch bearbeitbare Konflikte, wenn über Ziele gestritten werden kann und über Mittel, diese Ziele zu erreichen. Dies wäre ein Gewinn gegenüber dem aktuellen Zustand der unbearbeiteten Konflikte in Form von giftigen Polemiken, ängstlichen Rückzügen und einem Fokus auf Fettnäpfchen-Vermeidung, in dem Ziele und Mittel aus dem Blick geraten sind. Die Bewegungen benötigen nicht unbedingt heroische Abschwörer(*innen), Verräter(*innen), Verweigerer(*innen), sondern schlicht verlässliche Mitstreiter*innen. In diese Richtung führt nicht der Anspruch auf Handlungsanleitung und auf Handlungsanleitungsbefolgung und auf Nicht-mehr-kritisiert-werden als Handlungsanleitungsbefolgungs-Folge, sondern die gemeinsame Arbeit an politischen Erfolgen. Dies schließt eine dem Erfolg der Bewegung zuträgliche Organisationskultur ein. Dieses Buch versucht grundsätzlich diese Perspektive stark zu machen, und weist anhand einiger weniger Beispiele aus den Bewegungen auf konkrete Werkzeuge hin. Ich hoffe dies erweist sich als hilfreich in festgefahrenen Debatten und als Andeutung einer Richtung, in die es weiter zu suchen und Praxis zu entwickeln gälte. Die Haltung gegenüber den vorangegangenen und aktuellen Bewegungen ist eine der Demut im Wissen, dass wir auf den Schultern von Ries*innen stehen, der Dankbarkeit, dass wir nicht das Rad neu erfinden müssen, und auch eine des Stolzes in der Verortung in der Geschichte der Bewegungen, die nicht nur den zeitlichen Abstand, sondern auch die Kontinuitäten der Kämpfe spüren lässt.

Ich möchte den Schluss von Elly Bulkins letztem Beitrag in *Yours in Struggle: Three Feminist Perspectives on Anti-Semitism and Racism* (Bulkin/Pratt/Smith 1988) borgen, dessen Stoßrichtung auch über den Fokus auf Antisemitismus und Rassismus hinaus gilt:

> „So I resist to end with a closing burst of optimism, a reference to sisterhood, unity, or revolution. I am neither a visionary nor an optimist. I have sat in too many meetings and been in too many groups to be either. But I do believe in the absolute necessity of fighting anti-Semitism and racism and in the possibility of political change. And I do know that there is much work to be done.“ (Bulkin 1988: 193)

Literaturverzeichnis

A.G. Gender-Killer (Hg.) (2007): Das gute Leben – Linke Perspektiven auf einen besseren Alltag [2. Auflage 2011], Münster: Unrast.

Adams, Maurianne/Blumenfeld, Warren/Castaneda, Carmelita/Hackman, Heather W./Peters, Madeline L./Zúñiga, Ximena (2000): Readings for Diversity and Social Justice New York: Routledge.

Adams, Maurianne/Bell, Lee Anne/Griffin, Pat (2007): Teaching for Diversity and Social Justice: A Sourcebook, 2. Auflage [Erstveröffentlichung 1997], New York: Routledge.

Ahmed, Sara (2004): Declarations of Whiteness: The Non-Performativity of Anti-Racism, in: *Borderlands e-journal,* Jg. 3, Nr. 2, 59 Abschnitte, online: http://www.borderlands.net.au/vol3no2_2004/ahmed_declarations.htm [05.04.2015].

_______ (2012): On Being Included. Racism and Diversity in Institutional Life, Durham: Duke University Press.

ak moB – Arbeitskreis mit_ohne Behinderung (2011): Aus.Schluss! Barrierefrei veranstalten, Berlin, online: http://www.ak-mob.org/category/broschuere-barrierefrei-veranstalten [20.05.2021].

Albrecht, Lisa/Brewer, Rose M. (Hg.) (1990): Bridges of Power. Women's Multicultural Alliances for Social Change, Philadelphia: New Society Publishers.

Alcoff, Linda Martín (2000): Who's Afraid of Identity Politics?, in: Moya, Paula M. L./Hames-García, Michael R. (Hg.): *Reclaiming Identity: Realist Theory and the Predicament of Postmodernism*, Berkeley et al.: University of California Press, 312-344.

_______ (2005): Visible Identities: Race, Gender, and the Self New York: Oxford University Press.

Allen, Pamela (1973): Free Space, in: Koedt, Anne/Levine, Ellen/Rapone, Anita (Hg.): *Radical Feminism*, New York: Quadrangle Books, 271-279.

Amjahid, Mohamed (2017): Unter Weißen. Was es heißt, privilegiert zu sein, München: Carl Hanser.

AMSA (2015): Power Shuffle, American Medical Students Association, online: https://www.amsa.org/wp-content/uploads/2015/04/Power-Shuffle-Exercise.doc [21.05.2021].

an.schläge/Migrazine (2013): Critical Whiteness – Kritisches Weißsein; Migrazine Ausgabe 2013/2, online: http://www.migrazine.at/ausgabe/2013/2 [20.05.2021].

analyse & kritik (2013): Critical Whiteness – Debatte um antirassistische Politik und nicht diskriminierende Sprache. analyse & kritik Sonderbeilage Herbst 2013, online: https://wirkommen.akweb.de/wp-content/uploads/2020/08/sonderbeilage_cw.pdf [20.05.2021].

Andersen, Margaret L./Hill Collins, Patricia (Hg.) (1992): Race, class, and gender: An anthology [9. Auflage 2016], Belmont: Wadsworth.

Ani, Ekpenyong/Eding, Jasmin/Eggers, Maisha M./Kinder, Katja/Piesche, Peggy (2007): Transformationspotentiale, kreative Macht und Auseinandersetzungen mit einer kritischen Differenzperspektive – Schwarze Lesben in Deutschland, in: Dennert, Gabriele/Leidinger, Christiane/Rauchut, Franziska (Hg.): *In Bewegung bleiben – 100 Jahre Politik, Kultur und Geschichte von Lesben*, Berlin: Querverlag, 164-167.

Antisexistische Praxen (I) (2007): Konferenz Antisexistische Praxen, 05.–07.05.2007, Berlin: Mehringhof/Subversiv, online: https://antisexist-perspectives.so36.net/2007/htdocs/programm.html [20.05.2021].

Antisexistische Praxen II (2008): Konferenz Antisexistische Praxen II, 12.–13.07.2008, Berlin: Mehringhof, online: https://antisexist-perspectives.so36.net/2008/htdocs/programm.html [20.05.2021].

Antisexistische Praxen III (2009): Konferenz Antisexistische Praxen III, 03.–05.07.2009, Berlin: SfE Mehringhof, online: https://antisexist-perspectives.so36.net/2009/htdocs/programm.html [20.05.2021].

Antisexistische Praxen IV (2010): Konferenz Antisexistische Praxen IV, 10.–12.09.2010, Berlin: SfE Mehringhof, online: https://antisexist-perspectives.so36.net/ [20.05.2021].

Antisexistische Praxen V (2012): Konferenz Antisexistische Praxen V, 14.–16.09.2012, Berlin: SfE Mehringhof, online: https://antisexistische-praxen.site36.net/asp-v/ [20.05.2021].

Antisexistische Praxen VI (2014): Konferenz Antisexistische Praxen IV, 17.–19.10.2014, Berlin-Kreuzberg: New Yorck und Heilpraktikschule in Selbstverwaltung Bethanien, online: https://antisexistische-praxen.site36.net/workshops/veranstaltungsbeschreibungen [20.05.2021].

Antisexistisches Aktionsbündnis München (2010): Dafür haben wir jetzt aber keine Zeit, München, online: http://asabm.blogsport.de [21.05.2021].

Aptheker, Bettina (1989): Her Work Will Live On, in: *Bridges – A Jewish Feminist Journal*, Nachruf auf Erica Sherover-Marcuse, zitiert nach Website: https://web.archive.org/web/20120311202127/http://www.unlearningracism.org/life.htm [20.01.2022].

Arndt, Susan (2009): ‚Rassen‘ gibt es nicht, wohl aber die symbolische Ordnung von *Rasse*. Der ‚Racial Turn‘ als Gegennarrativ zur Verleugnung und Hierarchisierung von Rassismus, in: Eggers, Maureen Maisha/ Kilomba, Grada/ Piesche, Peggy/Arndt, Susan (Hg.): *Mythen, Masken und Subjekte. Kritische Weißseinsforschung in Deutschland*, Münster: Unrast, 340-362.

AS.ISM (2017): AS.ISM4 – Streitschrift gegen sexistische Zustände, Berlin: Emanzipative & Antifaschistische Gruppe, online: http://asbb.blogsport.de/images/ASISM04_fertig_web.pdf [20.05.2021].

Ashe, Fidelma (2011): The New Politics of Masculinity – Men, Power and Resistance, London: Routledge.

Baader, Maria (1993): Zum Abschied – Über den Versuch, als jüdische Feministin in der Berliner Frauenszene einen Platz zu finden, in: Hügel, Ika/Lange, Chris/Ayim, May/Bubeck, Ilona/Aktaş, Gülşen/ Schultz, Dagmar (Hg.): *Entfernte Verbindungen: Rassismus, Antisemitismus, Klassenunterdrückung*, Berlin: Orlanda Frauenverlag, 82-94.

Baer, Susanne/Kletzing, Uta (2004): Strategien der Gleichstellungspolitik – Zur Debatte um Gender Mainstreaming, in: *Zeitschrift für Frauenforschung und Geschlechterstudien,* Jg. 22, Nr. 4, 3-20.

Baetz, Michaela/Dennert, Gabriele/Leidinger, Christiane (2007a): Chronik der Antisemitismusdiskussionen in der (Frauen- und) Lesbenbewegung der BRD der 80er Jahre, in: Dennert, Gabriele/Leidinger, Christiane/Rauchut, Franziska (Hg.): *In Bewegung bleiben – 100 Jahre Politik, Kultur und Geschichte von Lesben*, Berlin: Querverlag, 175-177.

_______ (2007b): Chronik der Antisemitismusdiskussionen in der (Frauen- und) Lesbenbewegung der BRD der 90er Jahre, in: Dennert, Gabriele/ Leidinger, Christiane/Rauchut, Franziska (Hg.): *In Bewegung bleiben – 100 Jahre Politik, Kultur und Geschichte von Lesben*, Berlin: Querverlag, 293-296.

Baumgarten, Britta/Ullrich, Peter (2012): Discourse, Power and Governmentality. Social Movement Research with and beyond Foucault, WZB Discussion Paper SP-IV 2012-401, Berlin: WZB, online: http://bibliothek.wzb.eu/pdf/2012/iv12-401.pdf [20.05.201].

Bayer, Marion/Kopp, Hagen (2014): Wenn es den Wunsch gibt, gemeinsam weiterzugehen – Antirassismus und Differenz in gemischten Organisierungsprozessen, in: transact! (Hg.): *Wie ist Deine Freiheit mit meiner verbunden? Stichworte zu gemischter Organisierung, Definitionsmacht und Critical Whiteness*, 18-22, online: http://transact.noblogs.org/files/2014/02/transact6_de.pdf [20.05.2021].

Bee, Melanie (2012): Critical Whiteness – ein falscher Freund? Antirassistische Lehrpläne für den Unterricht aus den USA und ihre Übersetzung in Deutschland, in: *ZAG – Antirassistische Zeitschrift*, Nr. 61, 23-26, online: http://zag-berlin.de/antirassismus/archiv/61criticalfalsch.html [20.05.2021].

_______ (2013): Das Problem mit „Critical Whiteness“ – Wenn weiße Aktivist_innen antirassistische Theorie von ihrer sozialen Praxis trennen, ist Gefahr im Verzug, in: *an.schläge*, November 2013, online: http://anschlaege.at/feminismus/2013/11/das-problem-mit-critical-whiteness [20.05.2021].

Bernau, Olaf (2014): Critical Whiteness als Katalysator – Erfahrungen aus trans–identitären und transnationalen Organisierungsprozessen, in: transact! (Hg.): *Wie ist Deine Freiheit mit meiner verbunden? Stichworte zu gemischter Organisierung, Definitionsmacht und Critical Whiteness*, 23-27. online: http://transact.noblogs.org/files/2014/02/transact6_de.pdf [20.05.2021].

Bishop, Anne (2002): Becoming an Ally – Breaking the Cycle of Oppression in People, 2. Auflage [Erstveröffentlichung 1994], London & New York: Zed Books/Halifax: Fernwood Publishing.

Biskamp, Floris (2016): Der weiße Faden, in: *ruhrbarone – Journalisten bloggen das Revier*, 05.09.2016, online: https://www.ruhrbarone.de/der-weisse-faden/132812# [20.05.2021].

_______ (2017): Beissreflexe: Je böser, desto mehr freu'n sich die Leut'!, in: *ruhrbarone – Journalisten bloggen das Revier*, 29.06.2017, online: https://www.ruhrbarone.de/beissreflexe-je-boeser-desto-mehr-freun-sich-die-leut/144213 [20.05.2021].

Blickhäuser, Angelika (2004): Gender Training der Heinrich-Böll-Stiftung ein Instrument zum Erwerb von Gender-Kompetenz, in: Netzwerk Gender Training (Hg.): *Geschlechterverhältnisse bewegen. Erfahrungen mit Gender Trainings*, Königstein (Taunus): Ulrike Helmer, 159-173.

Bolger, Meg (2018): Why I don't facilitate privilege walks anymore and what I do instead, in: *Medium.com*, 16.02.2018, online: https://medium.com/@MegB/why-i-dont-won-t-facilitate-privilege-walks-anymore-and-what-i-do-instead-380c95490e10 [21.02.2022].

Bourdieu, Pierre (1997): Die männliche Herrschaft, in: Dölling, Irene/Krais, Beate (Hg.): *Ein alltägliches Spiel – Geschlechterkonstruktion in der sozialen Praxis*, Frankfurt a. M.: Suhrkamp, 153-217.

Brandt, Marc (2014): Was ist Kritische Männlichkeit?, in: *24 Stunden sind kein Tag*, Nr. 33: Geschlechterreflektierte Pädagogik, 6-8, online: https://www2.wir-falken.de/uploads/24h_33_web_geschlechterreflektierte_paedagogik.pdf [20.05.2021].

Breton, Emilie/Jeppesen, Sandra/Kruzynski, Anna/Sarrasin, Rachel (2015): Anti-racist, Queer, and Radical Feminisms in the Quebec Antiauthoritarian Movement, in: *Zapruder World – An International Journal for the History of Social Conflict*, Nr. 2: Transformations without Revolutions?: How Feminist and LGBTQI Movements Have Changed the World, online: https://doi.org/10.21431/Z3TG6M [20.05.2021].

Brown, Wendy (1995): States of Injury: Power and Freedom in Late Modernity, Princeton: Princeton University Press.

_______ (1999): Resisting Left Melancholy, in: *boundary 2*, Jg. 26, Nr. 3, 19-27.

Brzoska, Georg/Hafner, Gerhard (1988): Möglichkeiten und Perspektiven der Veränderung der Männer, insbesondere der Väter: Forschung, Diskussionen und Projekte in den Vereinigten Staaten von Amerika, Schweden und in den Niederlanden. Literaturstudie, Bonn: Bundesministerium für Jugend, Familie, Frauen und Gesundheit, online: http://www.genderkompetenz.info/genderkompetenz-2003-2010/gendermainstreaming/Strategie/maennerpolitik/BrzoskaHafnerBMFSFJ1988.pdf [21.02.2022].

Bublitz, Hannelore (2001): Differenz und Integration. Zur diskursanalytischen Rekonstruktion der Regelstrukturen sozialer Wirklichkeit, in: Keller, Reiner/ Hirseland, Andreas/Schneider, Werner/Viehöver, Willy (Hg.): *Handbuch Sozialwissenschaftliche Diskursanalyse, Band 1: Theorien und Methoden*, Opladen: Leske + Budrich, 225-260.

Bulkin, Elly (1988): Hard Ground: Jewish Identity, Racism, and Anti-Semitism, in: Bulkin, Elly/Pratt, Minnie Bruce/Smith, Barbara (Hg.): *Yours In Struggle – Three Feminist Perspectives on Anti-Semitism and Racism*, Ithaca: Firebrand Books, 89-198.

Bulkin, Elly/Pratt, Minnie Bruce/Smith, Barbara (1988): Yours In Struggle – Three Feminist Perspectives on Anti-Semitism and Racism [Erstveröffentlichung 1984], Ithaca: Firebrand Books.

Burgin, Sarah Nicole (2013): The Workshop As the Work: White Anti-Racism Organising in 1960s, 70s, and 80s US Social Movements, Leeds: University of Leeds, School of History, online: https://etheses.whiterose.ac.uk/4938/1/Burgin%20Thesis%20Post-Viva.pdf [21.05.2021].

Burschel, Friedrich C. (2012): Flohmarkt der Deutungshoheit. Eine neue Rassismus-Debatte und Kritik an umstrittenen Critical-Whiteness-Ansprüchen strapaziert eine defizitäre linke Streitkultur, in: *Hinterland,* Nr. 20, 68-70, online: https://www.hinterland-magazin.de/wp-content/uploads/2016/12/hinterland-magazin-20-68-flohmarkt-der-deutungs-hoheit-pdf.pdf [20.05.2021].

Busche, Mart (2016): Fürchte dich, Bleichgesicht? Das Unbehagen in der Unmarkiertheit, in: Schmidt, Fiona Sara/Nagel, Torsten/Engelmann, Jonas (Hg.): *Play Gender. Linke Praxis – Feminismus – Kulturarbeit*, Mainz: Ventil, 232-244.

Butler, Judith (1995): Körper von Gewicht – Die diskursiven Grenzen des Geschlechts, Berlin: Berlin Verlag.

_______ (2003): Noch einmal: Körper und Macht, in: Honneth, Axel/Saar, Martin (Hg.): *Michel Foucault – Zwischenbilanz einer Rezeption. Frankfurter Foucault-Konferenz 2001*, Frankfurt a. M.: Suhrkamp, 52-67.

_______ (2007): Kritik der ethischen Gewalt – Adorno-Vorlesungen 2002, Frankfurt a. M.: Suhrkamp.

Case, Kim (2013): Deconstructing Privilege: Teaching and Learning As Allies in the Classroom, Abingdon/New York: Routledge.

Case, Kim A. (2012): Discovering the Privilege of Whiteness: White Women's Reflections on Anti-racist Identity and Ally Behavior, in: *Journal of Social Issues – A Journal of the Society for the Psychological Study of Social Issues*, Jg. 68, Nr. 1 Special Issue: Systems of Privilege: Intersections, Awareness, and Applications Issue, 78-96.

Case, Kim A./Iuzzini, Jonathan/Hopkins, Morgan (2012): Systems of Privilege: Intersections, Awareness, and Applications, in: *Journal of Social Issues – A Journal of the Society for the Psychological Study of Social Issues*, Jg. 68, Nr. 1, 1-10.

Catalyst Project (2021): 2022 Anne Braden Program, online: https://collectiveliberation.org/2022-anne-braden-program [22.01.2022].

_______ (o. J. a): Our History, online: https://collectiveliberation.org/our-organization/193-2 [21.05.2021].

_______ (o. J. b): Trainings and Organizational Development – Trainings and Workshops, online: https://collectiveliberation.org/our-work-2/political-education [21.05.2021].

Cedar (2007): Cis Privilege Checklist. The Cisgender/Cissexual Privilege Checklist, in: *Taking Up Too Much Space. trans misogny, feminism, and trans activism*, online: https://takesupspace.wordpress.com/cis-privilege-checklist [12.05.2021].

Challenging White Supremacy Workshop (2000): Glossary of Terms, online: http://www.cwsworkshop.org/about/6Glossary_of_Terms.pdf [21.05.2021].

_______ (o. J.): About us, online: http://www.cwsworkshop.org/about.html [22.05.2021].

Cheadle, Harry (2014): This College Conservative Pissed off the Internet. You'll Easily Guess What Happened Next. How Tal Fortgang, his privilege, and his Holocaust-surviving grandparents went viral, in: *vice.com*, 06.05.2014, online: https://www.vice.com/en/article/gq85z3/tal-fortgang-and-the-chamber-of-internet-outrage [09.02.2021].

Chebout, Lucy (2011): Privilegien und intersektionale Ungleichheiten: Potentiale, Herausforderungen und neue Perspektiven. Seminar in den Gender Studies, Wintersemester 2011/2012, Berlin: Humboldt-Universität.

Chebout, Lucy N. (2013): Wo ist Intersectionality in bundesdeutschen Intersektionalitätsdiskursen? Exzerpte aus dem Reisetagebuch einer Traveling Theory, in: Smykalla, Sandra/Vinz, Dagmar (Hg.): *Intersektionalität zwischen Gender und Diversity – Theorien, Methoden und Politiken der Chancengleichheit*, 3. Auflage [Erstveröffentlichung 2011], Münster: Westfälisches Dampfboot, 46-60.

Christian – Alles Evolution (2012): Weitere Kritik an Privilegientheorie und Deutungshoheit, in: *Alles Evolution – Evolution, Geschlechterunterschiede, und allgemeine Mann-Frau-Themen*, 28.05.2012, online: http://allesevolution.wordpress.com/2012/05/28/weitere-kritik-an-privilegientheorie-und-deutungshoheit [19.03.2013].

Clark, Pamela (2014): 35 Practical Steps Men Can Take to Support Feminism, in: *pamelaclark.tumblr.com*, 28.05.2014, online: http://pamelaclark.tumblr.com/post/87113711124/35-practical-tools-for-men-to-further-feminist [11.03.2019].

Colours of Resistance Archive (o. J.): Privilege, online: http://www.coloursofresistance.org/definitions/privilege [20.05.2021].

Crass, Chris (2013): Towards Collective Liberation: Anti-Racist Organizing, Feminist Praxis, and Movement Building Strategy, Oakland: PM Press.

_______ (2015): Towards the „Other America": Anti-Racist Resources for White People Taking Action for Black Lives Matter, St. Louis: ChalicePress, online: http://www.chriscrass.org/uploads/1/7/7/9/17797213/towards-the-other-america-ebook.pdf [17.02.2022].

Crenshaw, Kimberlé (1991): Mapping the Margins: Intersectionality, Identity Politics, and Violence against Women of Color, in: *Stanford Law Review*, Jg. 43, Nr. 6, 1241-1299.

Crenshaw, Kimberlé Williams (2011a): Twenty years of Critical Race Theory: Looking back to move forward, in: *Connecticut Law Review,* Jg. 43, Nr. 5: Critical Race Theory: A Commemoration, 1253-1352.

Crenshaw, Kimberlé (2011b): Postscript, in: Lutz, Helma/Herrera Vivar, Maria Teresa/Supik, Linda (Hg.): *Framing Intersectionality: Debates on a Multi-Faceted Concept in Gender Studies*, Farnham/Burlington: Ashgate, 221-234.

Cusack, Carole M. (2017): „Squirrels" and unauthorized uses of Scientology: Werner Erhard and EST, Ken Dyers and Kenja, and Harvey Jackins and Re-Evaluation Counselling, in: Lewis, James R. (Hg.): *Handbook of Scientology*, Leiden/Boston: Brill, 485-506.

Czollek, Leah Carola/Perko, Gudrun/Weinbach, Heike (2012): Handbuch Social Justice und Diversity. Theorien, Training, Methoden, Übungen. Arbeitsblätter, München: Juventa.

Czollek, Leah Carola/Weinbach, Heike (2008): Lernen in der Begegnung. Theorie und Praxis von Social Justice-Trainings. Reader für MultiplikatorInnen in der Jugend- und Bildungsarbeit, Düsseldorf: IDA Informations- und Dokumentationszentrum für Antirassismusarbeit e.V., online: https://www.idaev.de/fileadmin/user_upload/pdf/publikationen/Reader/2008_IDA_Lernen_in_der_Begegnung_Social_Justice.pdf [21.02.2022].

Davis, Laura (1995): Verbündete. Ein Handbuch für Partnerinnen und Partner sexuell mißbrauchter Frauen und Männer [Erstveröffentlichung „Allies in Healing: When the Person You Love Was Sexually Abused as a Child", 1991], Berlin: Orlanda Frauenverlag.

Dean, Jodi (2020): Genossen! [Erstveröffentlichung „Comrade – An Essay on Political Belonging", 2019], Berlin: Klaus Wagenbach.

Debus, Katharina (2014): Rechtsextremismus als Suche nach Handlungsfähigkeit? Subjektive Funktionalität von Verhalten als Ausgangspunkt von Rechtsextremismusprävention, in: Debus, Katharina/Laumann, Vivien (Hg.): *Rechtsextremismus, Prävention und Geschlecht. Vielfalt_Macht_Pädagogik*, Düsseldorf: Hans-Böckler-Stiftung, 62-99. online: https://www.boeckler.de/pdf/p_arbp_302.pdf [12.07.2022].

Delgado, Richard/Stefancic, Jean (Hg.) (1997): Critical White Studies. Looking Behind the Mirror, Philadelphia: Temple University Press.

Dennert, Gabriele/Leidinger, Christiane/Rauchut, Franziska (2007a): Lesben in Wut – Lesbenbewegung in der BRD der 70er Jahre, in: Dennert, Gabriele/ Leidinger, Christiane/Rauchut, Franziska (Hg.): In Bewegung bleiben – 100 Jahre Politik, Kultur und Geschichte von Lesben, Berlin: Querverlag, 31-61.

_______ (2007b): Kämpfe und Konflikte um Macht und Herrschaft – Lesbenbewegung in der BRD der 80er Jahre, in: Dennert, Gabriele/ Leidinger, Christiane/ Rauchut, Franziska (Hg.): *In Bewegung bleiben – 100 Jahre Politik, Kultur und Geschichte von Lesben*, Berlin: Querverlag, 126-159.

_______ (2007c): Lesbisch-feministische und queere Perspektiven in den 90er Jahren, in: Dennert, Gabriele/Leidinger, Christiane/Rauchut, Franziska (Hg.): *In Bewegung bleiben – 100 Jahre Politik, Kultur und Geschichte von Lesben*, Berlin: Querverlag, 253-287.

der braune mob (2012): Offener Brief an Dresden Nazifrei und ähnliche Demos: Nachhilfe nötig, in: *Der Schwarze Blog – der braune mob e.v. media watch* 26.03.2012, online: http://blog.derbraunemob.info/2012/03/26/offener-brief-an-dresden-nazifrei-und-ahnliche-demos-nachhilfe-notig [20.05.2021].

Deutsch, Barry (aka Ampersand) (2004): The Male Privilege Checklist – An Unabashed Imitation of an article by Peggy McIntosh, in: *Alas, a blog*, online: https://amptoons.com/blog/?page_id=2402 [20.05.2021].

DGB Bildungswerk Thüringen (2014 [2003]): Wie im richtigen Leben, in: DGB-Bildungswerk Thüringen e.V. (Hg.): *Baustein zur nicht-rassistischen Bildungsarbeit*, Erfurt, 61-64. online: https://www.baustein.dgb-bwt.de/B3/ImRichtigenLeben.html [21.02.2022].

Diatryma (1999): Über Politik und Subjektivität, in: *Männerrundbrief*, Nr. 12, 44-46, online: http://maennerrundbrief.blogsport.de/images/MRB_12.pdf [20.05.2021].

Dictionary.com (2021): Word of the Year: allyship, 07.12.2021, online: https://www.dictionary.com/e/word-of-the-year-2021/ [17.02.2022]

Die Philosophin – Forum für feministische Theorie und Philosophie (2000): Nr. 22 Männerforschung/Männlichkeitsforschung, Tübingen: edition diskord.

DiFranco, Ani (1993): My I.Q., Track 9 auf Album „Puddle Dive“, Buffalo: Righteous Babe Records.

Diversity Works (o. J.): Über uns: Cooper Thompson, online: http://www.diversity-works.de/ueber_uns/cooper_thompson [22.05.2021].

Dudwiesus, Mareike (2020): Rassismus: 5 Dinge, die Du jetzt selbst tun kannst – und solltest, in: *brigitte.de*, 03.06.2020, online: https://www.brigitte.de/aktuell/gesellschaft/rassismus--5-dinge--die-du-jetzt-selbst-tun-kannst---und-solltest-11785334.html [20.05.2021].

Dugalski, Artur/Lara, Carolina/Hamsa, Malik (2013): Farbenblindheit ist auch keine Lösung, in: *ak – analyse & kritik – zeitung für linke Debatte und Praxis*, Nr. 576, 19.10.2012, online: https://archiv.akweb.de/ak_s/ak576/24.htm [20.05.2021].

Duman, Newroz (2014): „Wenn mir was auf die Nerven geht, sage ich das" – Interview mit Newroz Duman (Jugendliche ohne Grenzen – JOG), in: transact! (Hg.): Wie ist Deine Freiheit mit meiner verbunden? Stichworte zu gemischter Organisierung, Definitionsmacht und Critical Whiteness, 31-33.

Eggers, Maisha M. (2016): Phasen der Lehrveranstaltung: Durchführung, in: AG Lehre (Hg.): *Diskriminierungskritische Lehre. Denkanstöße aus den Gender Studies*, Berlin: Zentrum für transdisziplinäre Geschlechterstudien, Humboldt-Universität zu Berlin, 60-65, online: https://www.gender.hu-berlin.de/de/studium/diskriminierungskritik-1 [20.05.2021].

Eggers, Maureen Maisha/Kilomba, Grada/Piesche, Peggy/Arndt, Susan (Hg.) (2009a): Mythen, Masken und Subjekte – Kritische Weißseinsforschung in Deutschland, 2. überarbeitete Auflage, Münster: Unrast.

_______ (2009b): Konzeptionelle Überlegungen, in: Eggers, Maureen Maisha/ Kilomba, Grada/ Piesche, Peggy/Arndt, Susan (Hg.): *Mythen, Masken und Subjekte. Kritische Weißseinsforschung in Deutschland*, Münster: Unrast, 11-13.

Einige No Border Aktivist*innen (2012): CriticalWhiteness und das NoBorderCamp, in: *linksunten.indymedia.org*, 19.08.2012, online: https://linksunten.indymedia.org/de/node/65650 [20.05.2021].

El-Tayeb, Fatima (2009): Vorwort, in: Eggers, Maureen Maisha/Kilomba, Grada/ Piesche, Peggy/ Arndt, Susan (Hg.): *Mythen, Masken und Subjekte. Kritische Weißseinsforschung in Deutschland*, Münster: Unrast, 7-9.

Engels, Friedrich (1963): Einleitung zu „Die Entwicklung des Sozialismus von der Utopie zur Wissenschaft" [Erstveröffentlichung 1892], in: Institut für Marxismus-Leninismus beim ZK der SED (Hg.): *MEW Band 22*, Berlin: Dietz Verlag, 287-311.

Erfurt, Philine (2010): Nicht wichtig, keine Zeit, fehlende Beweise – Widerstände bei der Implementierung von Gender Mainstreaming und Diversity Management, in: *diversitas – Zeitschrift für Managing Diversity und Diversity Studies*, Heft 2, 11-17.

Eversberg, Dennis/Schmelzer, Matthias (2017): Mehr als Weniger. Erste Überlegungen zur Frage nach dem Postwachstumssubjekt, in: *psychosozial,* Jg. 40, Nr. 148, 83-100.

Ferber, Abby L. (2009): Dismantling Privilege and Becoming an Activist, in: Kimmel, Michael S./Ferber, Abby L. (Hg.): *Privilege – A Reader*, Boulder: Westview, 251-256.

Ferber, Abby L./Jiménez, Christina/O'Reilly Herrera, Andrea/Samuels, Dena R. (Hg.) (2008): The Matrix Reader. Examining the Dynamics of Oppression and Privilege, Boston et al.: McGraw-Hill Higher Education.

Fischer, Leo (2013): Repression für alle, in: *konkret*, Heft 11/2013, online: http://www.konkret-magazin.de/hefte/aktuelles-heft/articles/the-y-word.html [03.11.2013].

Fischer, Simone (2007): Lesbisch-feministischer Rassismus und Antirassismus in den 90er Jahren, in: Dennert, Gabriele/Leidinger, Christiane/Rauchut, Franziska (Hg.): *In Bewegung bleiben – 100 Jahre Politik, Kultur und Geschichte von Lesben*, Berlin: Querverlag, 301-316.

Foitzik, Andreas (2007): Die Normalität des Rassismus in meiner interkulturellen Bildungsarbeit – ein Einwurf, in: IDA – Informations- und Dokumentationszentrum für Antirassismusarbeit NRW (Hg.): *Tagungsdokumentation des Fachgesprächs zur „Normalität und Alltäglichkeit des Rassismus", 14.–15. September 2007*, 79-92, online: http://www.ida-nrw.de/cms/upload/PDF_tagungsberichte/Tagungsdoku_Alltagsrassismus.pdf [20.05.2021].

Fortgang, Tal (2014): Checking My Privilege: Character as the Basis of Privilege, in: *The Princeton Tory*, 02.04.2014, online: http://theprincetontory.com/checking-my-privilege-character-as-the-basis-of-privilege [20.05.2021].

Foucault, Michel (1983): Der Wille zum Wissen – Sexualität und Wahrheit I, Frankfurt a. M.: Suhrkamp.

_______ (1986): Der Gebrauch der Lüste – Sexualität und Wahrheit II, Frankfurt a. M.: Suhrkamp.

_______ (2005a): 296: Ist es also wichtig, zu denken? Gespräch mit D. Eribon 1981, in: Foucault, Michel: *Dits et Écrits, Schriften, Band IV: 1980-1988*, Frankfurt a. M.: Suhrkamp, 219-223.

_______ (2005b): 326: Zur Genealogie der Ethik: Ein Überblick über die laufende Arbeit, in: Foucault, Michel: *Dits et Écrits, Schriften, Band IV: 1980-1988*, Frankfurt a. M.: Suhrkamp, 461-498.

_______ (2005c): 338: Gebrauch der Lüste und Techniken des Selbst, in: Foucault, Michel: *Dits et Écrits, Schriften, Band IV: 1980-1988*, Frankfurt a. M.: Suhrkamp, 658-686.

_______ (2005d): 344: Zur Genealogie der Ethik: Ein Überblick über die laufende Arbeit, in: Foucault, Michel: *Dits et Écrits, Schriften, Band IV: 1980-1988*, Frankfurt a. M.: Suhrkamp, 747-776.

Frankenberg, Ruth (1997): Introduction: Local Whitenesses, Localizing Whiteness, in: Frankenberg, Ruth (Hg.): *Displacing Whiteness: Essays in Social and Cultural Criticism*, Durham: Duke University Press, 1-33.

Freeman, Jo (o. J.): The Tyranny of Structurelessness [Erstveröffentlichung 1972], in: *JoFreeman.com*, online: http://www.jofreeman.com/joreen/tyranny.htm [20.05.2021].

Frey, Regina (2003): Gender im Mainstreaming – Geschlechtertheorie und -praxis im internationalen Diskurs, Königstein (Taunus): Ulrike Helmer.

_______ (2007): Von Gender (Mainstreaming) zu Diversity (Management)? Theoretische Fundierung – praktische Implikationen. Bericht von der Gender Lecture am 29.10.2007, Berlin: GenderKompetenzZentrum, online: http://www.genderkompetenz.info/veranstaltungs_publikations_und_news_archiv/genderlectures/2007_10_29_hu.html [20.05.2021].

_______ (2014): Von Mythen und Vermischungen – Zur Konstruktion des „Genderismus", in: Frey, Regina/Gärtner, Marc/Köhnen, Manfred/Scheele, Sebastian (Hg.): *Gender, Wissenschaftlichkeit und Ideologie. Argumente im Streit um Geschlechterverhältnisse*, Berlin: Heinrich-Böll-Stiftung, 28-39, online: http://www.gwi-boell.de/sites/default/files/gender_wissenschaftlichkeit_und_ideologie_2aufl.pdf [20.05.2021].

Frey, Regina/Kirleis, Edda (2004): Einleitung, in: Netzwerk Gender Training (Hg.): *Geschlechterverhältnisse bewegen. Erfahrungen mit Gender Trainings*, Königstein (Taunus): Ulrike Helmer, 9-18.

GenderKompetenzZentrum (o. J.): Genderkompetenz, Berlin: GenderKompetenz-Zentrum an der Humboldt-Universität, online: http://www.genderkompetenz.info/genderkompetenz-2003-2010/gender/genderkompetenz.html [20.05.2021].

Genschel, Corinna (2007): *Queer Theory* und *Queer Politics* in: Dennert, Gabriele/Leidinger, Christiane/Rauchut, Franziska (Hg.): *In Bewegung bleiben – 100 Jahre Politik, Kultur und Geschichte von Lesben*, Berlin: Querverlag, 336-339.

Geppert, Jochen/Scheele, Sebastian (2013): Agenten des Wandels – Männer und Gender Mainstreaming, in: Jansen, Mechthild M./Röming, Angelika/ Rohde, Marianne (Hg.): *Männer Frauen Zukunft. Ein Genderhandbuch*, München: Olzog, 119-142.

Ghirmazion, Asgedeth/Herkenrath, Rita (1990): Schuldgefühle will ich nicht oder Anstiften zur Verantwortung, in: *beiträge zur feministischen theorie und praxis* Jg. 13, Nr. 27: Rassismus, Antisemitismus, Fremdenhaß: Geteilter Feminismus, 67-76.

GLADT e.V. (2009): Einführung Methode: Ein Schritt nach vorn, in: *Handreichungen für emanzipatorische Jungenarbeit,* online: http://hej.gladt.com/archiv/2009-12-15-Methode%20Ein%20Schritt%20nach%20vorn.pdf [20.05.2021].

GMEI – Gender Mainstreaming Experts International (2015): Von Gender (Mainstreaming) zu Diversity (Management)? Ein Positionspapier der Gender Mainstreaming Experts International (GMEI), online: http://www.gmei.info/images/GMEI_Positionspapier_Endfassung_Oktober2015.pdf [20.05.2021].

Goel, Urmila (2011): Rassismus- und privilegienkritische Bildungsarbeit, in: Grundmann, Diana/ Overwien, Bernd (Hg.): *weltwärts pädagogisch begleiten. Erfahrungen aus der Arbeit mit Freiwilligen und Anregungen durch die Fachtagung in Bonn (18.-20. April 2011)* Kassel: kassel university press, 24-31, online: http://www.uni-kassel.de/upress/online/frei/978-3-86219-198-7.volltext.frei.pdf [20.05.2021].

_______ (2016): Die (Un)Möglichkeiten der Vermeidung von Diskriminierungen, in: AG Lehre (Hg.): *Diskriminierungskritische Lehre. Denkanstöße aus den Gender Studies*, Berlin: Zentrum für transdisziplinäre Geschlechterstudien, Humboldt-Universität zu Berlin, 39-37, online: https://www.gender.hu-berlin.de/de/studium/diskriminierungskritik-1 [20.05.2021].

Goldrick-Jones, Amanda (2002): Men who Believe in Feminism, Westport: Praeger.

Goodman, Diane J. (2010): Helping Students Explore their Privileged Identities, in: *Diversity & Democracy: Civic Learning for Shared Futures,* Jg. 13, Nr. 2, 10-12.

_______ (2011): Promoting Diversity and Social Justice: Educating People from Privileged Groups, 2. Auflage [Erstveröffentlichung 2001], New York/London: Routledge.

Grosfoguel, Ramón (2012): Whiteness, the Urgency of Decolonization and the (Im-)possibilities of Solidarity in Anti-Racist Decolonial Struggles in Europe Today, Workshop an der Humboldt-Universität Berlin, 24.09.2012, im Rahmen der *Decolonial Days on „Decolonizing Whiteness"* organisiert von decolonial group berlin, online: https://decolonialberlin.weebly.com [20.05.2021].

Gutiérrez Rodríguez, Encarnación (2011): Decolonizing Postcolonial Rhetoric, in: *Migrazine – online magazin von migrantinnen für alle*, Nr. 2011/1, online: http://www.migrazine.at/artikel/decolonizing-postcolonial-rhetoric-english [20.05.2021].

Ha, Kien Nghi (2007): *Weißes Europa*: Eine un/mögliche Diskussion zwischen einem Mitglied von Kanak Attak und Kien Nghi Ha, in: Ha, Kien Nghi/al-Samarai, Nicola Lauré/Mysorekar, Sheila (Hg.): *re/visionen. Postkoloniale Perspektiven von People of Color auf Rassismus, Kulturpolitik und Widerstand in Deutschland*, Münster: Unrast, 445-450.

_______ (2014): Mittelweg. Zur Kritik am People of Color- und Critical Whiteness-Ansatz, in: *Heimatkunde. Migrationspolitische Portal Heinrich-Böll-Stiftung*, 29.01.2014, online: https://heimatkunde.boell.de/2014/01/29/mittelweg-zur-kritik-am-people-color-und-critical-whiteness-ansatz [20.05.2021].

Halley, Jean/Eshleman, Amy/Vijaya, Ramya Mahadevan (2011): Seeing White. An Introduction to White Privilege and Race, Lanham: Rowman & Littlefield.

Haraway, Donna J. (1997): Modest_Witness@Second_Millenium. FemaleMan_Meets_ OncoMouse, New York/London: Routledge.

Harding, Sandra (1994): Das Geschlecht des Wissens: Frauen denken die Wissenschaft neu [englischsprachige Erstveröffentlichung 1991], Frankfurt a. M./New York: Campus.

Haritaworn, Jinthana (2009): „Der Menschheit treu": Rassenverrat und Multi-Themenpolitik im derzeitigen Multikulturalismus, in: Eggers, Maureen Maisha/Kilomba, Grada/Piesche, Peggy/Arndt, Susan (Hg.): *Mythen, Masken und Subjekte – Kritische Weißseinsforschung in Deutschland*, Münster: Unrast, 158-171.

Hark, Sabine (1989): Eine Lesbe ist eine Lesbe, ist eine Lesbe... oder? – Notizen zur Identität und Differenz, in: *beiträge zur feministischen theorie und praxis,* Jg. 12, Nr. 25/26, 59-70.

_______ (1990): Wer spricht, wenn ich: „Ich bin..." sage? Zum Verhältnis von Identitäten und Bündnispolitik, in: *Ihrsinn,* Jg. 1, Nr. 2, 43-60.

_______ (1999): deviante Subjekte – Die paradoxe Politik der Identität, 2. völlig überarbeitete Auflage, Opladen: Leske + Budrich.
_______ (2005): Dissidente Partizipation – Eine Diskursgeschichte des Feminismus, Frankfurt a. M.: Suhrkamp.
_______ (2013): Wer wir sind und wie wir tun. Identitätspolitiken und die Möglichkeiten kollektiven Handelns, in: Jähnert, Gabriele/Aleksander, Karin/Kriszio, Marianne (Hg.): *Kollektivität nach der Subjektkritik. Geschlechtertheoretische Positionierungen*, Bielefeld: transcript, 29-46.
_______ (2017): Koalitionen des Überlebens. Queere Bündnispolitiken im 21. Jahrhundert, Göttingen: Wallstein.
Hartsock, Nancy (1987): The Feminist Standpoint: Developing the Ground for a Specific Feminist Historical Materialism, in: Harding, Sandra (Hg.): *Feminism and Methodology*, Bloomington: Indiana University Press, 159-180.
Hasters, Alice (2019): Was weiße Menschen nicht über Rassismus hören wollen aber wissen sollten, München: Carl Hanser.
Haunss, Sebastian (2004): Identität in Bewegung – Prozesse kollektiver Identität bei den Autonomen und in der Schwulenbewegung, Wiesbaden: VS, online: http://shaunss.ipgovernance.eu/wp-content/uploads/2011/10/haunss-2004-identitaet-in-bewegung.pdf [20.05.2021].
HeForShe (2018): Male Allies Guide for Gender Equality. Tips for Understanding and Managing Your Emotions, New York: UN Women, online: https://www.heforshe.org/sites/default/files/2018-11/HeForShe_Booklet_ManagingYourEmotions_PRINT2.pdf [09.02.2021].
hooks, bell (2000): Feminist Theory – From Margin to Center, 2. Auflage [Erstveröffentlichung 1984], London: Pluto Press.
Hrzán, Daniela (2007): Privilegien in der Diskussion: Eindrücke von meinem Besuch am Centre for Women's Studies and Gender Research an der Universität Oslo, in: *Zentrum für Transdisziplinäre Geschlechterstudien – Bulletin Info*, Nr. 34, 13-15, online: http://plone.gender.hu-berlin.de/forschung/publikationen/gender-bulletins/info-34/info34pkt1 [20.05.2021].
Hüttner, Bernd/Oy, Gottfried/Schepers, Norbert (2005): Vorwärts und viel vergessen – Beiträge zur Geschichte und Geschichtsschreibung neuer sozialer Bewegungen, Neu-Ulm: AG SPAK.

Ignatiev, Noel (1997): The Point Is Not To Interpret Whiteness But To Abolish It. Talk given at the Conference „The Making and Unmaking of Whiteness“, University of California, Berkeley, April 11–13, 1997, online: http://www.campusactivism.org/displayobject.php?giRid=206&gsTable=resource&giPhid=348&gsPhile=abolishthepoint.pdf [20.05.2021].

_______ (1998): Abolitionism and „White Studies“. Based on a talk at the University of California, Riverside, February, 1998 in: *Race Traitor – treason to whiteness is loyalty to humanity*, online: http://racetraitor.org/whitestudies.html [09.05.2019].

Ignatiev, Noel/Garvey, John (Hg.) (1996): Race Traitor, New York: Routledge.

Ignite! (2013): How to be an ally?, in: Ignite! An Anti-Racist Toolkit, online: https://antiracist-toolkit.net/?page_id=161 [20.05.2021].

INCITE! Women of Color Against Violence (Hg.) (2007): The Revolution Will Not Be Funded: Beyond the Non-Profit Industrial Complex [2. Auflage 2017], Cambridge: South End Press.

Indigenous Action Media (2014): Accomplices Not Allies: Abolishing the Ally Industrial Complex. An Indigenous Perspective & Provocation, in: *IndigenousAction.org*, 04.05.2014 [Paginierung nach PDF-Version], online: http://www.indigenousaction.org/accomplices-not-allies-abolishing-the-ally-industrial-complex [20.05.2021].

Internationales Frauenplenum (1995): Den Faden weiterspinnen – Möglichkeiten der Zusammenarbeit von Immigrantinnen, im Exil-lebenden und deutschen Frauen. Erfahrungen des Internationalen Frauenplenums W.-Berlin 1988-1991, Berlin: Rotation.

Jagusch, Birgit/Chehata, Yasmine (Hg.) (2020): Empowerment und Powersharing. Ankerpunkte – Positionierungen – Arenen, Weinheim Basel: Beltz Juventa.

Jakob, Christian (2013): Zombies in Schwarzweiß, in: *Jungle World*, Nr. 45/2013, online: http://jungle-world.com/artikel/2013/45/48775.html [20.05.2021].

Janowski, Rahula (2002): Challenging White Supremacy, in: *Colours of Resistance Archive*, online: http://www.coloursofresistance.org/384/challenging-white-supremacy [20.05.2021].

Jensen, Robert (2005): The Heart of Whiteness – Confronting Race, Racism, and White Privilege, San Francisco: City Lights.

Johnson, Allan (2009): Privilege, Power, Difference, and Us, in: Kimmel, Michael S./Ferber, Abby L. (Hg.): *Privilege – A Reader*, Boulder: Westview Press, 77-86.

Johnson, Allan G. (2001): Privilege, power and difference [2. Auflage 2006], Mountain View: Mayfield.

Johnson Reagon, Bernice (2015): Coalition Politics: Turning the Century, in: *Feministische Studien*, Jg. 33, Nr. 1, 115-123, online: https://www.degruyter.com/document/doi/10.1515/fs-2015-0115/pdf [20.05.2021].

Jones, Catherine (1997): The Work Is Not The Workshop: Talking and Doing, Visibility and Accountability in the White Anti-Racist Community, in: *Colours of Resistance Archive*, online: http://www.coloursofresistance.org/345/the-work-is-not-the-workshop-talking-and-doing-visibility-and-accountability-in-the-white-anti-racist-community [20.05.2021].

Kalender, Ute (2003): Jenseits der Feuerwehr – Sexismusdebatten beherrscht vor allem das diffuse Verständnis von Sexualität, sexualisierender Gewalt und Gewalt in heterosexueller Sexualität, in: *Phase 2*, Nr. 9, online: https://web.archive.org/web/20070219001513/http://phase2.nadir.org/rechts.php?artikel=165&print= [20.05.2021].

Karakayalı, Jule/Tsianos, Vassilis S./Karakayalı, Serhat/Ibrahim, Aida (2012): Decolorise it! Die Rezeption von Critical Whiteness hat eine Richtung eingeschlagen, die die antirassistischen Politiken sabotiert, in: *ak – analyse & kritik – zeitung für linke Debatte und Praxis*, Nr. 575, 21.9.2012, online: http://www.akweb.de/ak_s/ak575/23.htm [20.05.2021].

Karakayalı, Serhat (2015): Die Camera Obscura der Identität. Zur Reichweite des Critical-Whiteness-Ansatzes, in: *PROKLA,* Jg. 45, Nr. 178, 117-134, online: https://www.prokla.de/index.php/PROKLA/article/view/232/199 [20.05.2021].

Katz, Judith H. (1978): White Awareness: Handbook for Anti-Racism Training, Norman: University of Oklahoma Press.

Kaufman, Michael/Kimmel, Michael (2011): The Guy's Guide to Feminism, New York: Seal Press.

Keller, Reiner (2001): Wissenssoziologische Diskursanalyse, in: Keller, Reiner/ Hirseland, Andreas/ Schneider, Werner/Viehöver, Willy (Hg.): *Handbuch Sozialwissenschaftliche Diskursanalyse, Band 1: Theorien und Methoden*, Opladen: Leske + Budrich, 145-175.

_______ (2004): Diskursforschung – Eine Einführung für SozialwissenschaftlerInnen, Opladen: Leske+Budrich.

_______ (2005): Wissenssoziologische Diskursanalyse – Grundlegung eines Forschungsprogramms, Wiesbaden: VS.

Kendall, Frances E. (1996): Diversity in the Classroom: New Approaches to the Education of Young Children, 2. Auflage [1. Auflage 1983], New York: Teachers College Press.

_______ (2003): How to Be an Ally if You Are a Person with Privilege, in: *Seattle Community Network*, online: http://www.scn.org/friends/ally.html [20.05.2021].

_______ (2013): Understanding White Privilege: Creating Pathways to Authentic Relationships Across Race, 2. Auflage, New York: Routledge.

Kerner, Ina (2007): Challenges of Critical Whiteness Studies. Paper presented at De/Konstruktionen von Okzidentalismus, Humboldt-Universität zu Berlin, 21–23 June 2007, in: *translate*, 13.10.2007, online: http://translate.eipcp.net/strands/03/kerner-strands01en.html [20.05.2021].

_______ (2013): Critical Whiteness Studies: Potentiale und Grenzen eines wissenspolitischen Projekts, in: *Feministische Studien*, Jg. 31, Nr. 2, 278-293, online: https://www.degruyter.com/document/doi/10.1515/fs-2013-0209/pdf [20.05.2021].

Kimmel, Michael S. (2009): Introduction: Toward a Pedagogy of the Oppressor, in: Kimmel, Michael S./Ferber, Abby L. (Hg.): *Privilege – A Reader*, Boulder: Westview Press, 1-10.

Kimmel, Michael S./Ferber, Abby L. (Hg.) (2009): Privilege – A Reader, 2. Auflage, Boulder: Westview Press.

_______ (Hg.) (2016): Privilege – A Reader, 4. Auflage, New York: Routledge.

Kirleis, Edda (2004): Gender Training – Ein Beitrag zur Transformation von Machtverhältnissen, in: Netzwerk Gender Training (Hg.): *Geschlech terverhältnisse bewegen. Erfahrungen mit Gender Trainings*, Königstein (Taunus): Ulrike Helmer, 21-37.

Kivel, Paul (1996): Uprooting Racism: How White People can Work for Racial Justice [4. Auflage 2017], Philadelphia: New Society Publishers.

_______ (o. J.): Uprooting Racism 4th Edition – How White People Can Work For Racial Justice in: *Paul Kivel — Educator, Writer, Activist*, online:https://paulkivel.com/books/uprooting-racism-4th-edition [21.02.2022].

Knapp, Gudrun-Axeli (2005a): Intersectionality – ein neues Paradigma feministischer Theorie? Zur transatlantischen Reise von „Race, Class, Gender“, in: *Feministische Studien,* Jg. 23, Nr. 1, 68-81, online: https://doi.org/10.1515/fs-2005-0107 [20.05.2021].

_______ (2005b): Race, Class, Gender: Reclaiming Baggage in Fast Travelling Theories, in: *European Journal of Women's Studies,* Jg. 12, Nr. 3, 249-265.

König, Jana/Steffen, Elisabeth (2013): Der dritte Raum: Wissensproduktion zwischen Akademie und Bewegung. Ein Kommentar, in: Binder, Beate/Ebell, Katrin/Hess, Sabine/Keinz, Anika/von Bose, Friedrich (Hg.): *Eingreifen, kritisieren, verändern!? Interventionen ethnographisch und gendertheoretisch,* Münster: Westfälisches Dampfboot, 270-277.

Koppert, Claudia (1990): Deutsch, weiß, christlich: Wie leben wir damit? Zur Moral der Demoralisierten, in: *beiträge zur feministischen theorie und praxis,* Jg. 13, Nr. 28, 45-54.

_______ (1996): Identität und Befreiung. Eine politische Zwischenbilanz, in: *beiträge zur feministischen theorie und praxis,* Jg. 19, Nr. 42: Entfremdung. Migration und Dominanzgesellschaft, 113-125.

Koppert, Claudia/Selders, Beate (Hg.) (2003): Hand aufs dekonstruierte Herz. Verständigungsversuche in Zeiten der politisch-theoretischen Selbstabschaffung von Frauen, Königstein (Taunus): Ulrike Helmer.

Krell, Gertraude (2014): Gender und Diversity: Eine Diskursgeschichte, in: Funder, Maria (Hg.): *Gender cage – Revisited. Handbuch zur Organisations- und Geschlechterforschung*, Baden-Baden: Nomos, 319-342.

L'Amour laLove, Patsy (Hg.) (2017): Beißreflexe. Kritik an queerem Aktivismus, autoritären Sehnsüchten, Sprechverboten, Berlin: Querverlag.

Leidinger, Christiane (2010): Frühe Debatten um Rassismus und Antisemitismus in der (Frauen- und) Lesbenbewegung in den 1980er Jahren der BRD, in: Bois, Marcel/Hüttner, Bernd (Hg.): *Beiträge zur Geschichte einer pluralen Linken – Heft 2. Theorien und Bewegungen nach 1968,* Berlin: Rosa-Luxemburg-Stiftung, 24-29.

_______ (2015): Zur Theorie politischer Aktionen. Eine Einführung, Münster: edition assemblage.

Lennox, Sara (1995): Geteilter Feminismus: Der Umgang mit Differenzen unter Frauen in Deutschland und den USA, in: *Freiburger FrauenStudien*, Nr. 1, 133-148, online: https://nbn-resolving.org/urn:nbn:de:0168-ssoar-31233 [20.05.2021].

Lensmire, Thimoty J./McManimon, Shannon K./Tierney, Jessica Dockter/ Lee-Nichols, Mary E./ Casey, Zachary A./Lensmire, Audrey/Davis, Bryan M. (2013): McIntosh as Synecdoche: How Teacher Education's Focus on White Privilege Undermines Antiracism, in: *Harvard Educational Review,* Jg. 83, Nr. 3, 410-431.

Levine-Rasky, Cynthia (2000): Framing Whiteness: Working through the tensions in introducing whiteness to educators, in: *Race, Ethnicity & Education,* Jg. 3, Nr. 3, 271-292.

_______ (Hg.) (2012): Working through Whiteness: International Perspectives, Albany: State University of New York Press.

Lewalter, Sandra/Geppert, Jochen/Baer, Susanne (2009): Leitprinzip Gleichstellung? – 10 Jahre Gender Mainstreaming in der deutschen Bundesverwaltung, in: *GENDER*, Jg. 1, Nr. 1, 124–140.

Liberado, Poe (2010): White Anti-Racist Organizing: A Response, in: *facebook.com*, 13.04.2010; Original-Post unter http://www.facebook.com/profile.php?id=1104758105 nicht rekonstruierbar, jedoch ebenfalls online unter: https://brownpeople.tumblr.com/post/751222013/the-road-to-hell-is-paved-with-good-intentions [20.05.2021].

Lipsitz, George (2011): „Constituted by a Series of Contestations": Critical Race Theory as a Social Movement, in: *Connecticut Law Review,* Jg. 43, Nr. 5: Critical Race Theory: A Commemoration, 1459-1478.

Lorde, Audre (1984): Age, Race, Class and Sex: Women Redefining Difference, in: dies. (Hg.): *Sister Outsider: Essays and Speechs*, Freedom, CA: The Crossing Press, 114-123.

_______ (1993): Du kannst nicht das Haus des Herren mit dem Handwerkszeug des Herren abreißen, in: Schultz, Dagmar (Hg.): *Audre Lorde, Adrienne Rich: Macht und Sinnlichkeit – Ausgewählte Texte*, Berlin: Orlanda Frauenverlag, 199-212.

Lorey, Isabell (2007): Weißsein und Immunisierung – Zur Unterscheidung zwischen Norm und Normalisierung, in: *translate*, 21.06.2007, online: http://translate.eipcp.net/strands/03/lorey-strands01de.html [20.05.2021].

_______ (2008): Kritik und Kategorie. Zur Begrenzung politischer Praxis durch neuere Theoreme der Intersektionalität, Interdependenz und Kritischen Weißseinsforschung, in: Demirović, Alex (Hg.): *Kritik und Materialität*, Münster: Westfälisches Dampfboot, 132-148. online: https://akg-online.org/sites/default/files/demirovic_2008_-_kritik_und_materialitaet.pdf [20.05.2021].

Macker Massaker (2010a): Selbstinterview zum Resümee des Macker Massakers 2010, online: https://web.archive.org/web/20110718201255/http://mackermassaker.az-muelheim.de/wp-content/uploads/resumee_web.pdf [20.05.2021].

_______ (2010b): Fragestellungen, online: https://www.yumpu.com/de/document/read/21687790/pdf-datei-macker-massaker [20.05.2021].

Marcuse, Harold (2022): Erica Sherover-Marcuse (1938-1988), in: *marcuse.org*, online: https://www.marcuse.org/herbert/people/ricky/index.html [28.02.2022].

Marten, Eike (2015): Performativity Beyond Delivery: On the Multiple Effects of Saying Diversity, *International Workshop at Frankfurt Research Center for Postcolonial Studies/Women's Network Cluster of Excellence „The Formation of Normative Orders"*, Goethe Universität Frankfurt, Februar 2015.

_______ (2017): Genealogies and Conceptual Belonging: Zones of Interference between Gender and Diversity: Routledge.

Martinas, Sharon (2006): „Passing it on": Reflections of a white anti-racist solidarity organizer, online: http://www.cwsworkshop.org/pdfs/Sharon_Martinas_PassingItOn.pdf [20.05.2021].

Marx, Karl (1981): Zur Kritik der Hegelschen Rechtsphilosophie. Einleitung [Erstveröffentlichung 1844], in: Institut für Marxismus-Leninismus beim ZK der SED (Hg.): *MEW Band 1*, Berlin: Dietz Verlag, 378-391.

Matrix Center (o. J.): Matrix Center for the Advancement of Social Equity and Inclusion. University of Colorado, Colorado Springs, online: http://www.uccs.edu/~matrix [20.05.2021].

Mayer, Stefanie (2018): Politik der Differenzen. Ethnisierung, Rassismen und Antirassismus im weißen feministischen Aktivismus in Wien, Opladen/Berlin/Toronto: Barbara Budrich, online: https://www.doabooks.org/doab?func=fulltext&uiLanguage=en&rid=31559 [20.05.2021].

McIntosh, Peggy (2009): White Privilege and Male Privilege – A Personal Account of Coming To See Correspondences through Work in Women's Studies [Erstveröffentlichung 1988 als Working Paper 189, Wellesley College Center for Research on Women's Studies], in: Kimmel, Michael S./Ferber, Abby L. (Hg.): *Privilege – A Reader*, Boulder: Westview Press, 13-26.

_______ (2012): Reflections and Future Directions for Privilege Studies, in: *Journal of Social Issues – A Journal of the Society for the Psychological Study of Social Issues,* Jg. 68, Nr. 1, 194-206.

_______ (o. J.): White Privilege: Unpacking the Invisible Knapsack [Erstveröffentlichung 1989], in: *National SEED Project*, online: https://nationalseedproject.org/Key-SEED-Texts/white-privilege-unpacking-the-invisible-knapsack [20.05.2021].

McKenzie, Mia (2013): 8 Ways Not To Be An „Ally“: A Non-Comprehensive List, in: *Black Girl Dangerous*, 17.06.2013, online: http://www.blackgirldangerous.org/2013/06/20136178-ways-not-to-be-an-ally [20.05.2021].

Mecheril, Paul/Rosenstreich, Gabriele (2005): „Diversity“ als soziale Praxis. Programmatische Ansprüche und ihre Instrumentalisierung, in: *alice – Magazin der Alice-Salomon-Fachhochschule Berlin*, Heft 10/2005, Schwerpunkt: Diversity, 18-20.

Meißner, Hanna (2015): Eine Renaissance der Kapitalismuskritik? Feministische Suchbewegungen zur Erneuerung radikaler Emanzipationsvisionen, in: *Feministische Studien*, Jg. 33, Nr. 1, 55-69, online: https://www.degruyter.com/document/doi/10.1515/fs-2015-0106/pdf [20.05.2021].

Metz, Jessie-Lane (2013): Ally-phobia: On the Trayvon Martin Ruling, White Feminism, and the Worst of Best Intentions, in: *The Toast*, online: http://the-toast.net/2013/07/24/ally-phobia-the-worst-of-best-intentions [24.07.2013].

Meulenbelt, Anja (1988): Scheidelinien – Über Sexismus, Rassismus und Klassismus [Erstveröffentlichung „De ziekte bestrijden, niet de patiënt. Over seksisme, racisme en klassisme“, 1986], Reinbek: Rowohlt.

Motta, Sara/Flesher Fominaya, Christina/Eschle, Catherine/Cox, Laurence (2011): Editorial: Feminism, women's movements and women in movement, in: *interface – a journal for and about social movements*, Jg. 3, Nr. 2, 1-32, online: http://www.interfacejournal.net/wordpress/wp-content/uploads/2011/12/Interface-3-2-editorial.pdf [20.05.2021].

Naturfreundejugend Berlin (o. J.): Seminare & Termine, online: https://naturfreundejugend-berlin.de/termine [06.11.2020].

Netzwerk Gender Training (Hg.) (2004): Geschlechterverhältnisse bewegen. Erfahrungen mit Gender Trainings, Königstein (Taunus): Ulrike Helmer.

Newell, Ryan (2009): If you hold it right; Album mit 13 Tracks, CD im Selbstverlag, Toronto, online: http://ifyouholditright.blogspot.com [20.05.2021].

Nijsten, Nina (2011): Some things we need for a feminist revolution, in: *interface – a journal for and about social movements,* Jg. 3, Nr. 2, 214-225, online: http://www.interfacejournal.net/wordpress/wp-content/uploads/2011/12/Interface-3-2-Nijsten.pdf [20.05.2021].

NoLager Bremen (2012): Nobordercamp Köln: Gesamtbericht zu Aktionen & Debatten (critical whiteness, awareness...), in: *linksunten Archiv*, 25.07.2012, online: https://linksunten.indymedia.org/de/node/64408 [20.05.2021].

O'Brien, Michelle (2003): Whose ally? Thinking critically about anti-oppression ally organizing, in: *Colours of Resistance Archive*, online: http://www.coloursofresistance.org/370/whose-ally-thinking-critically-about-anti-oppression-ally-organizing-part-1 [20.05.2021].

Oguntoye, Katharina (2007): Mein Coming-out als Schwarze Lesbe in Deutschland, in: Dennert, Gabriele/Leidinger, Christiane/Rauchut, Franziska (Hg.): *In Bewegung bleiben – 100 Jahre Politik, Kultur und Geschichte von Lesben*, Berlin: Querverlag, 160-163.

Oguntoye, Katharina/Opitz, May/Schultz, Dagmar (Hg.) (1986): Farbe bekennen. Afro-deutsche Frauen auf den Spuren ihrer Geschichte, Berlin: Orlanda Frauenverlag.

Okun, Tema (2006): From White Racist to White Anti-Racist. The Life-long Journey, online: http://www.cwsworkshop.org/pdfs/CARC/White_Identity/4_Life_Long_Journey.PDF [20.05.2021].

Opitz, Sven (2004): Gouvernementalität im Postfordismus – Macht, Wissen und Techniken des Selbst im Feld unternehmerischer Rationalität, Hamburg: Argument.

Owen, David (2003): Kritik und Gefangenschaft. Genealogie und Kritische Theorie, in: Honneth, Axel/Saar, Martin (Hg.): *Michel Foucault – Zwischenbilanz einer Rezeption. Frankfurter Foucault-Konferenz 2001*, Frankfurt a. M.: Suhrkamp, 122-144.

Parenti, Christian (2021): The First Privilege Walk, in: *nonsite.org*, 18.11.2021, online: https://nonsite.org/the-first-privilege-walk [24.02.2022].

Pease, Bob (2010): Undoing Privilege: Unearned Advantage in a Divided World, London & New York: Zed Books.

Peller, Gary (2011): History, Identity and Alienation, in: *Connecticut Law Review,* Jg. 43, Nr. 5: Critical Race Theory: A Commemoration, 1479-1502.

Penn State Student Affairs (2006): Workshop „Introduction to Power and Privilege": The Privilege Walk, Pennsylvania State University, online: https://studentaffairs.psu.edu/learningmodules/powerworkshop/privilegewalk.shtml [21.05.2021].

Perincioli, Cristina (2007): Warum musste die Tomate so weit fliegen? Über 68erInnen, Anarchismus, Lesbianismus bis zum Frauenzentrum, in: Dennert, Gabriele/Leidinger, Christiane/ Rauchut, Franziska (Hg.): *In Bewegung bleiben – 100 Jahre Politik, Kultur und Geschichte von Lesben*, Berlin: Querverlag, 62-67.

Perinelli, Massimo (2013): Solidarität mit den fortschrittlichen ausländischen Klassenbrüder – Die Rote Hilfe und der Rassismus, in: Bambule (Hg.): *Das Prinzip Solidarität – Zur Geschichte der Roten Hilfe in der BRD – Band II*, Hamburg: Laika, 217-238 [zitiert nach abweichender Paginierung der Online-Version], online: http://www.rosalux.de/fileadmin/images/Themen/Geschichte/Literatur/rassismus_RH-book.pdf [20.05.2021].

Perko, Gudrun/Czollek, Leah Carola (2014): Das Konzept des Verbündet-Seins im Social Justice als spezifische Form der Solidarität, in: Broden, Anne/ Mecheril, Paul (Hg.): *Solidarität in der Migrationsgesellschaft. Befragung einer normativen Grundlage*, Bielefeld: transcript, 153-166.

[perspektive:feminismus] (2016): Kritische Männlichkeit, Workshop 12.11.2016, Heidelberg-Neuenheim, online: https://perspektivefeminismus2016.com/2015/11/12/12-11-2016-workshop-kritische-mannlichkeit [26.02.2019].

Phase 2 (2015): Heft 51 – Weißabgleich. Critical Whiteness #Rassenkunde #Anti-Rassismus, online: https://phase-zwei.org/hefte/?heft=51&rubrik=&autorin= [20.05.2021].

Pimminger, Irene (2013): Gender Mainstreaming und Nichtdiskriminierung im ESF – Von Gender zu Equality Mainstreaming? Diskussionspapier, Berlin: Agentur für Gleichstellung im ESF, online: http://www.esf-gleichstellung.de/fileadmin/data/Downloads/Aktuelles/diskussionspapier_antidiskriminierung.pdf [22.05.2021].

Pratt, Minnie Bruce (1988): Identity: Skin Blood Heart, in: Bulkin, Elly/ Pratt, Minnie Bruce/Smith, Barbara (Hg.): *Yours In Struggle – Three Feminist Perspectives on Anti-Semitism and Racism*, Ithaca: Firebrand Books, 9-63.

Preston, John/Chadderton, Charlotte (2012): Rediscovering „Race Traitor“: towards a Critical Race Theory informed public pedagogy, in: *Race Ethnicity and Education,* Jg. 15, Nr. 1, 85-100.

privilege101 (2011): List of privileges (permanently in progress), in: *Kyriarchy & Privilege 101*, online: http://privilege101.tumblr.com/post/5988512297/list-of-privileges-permanently-in-progress [12.02.2018].

Projektgruppe (Hg.) (1991): Metropolen(gedanken) und Revolution? Texte zur Patriarchats-, Rassismus-, Internationalismusdiskussion, 2. Auflage, Berlin: Edition ID-Archiv.

queer_topia* (o. J.): Kritische Männlichkeiten: „Den Weg ins Ungewisse wagen" – Workshop zu kritischen Männlichkeiten, online: http://queertopia.blogsport.de/workshops/#kritische%20maennlichkeiten [06.11.2020].

Quote Investigator (2017): Be the Change You Wish To See in the World, in: *Quote Investigator –Tracing Quotations*, 23.10.2017, online: https://quoteinvestigator.com/2017/10/23/be-change [20.05.2021].

Race Traitor (o. J.): What We Believe, online: https://web.archive.org/web/20151003040401/http://racetraitor.org/believe.pdf [20.05.2021].

Redding, Maureen T. (2009): Invisibility/Hypervisibility: The Paradox of Normative Whiteness, in: Kimmel, Michael S./Ferber, Abby L. (Hg.): *Privilege – A Reader*, Boulder: Westview Press, 155-167.

Reimer, Katrin (2010): Über Diversity-Pädagogik und ungelöste Aufgaben politischer Bildungsarbeit, in: Dege, Martin/Grallert, Till/Dege, Carmen/Chimirri, Niklas (Hg.): *Können Marginalisierte (wi[e]der) sprechen? Zum politischen Potenzial der Sozialwissenschaften,* Gießen: Psychosozial, 219-236.

Rochlin, M. (2009): The Heterosexual Questionnaire, in: Kimmel, Michael S./Ferber, Abby L. (Hg.): *Privilege – A Reader*, Boulder: Westview Press, 73-74.

Röggla, Katharina (2012): Critical Whiteness Studies und ihre politischen Handlungsmöglichkeiten für Weiße AntirassistInnen. Eine Einführung, Wien: Mandelbaum.

Roßhart, Julia (2007): Bedrohungsszenario Gender – Gesellschaftliches Geschlechterwissen und Antifeminismus in der Medienberichterstattung zum Gender Mainstreaming, Magisterarbeit, Universität Potsdam, online: http://opus.kobv.de/ubp/volltexte/2008/1837 [20.05.2021].

_______ (2016): Klassenunterschiede im feministischen Bewegungsalltag. Anti-klassistische Interventionen in der Frauen- und Lesbenbewegung, Berlin: w_orten & meer.

Rothenberg, Paula S. (Hg.) (2002): White privilege: Essential readings on the other side of racism [5. Auflage 2016], New York: Worth.

Saar, Martin (2003): Genealogie und Subjektivität, in: Honneth, Axel/Saar, Martin (Hg.): *Michel Foucault – Zwischenbilanz einer Rezeption. Frankfurter Foucault-Konferenz 2001*, Frankfurt a. M.: Suhrkamp, 157-177.

_______ (2007): Genealogie als Kritik. Geschichte und Theorie des Subjekts nach Nietzsche und Foucault, Frankfurt a. M./New York: Campus.

Sarachild, Kathie (1978): Consciousness-Raising: A Radical Weapon, in: Redstockings (Hg.): *Feminist Revolution. An Abridged Edition with Additional Writings*, New York: Random House, 144-150.

Scheele, Sebastian (2007): Männer entdecken sein Geschlecht – Überlegungen zu antisexistischer Männerpolitik und Alltag, in: A.G. Gender-Killer (Hg.): *Das gute Leben – Linke Perspektiven auf einen besseren Alltag*, Münster: Unrast, 129-149.

_______ (2010): Männerbewegte, denkt strukturell! Kurzschlüsse und Überbrückungskabel in der Debatte um Männerpolitik, in: *Online-Debatte „Grüne Feministen und ‚Männerrechtler' fordern Frauen- und Geschlechterpolitik heraus. Was ist der Streit-Wert?"*, Berlin: Gunda-Werner-Institut, online: http://streit-wert.boellblog.org/sebastian-scheele [04.07.2018].

_______ (2011): Themenübergreifende Denkmuster des aktuellen Antifeminismus, in: Ebenfeld, Melanie/Köhnen, Manfred (Hg.): *Gleichstellungspolitik kontrovers. Eine Argumentationshilfe*, Bonn: Friedrich-Ebert-Stiftung, 54-58, online: http://library.fes.de/pdf-files/wiso/07877.pdf [20.05.2021].

_______ (2012): Die Illusion vom großen „Wir" – Männerpolitik in öffentlichen Debatten, in: *Switchboard*, Nr. 200, Herbst 2012, 10-11.

_______ (2016): Von Antifeminismus zu „Anti-Genderismus"? Eine diskursive Verschiebung und ihre Hintergründe, *Keynote auf der Tagung „Gegner*innenaufklärung – Informationen und Analysen zu Anti-Feminismus", Gunda-Werner Institut in der Heinrich-Böll-Stiftung*, Berlin, 31.05.2016, online: http://www.gwi-boell.de/sites/default/files/uploads/2016/08/scheele_diskursive_verschiebung_antifeminismus.pdf [20.05.2021].

_______ (2019): Caring Masculinities als identitätspolitische Strategie? Einige skeptische Thesen zum transformativen Potential, in: Scholz, Sylka/ Heilmann, Andreas (Hg.): *Caring Masculinities? Männlichkeiten in der Transformation kapitalistischer Wachstumsgesellschaften*, München: oekom, 147-157.

_______ (2024): Genealogie der Verbündeten – Zum Privilegiendiskurs in feministischen und antirassistischen sozialen Bewegungen, Berlin: Technische Universität, online: https://doi.org/10.14279/depositonce-21591 [01.12.2024]

Schölper, Dag (2008): Männer- und Männlichkeitsforschung – ein Überblick, *gender...politik...online*, Freie Universität Berlin, online: https://www.fu-berlin.de/sites/gpo/soz_eth/Frauen-_M__nnerforschung/M__nner-_und_M__nnlichkeitsforschung____ein___berblick/dag_schoelper.pdf [20.05.2021].

Schultz, Dagmar (1993a): Kein Ort nur für uns allein. Weiße Frauen auf dem Weg zu Bündnissen, in: Hügel, Ika/Lange, Chris/Ayim, May/Bubeck, Ilona/Aktaş, Gülşen/Schultz, Dagmar (Hg.): *Entfernte Verbindungen: Rassismus, Antisemitismus, Klassenunterdrückung*, Berlin: Orlanda Frauenverlag, 157-187.

_______ (Hg.) (1993b): Audre Lorde, Adrienne Rich: Macht und Sinnlichkeit – Ausgewählte Texte, 4. erweiterte Auflage [Erstveröffentlichung 1983], Berlin: Orlanda Frauenverlag.

Schulze, Detlef Georgia (2011): Scheidelinien. Anja Meulenbelt über Sexismus, Rassismus und Klassismus [erstveröffentlicht in: *PROWO*, Nr. 6, 1990], online: https://kritisch-lesen.de/rezension/scheidelinien-anja-meulenbelt-uber-sexismus-rassismus-und-klassismus [21.05.2021].

Schwab-Trapp, Michael (2001): Diskurs als soziologisches Konzept. Bausteine für eine soziologisch orientierte Diskursanalyse, in: Keller, Reiner/Hirseland, Andreas/Schneider, Werner/Viehöver, Willy (Hg.): *Handbuch Sozialwissenschaftliche Diskursanalyse, Band 1: Theorien und Methoden*, Opladen: Leske + Budrich, 261-283.

Seibert, Thomas (2006): Über die Erinnerung – Soziale Bewegung und Erinnerung, in: *Institut für Theologie und Politik (ITP)*, online: http://www.itpol.de/?p=37 [20.05.2021].

Shapiro, Ilana (2002): Training for Racial Equity and Inclusion. A Guide to Selected Programs, Washington, DC: Aspen Institute, online: https://www.aspeninstitute.org/wp-content/uploads/files/content/docs/pubs/training_racial_equity.pdf [21.05.2021].

Sherover-Marcuse, Erica (2000): Working Assumptions and Guidelines for Alliance-Building, in: Adams, Maurianne/Blumenfeld, Warren/Castaneda, Carmelita/Hackman, Heather W./Peters, Madeline L./Zúñiga, Ximena (Hg.): *Readings for Diversity and Social Justice* New York: Routledge, 486-487, online: https://web.archive.org/web/20081014230311fw_/http://www.unlearningracism.org/writings/alliance.htm [21.02.2021].

_______ (o. J.): Working Assumptions For White Activists On Eliminating Racism: Guidelines For Recruiting Other Whites As Allies in: *UnlearningRacism.org*, online: https://web.archive.org/web/20081029063109fw_/http://www.unlearningracism.org/writings/white_activists.htm [21.02.2021].

Shih, David (2014): What happened to White Privilege, in: *professorshih.blogspot. com*, 02.12.2014, online: http://professorshih.blogspot.de/2014/12/what-happened-to-white-privilege.html [20.05.2021].

Singer, Mona (2003): Feministische Epistemologien: Was folgt aus der feministischen „Identitätskrise"?, in: Knapp, Gudrun-Axeli/Wetterer, Angelika (Hg.): *Achsen der Differenz – Gesellschaftstheorie und feministische Kritik II*, Münster: Westfälisches Dampfboot, 228-239.

_______ (2005): Geteilte Wahrheit – Feministische Epistemologie, Wissenssoziologie und Cultural Studies, Wien: Löcker.

_______ (2018): „Man kann sich nur als das wehren, als was man angegriffen ist." Zur Debatte um Identitätspolitik und politische Korrektheit, in: *Jahrbuch für Pädagogik*, Nr. 1, 85-100, online: https://doi.org/10.3726/JP012018k_85 [16.04.2021].

Sleeter, C./Delgado Bernal, D. (2004): Critical Pedagogy, Critical Race Theory, and Antiracist Education: Implications for Multicultural Education, in: Banks, James A./McGee Banks, Cherry A. (Hg.): *The Handbook of Research on Multicultural Education*, 2. Auflage [Erstveröffentlichung 1995], New York: Macmillan, 240-258.

Smith, Lillian (1972): Addressed to Intelligent White Southerners [Erstveröffentlichung Winter 1942–1943], in: White, Helen/Sugg, Redding S. Jr. (Hg.): *From the Mountain: An Anthology of the Magazine Successively Titled Pseudopodia, the North Georgia Review, and South Today*, Memphis: Memphis State University Press, 116-130.

Snodgrass, Jon (Hg.) (1977): For Men Against Sexism. A Book Of Readings, Albion: Times Change Press.

Sow, Noah (2008): Deutschland Schwarz Weiß – Der alltägliche Rassismus, München: C. Bertelsmann.

Staritz, Nikola (2014): Class Trouble. Wie viel „Klasse" hat die queerfeministische Praxis?, in: *an.schläge*, Oktober 2014, online: https://anschlaege.at/class-trouble [20.05.2021].

Stern, Adriana (2007): Ab heute heißt du Marianne – Lesben und Antisemitismus, in: Dennert, Gabriele/Leidinger, Christiane/Rauchut, Franziska (Hg.): *In Bewegung bleiben – 100 Jahre Politik, Kultur und Geschichte von Lesben*, Berlin: Querverlag, 168-174.

Stiegler, Barbara (2003): Gender Mainstreaming – Postmoderner Schmusekurs oder geschlechterpolitische Chance? Argumente zur Diskussion, Bonn: Friedrich-Ebert-Stiftung, online: http://library.fes.de/pdf-files/asfo/02255.pdf [20.05.2021].

_______ (2005): Antidiskriminierung – Erschöpfung in der Geschlechterpolitik?, Bonn: Friedrich-Ebert-Stiftung, online: https://library.fes.de/pdf-files/asfo/03016.pdf [20.05.2021].

Stoltenberg, John (1990): Refusing to Be a Man [Erstveröffentlichung 1989], o. O.: Fontana.

Strobl, Ingrid/Viehmann, Klaus u. a./autonome l.u.p.u.s.-Gruppe (1993): Drei zu Eins. Texte, Berlin: Edition ID-Archiv, online: http://www.nadir.org/nadir/initiativ/id-verlag/BuchTexte/DreiZuEins/DreiZuEins.html [20.05.2021].

SURJ – Showing Up for Racial Justice (o. J.): Our Story, online: https://surj.org/about/our-story [17.02.2022].

Susemichel, Lea/Kastner, Jens (2018): Identitätspolitiken – Konzepte und Kritiken in Geschichte und Gegenwart der Linken, Münster: Unrast.

Tarrant, Shira (Hg.) (2007): Men Speak Out – Views on Gender, Sex, and Power [2. Auflage 2013], New York/London: Routledge.

_______ (2009): Men and feminism, Berkeley: Seal Press.

tekanji (2006): „Check my what?“ On privilege and what we can do about it, in: *Official Shrub.com Blog*, 08.03.2006, online: http://blog.shrub.com/check-my-what [20.05.2021].

Teleos Institute (o. J.): The Love Principles, online: https://www.consciousnesswork.com/love.htm [08.07.2020].

Terry, Robert W. (1970): For Whites Only, Detroit: Eerdmans.

Textor, Markus (2017): Kritische Männlichkeit – Eine theoretische Hinführung zu einer praktischen Perspektive. Vortrag beim Queerfeministischen Wochenende 2017 Stuttgart, online: http://queerfem.de/wp-content/uploads/2018/10/DOKUKritischeM%C3%A4nnlichkeit_MarkusTextor-1.pdf [27.02.2019].

Theorie, Kritik, Aktion (2017): Mann tut was Mann kann – Kritische Männlichkeit, in: *AS.ISM4 – Streitschrift gegen sexistische Zustände*, 14-16, online: http://asbb.blogsport.de/images/ASISM04_fertig_web.pdf [20.05.2021].

Thompson, Becky (2009): Subverting Racism from Within – Linking White Identity to Activism, in: Kimmel, Michael S./Ferber, Abby L. (Hg.): *Privilege – A Reader*, Boulder: Westview Press, 213-232.

Thompson, Cooper (2000a): White Men and the Denial of Racism, in: Adams, Maurianne/Blumenfeld, Warren/Castaneda, Carmelita/ Hackman, Heather W./Peters, Madeline L./Zúñiga, Ximena (Hg.): *Readings for Diversity and Social Justice*, New York: Routledge, 104-109.

_______ (2000b): Can white heterosexual men understand oppression? [Erstveröffentlichung in *Changing Men magazine*, Winter/Spring 1991], in: Adams, Maurianne/Blumenfeld, Warren/Castaneda, Carmelita/ Hackman, Heather W./Peters, Madeline L./Zúñiga, Ximena (Hg.): *Readings for Diversity and Social Justice*, New York: Routledge, 477-482.

_______ (o. J. a): About me, in: *Cooper Thompson – Coaching and counseling in Nürnberg*, online: http://nuernbergcounseling.com/about-me-cooper-thompson [22.05.2021].

_______ (o. J. b): Being in a relationship with someone from a different culture or background, in: *Cooper Thompson – Coaching and counseling in Nürnberg*, online: http://www.cooper-thompson.com/Being_in_a_Cross_Cultural_Relationship.htm [11.03.2016].

Thompson, Cooper/Schaefer, Emmett/Brod, Harry (2003): White Men Challenging Racism: 35 Personal Stories, Durham: Duke University Press.

Thompson, Cooper/Spiegel, Inge (2013): Ein Anstoß für Menschen, die sich für Menschenrechte und Gerechtigkeit engagieren. Ein Plädoyer zur Selbstreflexion, in: *Nürnberg interkulturell, die Zeitung des Integrationsrates*, Nr. 6, online: www.cooper-thompson.com/essays/PDF/Ein-PlädoyerFürSelbstreflexion.pdf [11.03.2016].

Three Rivers, Amoja (1994): Kulturelle Etikette – Ein Ratgeber für die wohlmeinende Antirassistin [englischsprachige Erstveröffentlichung 1990], Berlin: Joliba Press/Berliner Lesbenwoche e. V.

Torres, Christina (2015): Why „The Privilege Line“ Is A Frustratingly Unfinished Exercise (And How To Make It Better... Maybe), in: *ChristinaTorres.org*, 09.07.2015, online: https://christinatorres.org/2015/07/09/why-the-privilege-line-is-a-frustratingly-unfinished-exercise [21.02.2022].

transact! (2014): Wie ist Deine Freiheit mit meiner verbunden? Stichworte zu gemischter Organisierung, Definitionsmacht und Critical Whiteness, online: http://transact.noblogs.org/files/2014/02/transact6_de.pdf [20.05.2021].

Tsianos, Vassilis (2012): „Die deutsche Linke wurde längst migrantisiert“ – Vassilis Tsianos, Migrationssoziologe, im Gespräch über die Debatte um Critical Whiteness und linken Rassismus. Interview von Christian Jakob, in: *Jungle World*, Nr. 32/2012, online: https://jungle.world/artikel/2012/32/die-deutsche-linke-wurde-laengst-migrantisiert [20.05.2021].

UnlearningRacism.org (2000): Ricky Sherover-Marcuse 1938-1988, in: *web.archive.org*, online: https://web.archive.org/web/20110728144641/http://www.unlearningracism.org/index.html [28.02.2022].

Upping the Anti Editorial Committee (2009): Editorial – Seeing the Change We Want to Be, in: *Upping the Anti – A Journal of Theory and Action*, Nr. 9, 31-43, online: http://uppingtheanti.org/journal/article/09-seeing-the-change-we-want-to-be [20.05.2021].

van den Broek, Lida (1988): Am Ende der Weißheit: Vorurteile überwinden. Ein Handbuch [Erstveröffentlichung „Hoe zit het nou met wit“, 1987], Berlin: Orlanda.

Vasquez, Hugh (o. J.): Programs offered: Workshops and Presentations, in: *HughVasquez.com*, online: http://hughvasquez.com/hugh_vasquez/Programs_Offered.html [21.02.2022].

Vasquez, Hugh/Myhand, M. Nell/Creighton, Allan (Hg.) (2002): Making Allies, Making Friends: A Curriculum for Making the Peace in Middle School, Alameda, CA: Hunter House.

Viehmann, Klaus (1993): Drei zu eins – Klassenwiderspruch, Rassismus und Sexismus. Zweite Nachbemerkung, in: Strobl, Ingrid/Viehmann, Klaus u.a./autonome l.u.p.u.s.-Gruppe, (Hg.): Drei zu Eins. Texte, Berlin: Edition ID-Archiv. online: https://www.nadir.org/nadir/initiativ/id-verlag/BuchTexte/DreiZuEins/DreiZuEinsViehmann.html [20.05.2021].

Viehmann, Klaus und Genossinnen/Genossen (1991): Drei zu eins – Klassenwiderspruch, Rassismus und Sexismus, in: Projektgruppe (Hg.): *Metropolen(gedanken) und Revolution? Texte zur Patriarchats-, Rassismus-, Internationalismusdiskussion*, Berlin: Edition ID-Archiv, 27-62.

Villa, Paula-Irene/Speck, Sarah (2020): Das Unbehagen mit den Gender Studies. Ein Gespräch zum Verhältnis von Wissenschaft und Politik, in: *Open Gender Journal,* Nr. 4, online: https://doi.org/10.17169/ogj.2020.141 [20.05.2021].

Viren, Sarah (2021): The Native Scholar Who Wasn't, in: *The New York Times Magazine*, 25.05.2021, online: https://www.nytimes.com/2021/05/25/magazine/cherokee-native-american-andrea-smith.html [17.02.2022]

Wagner, Lucienne (2015): „Working from both Ends“ – Diversitätspolitik an der University of California, Berkeley, in: *femina politica*, Jg. 24, Nr. 2, 128-136.

Weekes, Karen (Hg.) (2009): Privilege and Prejudice: Twenty Years with the Invisible Knapsack, Newcastle upon Tyne: Cambridge Scholars Publishing.

Weinbach, Heike (2006): Social Justice statt Kultur der Kälte. Alternativen zur Diskriminierungspolitik in der Bundesrepublik Deutschland, Rosa-Luxemburg-Stiftung Manuskripte 63, Berlin: Karl Dietz, online: http://www.rosaluxemburgstiftung.de/fileadmin/rls_uploads/pdfs/Manuskripte_63.pdf [20.05.2021].

_______ (2014): Kultur der Respektlosigkeit, in: *an.schläge*, Nr. 10/2014, online: http://anschlaege.at/feminismus/2014/10/kultur-der-respektlosigkeit [20.05.2021].

Weiß, Anja (1999a): Identitätspolitik ohne „passende“ Identität? Zum Paradox eines weißen deutschen Antirassismus, in: *Psychologie & Gesellschaftskritik,* Jg. 23, Nr. 3, 28-45.

_______ (1999b): Rassistische Effekte unter antirassistisch engagierten MultiplikatorInnen. Zur interaktiven Reproduktion einer symbolisch vermittelten Dimension sozialer Ungleichheit. Zusammenfassung der Doktorarbeit von Anja Weiß, Humboldt-Universität Berlin, online: http://www.uni-due.de/imperia/md/content/soziologie/weiss/weiss_rassismus_1_zusf.pdf [17.06.2020].

_______ (2001): Rassismus wider Willen – Ein anderer Blick auf eine Struktur sozialer Ungleichheit, Opladen: Westdeutscher Verlag, online: http://www.uni-due.de/soziologie/weiss_downloads.php [20.05.2021].

_______ (2009): Antirassismus als Vermeidung offener Rassismen?, in: Scharathow, Wiebke/Leiprecht, Rudolf (Hg.): *Rassismuskritische Bildungsarbeit*, Schwalbach: Wochenschau, 397-409.

Werner, Alban (2011): Das Elend der theoretischen Paranoia – Zur Kritik am „Critical Whiteness“-Ansatz als Anleitung antirassistischer Praxis, in: *ZAG – Antirassistische Zeitschrift,* Nr. 58, 30-31, online: http://www.zag-berlin.de/antirassismus/archiv/58criticalwhiteness.html [20.05.2021].

Widersprüche – Zeitschrift für sozialistische Politik im Bildungs-, Gesundheits- und Sozialbereich (1995): Heft 56/57: Männlichkeiten, Offenbach: Verlag 2000.

WikiMANNia (o. J.): Privileg, in: *WikiMANNia*, online: https://at.wikimannia.org/Privileg [20.05.2021].

Wise, Tim (2011): White Like Me: Reflections on Race from a Privileged Son. The Remix: Revised and updated Edition [Erstveröffentlichung 2005], Berkeley: Soft Skull Press.

Wollrad, Eske (2005): Weißsein im Widerspruch – Feministische Perspektiven auf Rassismus, Kultur und Religion, Königstein (Taunus): Ulrike Helmer.

_______ (2007): Getilgtes Wissen. Überschriebene Spuren. Weiße Subjektivierungen und antirassistische Bildungsarbeit, in: IDA NRW (Hg.): *Tagungsdokumentation des Fachgesprächs zur „Normalität und Alltäglichkeit des Rassismus", 14.–15. September 2007 CJD Bonn*, 39-55. online: http://wochenendseminar.blogsport.de/images/Tagungsdokumentation NormalittundAlltglichkeitdesRassismusIDANRW_01.pdf [21.05.2021].

Woodward, Alison E. (2004): Building velvet triangles: gender and informal governance, in: Christiansen, Thomas/Piattoni, Simona (Hg.): *Informal Governance in the European Union*, Cheltenham: Edward Elgar Publishing, 76-93.

Xhopakelxhit (2014): Everyone Calls Themselves An Ally Until It Is Time To Do Some Real Ally Shit, in: *Unsettling America – Decolonization in Theory & Practice*, 30.01.2014, online: https://unsettlingamerica.wordpress.com/2014/01/30/everyone-calls-themselves-an-ally-until-it-is-time-to-do-some-real-ally-shit [21.05.2021].

ZAG – Antirassistische Zeitschrift (2012): Nr 61: Critical Whiteness, online: https://zag-berlin.de/antirassismus/archiv/pdf/zag61/zag61_web.pdf [20.05.2021].

Zwarg, Robert (2015): Farben fühlen. Die Geschichte eines verkehrten Denkens und warum der Mittelweg eine Sackgasse ist, in: *Phase 2*, Nr. 51: Weißabgleich. Critical Whiteness #Rassenkunde #Anti-Rassismus, 15-18, online: https://phase-zwei.org/hefte/artikel/farben-fuehlen-571 [20.05.2021].

240 Seiten | ISBN 978-3-96042-107-8| 12,80 €

In Klassenfahrt wird Klassismus zugänglich, offen und nahbar erzählt, womit sich der Sammelband angenehm von theoretischen Büchern zum Thema abhebt. Persönliche und tagtägliche Situationen zeigen Klassismus und wie Unterschiede uns gewaltsam formen.

Durch das Teilen verschiedener Erfahrungen wird sichtbar, dass wir weiterhin in einer Gesellschaft leben, in der Klassenzugehörigkeit und Klassenherkunft strukturell Teilhabe regeln. Der Sammelband ist eine Einladung über diese Themen zu sprechen. Eine Sammlung zum Nachdenken, Sensibilisieren, Lachen und Neugierde stillen.

112 Seiten | ISBN 978-3-96042-148-1 | 9,80 Euro

Mit diesen Texten stießen Aktivist*innen aus Schweden eine erste und scharf geführte Debatte um Klassismus in der Linken an.

Dieser Sammelband vereint autobiografische Zugänge linker Aktivist*innen aus Schweden zum Thema Klasse. Neben Ausschlüssen und Barrieren wird die Frage der Deutungshoheit thematisiert.

Mit Begleittexten von Francis Seeck, ClaraRosa u.a.